Querschnitte
Frühjahr 2007

Gelebtes, Fantastisches und Modernes

Band 1

Wolfgang Bader (Hrsg.)

Bibliographische Information der Deutschen Nationalbibliothek:
Die Deutsche Nationalbibliothek verzeichnet diese Publikation in der Deutschen
Nationalbibliographie. Detaillierte bibliographische Daten sind im Internet über
http://www.d-nb.de abrufbar.
ISBN 978-3-85022-090-3

Alle Rechte der Verbreitung, auch durch Film, Funk und Fernsehen, fotomechanische Wiedergabe, Tonträger, elektronische Datenträger und auszugsweisen Nachdruck, sind vorbehalten.

© 2007 novum Verlag GmbH, Neckenmarkt · Wien · München
Lektorat: Mag. Ulrike Bonarius, Ulrike Bruckner, Mag. Christian Zolles
Printed in the European Union

Gedruckt auf umweltfreundlichem, chlor- und säurefrei gebleichtem Papier.

www.novumverlag.com

Ausgeliefert

Alex weiß immer noch nicht, wie ihm geschehen ist. Er hat keine Ahnung, wo er sich befindet und was die Entführer wollen. Natürlich hat er sich viele Gedanken darüber gemacht. Zeit hatte er genug. Wahrscheinlich wollen die Kidnapper Geld erpressen. Aber wer soll für ihn Geld bezahlen? Er kennt niemand in seinem Bekanntenkreis, der reich genug wäre.

Die Entführer kommen ihm in ihrem Vorgehen aber durchaus professionell vor. Er ist hereingefallen auf die weiblichen Verführungskünste Carlas. Es war für sie ein Leichtes, ihn in ihre Wohnung zu locken. Nachdem sie ihm einige Cognacs eingeschenkt hatte, ihn mit ihren Küssen willenlos gemacht hatte, war sie gerade dabei ihn auszuziehen. Aber zu mehr kam es nicht. Total verdutzt musste Alex es über sich ergehen lassen, dass plötzlich drei maskierte Männer über ihn herfielen und ihn überwältigten. Einer schlug ihm einige Male in die Genitalien, so dass er schnell zu Boden sackte. Anschließend fesselten und knebelten sie ihn. Dann zerrten sie ihn in ein Auto und verbanden ihm mit einer Augenbinde die Augen. Irgendwann war die Fahrt zu Ende und man zerrte ihn wieder aus dem Auto heraus und stieß ihn schließlich in ein kaltes Kellerverlies ohne frische Luft. Es roch modrig und er nahm den Geruch von altem Öl wahr.

An die drei Männer, die ihn überfielen, kann er sich nur schlecht erinnern. Er hat sie zu kurz gesehen. Der Schmerz, den sie ihm zufügten und die Überraschung waren zu groß, als dass er sich besser auf das Aussehen der Männer hätte konzentrieren können. Zudem trugen sie schwarze Augenmasken. Einer der drei hatte einen Oberlippenbart, zwei waren etwa mittelgroß und schlank, der dritte eher klein und dicklich – keine sehr gute Beschreibung!

Insgesamt sieben verschiedene Stimmen hat er bisher ausgemacht. Von dem, was sie geredet haben, hat er nichts verstanden. Sie haben nur auf Spanisch gesprochen. Was haben die Entführer nur vor? Er hat keine Ahnung.

Vor drei Tagen tauchte nun ein weiterer Deutscher auf, ein gewisser Herr Meinertz. Alex hatte nur ganz kurz Gelegenheit, mit ihm zu sprechen. Durch die Gefangennahme Herrn Meinertz weiß Alex zumindest, dass etwas in Gang gesetzt worden ist, um ihn zu suchen. Sehr viel Zuversicht kann er aber auch daraus nicht schöpfen.

Seine unsichere Situation macht ihm immer mehr zu schaffen. Bislang hat er zwar genug zu essen und zu trinken bekommen. Was er aber schon alles gegessen und getrunken hat, das weiß er zum Großteil gar nicht, denn er kann durch die Augenbinde, die er den ganzen Tag tragen muss, nichts sehen. Das empfindet er als größte Einschränkung. Tag und Nacht sind für ihn einerlei. Nur wenn er auf die Toilette muss, gestattet man ihm, die Augenbinde abzunehmen. Wie die Toilette aussieht, das hat er sich dafür genau eingeprägt. Es fällt auch hier kein Tageslicht ein. Zwei Schalter gibt es, einen für das elektrische Licht, das in Form einer einzelnen in einer Fassung befindlichen Glühbirne von der Decke herunterhängt und einen für die Lüftung. Diese Toilette erkennt er sicher wieder, wenn er jemals wieder hierher kommen sollte!

Schlafen konnte Alex bislang nur wenig – zumindest hat er diesen subjektiven Eindruck. Das Zeitgefühl ist ihm fast vollkommen abhanden gekommen. Zudem schreckte er immer wieder aus schlimmen Alpträumen hoch. Zu sehr war er mit seiner Zukunft beschäftigt, als dass er Ruhe fand.

Sehr unangenehm ist ihm, dass er seit seiner Entführung noch nicht einmal die Kleidung wechseln konnte. Sein Geruch ist ihm selbst äußerst lästig.

Außerdem hat er ein überaus großes Bedürfnis, sich zu bewegen. In dem kleinen Raum kann man nicht ständig umhergehen. Die Aufseher akzeptieren das auch nicht.

Es ist immer nur einer der Entführer als Aufsicht für ihn in seinem Raum. Sie wechseln sich in einem bestimmten Zeittakt ab. Bei der Behandlung gibt es doch große Unterschiede. Einer steckt ihm immer wieder zusätzliches Essen zu, gibt ihm größere Freiheiten bei der Bewegung, redet beruhigend und freundlich auf ihn ein – wenn auch Alex nichts versteht – und lockert auch jedes Mal die festen Handfesseln. Ein Anderer ist an seinem barschen Tonfall gleich zu erkennen. Er hat Alex schon ein paar Mal das Getränk weggenommen, wenn der etwas verschüttete. Zudem wurde dieser Mann immer wieder grob und stieß und schubste Alex. Am widerlichsten ist Alex aber jener, der ihm immer wieder in den Schritt greift. Nur entschiedene Abwehr hält diesen ekligen Kerl stets vor weiteren perversen Handlungen ab.

Nein, lange will Alex nicht mehr gefesselt in diesem Loch verbringen, Leuten ausgeliefert, die mit einem machen können, was sie wollen! Wie herrlich hatten ihm Gregor und Peter den Sommer in Montevideo geschildert! Nun sitzt er hier in diesem Loch und sieht keine Sonne und kann keine Wärme spüren. Wie lange soll er noch auf die Rettung durch Gregor, Rainer oder vielleicht die Polizei warten? Aber was kann er alleine schon erreichen? Selbst wenn er sich von den Fesseln befreien und den Aufseher überwältigen könnte, so sieht er sich immer noch einer Übermacht gegenüber, die sich im Haus aufhält. Er muss sich auf irgendeine Weise eine Waffe beschaffen! Alex sinnt nach Möglichkeiten.

Im Moment leistet ihm gerade derjenige Entführer Gesellschaft, der ihm am humansten vorkommt. Plötzlich ein Gepolter von lauten Schritten und dann ein schrilles Quietschen – die Tür ist aufgegangen. Gleich danach sind drei oder auch vier verschiedene brüllende Stimmen zu vernehmen. Die Männer sind anscheinend sehr aufgebracht. Das hat Alex schon einige Male erlebt. Aber dann hört er etwas, das ihm das Blut in den Adern gefrieren lässt – das Klicken eines Maschinengewehrs – und gleich ein zweites Mal – und ein drittes Mal. Ist dies nun seine Exekution? Sein Herzschlag und sein Puls erreichen ungeahnte Frequenzen. Welches Ereignis ist wohl eingetreten, dass die Entführer so reagieren? Nachdem bisher stets alles nach Plan zu laufen schien und keine Hektik bei den Entführern festzustellen war, müssen sie in Zugzwang gesetzt worden sein! Hat die Polizei vielleicht das Haus schon umstellt? Instinktiv wirft sich Alex auf den Boden. Er versteht nichts von dem, was sie rufen. Aber er weiß, dass das nichts Gutes bedeuten kann. Und dann hört er ein Wort, das er kennt: „Morte" – auf Deutsch: „Tot". Ja, es ist so! Sie wollen ihn töten! Sein Aufseher schreit nun auch. Es hat den Anschein, als ob er mit der Entscheidung der Anderen nicht einverstanden sei. Doch diese lassen keinen Zweifel! Sie sind fest entschlossen! Alex liegt immer noch zusammengekauert auf dem Boden. Da stellt sich der Aufseher schützend vor Alex. Er redet nun ruhig auf die anderen Männer ein. Er beschwört sie anscheinend, Vernunft walten zu lassen und nicht zu Mördern zu werden. Alex versucht, sich auf die Situation zu konzentrieren und zu überlegen, was zu tun ist. Aber kommt es jetzt überhaupt auf ihn an? Tausend Gedanken schwirren durch seinen Kopf.

Die Männer sind immer noch sehr aufgebracht. Ein weiteres Klicken eines Maschinengewehrs ist zu hören. Alex erwartet in jeder Sekunde, dass eine Salve auf ihn und seinen Beschützer herunterprasselt. Will er nicht auf diese Weise zu Tode kommen, dann muss er jetzt in dem Augenblick etwas unternehmen. Er will gerade seine Arme hochreißen und sich mit seinen Beinen abstemmen, zum Sprung dorthin, wo er die Entführer vermutet, da drückt ihn sein Beschützer beiseite. Schon vernimmt Alex laute

Schritte in seine Richtung. Ein Gewehrkolben bohrt sich ihm im nächsten Moment in seinen Nacken. Alex hat nun keine Chance mehr! Sein Leben rennt an ihm vorbei wie im Zeitraffer. Instinktiv hält er noch einmal den Atem an. Jede kleine Bewegung könnte das entsicherte Maschinengewehr bereits losgehen lassen.

„No, no!" Alex hat es kaum registriert, obwohl es laut genug war. Einer der Männer, vielleicht der Anführer, hat es gerufen. Der Gewehrkolben des Maschinengewehrs in seinem Nacken verschwindet jedenfalls sofort. Noch wartet Alex auf seine Exekution. Doch es tut sich eine Weile nichts. Dann redet auch der Mann, der „No" gerufen hat auf die anderen Männer ein – ruhig, aber bestimmt. Anscheinend haben die Worte des besonnensten Entführers den Anführer doch beeindruckt und zur Vernunft gebracht. Schließlich scheint das Ganze ausgestanden zu sein: Drei Maschinengewehre werden wieder gesichert.

Alex ist sich klar darüber, dass er gerade großes Glück gehabt hat. Aber, wer weiß, vielleicht liegen schon bald wieder die Nerven der Entführer blank und einer der Männer reagiert unbesonnen? Nein, in Sicherheit wiegen, das kann er sich nicht! Er möchte seinem Beschützer danken, doch der will nichts davon wissen.

Alex macht sich Vorwürfe. Wäre er nur niemals in dieses verwunschene Land gekommen! Ihm und anderen Leuten wie dem Detektiv wäre viel erspart geblieben! Ist Herr Meinertz bereits tot, so muss er letztendlich die Verantwortung dafür übernehmen. Alex spürt, dass sich die Situation immer mehr zuspitzt. Er fühlt, dass schon bald etwas Entscheidendes passiert! Das Ende seiner Gefangenschaft steht bevor – so oder so!

Bartholome

Die Geister, die ich rief …

Der Tag begann, wie samstags fast immer; nach dem Aufstehen ging ich zum nahe gelegenen Bäcker, Brötchen holen. Auf dem Rückweg entleerte ich gewohnheitsmäßig den Briefkasten und nahm die Tageszeitung und übrige Post mit in die Wohnung. Als ich Kaffee gekocht und den Frühstückstisch gedeckt hatte, begann ich, mit meiner Frau ausgiebig zu frühstücken. Als ich nach dem Frühstück bei einer Tasse Kaffee kurz die Tageszeitung durchgelesen hatte, sortierte ich die übrige Post, welche zum größten Teil aus Werbebriefen bestand. Plötzlich wurde ich stutzig, als ich „Bundesbeauftragter für Unterlagen des Staatssicherheitsdienstes der ehemaligen DDR" als Absender entdeckte. Etwas nervös öffnete ich den Brief, legte ihn jedoch gleich wieder beiseite.

Da lag sie nun die Nachricht, die ich eigentlich gar nicht mehr erwartet hatte und die ich auch nicht lesen wollte. Ich schenkte mir noch eine Tasse Kaffee ein und schaute auf den Brief. Meine Frau bemerkte sofort, dass mich dieser Brief sehr beschäftigte und sah sich den Absender an. Sie fragte mich: „Ist dies die Antwort auf deine Anfrage? Wenn ja, dann mach ihn doch endlich auf." „Ich weiß nicht", antwortete ich unsicher. „Was willst du eigentlich?", fragte sie mich direkt. „Du hast doch genau gewusst, dass dieser Brief, wenn er eines Tages kommt, einige Wahrheiten enthält, ob dir diese nun angenehm sind oder nicht. Du allein musst wissen, wie du damit umgehen willst. Nun mach schon und öffne den Brief, ich bin sehr gespannt, wer dich damals bespitzelt hat." Ich öffnete den Brief und las:

„Sehr geehrter Herr B…
Sie haben Zugang zu den Unterlagen des Staatssicherheitsdienstes der ehemaligen DDR beantragt. Die Recherchen haben ergeben, dass Sie durch den Staatssicherheitsdienst aktenkundig erfasst waren."

Diesem Schreiben waren Kopien von Aufzeichnungen der Staatssicherheit beigefügt. Auf einer der Kopien war vermerkt: „B. gehört einer Gruppierung an, die negativ in Erscheinung tritt und Anhänger westlicher Lebensweisen sind. Sie negieren unsere Gesellschaftsordnung und versuchen, in der Seminargruppe Einfluss zu gewinnen und Maßnahmen zu boykottieren, die zu einer Kollektivbildung beitragen sollen. Die Gruppe wird unter operativer Kontrolle gehalten."

Ich reichte meiner Frau den Brief, den sie wortlos las. Nachdem sie den Brief fertig gelesen hatte, sagte sie zu mir: „Du hast doch gewusst, dass du mit der Antragstellung zur Einsichtnahme auf jede Überraschung gefasst sein musst. Nun hast du es schwarz auf weiß, du warst aktenkundig." Nachdem sich mein erster Schock gelegt hatte, erwiderte ich, dass ich mit so einem Ergebnis nicht gerechnet hatte. Jetzt fielen mir wieder meine Bedenken ein, die ich vor der Antragstellung zur Einsichtnahme in die Unterlagen der Staatssicherheit hatte. Zum einen war ich mir sicher, dass ich nicht bespitzelt wurde, zum anderen, wenn ja, wer hatte mich bespitzelt? Könnte es jemand aus dem Bekannten- oder Freundeskreis sein? Ich hielt dies jedoch für unwahrscheinlich. Eigentlich hatte ich diesen Antrag nur gestellt, da ich zufällig an einem Informationsstand der Behörde in einem Einkaufszentrum vorbeigekommen bin und mich eine freundliche Mitarbeiterin auf die Möglichkeit der Antragstellung angesprochen hatte.

Nun lag also das Ergebnis vor.

Als sich die erste Aufregung gelegt hatte, musste ich nun doch etwas schmunzeln. Was sagten denn diese Ergebnisse eigentlich aus? Eigentlich nichts, sie waren nur Beleg für die Furcht des Staates gegen jegliche Form von Liberalismus. Jeder, der nicht hundertprozentig mit beiden Beinen auf den Grundfesten des Marxismus-Leninismus stand, war verdächtig. Der Gedanke, dass ich in einer Phase meines Lebens als Staatsfeind eingestuft wurde, belustigte mich jetzt doch und ich versuchte, mich in die Zeit um 1970 zurückzuversetzen.

Im Frühjahr 1970 machte ich mein Abitur und nahm im September an der mathematischen Fakultät einer Universität ein Studium an. Warum ich diese Fachrichtung belegte, weiß ich bis heute noch nicht so richtig. Ich war zwar mathematisch begabt, aber meine eigentlichen Neigungen lagen auf den Gebieten Geschichte, Geographie und Deutsch. Vielleicht lag es daran, dass mein Vater sich nichts mehr wünschte, als dass eines seiner Kinder in seine Fußstapfen tritt. Mein Vater war mit Leib und Seele Lehrer, er unterrichtete Mathematik und war den Gesetzmäßigkeiten der Logik sehr zugetan. Mein Elternhaus war für die damalige Zeit eher kleinbürgerlich, ich hatte vielleicht auch deshalb eine gut behütete und unbeschwerte Jugend.

Mit Beginn des Studiums begann für mich ein neuer Lebensabschnitt, ich war von jetzt an mehr auf mich allein gestellt, außerhalb des mütterlichen Herdes. Für mich war dies die erste so richtige Herausforderung. Meine hohen Erwartungen bekamen jedoch bereits zu Beginn des Studiums einen Dämpfer. Anstelle einer gemütlichen Studentenbude musste ich mit einem Platz in einem Studentenwohnheim vorliebnehmen. Konkret sah dies so aus: Mit neun weiteren Kommilitonen bezog ich eine Vier-Raum-Neubauwohnung. Dies war an sich nicht schlecht, da der Komfort für die damalige Zeit hoch war, eine intime Sphäre konnte man jedoch nicht aufbauen. Sämtliche

Aktivitäten spielten sich in der Wohnung ab, intensives Lernen war nur in den Seminarräumen oder der Bibliothek möglich. Und das Lernen besaß zum damaligen Zeitpunkt die höchste Priorität. Bier trinken und Feten waren eher die Seltenheit. Diese Schwerpunkte sollten sich jedoch im Laufe der Zeit verschieben.

Wenn ich jetzt aus einiger Entfernung an diese Zeit zurückdenke, fällt mir eigentlich nichts Negatives in meiner Lebensphilosophie ein. Ich wurde sechs Jahre nach Ende des Zweiten Weltkrieges in einen der damals existierenden zwei deutschen Staaten, die DDR, hineingeboren. Die Tatsache, dass die DDR durch die Bundesrepublik nicht anerkannt wurde, interessierte mich überhaupt nicht. Ich kannte nichts Anderes als das Leben in der DDR. Informationen zum anderen deutschen Staat bezog ich über den Rundfunk und das verbotene Westfernsehen. Musiksender wie Europawelle Saar, Radio Luxemburg und Radio Bremen waren mir bekannter als die DDR-Sender, und dies nicht aus ideologischen Gründen, sondern einfach nur wegen der Musik. Manfred Sexauer oder Nachsitzen mit Marion waren für mich die musikalischen Highlights der Woche. Wir waren die Generation in der DDR, für die die Beatles, Stones, Kings und viele andere Bands Vorbilder waren und uns zeigten, dass es noch andere Lebensmaxime gab, als die, die uns unsere Eltern vorlebten.

Damit waren wir jedoch noch keine Gegner des Sozialismus. Im Gegenteil, wir waren als Mitglieder der Pionierorganisation und später der FDJ von den Vorzügen der sozialistischen Gesellschaftsordnung trotz spürbarer Mängel überzeugt, hatten jedoch bereits einen eigenen Blickwinkel auf unsere Welt und waren für viel Neues sehr offen.

Wir waren gegen den Krieg der Amerikaner in Vietnam und begeisterten uns für Jimmy Hendrix oder Janis Joplin. Hier unterschieden wir uns von der 68er Generation im Westen nicht, wir unterschieden uns jedoch in den Zielen.

Während man im Westen mit Gewalt versuchte, das System zu ändern, begnügten wir uns mit dem Versuch, mit Äußerlichkeiten, wie langen Haaren und salopper Kleidung zu rebellieren, ohne jedoch an den Grundfesten des Systems zu rütteln. Innerhalb der Seminargruppe bildeten sich im Lauf der Zeit verschiedene Gruppierungen heraus.

Während sich eine Gruppe vorrangig dem Studium der FDJ- und Parteiarbeit widmete, war der andere Teil eher dem fröhlichen Studentenleben zugetan. Dieser Gruppe gehörte ich an. Wir zogen Diskussionen im Cafe oder beim Bier bei Prof. Hauser, dem Wirt unserer Stammkneipe, einem intensiven Studium vor. Dabei ging es gar nicht einmal um tiefsinnige politische Diskussionen, sondern um die Diskussion als Mittel zum Zweck, wir wollten etwas anderes als die große Masse sein. Ich kann mich noch recht gut an eine Situation erinnern, die dies untermauert.

Während eines M/L-Seminars wurde ich durch den Dozenten des Raumes verwiesen, weil ich seine Frage nach den Unterschieden der gesellschaftlichen Systeme des Kapitalismus und Sozialismus lapidar mit „im Kapitalismus herrscht die Ausbeutung des Menschen durch den Menschen, im Sozialismus ist es genau umgekehrt" beantwortete.

Nicht, dass ich bewusst provozieren wollte, diese Reaktion war mehr Ausdruck von mangelndem Interesse an Pflichten, die das Lehrprogramm abverlangte. Wir hatten auch kein Interesse, zum Beispiel die FDJ-Arbeit zu sabotieren, wir beteiligten uns nicht beziehungsweise reduzierten unsere Teilnahme auf das Unabdingbare. Vielleicht war es diese Gleichgültigkeit und die Einstellung zum Studium insgesamt, welche uns von Mitkommilitonen und Lehrkräften negativ angelastet wurde. Oder waren es persönliche Motive, ich weiß es nicht mehr. Ich könnte mir zwar vorstellen, wer aus der Seminargruppe über uns gegenüber der Stasi berichtet hat, aber wenn ich ehrlich bin, will ich es auch gar nicht wissen. Dass mir durch diese Bespitzelung Nachteile erwachsen wären, habe ich nie persönlich verspürt.

Jedem DDR-Bürger war die Existenz des Staatssicherheitsdienstes bekannt. Man kannte in den Betrieben die hauptamtlichen Mitarbeiter und hatte auch in den meisten Fällen konkrete Vermutungen, wer im Bekanntenkreis oder im Betrieb ehrenamtlich für die Stasi tätig war. Im Ungang mit diesen Personen entwickelte deshalb jeder seine eigene Diplomatie. Mit einigem Abstand kann ich heute mit diesem Thema der DDR-Geschichte ganz gut umgehen, da die Tätigkeit der Staatssicherheit meine private und berufliche Entwicklung aus meiner Sicht nicht negativ beeinflusst hat. Da jeder Mensch seine eigene Historie hat, kann es auch keine allgemeine Regelung zum Umgang mit dem Phänomen Stasi geben; jeder muss also seine eigene Umgangsform finden.

Ich habe sie, so denke ich, gefunden.

Frühlingserwachen

Grau noch scheint der Morgen, als das kleine blonde Mädchen erwacht. Was hat es nur aus ihren schönen Träumen gerissen? Schutzsuchend kuschelt es sich an ihre Mutter, die noch schläft und unbewusst den Arm um ihr geliebtes Kind legt. Muttis Locken kitzeln das kleine Mädchen in der Nase, sie muss niesen. Da wird auch die Mutter munter, drückt ihr Kind tröstend an ihren wärmenden Körper, denn durch das offene Fenster strömt noch die kühle Nachtluft, vermischt mit feuchter Morgenfrische, in das heimelige Schlafzimmer. Gemeinsam lauschen beide den aufschwellenden Gesängen der gefiederten Frühlingsboten, die in der großen Akazie direkt vor dem Fenster des Schlafzimmers sitzen und sehnsüchtig auf die wärmenden Strahlen der Morgensonne warten. Die Mutter drückt ihrem Liebling den Finger auf den Mund, schiebt leise die flauschige Decke weg und steht vorsichtig auf. Sie will den Vater nicht wecken, der erst nachts von der Arbeit kam und ein wenig länger schlafen darf. Auch die süße Blonde krabbelt hinter der Mutter her aus dem Bett, bekommt den Bademantel übergezogen und folgt mit leichten Schritten der Mutter hinunter in die Küche. Aber die schickt ihren Liebling erst einmal ins Badezimmer zum Waschen, und um die zerzausten zuppeligen Haare zu kämmen. Den süßen Mund schmollend verzogen, gehorcht das Mädchen. Ihr folgt auf dem Fuße eine grau-weiß kuschelige Perserkatze, ihr Lieblingstier, schnurrend und um Streicheleinheiten bettelnd. Die kleine Blonde beugt sich hinunter, krault ihr Kätzchen am Hals und hinter den Ohren und verschwindet endlich im Badezimmer. Mutter indessen setzt einen Topf mit frischer Kuhmilch und ein wenig heißes Wasser auf den Herd, damit sie für ihr Kind einen leckeren Kakao, und für sich selbst einen starken Kaffee kochen kann. Dann bäckt sie Brötchen vom Vortag im Herd auf, deckt den Tisch für sich und ihre Kleine und schummelt ein kleines Stückchen Schokolade auf den Frühstücksteller des Kindes. Wie wird sie sich da freuen …

Inzwischen kocht das Wasser und die Mutter überbrüht ihren Kaffee. Auch der Kakao ist fertig, als die Kleine aus dem Badezimmer wieder in der Küche erscheint. Fragend schaut sie auf die Mutter, bekommt ein Küsschen und darf sich an den gedeckten Tisch setzen. Das Mädchen hat einen hübschen Zopf aus ihrem langen blonden Haar gezaubert und die Mutter freut sich darüber. Beide lächeln, als das Mädchen die Schokolade entdeckt und genüsslich schmatzend mit ihren Fingern in den Mund bugsiert. Ihr ein wenig herzförmiges Gesichtchen beginnt vor Freude zu strahlen. Dann essen beide gemeinsam ihr Frühstück und genießen die Ruhe am Morgen. Es ist noch zu früh zum Füttern, denn draußen auf dem Hof in den Ställen herrscht noch Ruhe. Bald sind die beiden fertig mit dem Essen und räumen gemeinsam den Tisch ab. Das Geschirr stellt die Mutter in das Spülbecken, sie will es erst nach dem Füttern abwaschen. Schnell schickt sie ihren Liebling in den mit Holz bedielten Flur, um die Gummistiefel anzuziehen und die dicke Jacke überzuziehen. Natürlich hilft sie dem Kind dabei und streift rasch ihre eigene Jacke über die Schultern. Als beide fertig angezogen sind, verlassen sie das rustikale Bauernhaus mit den hübschen kleinen Fenstern, um die Tiere auf dem kleinen alten Hof zu versorgen. Endlich steigt auch die Sonne höher und sendet ihre schon wärmenden Strahlen auf die beiden fleißigen Bäuerinnen. Im Stall werden ihre geliebten Tiere munter, als die Mutter in der Futterküche mit Eimern und Schüsseln zu hantieren beginnt. Sie kennen die Geräusche, die reichlich nahrhaftes und leckeres Frühstück bedeuten. Das kleine Mädchen indessen ist in die Box gehuscht, in der ihre

Lieblingsstute steht und zur morgendlichen Begrüßung leise grummelt. Liebevoll umarmt das Mädchen ihr Pferd, auf dem sie reiten lernt und mit dessen Hilfe sie erlernt, wie ein Pferd zu pflegen und zu füttern ist. Bis zum vorigen Tag hatte der dauernde Regen allen die Laune so richtig verdorben, aber die Sonne steigt nun mit jedem Tag höher und wärmt den Boden mit ihren streichelnden kraftvollen Sonnenstrahlen auf. Längst ist das bisschen Schnee geschmolzen, was die Kleine sehr traurig gemacht hat. Sie baut sonst immer gemeinsam mit der Mutter einen dicken Schneemann im Winter, aber in diesem war es nichts geworden.

Aus der Futterküche tönt Mutters Stimme, die ihre Kleine ruft, damit sie ihr hilft. Flugs eilt sie zur Mutter und holt die Müslischüsseln für die sieben Pferde, die die Mutter peinlich genau gefüllt hat. Jedes Pferd erhält seine besondere Mischung, aber die Kleine weiß das. Sie hilft der Mutter jeden Morgen. Während die Bäuerin das Weichfutter für die Hühner und das Hasenfutter mischt, jammert der schöne kräftige altdeutsche Schäferhundrüde bereits erwartungsvoll im Zwinger. Die Hündin dagegen wartet geduldig, Schwanz wedelnd darauf, dass eine der beiden Frauchen die Zwingertür öffnet. Endlich, da kommt die Mutter mit den beiden vollen Eimern für die Kleintiere aus der Futterküche, stellt sie auf dem Hof ab und geht erst einmal zum Zwinger. Schmunzelnd schiebt sie den Riegel der Gittertür des Zwingers zurück und muss auch schon zur Seite springen, denn der Rüde stürmt fröhlich bellend ins Freie. Die Hündin folgt wesentlich ruhiger, begrüßt freundlich die Herrin, lässt sich kraulen und folgt dann dem Rüden, der schon aus dem offenen Tor hinaus über die Straße und auf die Wiesen gelaufen ist. Noch ist das Gras grau und gelb und sehr unansehnlich, aber bald wird die Wiese grün sein und in den buntesten Farben blühen. Dann geht die Mutter zu ihrer Kleinen in den Stall, um den Pferden Heu in die Raufen zu füllen. Sie fasst in den Heuhaufen, zieht ein wenig heraus und freut sich an dem aromatischen Duft. Sie haben bei der Heuernte im vorigen Jahr viel Glück gehabt. Selten gelingt es, so schön grünes und duftiges Heu einzubringen. Dann gabelt sie in jede der Boxen einen Haufen des duftigen Raufutters hinein. Dabei muss sie lächelnd feststellen, dass ihre kleine Tochter schon wieder auf dem blanken Rücken der hübschen Fuchsstute sitzt. Dann winkt sie dem Mädchen, geht voraus und nimmt die beiden Eimer mit dem Hühner- und Hasenfutter. Schnell folgt ihr das Mädchen, denn die Hasen mag sie auch. Besonders einer, ein schwarzweißes Männchen, hat es dem Kind angetan. Mit seinem kuschelweichen Fell lockt er jeden, ihn zu streicheln, und die Kleine tut das jeden Morgen intensiv. Das Männchen hat sich schon so daran gewöhnt, dass es seinen Kopf allein in die ausgestreckte Hand des Mädchens steckt, um sich kraulen zu lassen. Dabei beachtet das Tier nicht einmal das Futter, das die Mutter in seinen Stall gelegt hat. Erst will es seine Streicheleinheiten, dann beginnt es auch zu fressen. Die Hühner machen ein Heidenspektakel, stürzen sich hungrig auf ihr Frühstück. Endlich sind alle Tiere versorgt und Mutter ergreift die Hand ihres Töchterchens. Mit liebevollem Blick fragt sie das Kind, ob sie nach einem zweiten Frühstück spazieren gehen wollen und die Kleine nickt begeistert, denn die Sonne lockt mit ihren fröhlichen Strahlen, die dem Kind lustig in der Nase kitzeln. Doch gerade, als beide Hand in Hand über den Hof schlendern, kommen sie am Weidenbusch vorbei. Die Mutter hält an und zeigt dem Kind die wachsenden Kätzchen an den dünnen Zweigen. Nun weiß sie, dass der Winter vorbei ist und beide freuen sich darauf, gemeinsam draußen im Feld, auf den Wiesen und im nahen Wald den Frühling zu suchen und zu finden. Wie jedes Jahr, seit die Kleine laufen kann, gehen Mutter und Tochter spazieren, um die Boten der kommenden Wärme, des Erwachsens der Natur nach dem Winter zu finden und sich daran zu erfreuen …

Lieselotte Best

... von Engeln

Sanduhr

Des Nachts, wenn ich manchmal erwach,
alles zart und still Atem holt und neue Kraft schöpft,
hör ich sehr achtsam und bedächtig auf meine
Gedanken.
Stetig und unaufhaltsam läuft die Sanduhr meines
Lebens weiter.
Korn für Korn verfließen die Sekunden, werden zu
Minuten,
vereinen sich zu Stunden und bündeln sich zum vollen Tag.
Es reiht sich Woche an Woche.
Jeder Monat zählt und wird zum Jahr.
Es fliehen die Momente des Glücks,
die gedämpften Stunden der Trauer ziehen auch vorüber.
Diese Spuren dieser so rasch vorbei eilenden Zeit
zeigen sich wohl in meinem Gesicht,
auch an meinem Körper spüre ich sie.
Auf meiner Seele haben sich Narben gebildet.
Jedoch, auch wenn ich weiß, dass ich nur ein Gastspiel
gebe hier auf dieser Erde,
hier in dieser Umgebung,
hier bei diesen Menschen, die mir nahe sind,
die durch mich erst Leben erfuhren,
die durch mich lernten, aufrecht zu gehen,
Schutz erfuhren und Sicherheit bekamen,
bin ich nicht traurig oder ängstlich.
Aber schon ein wenig eigenartig beschleicht mich das
Gefühl und vor allem das Bewusstsein,

dass schon über die Hälfte dieser, meiner Lebens-
Sanduhr, durchgelaufen ist.
Und ich frage mich:
Ob ich wohl ein Engel werde?
Ob ich wohl einen Platz finde, den meine Seele
beschreiten darf?
Ob ich wohl wieder finde, die, die ich kannte, da nun in
Zeit und Raum?
Ob ich wohl beschützen kann von dem fernen Land der
geistigen Zuflucht?
Ob das wohl alles war?

Doch auf dieser Erde, hier und jetzt, weiß ich nun wohl,
dass man dem Leben wohl keine Jahre geben sollte,
sondern den Jahren sollte man Leben geben.
Die einzige Beunruhigung, die ich tief in mir erfahre, ist
die Frage,
ob ich wohl allein sein werde,
wenn ich eines Tages gehen muss?
Und so beobachte ich diese meine Sanduhr weiter,
und harre bewusst mit einem Lächeln dem, was da noch
kommen mag
und was das Leben noch für mich bereithält.

Weil Du ein Engel bist

Da stehst Du nun an diesem Platz.
Um Dich herum sieht so Vieles anders aus als früher.
Du bist sprachlos, fühlst dich verloren,
falsch an diesem Ort, ja, gar in dieser Zeit.
Deine Augen sprechen und Dein Blick,
nicht Dein Mund.

Lieselotte Best

Deine Gedanken gehen zurück und ich weiß, wie es in Dir aussieht,
aber Du hast Kraft und gibst sie weiter.
Du kanntest es noch mit Ruhe und Gelassenheit an die zwar harte Arbeit,
auch an die Bewältigung von Problemen zu gehen,
aber aus dem Ergebnis zu lernen, ja, zu schöpfen und diese weiter zu geben.
Du kanntest noch Zuverlässigkeit und Ehrlichkeit.
Aber Hektik umschließt Dich nun.
Unruhe und Unzufriedenheit tragen alle, die um Dich sind.
Ein Wettrennen ist es geworden in dieser Welt, und Werte sind verschoben.
Erfahrungen sind kaum noch gewollt,
werden aussortiert, werden abgelöst,
von vermeintlich effizienteren Erkenntnissen und besseren Sichtweisen.
Warum aber kommen die,
die Dich kennen, zu Dir,
um sich bei Deinem Wesen,
welches so reich an Erfahrung und Gelassenheit ist,
ein klein wenig aufzutanken?
Warum wollen sie ein klein wenig von Deiner Ruhe,
die Du allein schon mit Deiner Stimme ausstrahlst,
mitnehmen, sie aufbewahren und daran zehren?

Weil Du ein Engel bist.
Ein Engel, der so selten noch zu finden ist.
Ein Engel, der nicht zurück verlangt, was er gibt.
Ein Engel, der nicht aufrechnet.
Ein Engel, der Wissen aus Erfahrung vermittelt und weitergibt.
Du hast uns reich beschenkt.

(für meinen Vater)

Gehalten

Ich weiß, dass da etwas ist.
Ich fühle es ganz genau.
Etwas, was mich bewacht, mich behütet.
Bist es Du, mein Engel, da oben in dem großen, weiten Himmel?
Siehst Du herab auf mich und leitest meinen Weg?
Seit Du gegangen bist, ist es leer in mir
und ich weinte tausend Tränen,
und doch
fühle ich mich gehalten von Dir.
So viele Dinge, die hier geschehen,
die Mut erfordern und Kraft, sie zu bewältigen,
lassen sich leichter ertragen und angehen
mit dem Gedanken an Dich.
Vorwärts geh ich Schritt für Schritt
mit Dir im Rücken,
gehalten von der Macht der Verbundenheit.

Gutes Gefühl

Du sonnst Dich in dem warmen Gefühl von Nähe.
Du saugst alle Worte und Gesten, die man Dir zuteil werden lässt,
so als ob Du am verdursten seiest,
förmlich in Dir auf.
Du bist der festen Überzeugung,
dass das da ein Engel ist, der neben Dir schwebt,
der Dich begleitet auf Deinen Wegen,
Dich zum Lächeln bringt und einfach da ist.
Ganz allein für Dich.

Du träumst Dir das,
was Du nie zu denken gewagt.
Du deponierst Dir
die guten Gefühle vom Jetzt.
Du hoffst, zehren zu können daran,
wenn es Dir mal schlecht geht
oder Du allein bist.
Du hoffst, zurückgreifen zu können auf das gute Gefühl,
damit Du nicht untergehst, damit Du die Kraft hast,
weiter zu machen …

Engel

Wir beide wissen, dass wir keine Engel waren.
Engel können fliegen.
Du versuchtest es verzweifelt ohne mich,
ich versuchte es natürlich ohne Dich.
Und doch konnten wir nie so richtig fliegen.
Auch wenn wir selbst fest der Überzeugung waren,
wir könnten es.
Selbstbewusst und stolz, unabhängig voneinander
wollten wir sein.
Aber wir sind ohne einander
Engel mit nur einem Flügel.
Kläglich versagt uns die Kraft und wir schweben
orientierungslos im Nebel der Gefühle,
heimlich, aber doch stetig auf der Suche nach dem
anderen.
Um wirklich sicher fliegen zu können,
müssen wir einander also fest umarmen.
Ich bin hier, um Dir meinen Flügel zu leihen.
Jahre schon.

Willst Du mir Deinen denn nicht endlich geben,
damit wir wirklich fliegen können?
Du und Ich.

Mit Engelszungen

Mit Engelszungen wollte man Dich manipulieren.
Schön, erhebend, herrlich hätte alles demnach sein
müssen.
Aber es war nur ein überaus kläglicher Versuch, Dich zu
halten, Deine Flügel zu stutzen.
Du hast ihn aber längst in Dir entdeckt, den Schatz, der
Dich berührt, Dir Frieden gibt.
Du hast erkannt, und nun wirst Du diesen Schatz
in Dir verstecken.
Er wird sich eingraben in Dein Herz.
Er wird dort bleiben und Du wirst ihn nicht verraten.
Er wird Dich reich machen an Liebe und Wärme.
Jede Faser seines Anblicks wirst Du trinken,
Dich glücklich fühlen dabei.
Diesen Schatz wirst und musst Du
achtsam hüten.
In Deinem Herzen ist diese freie Kammer
nun gefüllt.

Fleisch

Johann Bettisch

Adam hielt Chawwas Arm fest und strebte vorwärts, ständig um sich schauend. Beide waren furchtbar erschrocken, denn so etwas hatten sie noch nie erlebt. Nachdem sie aus dem Garten Eden[1] verjagt wurden, kamen sie im Großen und Ganzen zurecht, weil die Umgebung vom Garten Eden selbst nicht sehr verschieden war, nur dass nicht so viele der Bäume süße, essbare und aromatische Früchte trugen. Andere Nahrungsmittel mussten sie oft aufmerksam zusammensuchen, aber trotzdem fanden sie nicht immer Entsprechendes. Sie haben auch gut schmeckende Wurzeln, süße Beeren, entdeckt. Es ist aber schon öfter vorgekommen, dass sie am Abend, ohne satt zu werden, übernachten mussten, und sich dann am Morgen gleich auf die Suche machten, um den knurrenden Magen zu beruhigen.

Dabei bemerkten sie überrascht, dass Früchte, die sie brauchen, auch von anderen Wesen begehrt wurden, und dass diese Wesen sich die gut schmeckenden Früchte auch von ihnen wegnahmen, wenn sie welche gesammelt hatten, und dass diese Wesen den nackten Körpern der Menschen auf lange Zeit schmerzende Verletzungen zufügen konnten, während sie selbst unverletzbar schienen, weil ihr Körper mit einem dichten Wuchs bedeckt war, wie die Menschen nur am Kopf und an wenigen anderen Stellen, Adam aber auch im Gesicht hatte, Chawwa aber zu ihrem Staunen nicht. Adam kannte diese Wesen vage, denn als

---

1 Eden = Entzücken, Flachland, Garten der Wonne oder Paradies (avestisch: pairi-daēza = umfriedeter Garten)

der Herr sie ihm noch im Garten Eden vorführte, musste er ihnen Namen geben, was er auch tat, aber inzwischen hat er das Meiste vergessen.

Seit mehreren Sonnenzeiten konnten sie nicht mehr wie immer genug Nahrung sammeln, weil sie fast ständig laufen mussten. Und sie fühlten sich geschwächt, es fiel ihnen schon schwer, sich zu bewegen. Vor einigen Tagen wurde es nämlich oben am Himmel dunkel, riesiges Getöse und Krachen erfüllte das Land und versetzte sie in ungeheuerlichen Schrecken. Feuer und Wasser fielen dabei unaufhaltbar von oben herab und irgendwann brannte trotz des herabstürzenden Wassers alles um sie herum. Das Feuer kannten sie nur als die zuckenden Flammen vom Schwerte des Cherubs, der sie verjagte, oder ein ähnliches, das sie am Himmel sahen, und das dem Feuer vom Schwert gewissermaßen ähnlich und ebenso grauenerregend war. Aber das hier, mit höheren Flammen als die höchsten Bäume, die Masse der Glut, die immer näher kam, das war neu und unvorstellbar. Sie haben versucht, es anzufassen, um es fern zu halten, und haben sich dabei Verletzungen mit unglaublich starken Schmerzen zugezogen.

Sie merkten aber, dass das Feuer dort nicht mehr brannte, wo genug Wasser darauf fiel. Adam erfasste Chawwas Arm und rannte los in Richtung der aufgehenden Sonne, zum Fluss Hidekkel, einer der vier, der aus dem oder durch den Garten Eden floss. Sie hatten nicht nur einmal mit Schaudern zugeschaut, wie Wesen, die so wie alte Baumstammrinde aussahen, im Fluss umherschwammen, andere Wesen erwischten und verschlangen, die am Ufer, wie sie, Adam und Chawwa selbst, friedlich zu trinken versuchten. Jetzt war aber keine Zeit zu überlegen, sie mussten hinein und zwar ganz weit, um in der Hitze nicht zu verbrennen.

Adam griff sich mit der freien Hand einen ansehnlichen, wenn auch etwas krumm gewachsenen, trockenen Ast, um diese Wesen fern zu halten, falls diese sie verschlingen wollten, und zog die Frau hinter sich in den Fluss. Ihr eigentliches Ziel war eine angeschwemmte Sandinsel, fast in der Mitte des Wassers, die bei hohem Wasserpegel immer kurz überschwemmt war, darum hatte sie außer der paar Bäume nur wenig Vegetation, hauptsächlich Gräser und niedrige Büsche. Der Mann ahnte richtigerweise, dass das Feuer da nicht hinkommen kann, weil die Insel zu weit vom brennenden Ufer lag. Der Fluss hatte sich, wie viele Wasserläufe in der Gegend, in den seltenen Fällen von starkem Regen, ein ziemlich breites Bett ausgewaschen, wo aber in normalen Zeiten das Wasser des Flusses verhältnismäßig seicht war. So konnte das Paar ohne Zwischenfälle die Insel erreichen.

Der Wind brachte das Feuer schräg über den Fluss. Flammen erreichten sie nicht, aber Funken, brennende Zweige und andere glühheiße Teile, die der Wind vor sich her blies, verletzten sie am Anfang auch hier, dann schützten sie sich, indem sie sich aus noch grünen Zweigen einen Schutzfächer machten und aus feuchtem Sand und Vegetation einen Schutzwall errichteten.

Die Wesen verschlingenden Baumstämme zeigten sich während dem Feuer nicht. Die beiden versuchten, von der Insel wieder an das Ufer zu kommen, aber am Ufer war der Boden so heiß, dass sie lange nicht darauf gehen konnten, und es gab unter der Asche noch Glut, die sie nicht gleich sahen, wohl aber oft folgenschwer fühlen konnten. Adam versuchte, mit Lianen noch unverbrannte, nass gemachte Baumrinde unter seine Füße zu binden, aber es gelang ihm nicht, diese richtig festzuzurren, darum mussten sie schnellstens, trotz allen Gefahren, zurück auf die Insel.

Der Tag ging langsam vorbei, die Luft war nicht mehr so heiß, aber das Nagen des Hungers wuchs zum quälenden Ausmaß, die paar Blätter, die sie versuchsweise gekaut hatten, verursachten ihnen nur Übelkeit. Eine Lösung war nicht in Sicht. Ihren Durst löschten sie mit Flusswasser, das zwar nicht so schmeckte wie das von kühlen Quellen, aber zur Not diente es auch. Gegen Abend erkannte Adam sein Weib, wonach sie zu schlafen versuchten. Sie schliefen in der Krone eines Baumes. Chawwa schlief fest, aber Adam traute sich nicht, er fürchtete herunterzufallen und diesen schwimmenden „Baumstämmen" zum Opfer zu fallen, denn zu was die im Stande sind, das hatte er ja öfter gesehen. Einige Male döste er zwar ein, schreckte aber kurz danach auf und schaute sich furchtsam um.

Der Hunger trieb sie frühmorgens von ihrer Ruhestätte. Beim Versuch, die Insel zu verlassen, wurden sie aber von den schwimmenden, grünen Baumstämmen bemerkt und eines dieser Tiere kam mit überraschender Schnelligkeit auf Adam zu, der es mit seinem Ast daran hindern wollte, ihm zu nahe zu kommen. Das Tier ergriff den Ast, schüttelte ihn mit einigen Bewegungen seines immensen Kopfes, biss ihn durch, so dass in Adams Hand nur ein Stück davon verblieb, so lang wie sein eigener Unterarm. Das Tier ließ das Stück, das noch in seinem Maul war, fallen, und bereitete sich auf einen blitzschnellen Angriff auf sein „Frühstück" vor. Das Allerschlimmste war aber, dass das erwähnte Schütteln des Astes den Mann, der ihn unbedingt festhalten wollte, dazu brachte, seinen Halt zu verlieren. So fand er sich auf dem Boden liegend wieder, und nahm im selben Moment wahr, dass das Tier sich mit weit geöffnetem Maul auf ihn stürzte. Adam sah großen Schmerz voraus, und das veranlasste ihn, sich zu wehren: Er stieß mit einer Abwehrbewegung den Rest des Astes, den er noch in der Hand hielt, nach vorne, in Richtung des riesigen, geöffneten, mit furchterregenden Zähnen bestückten Maules, und ins Maul hinein. Glück muss der Mensch auch haben. Und er hatte! Die spitzen Enden des ungleichmäßig abgebrochenen beziehungsweise abgebissenen Astes bohrten sich zugleich in die Weichteile des Unter- und auch des Oberkiefers des Tieres. Im selben Moment schlug Chawwa, die einen größeren Stein aufgehoben hatte, um ihn dem Tier auf die Augen zu schmettern, diesen Stein durch Zufall nicht auf den Kopf, sondern auf die Schnauze des Tieres, wodurch die Enden des Astes sich noch mehr in das Fleisch bohrten. Wild den Kopf schüttelnd, zog sich das Tier rückwärts ins Wasser zurück, das sich vom verlorenen Blut leicht rötlich färbte. Im Nu griffen mehrere grüne Baumstämme ihren verletzten Artgenossen an, der sich durch gewandte Windungen seines Körpers und kräftigen Hieben mit dem Schwanz verzweifelt zur Wehr setzte, aber gegen die Übermacht von so vielen Krallen und gierigen, scharfen Gebissen nicht aufkommen konnte. Nun begannen sich die Angreifer, um die inzwischen zerfetzte Beute zu streiten, als der Fluss sie alle in dem blutverschmutzten Wasser in Zeitlupentempo abwärts beförderte.

Die Menschen nützten die Gelegenheit und begaben sich, so schnell sie im fast brusttiefen Wasser vorwärts kommen konnten, auf das weniger gefährliche Ufer. Hier war es noch immer heiß, aber mit Vorsicht konnten sie Schritt für Schritt weiterkommen, in der Hoffnung, in kurzer Zeit etwas Essbares zu finden. Sie benutzten Stöcke, um sich den Weg von noch glühenden Resten freizumachen. Sie hatten sich immer nur pflanzlich, wie im Eden, ernährt. Aber jetzt, wohin sie auch blickten, nur Glut, graue Asche und schwarze, verkohlte Materie. Ihre Körper waren auch übersät mit kleineren und größeren, sehr schmerzhaften Brandverletzungen, sie waren mit Ruß verschmiert und verschwitzt. Der überall anwesende und nicht wegziehen wollende Rauch verätzte ihre Lungen. Ungewöhnliche Gerüche kamen mit dem Rauch in ihre Nasen. Ihr schwieriges Wandern im ausgebrannten Land oder Wald, wo sie nur langsam weiterkamen, hatte ihre Energie verbraucht, Durst und Hunger gaben ihnen den Rest, und gegen Abend waren sie nicht mehr in der Lage, weiter zu wandern. Sie fanden eine Stelle, wo sie meinten, übernachten zu können, wenn sie den Platz von Asche und Brandresten reinigten, und ringsherum eine Art Barrikade errichteten, um sich gegen Überraschungen der Nacht, so gut es ging, abzusichern. Es war eine schwierige Arbeit, weil sie so ausgemergelt waren. Indem sie Verschiedenes beiseite schob, bemerkte Chawwa am Boden drei ovale, flusssteinähnliche Gegenstände, wie sie in den Vogelnestern gesehen hatte, nur die da waren verbrannt, fast schwarz und gesprungen. Sie wollte eines aufheben, aber hatte nur eine halbe, leere Schale in der Hand, die sie in Augenschein nahm und danach wegwarf. Der Rest, weiß schimmernd, lag noch am Boden und verbreitete einen eigenartigen, angenehmen Geruch. Sie hob das Ding auf, warf die andere Hälfte der Schale weg und roch noch einmal an dem weißen, rundlichen und weichen Ding. Dann, irgendwie ohne viel nachzudenken, biss sie hinein, und es schmeckte ihr. Besonders der gelbe, mittlere Teil. Sie zeigte es Adam. Der roch daran, dann aß er es. Sein Gesicht strahlte im Zwielicht der sich nähernden Nacht Zufriedenheit aus. Gleich aßen sie die anderen zwei Eier und fühlten sich schon besser. Chawwa zeigte, wo sie sie gefunden hatte. Sie suchten weiter, fanden aber keine mehr, dafür jedoch einen fast verkohlten Vogel. Adam fasste ein paar Federn an, um ihn beiseite zu schaffen. Die Federn und ein Stück der verbrannten Haut des Vogels blieben in seiner Hand, der Vogel aber am Boden. Die entblößte Brust des Vogels verbreitete einen Geruch der ihnen neu und gut schien. Adam hob den Vogel, roch eine Weile daran, und biss ins Fleisch. Er spuckte das Abgebissene nicht heraus, sondern kaute es und schluckte es gierig. Den ungewohnten Geschmack empfand er als angenehm und biss noch einmal in die Brust, und noch einmal, dann gab er den naturgebratenen Vogel an Chawwa weiter.

Die Ernährung bot in den nächsten Tagen keine besonderen Schwierigkeiten, weil in dem Brand viele Tiere umgekommen waren. Schmackhaft waren nicht alle, manche konnten sie gar nicht verzehren, aber satt waren sie doch, auch wenn sie in dieser Zeit gar nichts Vegetarisches zu essen fanden, außer einiger halbverkohlter Wurzeln. Wasser fanden sie auch. Nach einiger Zeit kamen sie an den Rand des verwüsteten Landes, wo es nicht weiter gebrannt hatte, weil der Wind die Flammen zurückwehte. Dort fanden sie wieder duftende Früchte und saftige Stauden. Aber zu ihrer Überraschung sehnten sie sich nach Fleisch. Verbrannte Tiere gab es keine, und die es noch in der verbrannten Zone gab, waren nach kurzer Zeit nicht mehr zu genießen. Aber Adam lernte schnell mit Steinen oder Aststücken kleinere Wesen zu erlegen. Die kleineren verzehrten sie wie erlegt, die größeren brachten sie dann zurück in die brandzerstörte Zone und legten sie auf die Glut, die noch in einigen nicht ganz verbrannten Baumstämmen glühte, und aßen sie gebraten als eine wohlschmeckende Zutat zu ihrem vegetarischen Unterhalt. Der Mensch hat das Fleisch als Nahrung entdeckt und den Weg, es sich zu besorgen, um sein Leben zu erhalten, durch das Auslöschen anderer Leben … Später, so steht es geschrieben, haben Adam und seine Familie das Feld bebaut und erfolgreich Vieh gezüchtet.

Im Fluss des Lebens

… an dich …

Fühlst Du es,
wenn Du aufwachst und merkst, dass Du angekommen bist?
Wenn die Sehnsucht nach Glück und freudvollen Dingen schwächer und schwächer wird,
und der einst gemalte Zukunftsplan immer mehr verblasst?
Wenn Du in Dir ruhst, mit Dir selbst allein sein kannst, ohne Zerstreuung und Ablenkung zu suchen?
Wenn Du die Kontrolle Deines Verstandes immer leichter an Deine innere Weisheit und an Dein offenes Herz abgeben kannst und dadurch erkennst, dass Dein für Dich bestimmter Fluss des Lebens Dich gefunden hat und Dich als Ganzes mitnimmt, fort, nachhause?

Kannst Du es hören,
wie unsere Herzen miteinander sprechen, ganz leise, sanft und voller Liebe?
Wie wir unserer Liebe erlauben, zu wachsen, weil wir einander immer mehr lassen können und dadurch die Chance bekommen, ganz und heil zu werden?

Siehst Du es,
wie unsere Umwelt immer mehr schwindet, wie neue Farben und Formen entstehen,
die wir mitgestalten dürfen?

Erkennst Du es,
wie das Leben all unsere Wünsche erfüllt, wenn wir nur
uns selbst leben, ohne Angst vor Veränderungen und
ohne Kompromisse?
Wir beide haben uns jeder in seinen, nur für ihn
bestimmten, Fluss des Lebens begeben,
ohne vom anderen zu verlangen, dass er folgen muss ...

*Dadurch werden wir uns verlieren, im Geiste, im Herzen
und in der Seele.
Weil, gefunden haben wir uns schon ...*
in Liebe

Das Element Mensch

Wenn der dunkle Vorhang aus nicht gelebten Erinnerungen sich schützend über das innere Licht breitet, brechen die künstlich aufrechterhaltenen Kontakte zum Leben im Außen ab. Ich sehe und höre so klar wie nie, doch meine Augen blicken nicht hin, und meine Ohren vernehmen nur das alles durchdringende Rauschen des immerwährenden Lebensstromes. Die Sucht der Menschen, die eigenen, ruhelos an ihren Seelen zerrenden Defizite mit allen möglichen und unmöglichen Dingen zu erfüllen, vergiftet langsam das tägliche Sein, wohl im Wissen, dass alles so ist wie es ist. Wie wild gewordene Tiere stürzen sie sich auf jene Hoffnungsträger, die Verantwortung für ihr eigenes Schicksal übernommen haben. Mit hastenden, ruhelosen und inhaltsleeren Worthülsen, die wie ein nie enden wollendes Trommelfeuer formlos herausgepresst werden, erklären sie der Welt, ihr eigenes, nur aus Leid und Orientierungslosigkeit gefülltes Sein und haften sich dabei wie Ertrinkende an meine

Seele, die sich nach einiger Zeit des Mühens ermattet hinter dem Vorhang zurückzieht. Stilles Glück, wieder ganz allein und bei sich zu sein, breitet sich langsam, aber stetig in den Lebensbahnen aus, einer ruhigen und kraftvollen Flut gleich. Bald wieder bereit zu sein, am Leben wieder teilnehmen zu wollen.

Wäre ich ein Teil des Windes, würde ich die Augen schließen, um für immer ins unendlich Weite der Welt zu gleiten …
Wäre ich ein Teil des Wassers, so ließe ich mich zerfließen, um eingebettet zu sein, in den immer wiederkehrenden Lauf der Gezeiten …
Wäre ich ein Teil des Feuers, so würde ich brennen, mit allen Sinnen und mit liebendem Herzen, bis zur Erlöschung …
Wäre ich ein Teil der Erde, so würde ich Nahrung und Heimat sein, für alle mit mir lebenden Elemente …
Doch ich bin Mensch, und damit sind der Wind, das Wasser, die Erde und das Feuer Teile von mir.
Somit kann ich alles sein, bis zum Ende allen Anfangs, wo ich mich dann wieder zu einem Teil hin wandle …

Vom ewigen Leben eines Eiskristalls …

Er wandelt ohne wärmende Unterkunft durchs Leben der Gezeiten, erstarrt und kalt in seiner rigiden, geordneten Substanz, sein sehnlichster Wunsch, den Lebenshorizont unendlich zu weiten, wird immer schwächer im ermüdenden und formlosen Lebenstanz.

Obwohl ihm der Nordwind anträgt ein sicheres Geleit, wünscht er zu sterben, zu zerfließen und sich zu wandeln, er spürt, es verrinnt seine mühsam erworbene Lebenszeit, verzweifelt sind seine angstvollen Versuche mit Kälte und Sonne zu verhandeln.

Die wärmenden und tödlichen Strahlen verkünden den Eintritt ins ewige Licht, das ihm leise und melancholisch die höchsten Freuden verspricht.

Letztendlich, warm und hell ist sein Zerfließen, sein dunkler Schatten warnt vergebens, wiedereingebettet ist sein Schicksal im Fluss des Lebens.

Vom Blick in die Zukunft …

Kannst Du auch in Deine Zukunft blicken? Siehst Du die farbenfrohen Bilder, die gefüllt sind mit inspirierenden Handlungen, die von einer bestimmten Kraft Deiner intuitiven Weisheit gefordert werden? Oder siehst Du gar die trägen Zeichnungen, von Schwermut und Verzweiflung durchdrungen und mit dunklen, dicken Linien aus zähflüssigem, altem Blut gemalt, das direkt aus Deinem leblosen Körper entnommen wurde? Dein Wille geschehe, sollte es wohl heißen, wenn die Frage über die Zukunftsvision gestellt wird, die nur aus dem jetzt nicht gelebten Augenblick entstehen kann. Wie kann ich nicht wissen, ob meiner Zukunft, wenn mein ganzes emotionales Ich mir meine Gegenwart mitteilt? Wie kann ich nicht wissen, ob meines Seelenheils, wenn diese meine Seele, mit den von ihr geborenen Gedankenflüssen urteilslos und wertfrei in diesem Augenblick leben darf? Und wie kann ich nicht wissen, ob meiner Entwicklung, wenn die immer währende Veränderung mein ganzes Ich erfasst hat und mir dadurch meine Ruhe und Stabilität im Chaos des Lebens ermöglicht? Ich weiß ob meiner Zukunft, weil meine Gedankenströme nicht in ihr verweilen mögen und dadurch fortlaufend die Gegenwart erhellen, die mir letztendlich die Geschichten der Ferne erzählt, die geduldig auf mich wartet, von mir und meinem Leben in diesem Augenblick des Seins erobert zu werden. Dadurch lebe ich bereits meine Zukunft und kann sie sehen …

Gilda Boldt

Geschichten aus Naxos

„... denn sie fühlen wie du den Schmerz."

Die wundersame Entführung des braven Bauern Kostas.
Kostas erwacht. Alles ist dunkel um ihn herum. Sein Kopf schmerzt. Einen so heftigen Kopfschmerz hat er noch nie gehabt. Es ist, als wollte sein Schädel zerspringen. Und dann ist da noch dieser ekelhafte Geruch. Ihm wird übel und er muss sich erbrechen. So riecht es häufig in den Krankenhäusern. Betäubungsmittel?

Wo ist er? Hatte er einen Unfall und wurde er in das Hospital gebracht?

Er will sich bewegen, aber seine Glieder sind seltsam verrenkt. Ist er gefesselt? Mit der rechten Hand ertastet er an seinem linken Handgelenk ein Tau, das zu seinem rechten Knöchel führt. Um seinen Hals ist eine Art Halsband gebunden. Ein Strick, am Halsband befestigt, zieht seinen Kopf nach unten zum rechten Knie.

Er liegt auf hartem, felsigen Boden. Da er aber keine Sterne sehen kann, vermutet er, dass er sich in einer Art Verschlag befindet, wie sie Hirten überall in den Bergen zum Unterschlupf aus Steinen errichtet haben.

Wer hat ihn so zusammengeschnürt, und was hat das alles zu bedeuten? Schrecklicher Durst quält ihn. Er ruft um Hilfe. Sein Ruf verhallt an den Wänden. Alles tut ihm weh. Seinen Rücken kann er nicht strecken, den Kopf nicht ganz heben, seine Beine und Arme schlafen ihm ein. So gut es geht, verändert er seine Lage. Er setzt sich auf. Das ist schon angenehmer. Wenn nur der Kopfschmerz nachlassen würde.

Er muss wieder eingeschlafen sein. Draußen ist jetzt heller Tag. Jemand hat ihm zwei Flaschen Wasser und ein Brot hingestellt. Er ergreift die Flasche und trinkt gierig. Hunger verspürt er nicht. Er versucht, nachzudenken. Sein Kopf ist jetzt klarer, aber er kann sich nicht erinnern, wie er hierher gekommen ist. Hat man ihn entführt? In den Zeitungen hatte er schon über Entführungen gelesen, aber auf seiner Insel hat es noch nie Kriminalität gegeben. Außerdem ist er arm wie eine Kirchenmaus. Wer sollte ein Lösegeld zahlen? Er ist sich nicht einmal sicher, ob seine Frau überhaupt Anstalten machen würde, Geld für ihn aufzutreiben. Was Elena wohl denkt, wo er bleibt. Sicher ist sie der Meinung, er habe in Chora getrunken und schlafe irgendwo seinen Rausch aus. Niemand wird ihn suchen. Das ist ihm ganz klar. Er versucht, sich aufzurichten. Es gelingt ihm, aber er kann sich nur in gebückter Haltung vorwärts bewegen, wie ein Tier auf vier Beinen. Nach näherer Betrachtung erkennt er die Stricke, mit denen er gefesselt ist. Es sind die gleichen, die er für seine Kühe benutzt. Sie haben fast die gleiche Länge. Sein Kopf ist mit seinem rechten Bein verbunden, ähnlich wie bei seiner einen Kuh, die neulich gerade wieder ausgebrochen war, und deren Kopf er zur Strafe ebenfalls an das eine Vorderbein gebunden hat.

Kostas verlässt den Verschlag und bewegt sich nach draußen. Die Sonne brennt vom Himmel. Er befindet sich auf einem kleinen Bergplateau. Es ist völlig einsam hier, keine Hütte in der Nähe, keine Aussicht, kein Anhaltspunkt, der ihm den Ort seines Aufenthaltes verraten könnte. Nur eine kleine Herde von etwa zehn Kühen grast friedlich auf demselben Platz. Sie laufen völlig frei herum. Kein Tau behindert sie beim Laufen. Drei kleine Kälbchen tummeln sich übermütig und stoßen die Köpfe zusammen. Mehrere Kübel mit Wasser hat man aufgestellt, aus denen die Tiere trinken können, wann immer sie wollen.

Wie ist das möglich, dass sie nicht weglaufen? Kostas unterscheidet mehrere Stäbe, die im Abstand von etwa vier Metern in den Boden gerammt und mit einer weißen Litze verbunden sind. Die Tiere respektieren dieses feine Band als Grenze, die sie nicht überschreiten.

Als ein Jungtier sich mit der Nase dem Band nähert und es berührt, schreckt es zurück und macht einen Sprung nach hinten. Das ist die Lösung. Es wird Strom hindurchgeleitet. In der Ferne entdeckt Kostas einen Gegenstand, der wie eine Batterie aussieht.

Kostas erträgt die Hitze nicht länger. Er geht in gebückter Haltung zu dem Unterstand zurück. Auch die Kühe haben sich unter einen Baum zurückgezogen und käuen friedlich wieder.

Mühsam erreicht Kostas den Verschlag.

Sein Rücken schmerzt. Er versucht, sich auf die Seite zu rollen. Da er das Gleichgewicht in dieser Haltung nicht zu kontrollieren vermag, fällt er hart auf den steinigen Untergrund. Er stößt sich den rechten Ellenbogen und zieht sich eine Schürfwunde zu. Es brennt fürchterlich und Blut sickert aus der Wunde. Mit Mühe gelingt es ihm, mit der rechten Hand die Flasche Wasser zu ergreifen, aber er kann die Wunde nicht auswaschen. Wie er es auch anstellt, mit seiner linken Hand kann er nicht den rechten Ellenbogen erreichen. Er isst ein wenig trockenes Brot.

Dann döst er wieder vor sich hin. Wie lange soll diese Prozedur noch dauern? Inzwischen ist es Nacht geworden, die zweite, die ihm bevorsteht. Nichts rührt sich. Keiner sieht nach ihm. Ihm scheint die Nacht endlos zu dauern. Seine Halswirbel tun ihm weh, weil er den Kopf nicht strecken kann. Die Gelenke von Armen und Beinen sind geschwollen, sein Rücken ist steif. Schmerzen peinigen ihn an allen nur erdenklichen Stellen seines Körpers.

Am nächsten Morgen stehen zwei gefüllte Flaschen Wasser und ein Brot neben ihm. Es waren also Menschen hier und haben nach ihm geschaut. Kostas wirbelt es im

Kopf. Er kann keinen Gedanken mehr fassen. Nur diese Pein füllt ihn ganz aus.

Die Kühe gehen munter, gehen gemächlich auf dem Terrain umher und fressen. Die Wasserkübel sind wieder aufgefüllt. Hier haben die Tiere es gut. Es ist das Paradies für Kühe und die Hölle für ihn.

Wie sehr Kostas auch versucht, seine Gliedmaßen und den Rücken zu lockern, es gelingt ihm nicht. Er kriecht mehr, als dass er zum Ende der Hochebene geht. Nach allen Seiten fallen die Berghänge steil nach unten. Nie zuvor war er hier. Es gibt keinen Orientierungspunkt für ihn. Die Hitze ist unerträglich, so kehrt er wieder in seinen Unterstand zurück.

Seine Gedanken verwirren sich. Zum ersten Mal denkt er an den Tod. Lange kann er es nicht mehr aushalten. Vor Verzweiflung wimmert er leise vor sich hin. Dann schläft er ein. Als er erwacht, ist es wieder Nacht. Wie lange ist er schon hier? Er weiß es nicht. Es kommt ihm unendlich lange vor. Nachts ist es wenigstens kühl. Er will wach bleiben, um diejenigen, die ihm Wasser und Brot bringen, zu sehen. Er will wissen, wer seine Peiniger sind, erfahren, was sie wollen.

Es nähern sich Schritte. Jemand betritt den Unterstand. Kostas ruft. Sie sollen sich zu erkennen geben, sagen, was sie von ihm wollen. Keine Antwort. Er schreit in die Nacht. Er tobt, zieht an den Fesseln. Sie schnüren sich in das Fleisch. Kostas ist außer sich.

Wenn diese Schmerzen nicht wären, könnte er meinen, er sei tot. Der Tod aber löscht alle Qual und Pein, sagt man. Oder ist er doch schon tot, und das hier ist die Hölle? Die Großmutter hatte ihm früher Schauergeschichten von der Hölle erzählt, dem Ort, an dem die Menschen für ihre Sünden bestraft und bis ans Jüngste Gericht gepeinigt würden mit allerlei Marter, just mit denselben, die sie Anderen im Leben angetan haben.

Aber er, Kostas, war immer ein friedliebender Mensch. Er kann sich nicht besinnen, dass er jemals einem Menschen etwas wirklich Böses angetan hätte. Mit seiner Frau hat er häufig gezankt. Aber sie ist auch unausstehlich, und er weiß nicht mehr, wieso er jemals in sie verliebt gewesen war.

Dies hier muss die Hölle sein, und er ist auf ewig verbannt an diesen Ort der Qual. Kostas erwacht. Es ist schummerig. Wieder ist diese entsetzliche Übelkeit in ihm und der widerliche Geruch von einem Betäubungsmittel. Er würgt. Sein Kopf droht zu zerspringen.

Die Sonne geht im Osten über einem Berg auf. Das ist sein Berg. Am Fuße desselben befindet sich sein kleiner Hof. Jemand hat ihn mit dem Fuß angestoßen. Seine Frau steht vor ihm und schaut mitleidslos und schadenfroh auf ihn herab. Das hat er von seiner Trunksucht. Recht geschieht ihm.

Kostas versucht, auf die Füße zu kommen. Nur mühsam kann er sich aufrichten. Alle Muskeln sind verspannt, die Haut an mehreren Stellen eingeschnitten, die Gelenke geschwollen, seine Wirbelsäule völlig steif. An Händen und Füßen hängen die jetzt durchgeschnittenen Taue, um den Hals trägt er noch das Band.

Wer hat ihn befreit? Wer hat ihn wieder hierher gebracht? Er fragt Elena. Sie glotzt ihn mit Unverständnis an. Es ist auch egal.

Er macht lockernde Bewegungen und stöhnt auf. Er versucht, den rechten und den linken Arm zu beugen. Es gelingt nur unter großen Qualen. Vom Halswirbel aus stechen migräneartige Schmerzen wie von tausend Nadeln in seinen Kopf. Er schleicht ins Haus und legt sich behutsam in sein Bett. Nach einem wohltuenden Schlaf wacht er am Nachmittag auf. Er kann sich nur schwach auf den Morgen besinnen. Aber dann kommt die Erinnerung an all seine Pein.

Er geht auf seinen Hof und streckt und beugt sich. Es geht schon wieder besser. Er springt und hüpft herum. Wie irre tanzt er auf einem Bein, dann auf dem anderen.

Er wirbelt herum. Dann fasst er wie erlöst seine Frau um die umfangreiche Taille und dreht sich mit ihr im Kreise.

Er befiehlt ihr, das scharfe Messer zu holen. Das große Messer? Was will er damit? Sie hat plötzlich Angst. Er ist verrückt geworden. So kennt sie ihn nicht. Er muss den Verstand verloren haben, so wie er sich aufführt. Als er sie erneut auffordert, nun endlich das Messer zu bringen, gehorcht sie. Diesmal erlaubt sein Ton keinen Widerstand.

Als er das Messer in der Hand hält, geht er auf seine Kuh zu, die er wegen ihres Übermutes so hart bestraft hat. Sie steht ganz verrenkt da, das arme Tier. Will Kostas etwa die Kuh schlachten?

Er zerschneidet ihr die Fesseln und umarmt ihren Kopf, weint. Elena kann nicht fassen, was sie sieht. Kostas küsst das Vieh auf die große, feuchte Nase. Das Tier streckt sich und macht einige Schritte mit steifen Beinen. Sie würgt einen Kloß aus der Tiefe ihres Magens herauf und beginnt, etwas verlegen wiederzukäuen. Kostas streichelt ihren großen Kopf und flüstert ihr ins Ohr: „Du heißt Dimitra." Danach zerschneidet er bei allen seinen Tieren die Taue. Jeder Kuh flüstert er einen Namen ins Ohr. Elena ist sich nun völlig sicher. Kostas ist verrückt geworden!

Abends in dem Kafenion erzählt er seinem Nachbarn, Stelios, flüsternd von seiner Entführung und seinen Leiden. Der sieht ihn ungläubig an. Er zeigt ihm seine Wunden an Händen und Füßen und den dunklen Ring um den Hals, den das Band eingedrückt hat.

Er berichtet aber auch von dem, was er bei den Kühen beobachtet hat. Das ist eine neue Art von Tierhaltung. Die neu gewonnenen Erkenntnisse will er auf seinem Hof und seinem Weideland in die Tat umsetzen.

Kostas beabsichtigt, sich nach Stäben, Litze und Batterien zu erkundigen. Der Nachbar hört erst verständnislos, dann aber mit wachsendem Interesse zu.

In dem Kafenion sitzt ein junger Ausländer, wohl Holländer, der etwas von Kostas Bericht aufgeschnappt hat. Er kennt aus seinem Land schon lange diese Art der Einfriedung von Weiden. Man könne das Stück Weide beliebig und ohne viel Aufwand verändern, erweitern oder verkleinern, meint er. Man müsse nur die Stäbe verstellen. Er verspricht, seinen Freund in Holland anzurufen und zu erfragen, wo Kostas sich alles Nötige bestellen kann.

Kostas macht sich voller Eifer daran, seine Pläne in Angriff zu nehmen. Die jahrelange Trägheit, hervorgerufen durch das tägliche, immer wiederkehrende Einerlei, hatte seinen Verstand stumpf gemacht. Er fühlt sich jetzt, wie nach langem Dahindämmern, neu belebt.

Kostas setzt seine Ideen in die Wirklichkeit um. Er besitzt viel brachliegendes Land, das er jetzt als Weiden nutzen will. Nur die Batterie muss er hin und wieder umsetzen, die Stäbe und die Litze bleiben an Ort und Stelle. Er lässt auf jeder Weide einen Betonbehälter als Tränke gießen.

Seine Nachbarn sehen, begreifen und bestellen. Kostas erhält die Alleinvertretung auf seiner Insel für das Zubehör und bald expandiert sein Geschäft. Er baut eine Verkaufshalle in der Inselhauptstadt und zählt nach kurzer Zeit zu den wohlhabenden Inselbewohnern.

Seine Geschichte, die er selten, nur zu besonderen Anlässen im Kafenion zum Besten gibt, hält man für einen Werbegag. Mit nachsichtigem Lächeln lässt er die Leute glauben, was sie wollen.

Norbert Nashorn bekommt einen Gips

Petra Borowski

Neben dem Elefantengehege wohnen die Nashörner. Gemütliche, dicke Riesen, die nicht sonderlich aktiv sind, sondern eher desinteressiert und gelangweilt herumstehen.

Norbert, unser Nashorn, fand das ziemlich öde, so den ganzen Tag nichts zu tun, außer sich den Wind um die Nase wehen zu lassen und die verschiedensten Gerüche aufzunehmen. Nashörner können nämlich schlecht sehen, aber umso besser riechen. Und der Wind trug so einige Gerüche zu ihm hin: Vom benachbarten Tigergehege ebenso wie von Pommes oder Bratwurst. Letztere sind für Nashörner aber eher uninteressant. Und eben deshalb, weil es doch so verschieden roch, meinte Norbert, alles sei langweilig.

Er glaubte fest daran, dass man sich doch irgendwie anders müsse beschäftigen können. Er wollte gerne klettern können wie Anton Affe oder so gelenkig sein wie Gesa Giraffe. Auch schwimmen wie die Seehunde konnte er nicht. „Aber laufen …", dachte Norbert, „laufen kann ich doch ganz gut. Da müsste sich doch was draus machen lassen. Ein Wettrennen oder so!"

Er war von der Idee ganz begeistert und ging gleich hinüber zu Elsa Elefant und fragte sie, ob sie wohl ein Wettrennen mit ihm machen würde. Elsa fand die Idee weniger gut. Lisa Landschildkröte schied für derartige Spiele ohnehin aus, Gesa Giraffe erklärte Norbert schlicht für verrückt und Bodo Bär wollte lieber faul in der Sonne liegen. Sicher erinnerst du dich an Tim Tiger, dem es mal ähnlich langweilig war wie Norbert? Bei dem hätte Norbert bestimmt Glück gehabt mit seiner Idee, aber Tim hatte sich fest vorgenommen, solchen Blödsinn zu unterlassen und in seinem Gehege zu bleiben. „Die haben sicher alle Angst, gegen mich zu verlieren", dachte Norbert.

Aber dann meldete sich Erwin Erdmännchen bei ihm.

Er hatte von dem Wettrennen gehört und fand die Idee toll. Außerdem befanden sich die Erdmännchen-Höhlen auf dem Nashorngelände, das war doch praktisch.

Die Sache sprach sich bei den anderen Tieren herum und einige kamen, um zuzusehen.

Elsa trompetete drei Mal laut ein Startsignal und los ging's.

Norbert stapfte hin und her, Erwin flitzte flink durch die Gegend und war stets ein wenig schneller. Allerdings benutzte er auch seine Höhlenein- und ausgänge, was nicht erlaubt war. Denn dadurch konnte er prima abkürzen.

Norbert geriet ziemlich außer Atem, hielt aber dennoch ganz gut mit. Aber als Erwin wieder in einem Erdloch verschwand, passierte es: Norbert blieb mit dem linken Vorderfuß stecken, sackte plump zu Boden und blieb liegen.

Das Rennen war damit beendet, Sieger war Erwin, auch wenn er geschummelt hatte. Spaß hatten trotzdem alle gehabt. Norbert aber hatte Schmerzen und musste zum Tierarzt. Der stellte fest, dass der Fuß gebrochen war und gegipst werden musste. Ein paar Tage blieb Norbert in der Tierklinik, dann humpelte er zurück ins Gehege, einen dicken Gipsverband am linken Fuß. Heidi Hyäne kicherte: „Hihihi, das hast du jetzt von deinen blöden Ideen!"

Die anderen Tiere aber hatten Mitleid mit Norbert und kamen alle vorbei, um den Gips zu bestaunen und einen Abdruck mit ihren Pfoten oder Füßen darauf zu setzen. So hatte das Ganze für ihn doch noch etwas Gutes, denn er lernte noch Tiere kennen, die er sonst nicht sah, zum Beispiel Peter Pinguin.

Weißt du noch, welches Tier lieber faul in der Sonne liegen wollte, statt ein Wettrennen zu machen?

Sara Seehund hat Bauchschmerzen

Petra Borowski

Sara Seehund war ein sehr eigensinniges Seehundkind. Zwar schwamm sie mit ihrer Mama und den anderen Seehunden gern in dem großen Becken herum, und sie holte sich auch manchmal die Fische direkt aus der Hand der Pflegerin. Aber zu irgendwelchen größeren Kunststücken war sie nicht bereit.

Wenn ihr Bruder Sebastian beispielsweise für die Zoobesucher mehrere Unterwasserrollen machte oder spielerisch der Pflegerin die Fische klaute, dann lag Sara teilnahmslos am Beckenrand und sah gelangweilt zu.

Sicher konnte sie auch Kunststücke, aber sie *wollte* nicht. Überhaupt *wollte* sie nur tun, wozu sie Lust hatte und was ihr Spaß machte.

Und eines Tages wollte sie keinen Fisch mehr fressen. „Immer nur Fisch", maulte sie, „das ist öde. Ich will auch mal was anderes!"

Ihre Pflegerin war völlig verzweifelt und ließ den Eimer mit den Fischen jedes Mal stehen, in der Hoffnung, Sara würde doch noch davon fressen.

Und dann hatte Sara eine Idee: Sie holte den Eimer mit den Fischen und nahm ihn mit zu den anderen Tiergehegen.

Dort tauschte sie dann deren Futter gegen einen Fisch aus, ohne dass die Tiere das merkten. Da war vielleicht was los!

Anton Affe staunte nicht schlecht, als er statt seiner geliebten Bananen einen Fisch in seiner Kiste fand.

Und Gesa Giraffe bekam einen ordentlichen Schrecken, als oben in ihrem Korb keine saftigen Gräser und Blätter lagen, sondern ein Fisch baumelte.

Und Lisa Landschildkröte hielt ihren Pfleger für verrückt, weil sie statt Salat nun Fisch auf ihrer Wiese fand.

Am schlimmsten aber traf es Elsa Elefant, die besonders hungrig war und gar nicht darauf achtete, was sie da mit ihrem Rüssel aufnahm! Der kleine Fisch war aber so glitschig, dass sie ihn schlecht zu fassen bekam und er in ihren Rüssel hinein rutschte.

Elsa musste dann so kräftig niesen, dass der Fisch in hohem Bogen wieder hinaus flog – direkt hinüber zu Bodo Bär.

Der wiederum mochte Fisch gern, fragte aber verwundert: „Danke Elsa, aber seit wann verteilst du Fische?" Elsa war so wütend, dass sie drei Mal laut trompetete und schimpfte: „Na, warte. Dem Pfleger werde ich's aber heimzahlen! Der ist wohl verrückt geworden?!"

Sara hingegen hatte Spaß, denn die anderen Sachen schmeckten doch alle so gut. Bananen, frische Gräser, Blätter und solche Sachen waren doch tolle Leckerbissen.

Sie fand das so lange toll, bis sie plötzlich Bauchschmerzen bekam. Da musste sie dann doch kleinlaut alles ihrer Mutter gestehen, und die rief sofort die Pflegerin. Auch der Tierarzt wurde gerufen und untersuchte Sara gründlich. Er stellte fest, dass sie sich den Magen verdorben hatte aufgrund falscher Lebensmittel. Sara kam zwei Tage auf die Krankenstation und durfte gar nichts fressen. Nicht einmal Fisch.

Sie musste auch noch Medizin nehmen, die nun gar nicht schmeckte. „Siehst du", meinte ihr Bruder Sebastian, „das hast du jetzt von deinem Dickkopf! Seehunde fressen keine Bananen und Affen mögen keinen Fisch. Das solltest du dir merken!"

Die anderen Tiere, denen sie den Streich gespielt hatte, besuchten sie und waren ihr gar nicht mehr böse, denn durch die Bauchschmerzen war sie schon gestraft genug.

Sie versprach auch, so was nie mehr zu tun.

Paul Pelikan meinte: „Wenn du mal eine andere Sorte Fisch möchtest, können wir beide ja hin und wieder tauschen!" Und so sah man Sara ab und zu bei Paul Pelikan zum Fische tauschen.

Weißt du noch, wie lange Sara auf der Krankenstation bleiben musste?

Aus: Borowski, Petra: Der ABC-Zoo. edition nove

Die Magie des Lebens

Patricia Botticelli

… Eines Nachts schreckte ich aus dem Schlaf. Schweißperlen bedeckten meine Stirn. Mein Bettlaken war völlig nass geschwitzt und mein Nachthemd klebte wie eine zweite Haut an mir. Ich hechelte, wie nach einem Marathon. Ich bin entkommen, das war alles, was ich mit Gewissheit wusste …

Was war das? Jemand rief meinen Namen. So sanft und liebevoll, getragen vom Wind, der merklich zugenommen hatte. Ich lauschte angestrengt. Nein, niemand rief meinen Namen; jemand sang ihn, mit einer Stimme so schön, wie ich es noch niemals gehört hatte. „Komm, Marina! Komm!" Ich drehte meinen Kopf nach rechts und sah auf die Wiese, die neben meinem Garten lag. Ein helles Licht! Es zog mich magisch an. Ich konnte nicht anders. Ich musste Schritt für Schritt darauf zu gehen. War das etwa mein Ende? Das Licht kam immer näher und ich war auf einmal mittendrin. Alles drehte sich und ich hatte das Gefühl, ich falle in ein tiefes Loch …

Ich hatte Angst. Angst, obwohl ich mit meinem Leben abgeschlossen hatte, war es jetzt doch etwas Anderes, da ich nicht wusste, was mit mir geschah. Was würde ich in dieser Lichtung vorfinden? Wie in Zeitlupe ging ich vorwärts. Mein Herz blieb beinahe stehen, als ich sah, was mich dort erwartete. Ein See mit Wasserfällen, wo ich auch hinsah. Die aufgehende Sonne spiegelte sich auf dem Wasser, rot und orange schimmernd. Ringsherum wuchsen Blumen und Bäume, so wie ich es noch nie gesehen hatte, in allen erdenklichen Farben …

„Du bist in Lunedana, im Land des Friedens. Das war zumindest so, bevor der Hass zu uns kam und uns seither zu zerstören versucht. Gorgolon war ein Elf, der lebte glücklich und zufrieden bei seinem Volk, bis er eines Tages in eure Welt kam. Das Schicksal brachte ihn zum Tor der Unendlichkeit." …

Im Morgengrauen ging Frau Baltian, wie jeden Tag um diese Zeit, mit ihrem Labrador spazieren. Plötzlich war kein Halten mehr. Er lief wie von einer Tarantel gestochen auf die Wiese, wo ich in der Nacht zuvor noch gestanden hatte. Genau an jener Stelle blieb er stehen, schnüffelte und fing wie wild an zu bellen. Frau Baltian rief ihm hinterher, aber er kam nicht. Wütend, weil Roxi nach mehrmaliger Aufforderung immer noch nicht kam, sondern weiterhin wild bellte, folgte sie ihm. So ging sie auf ihn zu und erstarrte. Ein heller Schrei entrann ihr. Dort lag mein Nachthemd mitsamt dem Schmuck, den ich am Vortag getragen hatte …

Am Abend nahm mich Agr beiseite und fragte mich: „Du hast keine Angst, dein Herz zeigt viel Mut und Güte." Ich schaute Agr an. „Erst hatte ich große Angst. Ich dachte, Ailando hat mich verraten und ich werde euer Abendessen." Agr fing an zu lachen. „Was hat deine Meinung über uns geändert? Vielleicht wirst du unser Frühstück und unser Abendessen war Ailando?"…

„Lina ist ihm weggelaufen. Und er hat nichts Besseres zu tun, als uns zu verdächtigen. Er sollte sich langsam mal Gedanken machen, was er mit seinem Egoismus zerstört." Katrin trat ins Zimmer. Sie hatte rote Augen. „Ich hatte mich so darauf gefreut, Marina wieder zu sehen. Und nun? Erst verschwindet sie und jetzt ihre Tochter." …

Misstrauisch beäugend gingen wir im Kreis. Ich wollte ihm den Angriff überlassen. „Na, hat dich dein Mut verlassen?", fragte Ahmalar höhnisch. „Nein, aber scheinbar dich, so wie du um mich herum tänzelst!" Dann stieß er mit seinem Schwert zu. Blitzschnell machte ich einen Schritt auf ihn zu und schlug mit meinem Tuch sein Schwert aus seinen Händen, machte einen Schritt hinter ihn und riss ihn mit meinem Tuch zu Boden. Er war völlig perplex. Er sprang hoch und wollte mir an die Kehle springen. Das war sein Fehler. Ich schlang ihm mein Tuch blitzschnell über den Kopf, drehte mich vor ihn und warf ihn über mich. Das Tuch würgend um seinen Hals, kniete ich hinter ihm …

Ich sah noch ein helles Licht. Ich hatte Tränen in den Augen. „Lina", dachte ich und dann wurde mir schwarz vor Augen. Ich schien davon zu schweben. Ist jetzt alles vorbei? Ist das mein Schicksal, hier zu sterben, ohne meine Tochter nochmal zu sehen? Nein!!! …

Die Überreste der vergangenen Mahlzeiten des Wurmes, verstreut auf dem Boden liegend, würden jetzt einen Zweck erfüllen. Ailando betete und bat um den Seelenfrieden der Verstorbenen und um Vergebung dafür, was er nun vorhatte. Er sank auf den Boden und tastete nach kleinen Knochen. Ihm schauderte ein wenig dabei, doch er wusste, ihm blieb nichts Anderes übrig, wollte er nicht als Futter enden. Er würde überwiegend Fingerknochen brauchen …

Doch kaum hatte sie ihren ersten Fuß in einen der Stiefel gesteckt, merkte sie, dass dort irgendetwas drin steckte. Gerade wollte sie ihren Fuß wieder herausziehen, da spürte sie einen wahnsinnigen Schmerz. „AUHH!!" Susanne hüpfte auf einem Bein wie wild umher, ihren Fuß hin und her schleudernd. Doch es ließ sich nicht abschütteln. Irgendetwas hing an ihrem Fuß. Irgendetwas hatte sich fest gebissen. Susanne heulte vor Schmerz, doch dieses Ding hing noch immer fest. Wie ein kleiner Pinscher, der sich im Schuh seines Herrchens verbissen hatte. Feuer! Susanne hüpfte ans Feuer und ließ ihren Fuß darüber baumeln. Sofort ließ der Schmerz nach. Brüllend sauste sodann eine kleine Kreatur aus dem Feuer und schrie erbärmlich …

„Wir müssen sie befreien." Verzweiflung lag in Minagys Stimme. Verzweiflung, Hilflosigkeit und Angst. Wie sollte man mit diesen Gefühlen im Bauch Mut aufbringen? Hatte sich doch das Grauen des Gesehenen tief in seine Seele gebrannt. Er hatte begriffen, warum Ailando ihn mit einer Hand vor seinen Augen, und einer Hand vor seinem Mund davon gezerrt hatte. „Können wir sie nicht irgendwie ablenken? Oder gibt es vielleicht irgendetwas, wovor sie Angst haben?" „Angst, ja sicher. Selbst die grausamsten Wesen kennen Gefühle wie Angst und erstaunlicherweise auch so etwas Ähnliches wie Liebe. Obwohl sie dieses Gefühl oft mit Besitztum interpretieren. Die Töfel leben in der Unterwelt. Sie mögen nicht an die Oberfläche, denn sie hassen die Schönheiten der Natur. Sie lieben die Schwärze, die Dunkelheit. Einen Karamor fürchten sie. Aber lass uns lieber beten, dass hier keiner auftaucht, während wir hier verweilen, denn das wäre auch unser Tod …

Ailando trat zu, noch bevor dieser kleine Mörder entschwinden konnte, um seinem Herrn Meldung über die vollbrachte Tat zu machen. Ein widerliches Knirschen beendete seinen Plan. Ailando nahm ihm sein Leben, für das von Marido. Ein Tauschgeschäft, könnte man meinen, doch es war nicht an dem. Denn solche Geschäfte waren stets schlechte und sollten niemals vollbracht werden. Ein solcher Anfang löst nur eine Spirale des Verderbens aus. Krieg ohne Ende …

Beim Durchqueren der Höhle fielen ihr kleine Erhöhungen auf, wie kleine Erdhaufen, nur aus Fels. Was diese wohl zu bedeuten hatten? Beim näher Betrachten, fiel ihr auf, dass sie unterschiedlicher Art waren, manche nur als

Haufen übereinander gehäuft, waren einige wiederum zu kleinen Höhlen gebaut. Eine Gänsehaut kroch gemächlich über Susannes Kopfhaut. Komm Kätzchen, spiel mit mir. Eine Spielhalle für Karamore. Würde sie diese Arena einweihen oder hatte es schon Opfer gegeben? Das Grauen hatte sich tief in ihr Herz gegraben. Doch ihr war klar, das wirkliche Grauen hatte noch gar nicht begonnen. Es stand in den Startlöchern, wartete. Es hatte Geduld. Kurbelte unaufhörlich die Angst in einer Spirale immer weiter …

Zwei rote Augen starrten hervor. Stille. Kein Fauchen, kein bedrohliches Knurren. Das Kind stand immer noch wie erstarrt und rührte sich nicht. Der Karamor bewegte sich nicht einen Millimeter weiter vorwärts. Er schien sich zu langweilen. Als ging ihn die ganze Angelegenheit nichts weiter an, begann er sich zu putzen. Beachtete das Kind noch immer keinen Deut. Fuhr beim Putzen seiner gigantischen Tatzen seine Krallen ein und wieder aus. Das Kind endlich aus seiner Starre erwacht, lief auf eine kleine Felshöhle zu. Kauerte sich darunter, sein Zähneklappern hörte man bis hinauf in die Tribüne. Im Stillen begann Susanne zu beten. Der Karamor, fertig mit seiner Säuberungsaktion, streckte sich ganz genüsslich und machte nach jedem Schritt eine Art Knicks, wohl um zu zeigen, dass ihn dieses Spiel langweilte …

Gedanklich stellte ich eine Waagschale auf. Rechts legte ich alle jene hinein, die ich liebte oder mir sehr ans Herz gewachsen waren. In die linke Waagschale legte ich alle Kinder Lunedanas. Keine Frage, welche Waagschale mehr Gewicht hatte. Ich fühlte keine Trauer bei der Erkenntnis …

Aus: Botticelli, Patricia: Die Magie des Lebens. novum Verlag (Lieferbar ab Feb. 2008)

Der kleine Kater

Martin Braun

Auf einer grünen Wiese sitzt ein kleiner Kater. Er schaut die ganze Zeit nach oben und sieht den Wolken zu. Jede dieser Wolken zieht mit dem Wind am strahlend blauen Himmel entlang. Ständig ändern sie ihre Form, während sie sich bewegen. Das gefällt dem kleinen Kater, weil niemand weiß, wie eine Wolke nach einiger Zeit aussehen wird. Er ist immer so neugierig und will nicht versäumen, wie die Wolken sich langsam verändern. Da fängt er an, vor sich hin zu träumen.

ഔഔഔ

Plötzlich wird er aus dem Traum gerissen. Sein großer Bruder kommt schnell herbei gelaufen und ruft ihn. „Jetzt sitzt du schon den ganzen Tag hier!", sagt er zu ihm. Der kleine Kater schaut seinen großen Bruder verstört an. „Warum gehst du nicht in den Wald wie die Anderen und tust was?", fragt er ihn. Da steht der kleine Kater auf und folgt seinem großen Bruder. Mit einem letzten Blick verabschiedet er sich von den Wolken. Es dauert nicht lange, da findet er einen Weg und geht in den dunklen Wald hinein. Ein kühler Wind haucht ihm entgegen.

ഔഔഔ

Martin Braun

Gleich in der Nähe des Waldrandes trifft der kleine Kater auf einen Bären. Dieser Bär sammelt umgefallene Bäume ein und legt sie auf einen Stoß zusammen. Da bemerkt er den kleinen Kater: „Was tust du denn hier?", fragt ihn der Bär, du bist heute schon der Fünfte, der Arbeit sucht!" Der kleine Kater nähert sich und läuft um den Bären herum. Er schaut sich alles genau an und setzt sich neben einen Baumstamm hin. „Die sind viel zu schwer für dich. Wenn du einen Baum tragen willst, dann musst du stark sein!", meint der Bär und hebt den Baumstamm in die Höhe. Mit donnernden Schritten geht er damit zum Stoß, wo alle Anderen liegen. Der kleine Kater sieht ihm noch kurz dabei zu. Dann springt er zurück auf den Waldweg und läuft weiter, immer tiefer und tiefer in den finsteren Wald hinein.

༄༄༄༄

Nach einer Weile auf dem Weg bemerkt der kleine Kater eine Gruppe von Ziegen. Ganz langsam geht er zu ihnen hin, damit er sie nicht erschreckt. Da sagt eine Ziege: „Oh, wir haben Besuch!" Alle Ziegen drehen sich um und sehen den kleinen Kater an. „Wir zerstückeln ein paar Baumstämme und machen Schilder daraus!", sagt eine der Ziegen. „Dann schnitzen wir Buchstaben ins Holz. Wenn wir fertig sind, haben wir Schilder gemacht!", meint eine andere Ziege ganz stolz. „Wir sind schon alle alt und haben viel Geduld. Die braucht man beim Schnitzen." Der kleine Kater hüpft näher heran und stellt sich dicht an die Holzschilder. „Du kannst uns nicht helfen, weil du zu jung dafür bist. Für diese Arbeit braucht man sehr viel Geduld!", sagt die älteste der Ziegen und schnitzt weiter. Ein paar Augenblicke sieht ihnen der Kater noch zu. Dann hat er aber genug gesehen und macht sich weiter auf den Weg.

❧❧❧

Irgendwo mitten im Wald hört der kleine Kater etwas herannahen. Er bleibt stehen und dreht sich um. Da sieht er einen Hund schnell auf ihn zulaufen, der die fertigen Holzschilder hinter sich nachschleift. Der kleine Kater bleibt am Weg stehen und der Hund muss bremsen. „Warum gehst du nicht aus dem Weg?", fragt der Hund. Er ist ganz erschöpft und meint: „Ich muss mich beeilen, damit der Baumstamm rechtzeitig ankommt. Geh mir endlich aus dem Weg!" Aber der kleine Kater bleibt stehen und sieht die Leine neugierig an, die an den Schildern festgebunden ist. „Du kannst das nicht machen, weil du zu langsam bist!", sagt der Hund. „Geh endlich aus dem Weg, damit ich vorbei kann!" Also gut, denkt sich der kleine Kater und macht den Weg frei, damit der Hund mit seinen Schildern vorbei kann.

❧❧❧

Jetzt ist der kleine Kater schon sehr lange unterwegs und hat noch immer keine Arbeit gefunden. Da sieht er endlich wieder den Waldrand und läuft so schnell er kann darauf zu. Die Freude ist groß, wieder den dunklen, kalten Wald zu verlassen. Aber davor entdeckt er einen Zaun, der genau entlang der Waldgrenze aufgestellt ist. Ein Fuchs kommt näher und begrüßt den kleinen Kater: „Was machst du denn hier?" Der kleine Kater blickt auf den Zaun und fragt sich, wozu der gut sein soll. „Wenn du Arbeit suchst, dann muss ich dich enttäuschen. So einen Zaun kann man nur dann bauen, wenn man sehr gescheit ist. Ich glaube, du bist noch nicht schlau genug, um so etwas zu machen!" Da kommt wieder ein Hund mit Schildern herbei geeilt. Der Fuchs nimmt ein Schild und sagt zum kleinen Kater: „Komm mit, wir müssen nach draußen gehen, um das Schild am Zaun zu befestigen." Die beiden verlassen den Wald und der Fuchs montiert das Schild am Zaun. Da steht drauf: „Zutritt nur für Waldarbeiter!" und der Fuchs geht wieder in den Wald zurück, weil schon wieder der nächste Hund kommt. Da ruft er noch zum kleinen Kater: „Für dich ist der Zutritt auch verboten, weil du kein Waldarbeiter bist!", und verschwindet wieder in den finsteren Wald. „Ob der Bär wohl weiß, was mit den Baumstämmen so alles passiert?", fragt sich der kleine Kater.

ഇഇഇഇ

Hier sitzt er nun, der kleine Kater, nachdem er den ganzen düsteren Wald durchquert hat. Mit einem Holzschild vor seiner Nase, das die Reise zurück verbietet. Seinen Bruder wird er wohl nie wieder sehen. Mit einigen Sprüngen ins hohe Gras hinaus entfernt sich der kleine Kater vom Waldrand. Er sucht sich ein gemütliches, sonniges Plätzchen neben ein paar schönen Blumen. Dann schaut er hinauf in den Himmel und sieht seine Wolken wieder. Während er zuschaut, wie sie ihre Form verändern und mit dem Wind ziehen, fängt er auf einmal wieder an zu träumen.

Zur Erinnerung an: Antoine de Saint-Exupéry: Der kleine Prinz.

Martin Braun

Schutt räumen / Eine Aufarbeitung

Von der Angst vor dem Schreien.

Solange das Kind denken kann, fürchtet es sich jeden Tag vor dem Zeitpunkt am späten Nachmittag, an dem die Mutter mit den Vorbereitungen für das Abendessen beginnt.

Denn es weiß – und da kann es noch nicht lesen –, dass dann der Augenblick nicht mehr fern ist, wo der Vater nachhause kommt.

Das Kind hat Angst vor diesem Nachhause kommen. Nicht, dass er es unablässig schlägt – er schlägt es eigentlich fast nie –, aber da ist etwas an dem Vater, wovor sich das Kind fürchtet. Es ist das Schreien. Das Kind läuft dem Vater nicht entgegen. Es drückt sich in ein Eck und hofft, dass es nichts gibt, weswegen der Vater schreien könnte. Der Vater ist alt und Furcht erregend und riesengroß.

Jahre später wird ihn das „Kind" um Haupteslänge überragen.

Aber da es noch ein Kind ist, erlebt es ihn in seiner Kleinheit und Zartheit als schrecklichen, zornigen Riesen, wie einen aus den dunklen Märchen, die die Großmutter dann und wann erzählt.

Ein breiter, muskelbepackter Körper. Und diese Hände! Groß wie Schaufelblätter! Aber das ist es nicht einmal so sehr, was das Kind schreckt. Es fürchtet sich vor diesem Wesen, das im Vater zu wohnen scheint, vor diesem unberechenbaren, zornigen Dämon, der immer wieder jäh, manchmal eines nichtigen Anlasses wegen, hervorbricht.

„Er hat es von seinem Vater!", keift die böse Tante. „Ein Satan war das, ein richtiger Satan! Beim geringsten Anlass hat er getobt! Das hat er von ihm, dieses heiße Blut!", sagt sie und freut sich über den Schrecken des Kindes. Es scheint der Lebenszweck dieser Frau zu sein, sich am Schrecken Anderer zu weiden und sie deutet mit dem Finger auf das Kind und ruft höhnisch: „Und du wirst auch so einer!" Und lacht böse.

Das Kind will nicht so werden, nicht so wie der Vater. Es bemüht sich, leise zu sprechen. Später wird es dafür oft getadelt werden, weil es so leise spricht. Und so sitzt es jeden Tag neben einem Vulkan, der jederzeit ausbrechen kann und zittert davor.

In seinem Innersten immer zur Flucht bereit, wenn das Brüllen wieder beginnt. Allmählich, über die Jahre, kommt zur Furcht auch der Hass auf den Vater. Einmal, da ist das Kind vielleicht zehn Jahre alt – es ist für sein Alter noch immer sehr klein und schmächtig –, da überlegt es sich einen Augenblick lang ganz ernsthaft, den Vater zu töten.

Der Vater tobt wieder einmal einer Nichtigkeit wegen und das Kind glaubt, es nicht mehr aushalten zu können.

Es sitzt hinter dem Vater und versucht, sein Zittern zu unterdrücken. Und starrt auf den mächtigen Rücken. Die Finger umklammern ein kleines Taschenmesser mit dem es auf einem Stück Holz herumgeschnitzt hat. Und es denkt sich, wenn es jetzt fest zustoßen würde, ganz fest, dann hätte es für immer ein Ende, das Schreien.

Die Hand zittert, das Kind schaut das Messer an. Die Klinge ist so klein. Wie, wenn es zusticht und der Vater nicht tot ist? Das würde es nicht überleben, denkt sich das Kind und klappt das Messer leise zu und steckt es ein. Es schleicht sich ins Bad, es kann das Zittern nicht mehr unterdrücken und kauert sich in ein Eck und weint lautlos, solange das Schreien dauert.

So vergeht ein Jahr nach dem anderen.

Die Mutter straft den Vater mit ihrem Schweigen, die Schwester mit ihrer Verachtung. Das Kind lernt schließlich, das Schreien zu ertragen und baut eine unsichtbare Mauer zwischen sich und dem Vater.

Inmitten der Familie wird der Vater immer einsamer.

Als die Mutter stirbt, zieht auch das „Kind" aus – die Schwester ist schon Jahre vorher geflohen – und lässt den Vater alleine zurück.

Obwohl er ruhiger geworden ist in den letzten Jahren. Aber da ist nichts mehr, was die beiden verbindet.

Einmal die Woche – und dann unwillig, aber weil es das eben für seine Pflicht hält, überwindet es sich doch – schaut das „Kind" von da an noch beim Vater vorbei. Ob er etwas braucht. Seine Gesundheit hat nachgelassen in den letzten Jahren.

Eines Tages findet das „Kind" den Vater am Tisch in der Küche sitzend vor und er flüstert es beinahe, dass er den Arm nicht bewegen kann.

Der zugezogene Arzt stellt nüchtern einen leichten Schlaganfall fest.

Und von da an stirbt der Vater, volle vier Jahre lang, jeden Tag ein Stück mehr.

Das „Kind" kommt jetzt zwei Mal die Woche und räumt auf und wäscht die Wäsche und hängt sie zum Trocknen, denn der Vater will nicht ins Altersheim. Er hat keine Kraft mehr, jähzornig zu sein, aber er ist eigensinnig geworden und lässt niemanden an sich heran, bis auf das „Kind".

Wie oft das „Kind" auch eine Putzfrau oder eine Pflegehelferin auftreibt und sie zur Wohnung bringt, der Vater lässt sie nicht hinein.

Er klammert sich mit seinen riesigen, jetzt kraftlosen Händen am Küchentisch fest. Immer wenn ihm das „Kind" sagt, dass es so nicht weitergehen kann. Er schreit nicht mehr. Mühsam und stockend kommen ihm jetzt die Worte über die Lippen.

Und zum ersten Male in ihrem Leben reden sie miteinander. Zwei Mal die Woche eine „Waschmaschinenlänge" lang.

Und hören einander zu.

Und nach und nach erfährt das „Kind", was sich im Leben des Vaters zugetragen hat, da er selbst ein Kind war und beginnt zu ahnen, warum er so geworden ist.

Neunzehnhundertfünfzehn, da erklärt Italien, bis zu diesem Zeitpunkt Verbündeter der Österreicher, den Habsburgern, in der Hoffnung auf schnelle Beute, den Krieg.

Warum es so ist, weiß der Vater nicht. Obwohl österreichischer Staatsbürger, wird sein Vater verhaftet. Sympathisierte er mit den Italienern?

Die Schwestern kommen zu fremden Leuten. Und die Mutter wird mit dem Sohn nach Tschechien deportiert, wo die Frau in einem Rüstungswerk arbeiten muss. Im letzten Kriegsjahr stirbt sie an Krankheit und Unterernährung und mangelnder ärztlicher Pflege.

Sie wird auf irgendeinem Friedhof verscharrt und der Vater, jetzt fünfzehn, ist allein in einem fremden Land. Versteht die Sprache der Menschen nicht und da ist niemand, der ihm helfen will.

So geht er, im wahrsten Sinn des Wortes, zurück in sein Tal, von Tschechien quer durch Österreich bis ins Kanaltal, das jetzt nicht mehr zu Kärnten und Österreich, sondern zu Italien gehört.

Ohne Sprachkenntnisse, ohne Ortskenntnisse, schlägt er sich durch.

Immer am Verhungern. Die Angst davor wird ihn sein Leben lang nicht mehr loslassen. Auf seinem Rückmarsch wird er krank, liegt für zwei Monate in Niederösterreich in einem Stall, der Arzt, den sie holen, macht, nachdem er ihn nur angesehen, nicht untersucht hat, seinen Koffer erst gar nicht auf. „Der wird nimmer!", hört er ihn sagen.

Die Bauern, selbst arme Leute – wahrscheinlich deshalb – füttern ihn trotzdem durch. Er überlebt. Und schafft es tatsächlich, wieder nachhause zu kommen. Aber außer dem Vater ist da niemand mehr.

Und eines Tages wird der erschlagen.

„Eine politische Geschichte!", raunen die Einen. „Das Geld unter der Matratze war der Grund!", behaupten die Anderen. Der Mord wird nie aufgeklärt.

Der oder die Täter werden nie gefunden. Was spielt das auch schon für eine Rolle? Italien ist im Siegestaumel und hat Großes vor.

Ehe er es sich versieht, dient er in der Armee. Ein vergilbtes Foto zeigt einen feschen jungen Mann in Alpinuniform.

Es dauert nicht lange und die Faschisten sind an der Macht und zum Ruhme der Fahnen findet er sich in Äthiopien wieder.

Mussolini hat Großmachtspläne, er beeilt sich, Italien seinen Anteil an den Kolonien in Afrika zu sichern.

Die Bilder, die sich im Nachlass finden, zeigen meist freundlich lächelnde Eingeborene und ein paar Bauwerke, die die Italiener errichten lassen. Aber manchmal, während die Waschmaschine läuft, erzählt der Vater dem „Kind" mit leiser Stimme von der panischen Angst vor der Lepra, die die Soldaten haben. Von Dörfern, die deswegen mit Flammenwerfern in Brand gesteckt werden. Und vom Maschinengewehrfeuer, mit dem die Fliehenden niedergemacht werden.

Der Traum von den Kolonien ist nicht von Dauer. Tausendfaches sinnloses Sterben für die Wahnideen der Führer.

Wenige aus dem Tal kehren zurück.

Er heiratet, eine Tochter wird geboren. Von dieser Ehe spricht er nie. Als Hitler an die Macht gelangt und alle, die sich in Südtirol und im Kanaltal nicht als Italiener fühlen, heim ins „Reich" rufen, folgt er wie viele Andere dem Ruf.

Dafür muss er eine andere Uniform anziehen und sich als blöder „Ostmärker" beschimpfen lassen. Und wieder hungern und wieder versuchen, dem großen Sterben zu entgehen.

Nach dem Krieg stirbt die Frau, die Tochter verlässt ihn und wandert aus. Weit weg vom ungeliebten Vater.

Er heiratet ein zweites Mal, das „Kind" kommt zur Welt. Das „Kind", das ihm nun gegenübersitzt in der großen Wohnküche, während die Waschmaschine läuft.

Es sind diese kleinen Geschichten, die nach und nach beim „Kind" aus dem Hass Verstehen machen. Seine woyzeckhafte, sprachlose Hilflosigkeit begreifen lassen. Sein Unvermögen, sich Anderen anders mitzuteilen als über dieses Schreien, vor dem es sich immer gefürchtet und für das es ihn immer gehasst hat.

Es reicht nicht mehr für eine Versöhnung. Für ein sich Umarmen und ein erlösendes miteinander Weinen.

Aber es reicht für dieses Verstehen und für das Halten der riesigen Hand am Sterbebett, die jetzt so kraftlos ist, dass sie die Berührung nicht mehr erwidern kann.

Als das „Kind" vor dem aufgebahrten Leichnam in der Totenkammer des Pflegeheimes steht, da sieht es, dass man dem Vater mit einer Bandage das Kinn hochgebunden hat. So, als ob man ihn endgültig am Schreien hindern wollte. Am Herausschreien einer Anklage über dieses Leben und am Fragen nach dem Warum.

Während das „Kind" nach Villach zurückfährt, schneit es dichte, feine, dünne Flocken. Auf einem Parkplatz oberhalb des Ossiachersees bleibt es stehen und stellt den Motor ab.

Die Scheiben des Autos sind bald vom Schnee bedeckt. Dem Kind ist das recht. Denn zum ersten und einzigen Mal in seinem Leben weint es um den Vater und um das, was hätte sein können.

Schwule joggen nicht

Theodor genoss die beruhigenden Strahlen der tief stehenden Abendsonne, mit gespreizten Beinen und gestrecktem Kreuz auf einer öffentlichen Sitzbank entlang der parallel zur Donau verlaufenden Laufstrecke. Er fühlte sich derart behaglich, dass er gute Lust hatte, der milden Abendluft sein bloßes Geschlecht darzubieten. Natürlich würde er sein Verlangen nie in die Tat umsetzen, doch der bloße Gedanke an diese Möglichkeit erzeugte eine wohlige Erektion. Das war kein Problem für ihn, in Kürze würde sich sein geliebter Freund Philipp zu ihm gesellen, dann käme schon alles in Ordnung. Theodors Herz klopfte vor Verlangen nach Philipp und seinen zärtlichen Berührungen. Rudel von tierisch ernsten Läufern jagten oder schleppten sich schwitzend an Theodor vorbei, alternde Berufsjugendliche mit fitnessgestählten Körpern, sehnige Figuren vom Typ Bergwanderer, Trimm-dich-fit-Manager nach Büroschluss, übergewichtige Fettbäuche mit offensichtlichen Knieproblemen, getrieben vom verzweifelten und aussichtslosen Bemühen, eines Tages doch noch auf Normalgewicht zu kommen, auch zahlreiche weibliche Wesen, doch die interessierten Theodor nicht, ließen eher seine milde Dauer-Erektion zwischendurch in sich zusammen fallen. Einige der Jogger könnten ihm schon gefallen, doch erstens war Theodor seinem Philipp treu, und zweitens gehörten Jogger nicht zu seiner Zielgruppe. Sie sind aus homoerotischem Blickwinkel geschlechtslos, nicht bedrohlich wie die Frauen, sondern neutral und uninteressant. Philipp, der sehr klug war und die komplexesten Zusammenhänge verständlich erklären konnte, hatte ihm plausibel auseinander gesetzt, aus welchen Motiven Männer zu geschlechtslosen Joggern mutieren. „Mein Lebensfreund", hatte Philipp seine Erklärung begonnen, „in jedem Mann steckt das tief sitzende Bedürfnis, Liebe zu empfangen und Liebe zu spenden, wozu natürlich auch das gemeinsame Erleben von sexueller Lust mit einem geliebten Partner gehört. Die Befriedigung jenes Liebesbedürfnisses ist im Wechselspiel zwischen Mann und Frau nicht möglich, von Natur aus nicht." Im Grunde hassten die Frauen die Männer, was letzteren, denen von ihren Müttern eingetrichtert worden wäre, sie müssten sich im Laufe ihres Lebens mit einer Frau verehelichen und sie lieben und beschützen, meistens zu spät bewusst werde. Die Männer erkannten zu spät die Aussichtslosigkeit, mit Frauen in einer Zärtlichkeitsbeziehung zu leben und stünden mit ihrem unerfüllten Liebesbedürfnis vereinsamt in der Welt. Sie begännen dann entweder zu trinken oder zu joggen, immer häufiger letzteres, da der Zeitgeist den Körperkult in den Mittelpunkt stellte. „Mein Lebensfreund", so Philipp, „die Männer laufen vor ihrem unbefriedigten Liebesbedürfnis davon. Sie joggen bis zur totalen Erschöpfung, bis zur vollständigen Unterdrückung ihres Lustempfindens, das sie mit ihren Partnerinnen ohnehin nicht ausleben können. Damit ersparen sie sich die Frustration des zwangsläufig höhepunktlos verlaufenden Geschlechtsaktes mit ihren Frauen, von denen sie doch in Wahrheit nur verabscheut werden." Da sich das unbefriedigte Liebesbedürfnis immer wieder zu Wort melde, müsse es durch immer intensiveres Joggen unterdrückt werden, was dazu führe, dass die Männer früher oder später einen Marathon in dreieinhalb Stunden schafften, ihr Liebesbedürfnis jedoch bis zum Lebensende unerfüllt bliebe. Marathonläufer entwickelten sich so zu liebesunfähigen seelischen Krüppeln. Etwa so hatte ihm sein kluger Geliebter die Zusammenhänge erklärt. Theodor musste beim Anblick der vorbei hastenden Jogger schmunzeln. Im Grunde bemitleidete er sie.

Eine junge schlanke Frau im hautengen Jogging-Dress eilte locker heran, verlangsamte ihre Schritte, blickte auf den Pulsmesser und blieb auf der Höhe von Theodors Sitzbank stehen. Sie lächelte ihn freundlich an. Theodor, ein höflicher, korrekter Mann, erwiderte ihr Lächeln aus purer Wohlerzogenheit, wobei er nicht damit rechnete, dass sein freundliches Benehmen die Frau dazu ermunterte, ihn zu fragen, ob sie sich kurz zu ihm setzen dürfe, sie wolle nur ihren Puls stabilisieren und dabei ein wenig die angenehme Abendsonne genießen. Theodor sah keine Möglichkeit, ihr die Bitte zu verweigern. Er rutschte auf die rechte Seite der Sitzbank, die Joggerin nahm in angemessenem Abstand auf der anderen Bankhälfte Platz. Sie eröffnete ein belangloses Gespräch über die angenehme Abendstimmung, ein Thema, auf das sich der wohl erzogene Theodor problemlos einlassen konnte, zumindest bis zu dem Zeitpunkt, als das bis dahin harmlos dahin plätschernde Gespräch durch eine direkte Frage der Frau eine für Theodor unwillkommene Spannung bekam: „Joggen Sie auch manchmal?" Da es wohl nicht angebracht war, der arglosen Frau zu erklären, warum es für sein allgemeines Wohlbefinden nicht nötig sei, sich in Lauf-Aktivitäten zu flüchten, musste er einen anderen Weg finden, das Thema zu beenden. Er versuchte es auf die einfache, direkte Art: „Nein, ich jogge nicht." Offenbar war sein Tonfall jedoch zu sanft und nicht abweisend genug, um die Sitznachbarin daran zu hindern, den Gegenstand zu vertiefen. „Ziehen Sie andere Sportarten vor?" „Ich mache mir nicht viel aus Sport, mir genügen Spaziergänge in freier Natur." „Ich dachte, Sie betreiben regelmäßig Sport, ich schloss das aus Ihrer schlanken Figur." Das fehlte noch, dass eine junge Frau sich für seine Figur interessierte. Er beschloss, das gewiss gut gemeinte Kompliment unkommentiert in der milden Abendsonne schweben zu lassen und beschränkte sich darauf, die freundliche Joggerin vorsichtig aus den Augenwinkeln zu mustern. Zugegeben, sie bot in ihrem hautengen Anzug einen ästhetischen Anblick und wirkte insgesamt gewinnend. Sein Blick fiel auf die Rundungen ihrer durchaus nicht unansehnlichen Brüste, deren Konturen sich unter dem Stretch-Stoff deutlich und relativ ungeschützt abzeichneten. Der Busen der jungen Sportlerin verwandelte sich für Theodor allmählich in den seiner Mutter, seiner verwitweten Nachkriegs-Mutter, deren innig geliebtes und schmerzhaft gezüchtigtes Einzelkind er war. Seine von seiner Geburt bis zu ihrem Tod vereinnahmend über ihn gestülpte Domina, die ihm mit ihrer ausbeutenden Fürsorglichkeit drei Jahrzehnte lang den Atem genommen hatte. Sie führte ihn mit Zuckerbrot und Peitsche, drückte das Gesicht des Halbwüchsigen, der an des im Krieg gefallenen Mannes statt, mit der Sehnsüchtigen das Ehebett teilen musste, an die wogenden Brüste, und brachte mit dem Kochlöffel sein Gesäß zum Glühen, wenn sie in der Früh am Leintuch die Spuren seiner nächtlichen Ergusse entdeckte, oder wenn er mit einem Nichtgenügend in Mathematik nachhause kam. Die harmonischen Brüste der Joggerin verwandelten sich in fleischige, wabernde Ungeheuer, die seinen Atem stoßweise dahinjagen ließen. Er fühlte kalten Schweiß am Körper, es schwindelte ihn, ekelte ihn, er verlor kurz das Bewusstsein für seine Umgebung und seine momentane Situation. Das ängstlich verwirrte Gesicht der Joggerin, die an den äußersten Rand der Sitzbank gerutscht war, bekam erst langsam wieder Konturen und erinnerte ihn, wo er sich befand. Die Brüste der jungen Frau nahmen wieder ihre unbedrohliche Form an, er musste sie wohl erschreckt haben, sie musste befürchten, mit einem unberechenbaren Verrückten auf der Bank zu sitzen, möglicherweise meinte sie sogar, es mit einem gefährlichen Sexunhold zu tun zu haben, da er sich sicher war, ihren Busen mit bösem Blick fixiert zu haben. Theodor war die Situation in höchstem Maße peinlich und unangenehm, da er größten Wert auf jederzeit korrektes und unauffälliges Benehmen legte, Männern wie auch Frauen gegenüber. Er versuchte, möglichst gewinnend und unbefangen zu lächeln. Die Gesichtszüge der Joggerin entspannten sich allmählich wieder, wenngleich sie es vorzuziehen schien, ihre sportliche Betätigung fortzusetzen, was er daran zu erkennen glaubte, dass sie sich an den Bändern der Laufschuhe zu schaffen machte. Er wollte die Begegnung nicht so abrupt enden lassen. „Wissen Sie, ich erhalte mich fit und schlank durch vernünftige, ausgewogene Ernährung und viel Bewegung in frischer Luft, wenngleich ich nicht zu den Joggern gehöre." Die Joggerin nahm den Gesprächsfaden gerne wieder auf und erzählte über die zahlreichen sportlichen Freizeitaktivitäten, denen sie huldigte. Auch Theodor begann nach und nach, engagierte Gesprächsbeiträge zu liefern. Das Horrorbild seiner Mutter war gänzlich aus seinem Bewusstsein verschwunden. Die sympathische Joggerin hatte eine zarte, wärmende Humusschicht über die Untiefen seiner Seele gelegt, in der die Quälgeister der Verdrängung ihr böses Spiel treiben. Das ungleiche Paar war auf der Bank einander unwillkürlich etwas näher gerückt, man hätte meinen können, zwei Freunde verschiedenen Geschlechts unterhielten sich unbefangen während einer Rastpause einer gemeinsamen sportlichen Freizeitaktivität. Auch Theodor war durchaus wohl zu Mute. Er bemerkte erst sehr spät, wie sich jemand der Sitzbank näherte. Sein Lebensfreund Philipp stand vor ihm und sah ihn mit leicht irritiertem Lächeln an. Theodor errötete und fühlte sich wie auf frischer Tat bei einem Seitensprung ertappt. Er spendete seinem Freund eine liebevolle Umarmung, gekrönt mit einem zärtlichen

Lippenkuss und einem wechselseitigen Griff an die Pobacken. Die Joggerin erhob sich, blickte das liebende Paar spöttisch lächelnd an und setzte sich mit den Worten: „Ich verstehe, Schwule joggen nicht" in Bewegung.

Spielchen Spielchen

Wer hat heute nichts zu jammern
Wer grübelt nicht ständig in seinen Kammern
Wer bläst nicht Trübsal und hat Missgeschick
Wer glaubt an sich und an sein Glück
Der macht nicht mehr mit
Eins zwei drei
und du bist frei

Lass mich

Lass mich
ich will sehen
wie die Natur mich reifen lässt
Wie sie mir
die Falten ins Gesicht malt
die Farbe im Haar verteilt
die Form meines Körpers gestaltet
Lass mich
ich will sehen
wie sie mich reifen lässt
und wozu

Ute Bundschuh

Er ist ein Dichter

Er verdichtet seine
Sternenworte zu
Galaxiegedichten im
Band des Universums

Er erfüllt die Raumzeilen
mit Lichtklängen und
schillernden Farbtönen

Er gestaltet alles
in einem
Band
eingebunden in
den Einklang der
Ewigkeit

Die Erde

Der Wind ist ihr Atem
manchmal erregt zu
verzehrendem Sturm

Die Bewegung ist ihr Herzschlag
manchmal erregt zu
zitterndem Beben

Das Wasser ist ihr Blut
manchmal erregt zu
überschäumender Flut

Was erregt dich so Geliebte

Ute Bundschuh

Ich lese keine Zeitung

Ich lese keine Zeitung
Nein ich schaue keine Nachrichten
Nein es interessiert mich nicht
Es gibt nichts Neues
was sollte mir fehlen
wenn ich nicht erfahre
dass irgendwo irgendeiner
sein Waschmittel anpreist als das beste
für die porentief reine weiße Weste
Wozu
Was sollte mir fehlen
wenn ich nicht erfahre
dass irgendwo irgendeiner
Steuern hinterzieht
und obendrein noch seine Frau betrügt
Wozu
Was sollte mir fehlen
wenn ich nicht erfahre
dass irgendwo irgendeiner
Macht missbraucht und Menschen quält
nur damit man ihn wieder wählt
Wozu
Was sollte mir fehlen
wenn ich nicht erfahre
dass irgendwo irgendeiner
der gerne Tiffany lötet
Frauen vergewaltigt und Kinder tötet
Wozu
Was sollte mir fehlen
wenn ich nicht erfahre

dass irgendwo irgendeiner
Amok läuft
weil er in seinen Gefühlen ersäuft
Wozu
Was sollte mir fehlen
wenn ich nicht erfahre
dass irgendwo irgendeiner
sich mit Unschuldigen in die Luft sprengt
und dabei an Gott denkt
Wozu
Was sollte mir fehlen
wenn ich nicht erfahre
dass irgendwo irgendeiner
einen Krieg anzettelt
während sein Volk um Brot bettelt
Wozu
Was sollte mir fehlen
wenn ich nicht erfahre
dass irgendwo irgendeiner
im geheimen Labor ein Virus entdeckt
mit dem er die ganze Welt ansteckt
Wozu

Ich weiß es längst

dass irgendwo irgendwann
überall sein kann

Aus: Bundschuh, Ute: Jeder Gedanke braucht ein Bild. novum Verlag

Danus

Ferienhof Iris für Hunde

Wie fängt man ein Buch über sein Frauchen an? Indem ich mich erstmal vorstelle? Also gut, mein Name ist Danus. Ich bin ein Kurzhaardackel, reinrassig, braun ... Und noch „die alte Rasse", wie Frauchen meint. Warum, nun ja, ich bin kein Minidackel und ich habe, na ja, wie soll ich sagen, auch noch die richtigen Dackelbeine. Was das ist? Blöde Frage, wahrscheinlich sind Sie kein Dackelkenner. Etwas krumm eben, heute nicht mehr so in. Dafür echt, alter Adel, Sie wissen schon, Adel verpflichtet. Geboren bin ich in Südamerika, aber das ist eine andere Geschichte, so kommen wir ja nie dahin, wo ich mit Ihnen hin will und zwar zu meinem Frauchen und ihrem Ferienhof.

Sie hat manchmal schon komische Ideen im Kopf, aber so sind sie nun, die Frauen, ob auf vier Beinen oder auf zwei.

Jedenfalls leben wir jetzt in Vorarlberg, das gehört zu Österreich, oder umgekehrt, ich war schon sehr müde als Frauchen mir das erklärte, ist ja auch egal, hier gibt es Berge, die meinem Rücken nicht sehr gut tun und zu allem Unglück längere Zeit im Jahr so eisiges, kaltes weißes Zeug, auf das sich viele meiner Kumpels nur so draufstürzen und sich darin herumwälzen, widerlich, für einen Hund, der unter zwanzig Grad plus schon angefangen hat zu zittern – Frauchen meinte nur lakonisch: „Du gewöhnst dich dran." Dabei sah ich genau, dass sie mehr Pullis trug wie üblich – Schwindlerin. Um es kurz zu machen, die erste Zeit hier froren wir sehr.

Ganz zu schweigen vom Verstehen beziehungsweise verstanden werden. Guarani ist schon etwas kompliziert, aber menschlich, denn ich konnte mich noch gut mit Pfoten oder Schnauze beziehungsweise Rute verständigen, aber hier mit den Guaranies hier, nun ja, Frauchen meint, wenn sie gar nichts versteht, die Leute sollten doch einfach die Schreibschrift verwenden, dann kämen wir schon weiter. Was sie so damit meint, weiß ich nicht, aber es klappt. Wie Sie sehen, war der Anfang alles andere als leicht. Aber wir hatten ja uns. Und ich passte schon auf mein Frauchen auf, damit ihr niemand zu nahe kam. Mein Frauchen hatte meine Ausbildung beendet, als ich wusste wie ich heiße und sie endlich einsah, dass es sinnlos ist, einen Dackel zu erziehen.

Ja, nun stellte sich die Frage, wovon wir unser Futter bezahlen sollten. Das schreckliche Wort „Arbeit", viel am laufenden Band, meine Ohren dröhnten schon. Das Problem, ich muss es erwähnen, es gibt Kumpels, die haben jüngere Frauchen als ich, Sie wissen was ich meine? Schließlich kann es ja passieren, dass mein Frauchen auch mal mein Buch liest, sie liest gerne, vor allem laut und so habe ich eine solide Bildung von Busch bis Simmel und was weiß ich nicht alles, kann mir ja nicht alles merken. Das mit dem Futter und dem Alter meines Frauchens schien eng zusammenzuhängen. Dumme Sache. So fasste Frauchen einen Entschluss. Setzte eine Anzeige in die Zeitung und wollte Fellkinder betreuen! So ein Quatsch! Frechheit, impertinent! Wo sie doch mich hatte. Einen charakterstarken, treuen und zuverlässigen Freund. Aber sie überzeugte mich damit, dass dieser Gast Geld bezahlen müsse. Und Geld bedeutet gleich Futter! Darüber ließ sich reden. Auch ein Dackel hat schließlich mal Hunger.

Der Erste, der kam, war Bobby, nicht so mein Typ, erinnere mich ungern an ihn. Ein riesiger Kerl. Nicht nachvollziehbarer Herkunft. So was. Später gewöhnte ich mich daran. Anscheinend ist etwas an dem Spruch dran: Aller Anfang ist schwer. In mein Körbchen kam dieser Riese jedenfalls nicht. Warum wollte eigentlich keine nette, kleine Dackeldame bei uns Urlaub machen? Abwarten.

Sie kam auch schneller als gedacht. Evi hieß sie. Eigentlich Everl vom grünen Baum. Was sie mit dem Baum zu tun hatte, ist mir ein Rätsel. Als Mädchen pinkelt sie ja nicht mal an einen Baum. Das haben sich halt diese unwissenden Zweibeiner ausgedacht. Da kann ich dann auch nicht helfen. Evi war ein reinrassiger Rauhaardackel. Rassig war sie eh. Sie durfte natürlich in mein Körbchen, aber lieber lagen wir gemeinsam auf dem Sofa, viel bequemer. Es machte viel Spaß mit ihr, tiefe, tiefe Löcher zu buddeln. Wir hatten eh viel gemeinsam, nur ein sturer Dackel ist ein guter Dackel. Wir waren zwei sehr gute Dackel.

So waren unsere Anfänge mit der Hundepension. Pension klingt so nach Rentner und so musste ein Name her. Mein Frauchen wollte meinen Namen mit hineinbringen, aber dann entschieden wir uns für „Ferienhof für Hunde", das gefiel uns aber auch nicht so recht, „Ferienhof Danus für Hunde" klang auch blöd und so entstand „Ferienhof Iris für Hunde". Und so ist es bis heute geblieben. Dieses Problem hatten wir also auch gelöst. Frauchen redete mit Tierärzten und Hundesalons und so bekam sie nicht nur Anrufe von Frauchen und Herrchen, die in Urlaub fahren wollten, sondern sogar Fellkinder der unterschiedlichsten Art.

Und dann, dann kam sie! Groß, sehr groß, schlank und rank und anmutig und überhaupt das Einzigartigste, das ich bis dahin zu sehen bekam. D i v a! So wie sie hieß, war sie auch, eine Dame, eine wirkliche Diva. Durch und durch. Wie sie sich bewegte, wie sie ging. Diese Grazie, diese zierlichen Fesseln! Zum Verlieben, was ich auch tat. Ihr silbergraues Fell veranlasste mich, sie „Mäuschen" zu nennen. Wie schön doch das Leben sein kann. Wir machten gemeinsame Spaziergänge, sie bekam mein getrocknetes Schweineohr, die stinkenden Pansen, die mir so schmeckten, traute ich mich nicht, ihr anzubieten, meiner Angebeteten. Ich aß sie in der Zeit, wo sie bei mir war, auch nicht, Sie können sich denken warum! Wenn wir nebeneinander herliefen, ich gebe zu, ein etwas ungleiches Paar, aber was kann eine solche Romanze schon stören. Wenn sie ihren großen, wohlgeformten Kopf zu mir herunter beugte, ihre langen Ohren mich trafen – was für ein unbeschreibliches Gefühl. Was störte uns das Geglotze eifersüchtiger Köter, das alles unter unserer Würde war, es gab nur uns. Das erste Mal war sie nur ein Wochenende hier. Ein Wochenende, das mein Leben total veränderte, das mich ganz furchtbar durcheinander brachte. Liebe, ich hätte nicht gedacht, dass sie so schön sein kann. Als sie mich verließ, brach meine Welt zusammen. Ich fiel in ein ganz tiefes Loch, ich magerte ab. Nicht mal die Pansen und die Rinderknochen mochten mir schmecken. Ich litt furchtbar. Frauchen litt mit. Nur langsam erholte ich mich. Immerzu auf dem Sofa liegen machte auch keinen Spaß und ich bekam ja gar nicht mit, was draußen so vor sich ging und so mischte ich mich wieder unters gemeine Hundevolk, zur Freude von meinem Frauchen. Es kamen auch andere Mädchen, wie schon gesagt, Mädchen, aber keine Dame wie Diva.

Und dann kam Oskar. In ihm sollte auch ein Dackel stecken, na ja! Nach besserem Kennen lernen musste ich zugeben, vom Charakter, der Sturheit, dem Durchsetzungs- und Durchhaltevermögen her – nun ja, konnte ich ihm eine weitläufige Verwandtschaft mit einem meiner Vor-Vor-Vorfahren nicht absprechen. Allerdings ist er ja auch auf einem anderen Kontinent geboren als ich. Wenn man meine Rasse teils liebevoll, teils neidisch, teils rassistisch in meiner Heimat Salchisa nennt, wäre Oskar wohl eher ein Chorizo gewesen. Für Sie, die meiner Muttersprache nicht mächtig sind, eine kurze Aufklärung, Salchisa nennt man ein Würstchen, meist liebevoll, so was wie ein schlankes, gut aussehendes Frankfurter Würstchen. Wobei ich noch nie gesehen habe, dass, wenn Frauchen ein Glas mit eben diesen Würstchen öffnete, sie herausgesprungen kamen und davonliefen. Also ein etwas weit her geholter Vergleich. Aber eine Chorizo ist zuhause eine dicke, rote Paprikawurst, scharf, und man legt sie gewöhnlich auf den Grill. Ich muss zugeben, sie ist sehr wohlschmeckend, obwohl keiner wissen

Danus

darf, dass ich das weiß, schließlich esse ich ja keine Küchenabfälle, wo kämen wir denn da hin. Nun, vielleicht hat ihn Frauchen unbewusst Oskar getauft, aber der pfiffige Name traf schon auf ihn zu, ich weiß das von Geschichten. Genauso gut traf aber auch Chorizo auf ihn zu, er hatte etwas rötliches Fell! Meine Rache! Es lief nämlich so ab, dass Oskar, damals noch mit so einem primitiven Namen, habe ich gleich vergessen, nicht mehr abgeholt wurde. Erst dachte ich, recht geschieht ihm. Das hätte ich nicht denken sollen. Was Hund doch im Leben so Fehler macht. Es vergingen Tage und Nächte, weiß nicht, wie viele, und Oskar, damals noch Kimba oder so, als ob er eine Ähnlichkeit mit einem weißen Löwen gehabt hätte! Ha! Rückte immer näher an Frauchens Seite, so geht das natürlich nicht. Als Gast muss Hund wohl seine Grenzen kennen. Mein Frauchen, du missratener Hund! Wir lieferten uns heiße Kämpfe, aber dieser wurstige Zwerg war ganz schön flott auf seinen stämmigen Beinchen, außerdem, was ich ungern zugebe, hatte er den Vorteil der Jugend gehabt. Das auch noch. Es war damals eine schwere Zeit für mich. Dieser Oskar kam mir aber immer näher, schließlich schloss er sich mir richtig an. An mich! Ich wollte kein Vaterersatz sein. Ich doch nicht! Eingefleischter Single. Nun ja, hin und wieder ein Vergnügen, aber schließlich ist es bei uns Hunden noch nicht soweit, dass wir Alimente zahlen müssen. Oder zahlte Frauchen bereits und ich wusste nichts davon? Weil sie mich schonen wollte? Weiß ich nicht, auf jeden Fall folgte mir diese kleine Knackwurst auf vier Pfoten überall hin. Ich überlegte, dachte lange nach und kam zu einem Entschluss, der für uns beide besser war und vor allem mir gut behagte, er sah einen großen Bruder in mir. Sofort war mir Oskar viel sympathischer und ich fühlte mich gleich um Jahre, ach, was sage ich, Jahrzehnte jünger! So ein jugendlicher Freund kann auch Vorteile haben. Welch Glück, mein Seelenfrieden war gerettet.

Aber Oskar war immer noch da. Nun teilten wir schon das Sofa! Bedenklich. Wie ich mitbekam, versuchte mein

Frauchen, die Besitzerin zu ermitteln. Aus irgendwelchen Gründen hatte diese ihre Hütte verlassen. Und Oskar? Mittlerweile hatte ihn Frauchen schon umbenannt, denn so einen albernen Löwen hatte ja weiß Gott noch niemand gesehen. Bei den süßen Malteser-ich-werde-mal-ganz-groß, klingt das ja schön, aber bei, nun Sie wissen schon, irgendwie diskriminierend, oder so ähnlich. Ja, dann hatte er noch ein Problem, ein ganz großes sogar. Dieser verdammte Kerl war ehrlich. Das kann ja nun nicht sein. Wenn ich als Hund etwas will, ja, dann muss ich halt auch mal meine Schnauze halten, mir meinen Teil denken – ich sage Ihnen, so lebt es sich recht angenehm. Aber nein, Oskar bellte, wenn ihm etwas nicht passte. Blöder Köter, dachte ich mir, der lernt es nie! So war es auch. Wie oft habe ich versucht, ihm das auszureden. Vor allem, wenn Kunden in den Ferienhof kamen. Ja, meinte der denn, dass mir jeder Geruch gefiel, den diese Zweibeiner mitbrachten? Wenn sie sich von oben herab auf uns herunterbeugten und auf den Kopf tätschelten, dass ich Migräne davon bekam und in der Nacht davon träumte, von so einer riesigen Hand erdrückt zu werden. Sie können sich das wahrscheinlich gar nicht vorstellen, wie das ist, wenn so eine Hand, größer als mein Kopf, über mir schwebte und dann anfing zu tätscheln mit der schrillen Untermalung: „Oh, ist der süß, ach wie süüüß!" Meine Ohren taten weh und meine Zähne vermochten es nicht, in den nächsten Tagen einen Knochen zu zerlegen. Ja, so schlimm ist das! Sie können sich das nicht vorstellen, aber lassen Sie sich mal immer und immer wieder auf dem Kopf rumklopfen und das nicht nur von einem Frauchen. Also denken Sie das nächste Mal daran, wenn Sie ein Fellkind süß finden. Unterlassen Sie das tunlichst. Es macht nur Ihnen Spaß. Da ich aber der wohlerzogene (meistens jedenfalls) Hund einer Geschäftsfrau war und wusste, was auf dem Spiel steht, ließ ich diese Prozedur, meist am Wochenende, über mich ergehen, mit der Aussicht, irgendwann wieder einen Kalbsknochen zerlegen zu können. Wenn Ihnen jetzt die blöde Frage einfällt, warum ich mich nicht verzogen habe, dann muss ich Ihnen leider sagen, dass Sie bisher noch nichts begriffen haben. Oder glauben Sie, ich hätte mein Frauchen alleine lassen können? Viel zu naiv. „Ach, mein Hund tut ja gar nichts." Da habe ich Frauchen gleich mal gezeigt, dass mich dieser arrogante Kumpel nicht leiden kann und dass er ihre Gastfreundschaft ganz schön ausnützen wird. Dann wusste sie erstmal Bescheid.

Aber um bei meinem Ziehsohn Oskar zu bleiben. Er war so verdammt ehrlich und bellte diese Hand, die wie ein Schwert über ihm balancierte einfach an, vor allem, wenn zu dieser menschlichen Pfote ein Herrchen gehörte. Ärger war vorhergesagt. Frauchen brachte dann geschickt das Schicksal von Oskar ins Gespräch und bei so viel Herz von meinem Frauchen wurde Oskar verziehen.

So waren wir also auf einmal zu zweit. Ich bin ja mit meinem Bruder Philip Fröhlich aufgewachsen. Aber, nun ja, zu Oskar ein himmelschreiender Unterschied. Philip Fröhlich war ein reinrassiger Kurzhaarteckel von Adel: Philipo de Levi, das klingt doch. Unser Herrchen machte Philip Fröhlich daraus. Aber mein Bruder lebt nicht mehr und so ein Oskar konnte ihn niemals ersetzen. Aber irgendwie schlich sich der Bursche immer dichter an mich heran. Tat ich das auch bei Philip? Sollte – wollte Oskar auch einen großen Bruder? Aber doch nicht mich! Ich, der sich vor jeder Vaterschaft drückte! Oder wollte dieser Plumpsack nur an mein Frauchen heran? Auf der Hut sein, hieß die Devise! Mein Frauchen ist mein Frauchen, so was aber auch! Mit seiner witzigen Art, wie er sich immer auf den Rücken warf und um Zuneigung bettelte, konnte nicht mal mehr ich ihm böse sein und so entstand doch eine Freundschaft. Schließlich konnte er ja auch von mir lernen. Anstand, Benehmen, kultiviert seine Mahlzeiten zu sich nehmen, nicht betteln!

Dass Oskar mal mein Erbe antreten sollte, ahnte ich damals noch nicht. War auch besser so, aber dazwischen passierte noch eine Menge.

Eines Tages bekamen wir Fellkinder, die Vegetarier waren. Hund lernt ja nie aus. Die beiden Border Collies bekamen vegetarisches Trockenfutter, Möhren usw., aber ich bekam den ersten vegetarischen Hundeknochen, und der schmeckte gut. Frauchen, die alles probieren muss, außer getrockneten Pansen, probierte auch die Leckerlis! Na ja, Menschen! Aber mit Nici und Barckley hatte ich viel Spaß. Nici bekam von Frauchen ein Wasserbecken, das eigentlich für Zweibeiner gedacht war, aber sie mochte das gar nicht, dafür legte sich Barckley richtig fett rein! Nur für ihn. Auch gut, Nici bevorzugte den Wasserschlauch, sie muss so einige Gardena Sets demoliert haben. Frauchen hat ja diesbezüglich gute Nerven. Diese Rasse muss ja auch ständig beschäftigt werden. Frauchen organisierte von Fußballtrainern Bälle, die dort nicht mehr benötigt wurden, aber bei uns noch einen guten Zweck erfüllten. Eben diese Border Collies spielen ja mit Vorliebe Ball. Nici lief nur mit dem Ball herum und Barckley bevorzugte Tennisbälle, die Frauchen wiederum von woanders organisierte. Sie sehen, ich bin in einem richtigen Ramschladen gelandet. Schämen musste ich mich! Aber ich halte zu meinem Frauchen. Ja, so spielte sich das Leben im Ferienhof ein. An das Kommen und Gehen von Fellkindern gewöhnte ich mich mit der Zeit. Bis Herr Brahms kam, ein reinrassiger Bourdou, oder wie immer die heißen. Damit veränderte sich mein Leben schlagartig. Frauchen hatte einen Narren an diesem faltigen Köter gefressen. Ich muss zugeben, er war sehr jung und tollpatschig. Frauen fliegen ja auf so was. Immer war er im Vordergrund, immer bei meinem Frauchen, ich meine, so geht das ja nicht. Und da habe ich mich mit ihm angelegt, mit dem Ergebnis, dass mich dieses Monster in meinen Hinterschenkel biss und ich wehklagend mein Frauchen bitten musste, mit mir zum Tierarzt zu fahren. Genäht musste ich werden! Wegen diesem Miststück! Es sollte aber noch schlimmer kommen. Herr Brahms wurde nicht abgeholt! Können Sie sich das vorstellen? Wahrscheinlich nicht. Die Tage vergingen und dieser Unsympath blieb. Und noch viel schlimmer, Frauchen mochte ihn. Dann schon dieses Missgeschick von Oskar, an den hatte ich mich ja mittlerweile gewöhnt, aber an den Brahms würde ich mich nie gewöhnen. Wo kämen wir denn da hin? Aber dann tat er mir doch leid. Mein Frauchen musste ihn ins Tierheim bringen. Wissen Sie, was das ist? Ich war dabei. Frauchen tut nie etwas ohne mich! Aber dieses Schicksal hätte ich Herrn Brahms auch nicht gewünscht. Frauchen weinte sogar, das tut sie nur in sehr seltenen Fällen. Aber irgendwie konnte sie wohl Herrn Brahms nicht behalten. Wenn es wegen mir war? Ich weiß nicht, auf jeden Fall hatte ich ein sehr schlechtes Gewissen, und ein paar Tage lang überhaupt keinen Appetit. Aber Frauchen erzählte mir, dass Herr Brahms in eine gute Familie kam und er öfters von anderen Fellkindern gesehen wird. So habe ich wieder ein gutes Gewissen bekommen. Meinem Frauchen fiel das bestimmt auch nicht leicht. Aber diesen Weg musste sie noch oft gehen. Viele Leute schaffen sich so ein süßes Wollknäuel an und verlieren dann einfach die Lust an uns. Deshalb liebe ich mein Frauchen so sehr, denn sie hätte mich ja auch in Südamerika zurücklassen können, das weiß ich jetzt erst. Der Flug war nicht so lustig. Aber wir sind immer zusammen geblieben, das ist wahre Freundschaft. Tiere sind als Engel auf die Erde gekommen, um den Menschen Mitgefühl beizubringen. Aber das sehen ja die wenigsten Zweibeiner ein. Nun will ich mal enden und nicht weiter von meinem Frauchen schwärmen. Wenn Sie mehr wissen wollen, wie meine Geschichte weiter geht, dann lesen Sie „Neues vom Ferienhof Iris für Hunde".

Bis bald, Ihr Danus

Da flatterte also die Einladung zu diesen Seiten in mein Haus. Was schon wieder über mich schreiben? Fällt mir doch gar nicht ein. Und „meine Werke" vorstellen? Bei dem einen, winzigen Büchlein – ich mache mich doch nicht lächerlich! Und schon wieder Geld ausgeben für Werbung – kann ich mir nicht leisten, und außerdem soll doch der „himmlische Vertrieb" an Stelle von kommerziellen Medien für die Verbreitung sorgen!

Als ich aber die Einladung zum Einheizen verwenden wollte, konnte ich nicht. So kugelte sie ein paar Tage herum, und „das Leben" sandte inzwischen seine Lernaufgaben, um „mich" doch zu motivieren.

Das „ich" und „mich", etc., schreibe ich unter Anführungszeichen, da ich immer stärker den Kontrast zwischen den diversen „Ich's" bemerke.

Da ist einmal das „eigene Ich", das sich bei mir liebend gern hinter anderen versteckt. Gut erzogen, mit hohen Idealen, kann es „sich" meistens nicht entsprechen. Also schaut es lieber auf andere, um sich von dort ein paar „Raubkopien" zu holen. Peinlich, sich eingestehen zu müssen, lieber hinter „fremden Federn" zu verschwinden, als das eigene Elend zu betrachten.

Um das zu überdecken, sammelte ich meinen eigenen „gemischten Harem". Es geschah zunächst völlig unbewusst und basierte wohl auf dem Prinzip des „Nesthäkchens", das ich im Elternhaus war.

Nachdem es genug Menschen gab, die bereitwillig ihre Talente zur Verfügung stellten, brauchte ich die „Kopien" auch nicht zu stehlen, ich bekam sie geschenkt. Darüber hinaus freuten sich die Leute, dass sie von jemandem bewundert wurden und liebten mich dafür. Der „Harem" wuchs also und „die Liebe" blühte.

Doch welche „Liebe" war das? Oh ja, da war schon auch echte menschliche Verbundenheit und Sympathie. Und „ich" lieb(t)e wirklich, was ich bei den Anderen entdeckte und verliebte mich immer mehr in sie. Aber irgendwann bekam ich eine Ahnung davon, dass ich dadurch auf der menschlichen Ebene zwar „alles" mit den Anderen und durch die Anderen sein kann, doch selbst immer „kleiner" wurde. Dabei handelte es sich jedoch nicht um das „gesunde Verschwinden", das Verankern des eigenen, „kleinen Ich's" in der Unendlichkeit der grenzenlosen, „göttlichen" Liebe. Das war zwar wohl die Ursehnsucht dahinter, doch dieser Weg führte „dort" nicht hin.

Denn „mein kleines Ich" sah zwar mehr und mehr die eigene Unfähigkeit, doch gerade das machte es zu einem „dicken, fetten Ich"! Im Inneren, da es die Reichtümer aller an sich raffen wollte und im Außen, da es den eigenen Frust oft mit Essen bekämpfte.

Irgendwann führte die Gnade dann dazu, einen Blick auf das Puzzle in meinem Inneren werfen zu dürfen. Dabei fühlte ich schmerzlich, die Bedeutung der weisen Frage:

„Was nützt es einem Menschen, wenn er die ganze Welt gewinnt, aber dabei seine Seele verliert?"

Die Form „meiner Nächstenliebe" hatte keinen Platz für eine „Versöhnung mit mir selbst" gelassen.

Doch was ist zu tun, wenn die eigene Seele nur wie ein Mosaik aus den anderen Seelen aussieht? Was bleibt einem, wenn gerade wieder ein Künstler einen „neuen Stein" einfügt, der farblich scheinbar gar nicht passt?

Eine Zeit lang lebte ich ganz friedlich damit, die Sache von außen zu betrachten. Doch in meinen eigenen Körper, in mein „eigenes Leben", brachte mich all das nicht!

Das Gute daran war wohl, zu lernen, im Anderen alles zu lieben. Denn schließlich erlebte ich es ja als Teil von mir selbst. Dieses „Selbst" ebenso zu lieben und zu akzeptieren, wurde allerdings immer schwieriger, je konträrer der Inhalt und je „höher" die Ideen von „mir" wurden.

Zu allem „Übel" gehörten dazu nicht nur verschiedenste, widersprüchliche, spirituelle Konzepte, sondern auch eine Liebe zu Jesus Christus. Die Art und Weise wie Maria begann, eine Rolle bei diesem Mosaik zu übernehmen, überzog zwar alles mit ihrem „mütterlichen Glanz", doch stellte dieser oft einen harten Kontrast zu den darunter liegenden, unterschiedlichen Teilen dar.

Die große Liebe der „Erlöser-Seelen", führte mich in „die Kirche" und brachte eine Menge neuer Ideen über die „Heiligkeit", die es zu „erreichen" galt.

Aber das waren eben nur menschliche Konzepte von Heiligkeit, die neue irrige Strategien in mir wach riefen. Einerseits führte das zur Umgestaltung des inneren „Harems", der nun hauptsächlich aus Ordensleuten und Leben von „Heiligen" bestand. Andererseits begann der große „menschliche Kampf" in mir, der alles „Schlechte" ausmisten wollte.

Immer mehr zog ich mich aus der Welt zurück, um „rein" zu werden. Immer größer wurde die Sehnsucht nach der „neuen Art von Liebe", die ich im „Hintergrund" kennen und erleben lernte. Doch das Menschliche im Vordergrund wurde dadurch nicht heiliger, höchstens scheinheiliger. Wenn ich nämlich keine „bunten Steine" in mir vorfinden möchte, darf ich solche auch nicht mehr annehmen. Aber ein Mosaik in verschiedenen „Weißabstufungen" ist nicht nur schwer zu bilden, es wirkt auch langweilig. Und so erschien mir bald „mein Leben" und nahm mir die Freude an der Schöpfung. Aber wahres Sein wird von ihr gespeist, denn es lebt vom „Lobpreis Gottes"!

Durch die Dankbarkeit, die wir zum Himmel senden, wird quasi die Leitung verstärkt, wodurch automatisch größere Portionen Liebe, Freude und Schöpferkraft zurückfließen können.

Schmerzlich musste ich erkennen, dass „meine neue Heiligkeit" eher zu einem Pharisäertum wurde, welches Kraft kostete, anstatt zu einer „Quelle des lebendigen Wassers" zu werden.

Tja, als das Leid darüber zu drückend wurde, begann die Gnade damit, die Irrtümer zu zerbrechen. Das kann schon sehr wehtun, ist und bleibt aber eine Befreiung!

Vielleicht vergleichbar mit den Geburtswehen, die vor der Freude der Mutterschaft überwunden werden müssen.

Als „Mutterschaft" sehe ich auch das „Buch meines Lebens", welches ich hier vorstellen soll.

Die Liebe zu diesem „Kind" brachte mich dazu, diese Zeilen zu schreiben.

Denn das „Halleluja meines Lebens" soll als Teil der göttlichen Liebe weiterleben, auch wenn der letzte „Ballast", der letzte, sterbliche Rest „meines Ichs" Vergangenheit sein wird.

Dieses Buch sehe ich als „Frucht meiner Tage". Natürlich trägt dieses Kind auch seinen eigenen Namen, der mit meiner „Herkunftsfamilie" nur am Rande zu tun hat.

Meine Urgroßmutter hatte den Mädchennamen „David" und führte ein „Zuckerlgeschäft" in einem Kino. Meine Mutter erzählte mir oft davon, dass sie in der kargen „Nachkriegszeit", dort dennoch manche Leckerei abstauben konnte.

Diese Symbolik fand ich wunderschön, zumal sie mir als Verbindung der göttlichen, mit der menschlichen Süße erschien. Die Abstammung des „Messias" wird schließlich, von vielen Menschen, dem Hause David zugeordnet.

Als „persönlicher Retter" tritt der „einzige Gott" durch Jesus Christus auch immer wieder in dieses Leben. Und das gerade dann, wenn das eigene Streben nach Vollkommenheit wieder einmal kläglich gescheitert ist.

Immer mehr darf ich verstehen, dass „mein Kind", „mein Leben" aus reiner Liebe entstanden ist. Der Ursprung allen Seins ist diese Substanz, und unser Erscheinen in dieser Welt ist gleichzeitig eine Einverständniserklärung. „Wir" sind das Fleisch gewordene Ja-Wort an Gott!

Denn „er" ließ dem Menschen ja bekanntlich seinen „freien Willen".

Das macht uns zum „Ebenbild Gottes", welches damit über alle Geschöpfe erhoben und bis zum Erkennen des eigenen Ursprungs geführt werden kann.

Auch, wenn wir es im Laufe unseres Lebens vergessen, verdrängt oder negiert haben, sind und bleiben wir alle freiwillige „Kinder Gottes"!

Selbst wenn wir im Kampf zwischen dem „eigenen Willen" mit all seinen menschlichen Ideen, dem Willen der „Anderen" und dem „Geist dieser Welt" auf unsere göttliche Herkunft, mit ihrer Unverletzlichkeit und dem unvergänglichen Frieden, längst vergessen haben.

Dann besteht tatsächlich die Gefahr, schmerzlich „verloren zu gehen", in diesem Labyrinth zwischen „Gut und Böse", in uns. Doch „unser Schöpfer" bleibt immer da, wenn auch manchmal „unsichtbar", hinter unseren Scheuklappen oder auch nicht fühlbar oder nicht hörbar, weil wir das „Telefon abgestellt haben".

Deshalb ist es praktisch, von einer „Person" geführt zu werden, die eine untrennbare „Standleitung" installiert hat. Darum wurde Jesus Christus zum „Weg ins Leben" und „zum Licht" für uns.

Denn das eigentliche Leben beginnt erst in dem Maß zu werden, indem das „göttliche Erwachen" in uns geschehen darf.

Zu diesem Zweck bekam „mein Kind" auch den Vornamen „Miriam", damit es immer an die „göttliche Mutter" erinnert wird. Damit darf es frei werden von den allzu menschlichen „Sünden", die „ich" eben wie jede irdische Mutter, in mir trage.

Miriam David

Und nachdem dieses Kind die Chance bekommen soll, die „göttlichen Eltern" zu finden, wurde ihm als Taufpatin die „Selige Miriam von Abellin" gegeben.

Diese bot sich durch ihre Präsenz auf einer Reise „ins Heilige Land" an und ihr Gebet soll als „Wegzehrung" stärkend wirken. Gleichermaßen für die Mutter, „ihr Kind", sowie alle Verwandten, Geschwister und Freunde, die nach „Glückseligkeit" suchen.

Übrigens gibt es in diesem Gebet ein paar Zeilen, die nicht sofort mein Einverständnis bekamen. Aber so wie auch an einem Ehepartner manches leicht zu akzeptieren und zu lieben ist und anderes schwerer, gehört es doch dazu, „das Ganze" anzunehmen.

Ein Absatz beinhaltet beispielsweise die Bitte um „Sanftmut".

Das „kleine Ich" in mir legte da sofort Protest ein und meinte, diese Sanftmut sei oft Schuld an misslichen Lagen in meinem Leben. „Ich" sollte doch besser lernen zum Schwert zu greifen und zu kämpfen!

Erst kürzlich wurde mir ein neues Verständnis der Bedeutung dieser „Sanftmut" geschenkt.

„Mein Beichtvater" und „Seelenführer" hat mir dabei des Rätsels Lösung gezeigt.

Obwohl „mein Buch" auch ein Loblied für ihn enthält, möchte ich auch die Kämpfe der letzten Monate gegen ihn nicht verschweigen. „Er" war dabei jedoch nur Stellvertreter für alle Kriege, die ich gegen „Gott", „die Welt" und „mich selbst" führte.

Manchmal wurde ich von ihm regelrecht in Stücke gerissen und er erinnerte mich eher an einen gefährlichen Löwen als an einen „heiligen Seelenführer".

Doch dann saß ich endlich zerknirscht, mit den elenden Fetzen „meines Lebens" vor ihm, bereit, einen ersten Blick in die eigene Seele zu werfen, ohne mich hinter den „Mosaiksteinen" zu verbergen, die „Andere" mir gegeben hatten.

Also warf ich dieses „ekelige Etwas", das unter den hübschen Steinen verborgen lag, Gott zu Füßen. Als „menschlicher Vertreter" dieser Instanz nahm dann „mein Beichtvater" dieses „Ich" in Empfang. Und einmal mehr wurde mir die unendliche Barmherzigkeit Gottes bewusst.

Da durfte ich in der Kapitulation alle Güte und „Sanftmut" erkennen, die „mich" in Stücke gerissen hatte. Vielleicht muss man Ähnliches erlebt haben, um Widersprüche aus dem Mund von Jesus Christus zu begreifen?

„Ich bin demütig und von Herzen sanftmütig" und „ich bringe das Schwert, nicht den Frieden".

Es gibt also eine Sanftmut, die hinter dem „Kampf" steht.

So wie es eine Liebe geben muss, die „über den Dingen" bleibt, auch nachdem „diese Welt" vergangen ist.

Wie unter dem Mosaik der menschlichen Verknüpfungen die „nackte Seele" aufblitzt, wird der Blick hindurch, die einzige „göttliche Quelle" sichtbar machen.

Eine zarte Ahnung verspricht mir, dass der Blick von „dort" alle „bunten Steinchen" zu dem „strahlenden Weiß" bündelt, das in seiner Vollkommenheit niemals langweilig werden kann.

Gerne möchte die Sehnsucht in mir bereits in dieser „neuen Welt" leben. Doch sie hat gelernt, dass ohne geduldiges Erwarten, dieses „Himmelstor" nicht aufgeht.

Die letzten Jahre der spirituellen Suche haben zu einer höheren Sensibilisierung geführt. Dennoch oder gerade deshalb empfinde ich mich als „leeres Glas", in das jeder seinen Inhalt einfüllen kann.

Auch wenn „mein Beichtvater" mir immer wieder versichert, dass ich ein „Tabernakel Gottes" bin, gelingt es mir selten, dies wahrzunehmen, wenn gerade die „Probleme der Welt" in mich eingegossen werden.

Ich freue mich auf den Tag, an dem der Glaube alles verwandelt haben wird. Es wäre doch schön, bald einem „weiteren Kind" bereits die Milch der „wahren Menschlichkeit" geben zu können.

Bekanntlich sind es ja oft die Kinder, die aus „jungen Eltern" später „reife Menschen" machen.

Wenn es der Wille Gottes ist, könnte durch meine „Mutterschaft" eine „Spiritualität" von unten heranwachsen.

Ein Weg, der die „Herrlichkeit des Himmels" und das Leben eines „irdischen Wesens" zu etwas ganz Neuem verbindet? Eine Befruchtung, durch die ein neues Leben wächst?

Ein Leben, das der Berufung der Seele, also ihrem „göttlichen Auftrag" hier auf Erden, entspricht?

Was auch immer kommen mag, jedenfalls bin ich gespannt darauf!

Neugierig zu erfahren, was aus einem „so verrückten Leben" entstehen kann. Schließlich gibt es doch einen höheren Plan, zu dem ich mein volles JA gegeben habe!

Denn es ist meine feste Überzeugung, dass dann der „Bauherr" das Beste daraus machen wird!

Und das sage ich, auch nach etlichen Jahren Wanderschaft „durch die Wüste".

Ein wenig erscheint mir mein eigenes Leben wie der Blick in manches leere „Gotteshaus". Noch sieht es recht öd auf der „irdischen Ebene" aus. So wie zu Frühlingsbeginn die Pflanzen noch die kahlen Zweige des Winters zeigen. Doch lautlos sammelt bereits die Natur ihre Kräfte, für einen neuen „Aufbruch".

Wenn der „Gottessohn" versprochen hat: „Ich werde alle Herzen an mich ziehen", bedeutet das eine Vereinigung aller Seelen, in der „göttlichen Liebe"!

Das heißt, der Blick auf den Urgrund ihres Seins wird der Menschheit einmal möglich werden.

Ich hoffe, dass bald alle auch freiwillig und bewusst dabei mitarbeiten, dieses Ziel zu erreichen.

Es gibt grundsätzlich keine Seele und damit auch keine „Religion", ohne göttlichen Kern.

Die Probleme entstehen immer dann, wenn Theorien über „Gott" oder unsere „falschen Götter" zu Irrtümern führen, weil der „Staub auf unseren Seelen" die klare Sicht trübt.

Denn wie überall ein „Funken Wahrheit" zu finden ist, stoßen wir ebenso überall auf „menschliche Schwächen". Auch in der „christlichen Religion" erlebe ich manchmal, dass es mein Herz zusammenkrampft und ich eine „allgemeine Überzeugung" einfach nicht als „göttliche Wahrheit" empfinde. Das mag an Projektionen von mir liegen, es kann aber auch Änderungswürdiges geben.

Wir dürfen eben alle im Verständnis von „Liebe" noch wachsen, bis unsere getrennt gepflanzten Bäume, eine „gemeinsame Krone" sichtbar machen werden.

Diese Gedanken sind die Äste, die durch die Tage „meines Lebens" entstanden sind.

Dieses Leben, das jede Mauer und jeden Zaun überwuchert!

Dieses Leben, das aus mir einen „Mörder" oder eine „Heilige" machen könnte.

Dieses Leben, in dem „ich" viel versprechen und doch nichts „halten" kann.

Dieses Leben, das „mich" in und aus der „Gnade Gottes" lebt!

Und deshalb bat ich auch meinen Beichtvater: Bitte sagen Sie bei der Wandlung doch wieder: „Jesus Christus, der für die Erlösung ALLER gestorben ist."

(Die „neue Übersetzung" lautet nämlich: Der für die Erlösung der Vielen gestorben ist.)

Wenn aber nur eine einzige Seele am „Ende der Zeiten" überbliebe, könnte das „meine" sein!

Der „Himmel" möge mich davor bewahren und uns ALLE in das „ewige Leben", die „ewige bewusste Freiheit und Freude und den echten Frieden", der „KINDER ABRAHAMS" führen.

Die göttliche Barmherzigkeit wurde uns allen versprochen, also wird sie Wege zu uns finden!

Die Liebe glaubt daran, hofft darauf und trägt alles durch, was „ich" nicht kann!

Der etwas feinere Humor

Zigeuner Rhapsodie

Der hier mit Lorbeeren überschüttete Maestro Ramadan Taipow, der nicht nur in unserem Dorf, sondern in der ganzen Gegend allgemein anerkannte König der Klarinette, hungerte bereits seit einer ganzen Woche. Es bestand die Gefahr, dass sein Hunger sich in einen chronischen Hunger wandeln könnte. Wie jede in Not geratene Berühmtheit, versuchte auch er, sich durch Erinnerungen an seine ruhmreiche Vergangenheit zu trösten. Dabei war seine Vergangenheit in der Tat eine ruhmreiche. Er war eine der bekanntesten Persönlichkeiten in der gesamten Dobrudja. Es gab kein Haus, vom ärmsten bis zum reichsten, in das sein Fuß noch nicht getreten war. Keine Hochzeit, Taufe, keinen Namenstag, kein fröhliches Zusammensein, keine Kirbe oder Volksfest, bei dem er nicht die *Seele* des Festes gewesen wäre. Über die Magie seiner Kunst gab es Legenden, und diese Legenden waren keine erfundenen Ereignisse, sondern wahre. Es wusste zum Beispiel jeder, wie einem der Gutsherrenbrüder Bogdanowi, ein fröhlicher Mensch mit zarter, romantischer Seele, binnen nur einem Jahr, unter den Tönen von Ramadans Klarinette, sein Anteil am Gutshof durch die Finger floss und er zum Bettler wurde. Wie ein reicher Türke aus dem Nachbarsdorf eben erst vor unseren Augen Pleite ging, auf dieselbe Weise. Wie selbst ein Kreisvorsteher, vom süßen Gift der Musik Ramadans berauscht, verfallen unterging. Ganz zu schweigen vom einfachen Völkchen, das in den Wirtshäusern verarmte, berauscht vom Zauber dieser Musik.

Ramadan war nicht leicht zum Gipfel seines Ruhmes gelangt. Es gab sowohl jetzt wie auch in der Vergangenheit viele, viele Repräsentanten des so genannten grauen Stroms in der Kunst. Es gab natürlich auch Klarinettisten in diesem Künstlerstrom. Im Unterschied zu einigen der jetzigen Repräsentanten dieses Stroms, nahmen diese keine nennenswerten Positionen auf dem Gebiet der Künste ein und gaben sich keine Mühe, dem grauen Strom besonders zu entlaufen, denn sie wussten, dass, was ein Strom ist, wenn auch nur ein grauer, nicht von der Mündung zur Quelle fließt, sondern von der Quelle zur Mündung. Was bedeutete: Je höher die Repräsentanten des grauen Stroms in der Hierarchie der Künste stehen, umso mehr graues Wasser sie in den Strom gießen. Und obwohl sie diese einfache Wahrheit verstanden und keine Steine in den eigenen Garten warfen, waren die einstigen Repräsentanten des grauen Stroms nicht bescheidener als die jetzigen und konnten sich mit den Erfolgen ihrer begabteren Kollegen nicht abfinden. Sie beneideten den Ramadan, sie hassten ihn, sie verleumdeten ihn aus den verschiedensten Anlässen, von persönlichen bis politischen, und kamen letztendlich soweit, ihre Kräfte mit ihm zu messen.

Es ist ja bekannt, dass die Unbegabtesten das höchste Selbstwertgefühl hegen. Ausgerechnet diese, begannen Ramadan zu reizen, sich bei den verschiedenen Festlichkeiten dem Wettstreit zu stellen.

Anfänglich weigerte er sich, aus Bescheidenheit und Stolz, sein Revier mit wem auch immer zu teilen. Seine Rivalen aber ließen ihm keine Ruhe und mit der Zeit sah er sich genötigt, den hingeworfenen Handschuh aufzuheben. Diese Handschuhe waren nicht Zehner, sondern Hunderter. (Damals befassten sich viele Leute mit der Kunst.) Es gab sie unter den Bulgaren, den Türken, den Zigeunern, Tataren, Wallachen, auch einen seit Kurzem zugezogenen Serben. Es gab sogar einen Armenier – Klarinettenspieler. Daher musste sie Ramadan nicht nur mit

Zigeunermusik „überspielen", sondern auch in deren nationalen Liedern und Weisen. Das heißt, auf deren eigenem Terrain schlagen. Dieser Wettstreit kostete ihn kaum nennenswerte Anstrengungen. Es genügte nur eine Melodie und schon bestimmte ihn das Publikum zum Sieger.

Je weiter sein Ruhm getragen wurde, desto mehr und umso berühmtere Asse der Klarinette kamen herbei, sich mit ihm zu messen. Letztendlich erschien auch Schukri, ein Türke aus dem Deliorman (wilder Wald). Ein kräftiger Bursche mit Nacken und Brustkorb wie ein Stier. In seiner Lunge hätten mindestens zehn Kubikmeter Luft Platz gefunden.

Geschaffen nicht nur, um in eine Klarinette zu blasen, sondern ausreichend für ein ganzes Blasorchester. Schukri galt nicht ohne Grund als der kräftigste und berühmteste Klarinettenspieler ganz Ostbulgariens.

Daher hatte es bisher keiner gewagt, seinen ersten Platz zu bestreiten. Diejenigen, die ihn bereits spielen gehört hatten, erzählten, dass, wenn er spielte, die Bäume um ihn herum wie Menschen tanzten. Die Dachziegel auf den Häusern wie bei einem Erdbeben hüpften und überhaupt trieb man eine derartige Werbung um ihn, dass man glauben könnte, der Schukri habe überall bezahlte Claquerer. Auch er selbst stolzierte wie der altgriechische Hirtengott PAN mit seinem Spielen und suchte nach einem würdigen Rivalen, mit dem er sich vergleichen könnte, um allen und für alle Male zu beweisen, welch einmaliger, großer Musiker er sei. Und wie einst Pan von übertriebenem Selbstwertgefühl beherrscht, seinen Kollegen Apollo zum Wettstreit herausgefordert hatte, so forderte auch Schukri unseren Ramadan zum Wettspiel heraus.

Das Wettspiel fand am Tag des St. Dimitri (dem 7. November) in Dobritsch statt, auf der breiten Wiese außerhalb der Stadt. Dort gab es ringsherum keine Bäume, um zu sehen, ob sie tanzen, während Schukri spielte. Wohl aber sahen wir, wie aus seiner Klarinette der Speichel wie aus einem Springbrunnen schoss. Dabei rannten diejenigen, die bei ihm standen, schleunigst davon und wischten sich mit Taschentüchern die Gesichter ab.

In der altgriechischen Legende hieß es, dass, wenn der Sieger dieses Wettstreits Apollo mit dem Finger auf die Saiten seiner Gitarre schlug, aus denen so großartige Klänge der göttlichen Musik entsprangen, dass die Zuhörer sprachlos wurden – verzaubert von dieser Musik. Selbst die Natur versank in tiefem Schweigen. Bei Ramadan geschah das Gegenteil. Sobald er die Klarinette blies, klatschten und schnippten die Männer der verschiedensten Nationalitäten, einschließlich der Männer der Jury, mit Händen und Fingern wie mit Kastagnetten. Sie schrieen los, verrenkten die Schultern und verfielen in eine derartige Ekstase, dass selbst deren Klamotten tanzten. Der Sieg wurde eindeutig Ramadan zuerkannt. Seither wurde er für uns das, was Louis Armstrong für die Jazzamerikaner geworden war und der in Deutschland berühmt gewordene ungarische Zigeuner – Geigervirtuose, Barnabas von Bezi. So stopfte Ramadan bei diesem Wettstreit vor aller Leute Augen, jeglichen bisherigen Repräsentanten des grauen Stroms in der Musikkunst den Mund.

Er erhielt viele Auszeichnungen und Ehrungen in seinem Leben. Er hatte die Ehre, am Tisch vieler reicher und bedeutender Persönlichkeiten zu sitzen, doch verblieb er dabei, wie jeder wahre Künstler nur mit seiner Klarinette, seiner Elendsbehausung, seinem Weib und sechs Kindern.

Einst jagte er „Mädchen" und während dieser Jagd schuf er in seiner künstlerischen Nachlässigkeit und Gleichgültigkeit Kinder. So dass er jetzt nicht mehr überzeugt war, ob es dreizehn oder fünfzehn sind und von welchem Weib es wie viele sind. Mit Gewissheit wusste er nur, dass jedes seiner vier Weiber, die er hatte, nur Jungs gebar, von denen sechs bei ihm geblieben sind (drei von der zweiten, eins von der dritten Frau und zwei von der jetzigen, der Musa). Die weiteren sechs oder acht hat er seit langem weder gehört noch gesehen, noch von ihnen gehört.

Nun saß oder lag der Maestro den ganzen Tag lang bis zum Kreuz in Lumpen gewickelt ganz hinten in seiner Elendsbude. Er rauchte schwarz erworbenen Tabak, dessen Blätter er sich selbst auf einem dreifüßigen Stühlchen zuschnitt und überlegte mit beleidigter Würde, wie unbarmherzig, undankbar und grausam die Menschen sind. Sein geschärftes Vorstellungsvermögen führte ihn nacheinander in einige Häuser, deren Besitzer etwas vermögender waren und der Maestro meinte, sie schulden ihm etwas. In vielen, vielen Nächten hatten diese Leute ihn schier mit Gewalt aus dem Bett gezerrt, bei Regen, bei Frost und Schnee, obwohl er gerade erst von einer langen Reise und todmüde, manchmal auch krank, zurückgekommen war. Sie speisten und tranken, während er sich die Lungen riss zu spielen, solange es denen gefiel. Von Hunger und Stolz gepeinigt, überlegte er immer und immer wieder an deren Tür anzuklopfen und: „Um Gottes willen, seid so gut!" (so baten ihn einst auch sie, wenn sie ihn brauchten), dann wiederum hoffte er, die denken auch mal selbst in diesen hungrigen Zeiten an Ramadan.

Es gab auch „verkehrte" Zeiten, so zwischen dem späten Frühling und dem frühen Sommer, wenn es noch weit ist bis zur nächsten Ernte und die Nahrungsmittel von der alten Ernte zur Neige gingen. Die verkehrte Zeit bedeutete noch nicht Hunger, sondern den sparsamsten Umgang mit den Vorräten, bis man ins „Grüne" gelangt. Die meisten Bauern zitterten dann über jedes Krümelchen. Sie banden im Hof die Hunde los, um nicht von ungebetenem Besuch überrascht zu werden. Sie zeigten nur selten ihr Näschen aus dem Haus. Dennoch wanderten die Zigeunerinnen bettelnd durchs Dorf. Die Riesenköter fielen über sie her – ihren Hausherren treueste Dienste erweisend, als hätten sie nicht nur die Absicht, deren Klamotten zu zerreißen oder sie zu verjagen, sondern als wollten sie diese auf der Stelle auffressen. Die Zigeunerinnen gingen meistens paarweise in die Höfe, ohne dass ihnen die Wimpern zuckten. Sie schwangen und drillten ihre großen Stöcke, den einen rechts, den anderen links, mit einer derartigen Virtuosität und Schnelligkeit, dass diese Knüppel eher Flugzeugpropellern glichen. Manche Hausherren versteckten sich, andere verfluchten sie noch auf der Türschwelle: „Haut ab, wir haben selbst nichts!"

„Werden haben, Väterchen, werden haben!", sagten die Bettlerinnen und gingen weiter zum nächsten Nachbarn. Die älteren, erfahrenen Hausherren empfingen sie als gute Vorboten und schickten sie nicht mit leeren Händen fort. Sie wussten, die Zigeunerinnen sehen ähnlich wie Tiere die Zeit voraus und dadurch auch die künftige Ernte. Sobald sie in der „hungrigen" Zeit unterwegs waren und: „Werdet haben, Väterchen, werdet haben", verkündeten, wurde die zu erwartende Ernte immer reich. Auch die Bauern sagten, wenn sie gut ernteten: „Diesmal gibt es auch für die Zigeuner!"

In ertragreichen Jahren lebten sie wie echte Aristokraten, als ob sie ihr eigenes Wohlergehen vorausgesehen hätten. Sie gaben sich der edlen Trägheit hin, der Fröhlichkeit, dem Rausch und Vergnügen, dem lauten Geschrei und allerlei Spielen. Im Sommer, wenn wir, die Erwachsenen und die Kinder auch in den schwülsten Tagen auf den Feldern vor Sonne und Durst verbrannten, lagen sie oder entlausten sich gegenseitig im Schatten ihrer Elendsbuden. Sie warteten auf die Kühle des Nachmittags, um von den im Dorf verbliebenen Großmüttern – um das Haus zu hüten und sich um die Kleinen zu kümmern – etwas zu ergattern und gingen erst bei Sonnenuntergang heim. Um diese Zeit kehrten auch wir von den Feldern zurück, zu Fuß oder mit dem eingespannten Wagen, mit Hacken, Sicheln, Sensen auf den Schultern, mit weichen Knien und wunden Ellenbogen. Doch so müde wir auch waren, mussten wir stehen bleiben, sie zu sehen und zu hören, denn unser Weg führte an deren Behausungen vorbei, die mit hellbraunem Lehm verputzt waren. Auf dem Dach mit reichlich Gras und Gestrüpp bewachsen, mit vorne je einem Loch statt Türe und einem noch kleinerem statt Fenster.

Diese waren etwa dreißig Stück, eines neben dem anderen eingereiht, alle gleich, ohne Hof und Garten, selbst ohne auch nur einem Obstbaum. Dazwischen mal einen Esel oder mageren Gaul – an einen Pfosten gebunden, trübselig und dermaßen elend, dass deren Rückenwirbel einer Säge glichen, deren Zähne nach oben ragten. Man sah auch mal eine Gans, die man irgendwo gestohlen hatte, mit einer Schnur neben der Sommerfeuerstelle gebunden, um sie im Auge zu behalten.

Vor der Kochstelle brodelte oder kochte auf dem verrußten Dreifuß in einem noch mehr verrußten Kessel irgendetwas. Auf dem nackten Boden daneben saßen in Kopftüchern und Zipfelschals gekleidet die Zigeunerinnen. Deren bunte Farben weinten, kreischten und schrieen wie die halb nackten Zigeunerchen, die sich daneben im Staub wälzten, miteinander rangen, sich prügelten und mit stumpfen Schafscheren ihre verfilzten Kopfhaare zupften und schnitten.

Die Männer saßen quer auf den Türschwellen, mit dem einen Bein in der Behausung und mit dem anderen draußen. Sie rauchten riesige, lange, dicke Zigaretten aus in grauem Packpapier eingewickeltem Tabak und riefen ab und zu den Kindern oder den Weibern etwas Grobes, Bedrohliches, Unanständiges zu. Und dann flogen plötzlich, wie Vögel aus kühler Ferne, mit den Gerüchen von Rauch und schmackhaften Gerichten getragen, die flatternden, bezaubernden Töne von Ramadans Klarinette herbei. Sie füllten die sorglosen Zigeunerherzen mit einer traurigen Süße irgendeiner gemächlichen Melodie mit tausenden von Variationen. Männer wie Frauen und Kinder ließen augenblicklich alles liegen und rannten wie ein Bächlein bunter Farben zur Behausung des Ramadan. Der saß bereits oben auf dem bewachsenen Dach in seiner künstlerischen Kleidung – einer alten Weste, einem weißen, dreckigen Brustlatz und einem schwarzen Filzhut. Die Beine vom Dach herabhängend, hielt er zauberhaft seine wundersame Klarinette zum ewigen Sonnenuntergang hoch, mit halb verschlossenen Augen und aufgeblasenen Backen. Ein eingefleischtes Ideal seiner Gebrüder, sosehr vom Geblüt her, so unerreichbar – wie jeder Auserwählte des Schicksals, der deren gottlose Seelen gefangen hielt wie ein Gott. Nicht mit biblischen Weisheiten und engelhaften Belehrungen, sondern mit der göttlichen Stimme seiner Musik. In der langsamen, traurigen Melodie, zart zitternd wie ein Luftflimmern, mit den silbernen Windungen über der ganzen Steppe, schlichen versteckt die Tönchen von Unruhe und unbewusster Leidenschaft, bis sie sich in gewisse, jene östlicher Tänze wandelten, die mit schweren, traurigen Rhythmen zerhackt, anfänglich lautlos, kaum merklich erregen und danach lautlos das Blut anfeuern und die Herzen mit wilder Begeisterung und unstillbaren Gemütsaufwallungen erfüllen. Musa, die junge und letzte Frau des Maestro, wand bereits ihre sehnige, schlanke Gestalt, „warf die Hüften" (dem Bauchtanz) mit feuriger Wollust und die Zigeuner, von den Greisen bis zu den Kindern, tanzten im Kreis um sie herum. Sie schrieen, maßen den Takt mit dem Tamburin, mit Töpel, leeren Töpfen und Pfannen, mit Holzlöffel und Schlangengurken, bis sie in Raserei verfielen. Und wir, eigentlich nur für kurze Zeit verblieben, verweilten manchmal stundenlang, sie anzuschauen und ihnen zuzuhören. Abends, wenn wir einschliefen, spielten in unserem Blut deren Rhythmen und Töne.

Im Herbst, dem Winter und dem Frühling, solange es Feiertage gab, blieb der Maestro nicht ohne „Engagement". Wenn sie nicht schwanger war, begleitete ihn Musa überallhin. Exaltierte das Publikum mit ihren Tänzen und trug als Auszeichnung volle Behältnisse mit Essen und nicht selten ein getragenes Kleidungsstück für sich oder die Kinder heim. In diesen gesegneten Jahren nahm der Maestro, von seinem übergroßen Selbstwertgefühl getragen, leider zu. Mit selbstgefälligem, glänzendem Gesicht und erregten Augen, bauchgekitzelt von der berauschenden Wohlgesonnenheit seiner Hausherrn, sah er auf die alltäglichen Sorgen des Lebens mit aristokratischer Abscheu herab. Zu den anderen Zigeunern sagte er: „Die Klarinette ernährt mich und wird mich ernähren bis zu meinem Tode!" Er sprach dies mit der naiven Gewissheit, dass die reichen und einfallsreichen Leute ohne seine Kunst nicht leben könnten. Ohne auch nur für einen Augenblick zu vermuten, dass diese Menschen ihn nur in Anspruch nahmen, um deren Gastmahl zu erfreuen, solange sie sich dem Vergnügen ihres eigenen Wohlergehens hingaben. Und auch, wenn sie der berauschenden Begeisterung seines Spiels verfielen, verachteten sie ihn, wenn sie nüchtern waren, als einen ganz gewöhnlichen Musikanten und einen ungepflegten, stinkenden Zigeuner, wie übrigens die anständigen Leute alle Musikanten, Schreiber und Pinseler verachten. Sie verschwenden ihr Leben mit weiten Fingern, leben von heute auf morgen und schaffen nichts Nützliches, Bleibendes. Von ihrem Ruhm geblendet und der naiven Gewissheit mit der übrigen Gesellschaft auf gleichem Fuß (Niveau) zu stehen, wunderte sich der Maestro weiterhin, wie diese Gesellschaft ihn so schnell vergessen konnte, um nicht daran zu denken, ihm zumindest eine Hand voll Mehl zu bringen, oder wenigstens eine Kruste Brot. Er erinnerte sich in seinem Leben natürlich nicht daran, dass ein Wohltäter freiwillig keinem Zigeuner etwas gegeben hätte und belog sich dennoch mit der Hoffnung, dass jemand der örtlichen Wohlhabenden dies für ihn tun würde, ja, tun müsste! Und so, je größere Bedeutung er seiner „Besonderheit" beimaß, umso untröstlicher wurde seine Enttäuschung. Die Rettung verblieb nur in der Bettelei. In hungrigen Zeiten aber versuchten es die Zigeuner erst gar nicht, zu betteln. Nicht etwa aus Skrupel, sondern aus Erfahrung wussten sie, dass man sie bereits vom Hoftor aus davonjagen täte. Von nun an rettete sich bis zur nächsten Ernte jeder wie er konnte. Die Zigeuner schlachteten alles Lebende, das sie hatten, ab. Ziegen, Esel, Gäule. Sie scharrten in den Gärten des Dorfes nach Kartoffeln, Wurzeln, Topinamburen, sie streunten in den Feldern und jagten alles, was sich regte. Sie besuchten auch weiter gelegene Dörfer und es gelang ihnen immer wieder, irgendetwas Essbares zu ergattern.

Unser Maestro aber hoffte immer noch auf das Wohlwollen seiner zahllosen Verehrer aus nah und fern. Von der Grippe, dem Nichtsattessen und vor allem von dem angekratzten Ehrgefühl magerte er ab. Seine Augen wurden groß, feuergelb, traurig, durchdringend und gaben seinem Aussehen eine gewisse Feinheit, die schöpferischen Personen eigen sind. Und diese Feinheit sprach äußerst wohl, dass die Lage, in die er verfallen war, weit unter seiner Würde lag. Seine junge, schöne und letzte Frau Musa sah in ihm wie jede Frau in den Tagen der Heimsuchung von materiellem Charakter, in seiner Person nicht den überall berühmten König der Klarinette, sondern einen etwas gealterten, kapriziösen und faulen Mann, mit den Ansprüchen schier eines Gutsherrn, der nicht fähig ist, seine Familie zu ernähren und der selber Hunger leidet. Diese, wie jede Zigeunerin die hungrige Zeit vorhersehend, hatte etwas Mehl gehortet. Die Leute vom Dorf bezahlten Ramadans Dienste lieber mit Geld und Kleidern statt mit Nahrung. Daher hatte sie im Sommer etwas kleine Maiskolben, Weizenmehl, getrocknete Pflaumen und wilde Birnen, Sirup aus Melonen und Trauben aufgehoben. Aber alles dies war bereits aufgegessen und es gelang ihr kaum, den Hunger ihrer Familie auch nur einmal täglich anzulügen.

Der Frühling war trocken, ohne viel Wind und schwül. Der Boden riss in Streifen auf, im Schatten der Zäune spross kein Ampfer und Brennnessel. Was keimte, wurde samt Wurzeln ausgerissen. Die Natur, für des Menschen Schicksal immer blind und gleichgültig, ließ keinen Tropfen Regen fallen. Dafür aber zeugte sie mit unerbittlichem Eifer Millionen, keinem Bedürftigen, Ungeziefer und lästige Insekten. Der Maestro litt am meisten unter deren Grausamkeiten. Diese abscheulichen Kreaturen wie Mücken, Schnaken, Ameisen, Spinnen, Wanzen, Tausendfüßler, Käfer waren wie eingeschworene Feinde der skeptisch gestimmten, schöpferischen Naturen. Sie schlüpften in die Elendsbuden und ließen deren Bewohner den ganzen Tag lang nicht in Ruhe. Musa und die Jungs, von einer Wand bis zur anderen auf dem Boden gewälzt, schliefen früher ein, weil sie tagsüber hin und her streunten und müde wurden. Der Maestro selbst übte bis Sonnenaufgang den Nahkampf mit diesen blutlüsternen und bluthungrigen Horden von Flöhen und deren Verbündeten, indem er gleichzeitig nicht aufhörte, von jenen Zeiten zu träumen, in denen er wieder die Klarinette blasen und wieder die Seele aller Festtage der Leute gestalten könnte, damit diese ihm ihre Anerkennung schuldig würden.

Eines Abends bestiegen Musa die Teufel und sie begann, von allerlei unmöglicher Fantasie zu träumen. Wie man aus unzähligen Volksweisheiten weiß (hungrige Hühner träumen von Hirse), haben die kleinen Leute große Träume. In den Märchen zum Beispiel werden die ärmsten Buben und Mädchen vom einfachen Volk königliche Schwiegersöhne oder Schwiegertöchter. Im Leben träumen die jungen Leute davon, lauter Generäle und Minister zu werden oder sonstige große Vorgesetzte. Musa ließ die Zügel ihres Vorstellungsvermögens gleiten und begann, von einem einfachsten Dobrudjaner Ziehstrudel zu träumen, den man bei uns Kawarma nennt. Über ihrem Kopf saß ein hölzernes Wandbrett. Auf dem Wandbrett eine große Backform, an der sich das Außenlicht spiegelte. Wahrscheinlich hat sie dieses Backblech an die bei uns typische Kawarma erinnert.

„Wenn ich jetzt Mehl hätte", sagte sie, „aber von jenem, dem allerfeinsten, dem Nullnummer weißen, wenn ich auch etwas Butter hätte, etwas Käse, ein bisschen Milch, zwei, drei Eier, da solltest du mal sehen, welche Kawarma ich daraus zaubern könnte – sofort auf der Stelle! Die Teigblätter täte ich so dünn ziehen – wie mein Kopftuch. Wenn du sie vor deine Augen hebst – zum Durchschauen." „Wenn ich hätte, wie ich nicht habe!", bemerkte der Maestro skeptisch und verspürte einen leichten Krampf vom Magen zum Hals hochsteigen, der ihn zum Schlucken zwang.

Die Behausung füllte sich mit dem Geruch von trockenem, gespaltenem Brennholz, von Rauch, dem Duft von geschmolzener Butter und aufgewärmter Milch, denn Musa hatte bereits das Backblech auf den Herd gelegt. Hatte es mit Butter beschmiert und legte die Teigblätter, eines nach dem anderen, auf – durchsichtig dünn wie ihr Kopftuch. „Genau so, eines neben das andere, eines neben das andere", sprach sie, auf dem Kopfkissen sitzend, mit dem leeren Backblech in der Hand. „Zwischen den Blättern, den eingebröckelten Käse, und wenn sie angebacken sind, begieße ich sie zärtlich mit der Milch und den geschlagenen Eiern. Dann lege ich den Deckel drauf!"

„Quassele nicht weiter, sonst haue ich dir auf die Schnauze!", schrie gereizt der Maestro und wie unnatürlich es seinerseits auch war, füllte sich dennoch sein Mund mit Speichel und er begann zu schmatzen wie ein hungriger Köter.

Musa aber hatte beschlossen, den Strudel zu backen, ohne ihn anzubrennen. Ihre ganze Aufmerksamkeit war vom Backblech eingenommen, aus dem ein paradiesischer Wohlgeruch hauchte. Man hörte, wie die Butter zirpte, wie sich die dünnen Blätter wanden und erröteten, die dicke Schicht Milch mit den geschlagenen Eiern kleine Bläschen bildete, die leise aufatmeten. Musa nahm letztendlich das Backblech von der Feuerstelle und begann ungeduldig, den Kuchen in acht Stücke zu teilen. Sie verbrannte sich dabei und schrie: „Aua, aua, ich habe mich verbrannt!", und begann, die Finger abzulecken. Dann rief der kleine

Mechmed, der Achtjährige: „Lass mich, lass mich!" Er griff nach dem Blech und versuchte, es an sich zu reißen. Die anderen fünf Buben saßen bereits seit Langem auf ihren Leintüchern. Sie vernahmen schon seit Langem, mit ihren erweiterten Nasenlöchern den himmlischen Duft des gebackenen Strudels und deren Augen leuchteten wie die Augen hungriger Ratten. Ali, der Siebzehnjährige, riss das Blech aus den Händen des kleinen Mechmed, damit dieser nicht das größere Stück des Kuchens verspeist. Aber am Blech zerrten noch vier Paar Hände und die Jungs begannen, sich zu balgen, bis aus ihnen ein riesiger, schreiender Haufen wurde. Musa versuchte, sie zu trennen und merkte nicht, wie sie sich plötzlich außerhalb der Behausung fand, zerkratzt und zerlumpt. Der Maestro versuchte anfänglich, sie mit seinem autoritären Raunen zur Vernunft zu bringen. Aber als sich der wütende Haufen wie eine Lawine auf ihn entlud, fühlte er sich genötigt, seine gelassene Ruhe zu stören. Es gelang ihm, sich auf Knien aufzurichten und so begann er in der Dunkelheit zu prügeln, wen er gerade erwischte, sie wie immer in Mehrzahl zu verfluchen: „Verdammt noch mal – eure zigeunerischen Mütter!", womit er an seine Vielweiberei erinnerte. Daraufhin warfen sich die Buben, die bisher untereinander balgten letztendlich auf ihn selbst. Sie packten ihn bei Händen und Füßen. Der fünfzehnjährige Asis, der kräftigste von allen, drückte mit dem Knie auf seinen Kopf. Der Maestro fühlte sich wie eine Geisel unter Liliputanern und dieser begann nicht gerade wie ein Kavalier, die Buben zu kneifen, zu kratzen und zu beißen.

Diese schrieen übergebührlich außer sich und wurden noch gehässiger. Auch Musa schrie hysterisch, so laut sie konnte – vor Angst, dass die zwei Kleinsten nicht totgeschlagen würden, die ja ihre waren. Die noch wachen oder im hungrigen Schlummer versunkenen Zigeuner sprangen auf und rannten, zu sehen, was da los war. Als sie merkten, dass die Ramadanowi sich stritten, weil sie nicht im Stande waren, irgendeine Kawarma zu teilen, drangen sie in die Bude ein, um sie voneinander zu trennen. So mischten sie sich ungewollt in die Schlägerei. Derweil verteilte sich dieses vor Hunger fastende Gerücht blitzschnell im ganzen Zigeunerviertel aus und benachrichtigte auch die übrigen Bewohner, dass es bei Ramadanowi zwanzig Kuchenbleche Kawarma zum Verteilen gäbe. „Wer zuletzt kommt, geht hungrig heim!" Und siehe da, sie trudelten ein, samt ihren Flöhen, sogar im Unterhemd waren einige der Weiber bereit, Blut zu vergießen für ein Stückchen Kawarma. Und weil sich die Elendsbehausung für eine derartige Schlacht als zu klein erwies, trug man das Schlachtfeld aus dieser hinaus.

So begann die stille, warme und im Mondlicht getauchte Bartholomäusnacht unserer Zigeuner, in der alle gegen alles kämpften, bis zum Morgenrot, wegen einem eingebildeten Strudel, aus dünnen Blättern gezogen und gebacken von den Träumen einer hungrigen Frau.

Am folgenden Abend war das Zigeunerviertel beruhigt wie noch nie. Alle lagen und leckten ihre Wunden. Der Maestro renkte sich seine Knochen ein, bestieg das bewachsene Dach und spielte die traurigste Melodie seines Lebens.

Die Melodie war traurig, doch der Maestro war von tiefer, seelischer Ruhe eines Menschen vereinnahmt, der sein Leid vor der Welt gebeichtet hatte! Er glaubte, die Welt war gerührt von seiner Beichte und wird morgen besser sein, vielleicht die allerbeste. Ein Künstler eben!

Derartige Geschichten erzählte mir ein Freund aus der Dobrudscha in Bulgarien, mit dem ich gemeinsam in Sliwen beim bulgarischen Arbeitsdienst diente. Er hatte Jura studiert und musste erst nach dem Abschluss seines Studiums einrücken. In Sliwen war er Schreiber in der Kommandantur der Einheit 3552, die der Werkstatt, in der ich als Elektrotechniker diente, gegenüber lag.

Und doch war es nicht Liebe auf den ersten Blick ...

Anke Delander

Anke Delander

Dort, die Straßenmusikanten sind wieder da. Ich lausche ihrer Musik und nehme die mir Entgegen-

kommenden wahr. Ich sehe in ihre Augen und strahle. Ein Geruch kommt mir in die Nase, er ist

mir vertraut schon seit meiner Kindheit. Ich suche mit den Augen und sehe eine türkische

Familie, die an der Erde sitzt und bei denen der Vater einen Grill angezündet hat.

Jedes Jahr kommen sie hierher, sitzen mit ihren Salaten und sind versunken in

ihre eigene Welt.

Ich gehe weiter und komme in eine unbelebte Ecke des Parks. Ne-

ben mir sehe ich ein kleines Rinnsal und bleibe stehen. Von

der Brücke aus sehe ich Kinder die am Beginn des Baches

spielen, lachen und schreien. Ich nehme die Geräu-

sche und den Blick in mich auf. Der Sommer

weht mir ins Gesicht und ich mache die

Augen zu.

Heute ist ein sehr

schöner Tag…

Anke Delander

Anke Delander

In Berlin gibt es eine Menge Kinos, darunter sind eine Menge alternativer und das sind die, die ich bevorzuge. Im Sommer werden sie alle aber noch übertroffen – von den Freiluftkinos. Filme wie „Die fetten Jahre sind vorbei" oder „Night on earth" werden hier im Original und auch mit Untertiteln aufgeführt.

In den Cafes, die ich gern besuche, werden Flyer mit dem Programm ausgelegt und darunter sind eine Menge Filme die mich interessieren. Manchmal nehme ich meine Mitbewohner der WG mit und wir veranstalten dadurch einen super Abend miteinander und besprechen danach die

Wir haben oft den gleichen Geschmack. Filme bis ins kleinste Detail in einem uns angenehmen und gemochten Cafe. Das Freiluftkino in Kreuzberg hat noch ein besonderes Highlight, denn die Besucher können sich hier Liegestühle nehmen und sich einen passenden Platz für sich suchen. Wenn das Wetter gut ist, dann ist es sehr voll – bis auf den letzten Liegestuhl.

…es ist Gemurmel in den Reihen zu vernehmen bis zum Film werden immer noch Leute hereingelassen. Die Werbung beginnt und alle schauen gespannt

Anke Delander

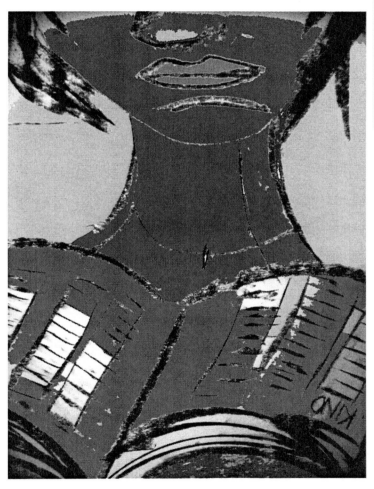

Lightstreaker
Ein Science-Fiction-Roman

Kapitel 17

Am folgenden Abend bereitete Leo sich sorgfältig vor. Er sicherte die Leitung stärker ab als er es jemals zuvor für notwendig gehalten hätte. Er gab seinem Homesystem Syssi die Anweisung, nur Carl, Viktor oder Silver zu ihm durchzulassen. Leo begab sich direkt zu dem kleinen versteckten Netzknoten und versuchte erneut, Kontakt zu Cybelle aufzunehmen. Wie zuvor konnte er feststellen, dass sie online war, doch auch diesmal zeigte sie keine Reaktion auf seine Rufe. Er beschloss, ihren Knoten mit Gewalt zu betreten. Leo begann, die relativ dünne Eisschicht an einer Stelle aufzubrechen. Noch nie war ihm so deutlich aufgefallen, dass jede körperliche Anstrengung als Light Streaker zwar nur eine geistige Anstrengung darstellte, ihm aber das gewaltsame Aufstemmen der Eisschicht trotzdem Schmerzen in den Armen bescherte. Er war überrascht, wie schnell ein Loch groß genug war, dass er leicht hindurchpasste. Er dachte nicht weiter darüber nach und glitt hinein. Die Eisschicht schloss sich hinter ihm, sobald sein virtueller Körper keinen Widerstand mehr darstellte. Es war stockdunkel um ihn herum und es überraschte ihn nicht wenig, als er langsam Umrisse wahrnehmen konnte. Es war der gleiche Effekt, als ob sich seine Augen an die Dunkelheit gewöhnten. *„Ich habe keine realen Augen an diesem Ort"*, dachte sich Leo, aber diese Tatsache änderte nichts an dem, was mit ihm, und insbesondere mit seinen Augen, geschah. Langsam nahm er seine Umgebung schemenhaft wahr. Er befand sich in einem dunklen Wald. Leo drehte sich mehrmals um die eigene Achse. Das dunkle Grün, unterbrochen von mächtigen braunen Baumstämmen, sah in jeder Richtung gleich aus. Er hatte keine Ahnung, wohin er jetzt gehen sollte. Mit vorsichtigen Schritten begann er, sich voranzutasten. Angst stieg in ihm auf. *„Nimm dich zusammen, Leo!"*, versuchte er sich selbst gut zuzusprechen. *„Du bist schließlich in einem VIRTUELLEN Wald und noch dazu im Netzknoten deiner besten Freundin, es gibt absolut keinen Grund für Panik!"* Doch sein Verstand hatte keine Chance – die Angst wurde größer. „Syssi, was ist das hier?" Seine Stimme zitterte. *„Wie demütigend!"*, dachte er.

„Ich bekomme keine klaren Daten, aber ich interpretiere: Es handelt sich um den Zugangsbereich dieses Knotens."

„Das heißt, hier irgendwo muss es möglich sein, meine Identität zu erklären und dann Zugang zum eigentlichen System zu erhalten?"

„Anzunehmen. Obwohl ich nirgends eine Möglichkeit zur Identifizierung finden kann."

„Gut, dann versuche ich es eben auf die radikale Tour."

Leo begann zu laufen und beschleunigte auf die absurde Geschwindigkeit, zu der nur ein Light Streaker fähig war, in der Hoffnung, in den Code und damit ins Innere dieses Knotens einzudringen. Aber es geschah nichts. Die Umgebung veränderte sich nicht. Resigniert hielt er an. „Syssi, was ist das hier? Wieso gibt es kein Ende dieses Waldes?"

„Ich würde sagen, dieses System ist gegen das Eindringen von Light Streaker gesichert. Sobald du eine Geschwindigkeit erreicht hattest, die über das eines normalen Scans hinausging, hast du dich im Kreis bewegt oder besser gesagt, den Weg um eine Kugel beschrieben."

Das Erstaunen über diese Besonderheit des Systems vertrieb zumindest Leos Angst. Er dachte an Cybelle.

„Ich muss zugeben, ich habe sie unterschätzt. Dieses System ist also sicherer als jedes andere in diesem Netz. So weit ich sagen kann, das einzige Light-Streaker-Sichere-System überhaupt. Wow. Aber was mache ich jetzt? In welche Richtung soll ich gehen?"

„So weit ich das sagen kann, ist in keiner Richtung eine spezielle Programmierung zu erkennen. Wie gesagt, es ist eine Kugel."

Leo ging einfach los. Er stolperte ständig über Wurzeln und andere Hindernisse auf dem dunklen Waldboden. Doch sobald er sich in eine schwebende Position begab, begann sich die Umgebung um ihn herum zu verändern und er fand sich am Ausgangspunkt wieder. Also stolperte er zu Fuß weiter, ohne ein wirkliches Ziel vor Augen, aber was blieb ihm anderes übrig? Er verlor jedes Gefühl für Zeit und Distanz und es geschah nichts, einfach gar nichts. Frustriert setzte er sich auf eine große Wurzel. *„Was mache ich hier eigentlich? Wir haben wirkliche Probleme zu lösen und ich tappe im Dunkeln durch einen virtuellen Wald."* Leo war kurz davor aufzugeben, als er eine Bewegung wahrnahm. Dort ging jemand. Jemand sehr Kleines. Leo suchte Deckung hinter einem Baum. Er traute seinen Augen nicht, doch dort lief ein kleines Mädchen. Gerade wollte er auf das Kind zugehen, als ihm auffiel, dass es kein Scan war. Es wies keine Störungen in der Darstellung auf. „Syssi, ist das Kind ein Light Streaker?"

„Nein, es ist eine virtuelle Projektion. Reine Software."

Das Mädchen ging dicht an Leo vorbei und aus der Nähe nahm er etwas wahr, was ihm bisher nicht aufgefallen war. Das Kind trug ein altertümliches Kleid, ein rotes Cape und ein rotes Käppchen. *„Ich fass es nicht! Das ist Rotkäppchen!",* dachte Leo. *„Nun ergibt wenigstens dieser dunkle Wald einen Sinn, es ist ein virtueller Märchenwald. Aber was soll das Ganze?"* Rotkäppchen hüpfte singend an Leo vorbei. Er zog es vor, mit diesem Märchengeschöpf keine Kommunikationsversuche zu unternehmen und ging vorsichtig weiter. *„Oh, Cybelle, ich glaube, du hast ein echtes*

Problem. Hat diese Krankheit einen Namen?" Er musste nicht weit gehen, um den nächsten einheimischen Geschöpfen zu begegnen. Er hörte Stimmen. Kinderstimmen. Ein Mädchen und ein Junge sprachen über den Weg, den sie nun einschlagen sollten. „Aber Hänsel, wie sollen wir denn den Weg aus dem Wald heraus finden?"

„Gretel, wenn der Mond aufgeht, werden wir die Brotkrümel sehen können, dann finden wir den Weg nachhause."

Leo fand das Ganze langsam wirklich lächerlich. Was sollte dieser verdammte Märchenkram? Als er dann auch noch ein hübsches junges Mädchen sah, das singend mit einem winzigen Besen vor einem winzigen Häuschen kehrte, wurde er richtig wütend. In ausreichender Entfernung zum Haus der sieben Zwerge setzte er sich wieder auf eine Wurzel.

„Syssi, was soll der Scheiß, langsam finde ich das nicht mehr witzig."

„Vielleicht wird eine Interaktion mit den Figuren erwartet."

„Ach, und ich bin der Prinz, oder was? Da bin ich aber zu früh dran, Schneewittchen lebt noch."

„Ich kann dir nicht folgen, Leo."

„Syssi, such in den Datenbanken nach drei Märchen. Rotkäppchen, Schneewittchen und Hänsel und Gretel. Vielleicht fällt uns dann was ein. Ich kann mich nur grob daran erinnern, was in diesen Geschichten passiert."

Nach wenigen Sekunden meldete sich Syssi mit den Ergebnissen. „Ich habe nicht viel finden können. Die drei Geschichten sind ziemlich kurz, möchtest du sie hören?"

„Danke, nein, gib mir eine gesamte Zusammenfassung der Ergebnisse."

„Alle drei Märchen stammen von den Brüdern Jakob und Willhelm Grimm. 1785 und 1786 in Hanau, Deutschland, geboren. Sie gehören zu den bekanntesten

Herausgebern von Kinder- und Hausmärchen. Sie gelten als Begründer des Germanismus und brachten das erste deutsche Wörterbuch …"

„Syssi, komm bitte zu den Märchen."

„Rotkäppchen wird in den Wald geschickt, die Großmutter zu besuchen. Erst wird diese, dann das Kind vom Wolf gefressen und schließlich vom Jäger gerettet. Schneewittchen erleidet durch ihre Stiefmutter mehrere Mordanschläge, weil diese die Schönste im Land sein will. Der letzte Anschlag, mit einem vergifteten Apfel, gelingt. Doch wird die Schöne durch den Prinzen im Wald bei den sieben Zwergen gefunden und gerettet. Und Hänsel und Gretel werden von ihren Eltern in Ermangelung ausreichender Lebensmittel im Wald ausgesetzt. Hier fallen sie einer Hexe in einem Lebkuchenhaus zum Opfer, können sich allerdings selbst befreien und kehren zu den Eltern zurück."

„Syssi, das bringt mich kein bisschen weiter. Verdammt, was soll ich hier?"

„Vielleicht bist du wirklich der Prinz oder der Jäger."

„Ich finde das nicht witzig. Okay, was haben diese drei Geschichten gemeinsam? Hm. Sie enden alle in einem Wald, in diesem hier. Sie stammen aus der Feder der Gebrüder Grimm. Die Hauptfiguren leiden. Hm?"

Leo stützte den Kopf in die Hände. Cybelle, was ist nur los in deinem kranken Kopf. Diese Kindergeschichten haben wohl eine Psychose ausgelöst."

„Leo, ich glaube, ich habe eine Verbindung zwischen diesen Märchen und Cybelle."

„Inwiefern?"

„Kannst du dich an den 16. August 2041 erinnern?"

„Nee, Syssi, keine Ahnung. Was war an diesem Tag?"

„Ihr habt die Nacht durchgefeiert. Cybelle und du in deinem Apartment. Sie hat von diesen Märchen erzählt."

„Syssi, du bist echt anstrengend. Ich kann mich mit Müh und Not an diese Nacht erinnern, wir waren ziemlich stoned und haben verdammt viel Unsinn geredet."

Leo sprang auf. „Moment mal, jetzt kommt was. Es ging um Kindheitsängste und sie hat mir von der Tapete in ihrem Kinderzimmer erzählt."

„Genau Leo, darauf waren die Hauptfiguren dieser drei Märchen abgebildet …"

„… und Cybelle hat ihre gesamte Kindheit darunter gelitten, dass sie ihnen nicht helfen konnten. Denn sie waren alle abgebildet bevor sie ihrem Schicksal begegneten. Aber Cybelle sah auf der Kindertapete immer nur das schreckliche Schicksal, dem die fröhlich gezeichneten Figuren entgegengingen."

Leo begann, nachdenklich auf und ab zu gehen. „Aber was nützt uns diese Erkenntnis?"

„Leo, ich denke, es könnte sich um eine Zugangsebene handeln."

„Ach, verstehe, du meinst, indem man die Helden vor ihrem Schicksal bewahrt, öffnet sich irgendwo ein Märchentor zum eigentlichen Netzknoten."

„Ich finde, das macht Sinn, denn nur wer Cybelles Kindheitserinnerung kennt, kann die Lösung finden …"

„Ich muss sagen, ich empfinde das als Einladung in ihr Heiligstes. Okay, was muss ich also tun?"

„Na ja, vielleicht fängst du mit Schneewittchen an. Du musst herausfinden, wo wir gerade in der Geschichte sind und verhindern, dass sie den Apfel isst."

„Oder ich warte hier und erschieße die Stiefmutter."

„Womit willst du schießen, Leo?"

„Du hast Recht, das ist albern." Leo schüttelte den Kopf. „Nein, ich denke, man muss das Ganze von einem vollkommen pazifistischen Ansatz angehen. Denn das würde Cybelle tun und das scheint mir in IHREM Märchenwald das einzig Richtige zu sein."

Leo ging langsam in Richtung des Häuschens, wo Schneewittchen hoffentlich immer noch fegte.

„Syssi, wie ist das in dem Märchen, ich meine, die Zwerge wussten, dass ihr Gefahr droht?"

„Ja, eigentlich ist das Ganze ihre eigene Schuld, sie wurde mehrfach gewarnt."

„Das heißt, es macht keinen Sinn, dass ich das jetzt nochmal tue, ich denke, wir müssen uns die Stiefmutter vornehmen. Am besten einfach den Apfel abluchsen, ohne dass sie es merkt. Hoffentlich kommt dann dieser Prinz rechtzeitig."

So vor sich hin planend, durchstreifte Leo den Märchenwald auf der Suche nach einer Frau mit einem vergifteten Apfel. Vollkommen unerwartet stieß er plötzlich auf einen Jäger. Er wollte ihm schon ausweichen, als ihm plötzlich klar wurde, dass dies der Mann sein musste, der Rotkäppchen zu spät rettete. Leo stellte sich hinter einen Baum, er zog es vor, die weise Stimme aus dem Wald zu sein, und rief dem Mann beschwörend zu: „Jägersmann, schnell, Rotkäppchen und die Großmutter brauchen deine Hilfe." Der Jäger schaute sich verwirrt um, schulterte dann aber seine Flinte und machte sich mit eiligen Schritten davon. Leo war verdammt froh, dass ihn bei diesem albernen Spiel niemand beobachtete. Was tat man nicht alles für seine Freunde.

Eigentlich hatte er geglaubt, das Häuschen der Zwerge in einem gleich bleibenden Abstand zu umrunden, doch plötzlich tauchte vor ihm das Lebkuchenhaus der Hexe aus dem dritten Märchen auf. Verdammt! Was sollte er denn mit der Alten anstellen? Und als er noch überlegte, hörte er eine Frau singen. Das kam nicht aus der Richtung des Hauses. Er sah die Frau mit einem großen Korb in einiger Entfernung. Da war sie, die Idee. „Syssi, welcher Apfel ist es?"

„Im Märchen steht, dass er auf einer Seite weiß und auf der anderen rot ist."

Leo konnte den besonderen Apfel oben auf dem Korb erkennen. Es müsste ihm möglich sein, so schnell bei ihr zu sein und ihn zu greifen, ohne dass die singende Mörderin etwas merkte. Dachte es, tat es und hielt wenige Momente später die giftige Frucht in den virtuellen Händen. Er schaute in Richtung des Lebkuchenhauses. „Okay, Teil zwei des Plans." Mit der gleichen Methode brachte er den Apfel zum Haus der Hexe und legte ihn durch das offen Fenster verführerisch auf den Tisch.

„Was glaubst du, Syssi, war das die Lösung?"

„Es ist nicht davon auszugehen, dass es bei diesem Rätsel nur eine Lösung gibt. Vielmehr sind unendlich viele Lösungen …"

Noch bevor sein System den Satz beenden konnte, öffnete sich der Waldboden und ein pastellenes Licht strömte in die Dunkelheit. Dies schien die Tür zu sein. Ohne langes Nachdenken ging Leo darauf zu und verschwand im Boden. Sein Homesystem blieb, aufgrund seiner künstlichen Intelligenz, ziemlich verwirrt im Märchenwald zurück.

Aus: Dennerlein, Anja: Lightstreaker. novum Verlag (Lieferbar ab Jan. 2008)

Gliederung 4 des Gesamtbuches, K40-CC4

Part 1: EUROPOLIS 1 / VERKEHR in EUROPA

Main outline (of the chapters) / Kapitel-Gliederung

Kapitel 1:	(I)	INTRODUCTION / Einführung
Kapitel 2:	(TL)	TRUCKS / LKWs
Kapitel 3:	(TT)	TRAINS / Eisenbahn
Kapitel 4:	(TM)	MAGNETIC ELEVATION / Transrapid
Kapitel 5:	(TB)	BUSES / Autobusse
Kapitel 6:	(TS)	STREETCARS / Straßenbahnen
Kapitel 7:	(TD)	DEVELOPMENT & PLANING / Verkehrs-Planung &-Entwicklung
Kapitel 8:	(TP)	TRAFFIC POLITICS / Verkehrs-Politik
Kapitel 9:	(TU)	SUBWAY / U-Bahn
Kapitel 10:	(TR)	BICYCLES / Räder, Fahrräder, Motorräder
Kapitel 11:	(TC)	CARS / Autos
Kapitel 12:	(TW)	WATER & SHIPS / Wasser und Schiffe
Kapitel 13:	(TA)	AIRPLANES / Flugzeuge und Seilbahnen
Kapitel 14:	(Z)	APPENDIX / Anhang

Detailed outline (of the articles) / Artikel-Gliederung

Kapitel 1:	(I)	INTRODUCTION / Einführung
(I1)		Vorwort 1 des Herausgebers
(I2)		Vorwort 1 des Autors
(I3)		Danksagung 1
(I4)		Bilder von Europolis 1
(I5)		Abstracts von Europolis 1
(I6)		Argumentos en Contra de los Americanos
(I7)		Neues Sozio-Ökonomisches Modell als Alternative zum Turbo-Kapitalismus
Kapitel 2:	(TL)	**TRAFFIC 1: TRUCKS / LKWs**

(TL1)		Güter weg von der Schiene
(TL2)		Entschärfung der Rollenden Bomben
(TL3)		Elektro-Automation der Autobahnen
(TL4)		Oberleitungs-Autobahnen
(TL5)		Neue Konstruktions-Prinzipien für LKWs
(TL6)		Elektrifizierung der Autobahnen für LKWs und zugleich Servo-Mechanische Voll-Automatisierung der Lenkung der LKWs
(TL7)		Pre-Feasability-Study: Ökologischer Schwerlast-Transit
(TL8)		Der Drehmoment-Motor
Kapitel 3:	**(TT)**	**TRAFFIC 2: TRAINS / Eisenbahn**
(TT1)		Dockerzüge
(TT2)		Koppel-Züge
(TT3)		Talgo-Doppeldecker
(TT4)		„Prophet des Todes"
(TT5)		Update der Reorganisation des Eisenbahnwesens
(TT6)		Reorganisation des Eisenbahnwesens
(TT7)		Der Breitwaggon-Zug
(TT8)		Bahnhofs-Neubauten
Kapitel 4:	**(TM)**	**TRAFFIC 3: MAGNETIC ELEVATION / TRANSRAPID**
(TM1)		TRANSRAPID oder TGV bzw. ICE?
(TM2)		Fragen an die Transrapid-Gesellschaft
(TM3)		Ein TRANSRAPID-Netz für Europa
(TM4)		Bodeneffekt-Unterstützung für den Transrapid
Kapitel 5:	**(TB)**	**TRAFFIC 4: BUSSES / Autobusse**
(TB1)		Öffentliche Doppel-Sitzzahl-Busse
(TB2)		Der Hotelbus
(TB3)		Autobus der Zukunft
(TB4)		Die Elektronischen Gleise
Kapitel 6:	**(TS)**	**TRAFFIC 5: STREETCARS / Straßenbahnen**
(TS1)		Kabinen-Straßenbahn (1999)
(TS2)		Neue Straba-Konstruktion (1997)
(TS3)		Straßenbahn der Zukunft (1996)
(TS4)		Integrierte Computer-Leitung von Straßenbahn und motorisiertem Individual-Verkehr
Kapitel 7:	**(TD)**	**TRAFFIC 6: DEVELOPEMENT & PLANING / Verkehrs-Planung & -Entwicklung**
(TD1)		Development of Transportation and Traffic in Europe
(TD2)		Experto Austriaco disenya un Proyecto de Ordenacion del Trafico en Las Palmas

(TD3)			Una Solution Traffico para Las Palmas de Gran Canaria
(TD4)			(a) Nueva Ordenacion del Trafico para Las Palmas
			(b) Sugerencias para el Trafico en Santa Brigida
			(c) Algunas Propuestas para la Mejora del Servicio de Utinsa
(TD5)			Kanäle (+ Totes-Meer-Kanal, „Yukatan Kanal", Manytsch-Kanal, u. a.)
(TD6)			Fehler in der Straßenverkehrsordnung und den Verkehrsbauten

Kapitel 8: (TP) **TRAFFIC 7: POLITICS / Verkehrs-Politik**
(TP1) Technische Maßnahmen zur Hebung der Verkehrs-Sicherheit
(TP2) Das Versagen der Verkehrs-Politik
(TP3) Road Pricing
(TP4) Die hohen Dieselpreise
(TP5) E-Mail an einen Sekretär des Verkehrs-Ministers
(TP6) 50 % der Firmen-Forschung == Stranded Costs

Kapitel 9: (TU) **TRAFFIC 8: SUBWAY / U-Bahn**
(TU1) Neue U-Bahnen (inklusive Maglev-U-Bahn)
(TU2) Un Suburbano de Elevacion Magnetica para Las Palmas, or: A TRANSRAPID for Gran Canaria
(TU3) Un Suburbano para Las Palmas
(TU4) U-Bahn-Verlängerung oder Schnell-Straba

Kapitel 10: (TR) **TRAFFIC 9: BICYCLES / Räder, Fahrräder, Motorräder**
(TR1) Das Stemmrad
(TR2) Motorräder
(TR3) Vienna-Bike

Kapitel 11: (TC) **TRAFFIC 10: CARS / Autos**
(TC1) Mehrere Tipps für die Autobauer
(TC2) Mechanisches „Car-Platooning" versus Elektronische Deichsel
(TC3) PKW-Röhren
(TC4) Autobahn-Oberleitungen versus Wasserstoff
(TC5) Automatisierte Autobahnen NUR durch Elektri-fizierung!
(TC6) Mein Traumauto
(TC7) Sitz-übern-Motor Auto

Kapitel 12: (TW) **TRAFFIC 11: SHIPS & WATER / Schiffe und Wasser**
(TW1) Schnellschiffe und Hovercraft-Trilopitten

(TW2)		Hovercrafts auf Flüssen, Kanälen, Trassen und Meeren
(TW3)		Neue Konzeptionen für Freizeit-Boote (Faltbarer Groß-Katamaran und Hovercraft-angetriebene schwimmende Inseln [mit einem Dock für eine Yacht])
(TW4)		Eine neue Bauweise des Adria-Donau-Kanals- (+Burgen[land]see)
(TW5)		Entfliehet dem Winter
(TW6)		Windkraftwerk-Schiffe (+ neue Häfen)
Kapitel 13:	(TA)	**TRAFFIC 12: AIRPLANES / Flugzeuge, Zeppeline, Seilbahnen und Aufzüge**
(TA1)		Super-Jumbos und Flug-Schiffe
(TA2)		Technisches Gebrechen bei Flugzeugen
(TA3)		Reorganisation von Flughäfen (+ eine technische - Lösung für Service und Raumnutzung an Bord von Flugzeugen)
(TA4)		Die Zeppelin-Seilbahn
(TA5)		Aufzüge für Wolkenkratzer
(TA6)		Verbesserungsvorschläge für den Cargolifter
Kapitel 14:	**(Z)**	**APPENDIX / Anhang**
(Z1)		Lebenslauf 1
(Z2)		Link-Liste 1
(Z3)		Literaturverzeichnis 1
(Z4)		Gliederung 1 des Gesamtbuches
(Z5)		Anti-Amerikanismus == Klammer Europas
(Z6)		EUROPÄISTISCHES MANIFEST, Kurzfassung

Part 2: EUROPOLIS 2 / VERKEHR in AUSTRIA.

Main outline (of the chapters) / Kapitel-Gliederung

Kapitel 15:	(NI)	NEW INTRODUCTION / Neue Einführung
Kapitel 16:	(W)	VIENNA / WIEN
Kapitel 17:	(Oe)	AUSTRIA without VIENNA / Österreich ohne Wien
Kapitel 18:	(VIE)	VIEMOD: Vienna-Modell
Kapitel 19:	(SIM)	SIMOD: Systemtheorie und Simulation
Kapitel 20:	(AA)	AUSTRIA-APPENDIX / Österreich-Anhang

Detailed outline (of the articles) / Artikel-Gliederung

Kapitel 15:	(NI)		NEW INTRODUCTION / Neue Einführung
(NI1)			Vorwort 2 des Herausgebers
(NI2)			Vorwort 2 des Autors
(NI3)			Danksagung 2
(NI4)			Bilder von Europolis 2
(NI5)			Abstracts von Europolis 2
(NI6)			Europäistisches Manifest
Kapitel 16:	(W)		VIENNA / WIEN
(W1)			16 Verkehrs-Ideen für Wien (und manche auch für andere Städte)
(W2)			Ein Ringpark für Wien
(W3)			Ringpark 1981
(W4)			Ringpark: Pressespiegel und Briefe
(W5)			Fußgänger-Kreuz für Wien
(W6)			Gürtel-Straße
(W7)			Design für einen neuen Parkschein
(W8)			Die 7 Todsünden der Wiener Stadtplanung
Kapitel 17:	(Oe)		AUSTRIA without VIENNA / Österreich ohne Wien
(Oe1)			Megastau(s) in der Ostregion
(Oe2)			Briefwechsel mit Stadträten und Bürgermeister
(Oe3)			ÖAMTC-Delfi: Verkehrs-Infarkt?
(Oe4)			Semmering-Tunnel
(Oe5)			Transrapid-Ostspange
(Oe6)			Autokabinen für Ybbs und andere Regionen
(Oe7)			Eine neue Transit-Autobahn QUER durch das Inntal
(Oe8)			Die Österreich-Achse
(Oe9)			Österreich-Achse 1970
(Oe10)			Briefe von Bauten-Minister und ARBÖ
Kapitel 18:	(VIE)		VIEMOD: Vienna-Modell
(VIE1)			VIEMOD: Skizzen
(VIE2)			VIEMOD: Ein Stadtplanungsmodell für Wien, 1979
(VIE3)			VIEMOD: Pressespiegel und Briefe
(VIE4)			Steuerung des Verkehrs mittels Computer, 1967
(VIE5)			VIEMOD 1976
(VIE6)			VIEMOD 1968
Kapitel 19:	(SIM)		SIMOD: Systemtheorie und Simulation
(SIM1)			Wilfried Grossmann, Georg Pflug, Werner Schimanovich, Karl Steiner: Arbeits-Papier der Arbeits-Gruppe SIMOD, 1977

(SIM2)		Wilfried Grossmann, Georg Pflug, Werner Schimanovich: Verkehrs- Simulation
(SIM3)		Sechs Thesen zum Verkehr
(SIM4)		Rede anlässlich der Vorstellung des neuen General-Verkehrs-Plans für Wien (Mai 1980)
(SIM5)		Simulation der Computer-Steuerung der Straßenbahn
(SIM6)		Werner Schimanovich, Peter Weibel: COMPUTOPOLIS: Computer-aided City (1980)
Kapitel 20:		**(AA) AUSTRIA-APPENDIX / Österreich-Anhang**
(AA1)		Lebenslauf 2
(AA2)		Link-Liste 2
(AA3)		Literaturverzeichnis 2
(AA4)		Gliederung 2 des Gesamtbuches
(AA5)		(a) Nachhilfe für den Eisenbahn-Minister
		(b) Ekkehard Rehfelds Vorschläge
		(c) Die Rollende Landstraße (Jimmys Antwort auf Ekkehard)
(AA6)		Mechanikfreie Weichen
(AA7)		Lösung des Transit-Problems
(AA8)		Langfristige Auflösung des Personen-Verkehrs bei der Eisenbahn
(AA9)		E-Mail-Schreibweise und Tasten-Belegung bei Handys
(AA10)		Mikrowellen-Beam statt Oberleitungen
(AA11)		Mein Traum-Boot

Part 3: EUROPOLIS 3 / EUROPA, ÖKONOMIE, WISSENSCHAFT und ERFINDUNGEN

Main outline (of the chapters) / Kapitel-Gliederung

Kapitel 21:	(J)	JUNCTION between the VOLUMES / Verbindung zu den anderen Bänden
Kapitel 22:	(F)	FOCUS on EUROPE / Schwerpunkt Europa
Kapitel 23:	(EU)	EUROPEAN UNION / Europäische Union
Kapitel 24:	(E)	ECONOMICS / Wirtschaft
Kapitel 25:	(R)	REVIEWS & BIOGRAPHIES / Buchbesprechungen und Biographien

Kapitel 27: (G) GAMES / Spiele
Kapitel 28: (INV) INVENTIONS / Erfindungen
Kapitel 29: (V) VARIAS / Variables

Detailed outline (of the articles) / Artikel-Gliederung

Kapitel 21:	(J)	**JUNCTION between the VOLUMES /**
		Verbindung zu den anderen Bänden
(J1)		Vorwort 3 des Herausgebers
(J2)		Vorwort 3 des Autors
(J3)		Danksagung 3
(J4)		Abstracts von Europolis 3
Kapitel 22:	(F)	**FOCUS on EUROPE / Schwerpunkt Europa**
(F1)		Von der EU zu Groß-Europa
(F2)		Groß-Europa und das Globus-Puzzle
(F3)		(a) 10-Tage-Woche (in Wissenschaft Aktuell: Der-Sonnen-Kalender)
		(b) Pressespiegel zur 10-Tage-Woche
(F4)		(a) Ein Bildungs-System für Gesamt-Europa
		(b) Projet pour un système d'education pan-européen
		(c) Die 10 Europäischen Kulturkreise
(F5)		Europa-Schach
(F6)		Der Europa-Gott
Kapitel 23:	(EU)	**EUROPEAN UNION / Europäische Union**
(EU1)		Direktorien
(EU2)		Wir sind glühende Europäer
(EU3)		Die EU und die USA
(EU4)		Euro-Englisch und Euro-Spanisch
(EU5)		(a) Ein kleiner Beitrag in Richtung Weltsprache Englisch/Spanisch (1988)
		(b) A Modest Contribution towards a Universal Language out of English and Spanish (1988)
		(c) Una Pequenya Contribucion en Direccion de una Idioma del Mundo Ingles/Espanyol (1988)
		(d) Uma Contribuição Modesta para uma Língua Universal além do Inglês e Espanhol (1988)
(EU6)		Englisch als gemeinsame Sprache der EU
Kapitel 24:	(E)	**ECONOMICS / Wirtschaft**
(E1)		Europäisierung statt Globalisierung
(E2)		Der wirtschaftliche Europäismus

(E3)		Der EURO-Protektionismus und die Standards
(E4)		Eine globale Conter-Strategie gegen die Arbeitslosigkeit in Europa
(E5)		Gegen die produktionslose Geldvermehrung
(E6)		Der EURO-Protektionismus ist das einzige Rezept gegen die Arbeitslosigkeit
(E7)		Österreichische Zulieferer
(E8)		Das Jahr Null nach Seattle
(E9)		Innovation und Fortschritt: Erfindungen und Kreativität als neuer Wertmaßstab!
(E10)		Welt-Währung als Prüfstein für Freundschaft mit den USA
Kapitel 25:	**(R)**	**REVIEWS & BIOGRAPHIES /** **Buchbesprechungen und Biographien**
(R1)		Englisches Editorial des Buches „Foundational Debate: Complexity and Constructivity in Mathematics and Physics", Werner DePauli-Schimanovich et al (Eds)
(R2)		Review von Werner DePauli-Schimanovichs und Peter Weibels Buch „Kurt Gödel: „Ein Mathematischer Mythos", Eckehart Köhler
(R3)		(a) Englisches Review von John Castis und Werner DePaulis Buch „Gödel: A Life of Logic", Martin Gardner
		(b) „Man will offenbar beweisen, dass ich nicht existiere!", Interview mit Werner DePauli-Schimanovich
(R4)		Zusammenfassende Inhaltsangabe von DePauli-Schimanovich-Göttigs et al (Eds) Buch „Kurt Gödel: „Wahrheit und Beweisbarkeit"
(R5)		Spanisches Review von John Castis Buch „Un paradigma perdido", Eckehart Köhler
(R6)		(a) Review von John Castis Buch „Szenarien der Zukunft"
		(b) Französisches Review von John Castis Buch „Scenarios du Future"
(R7)		Review von John Castis Buch „Die Großen 5", Wilfried Grossmann und Ernst Kotzmann
(R8)		Review von Simon Singhs Buch „Fermats letzter Satz"
(R9)		(a) Heinz von Foerster: „Eine Legende"
		(b) Systems Thinking: „Heinz von Foerster honored in Austria"

	(R10)		Freud, Wittgenstein, Gödel, Schrödinger: The Creative Power of Vienna
	(R11)		„The Blind Mov(i)e Maker" (Englisches Review des Films „Victim of the Brain" basierend auf den Ideen von Douglas Hofstadter), Werner DePauli-Schimanovich & Peter Weibel
	(R12)		„John Nash == A Beautiful Mind?" (Englisches Review des Films „A Beautiful Mind")
	(R13)		„Frida: Logik und Kommunismus" (Deutsches Review des Films „Frida")
	(R14)		Review of Dawson's book „Logical dilemmas: the life and work of Kurt Gödel"
Kapitel 26:	**(S)**		**SCIENCE / Wissenschaft**
(S1)			UNICAN: Universidad Canaria
(S2)			OHES-IEEA: Instituto Europeo de Estudios Avanzados
(S3)			Ein Büsten-Hain fürs OHES
(S4)			CANTECH: Canaria Technologia
(S5)			(a) EUROCAST: European Conferences on Computer-Aided System Theory
			(b) EUROCAST95: An Austro-Canarian Collaboration
			(c) EUROCAST97: Another Austro-Canarian Collaboration
			(d) Gran Canaria, un lugar internacional de encuentro para la Ciencia y la Tecnologia
(S6)			(a) Die 7 Weisen der Wissenschaft
			(b) Brief an Minister Einem
(S7)			Gesundschrumpfen der „Humanities"!
(S8)			(a) Reform der Universitäten und Mittelschulen
			(b) Brief von Big Anton Zeilinger
			(c) Zeilinger und die Grundlagenforschung
			(d) Aus einem Brief an Peter Mahringer
(S9)			Wissenschaftliche Gesellschaften: Institut Wiener Kreis, Ludwig Wittgenstein-Gesellschaft, Kurt Gödel-Gesellschaft, etc.
(S10)			Meine persönlichen Präferenzen für neue Forschungseinrichtungen in Wissenschaft und Philosophie
(S11)			(a) Brain Science versus A. I.
			(b) Logistik und Pathologie
(S12)			Errichtung eines Experimentariums in Wien
Kapitel 27:	**(G)**		**GAMES / Spiele**

(G1)		Bear-Dog-Hunt
(G2)		Poker-Tic-Tac-Toe
(G3)		Cyclop and CyclopeD
(G4)		Loss-Drawn-Win Marienbad-Game
(G5)		Diverse Spiele und Puzzles
(G6)		Tower of Hanoi: The Thumb Rule, in: „Los juegos informáticos son un símbolo del poder de la Cibernetica"
(G7)		The Mathematician Girl
(G8)		TETRIS-artige Spiele
(G9)		3D-Darstellungen des Rubik-Würfels und Globus-Puzzles
Kapitel 28:	**(INV)**	**INVENTIONS / Erfindungen**
(INV1)		Erfindungen (im Konzeptstadium)
(INV2)		Ein neues Brain-Computer Interface
(INV3)		Versuchte Patent-Anmeldung: „Kathodenstrahl-Aufzeichnung", 1965
(INV4)		Versuchte Patent-Anmeldung: „Zentrischer Kreiskolben-Motor", 1969
(INV5)		Der Drehmoment-Motor
(INV6)		[Dur-Aluminium-Container]-Schiffe (= DACS)
(INV7)		Mein Traumboot
(INV8)		Der optimale Eisenbahn-Waggon
Kapitel 29:	**(V)**	**VARIAS / Variables**
(V1)		Lebenslauf 3
(V2)		Link-Liste 3
(V3)		Literaturverzeichnis 3
(V4)		„UN TRANSRAPID para las Palmas de Gran Canaria"

Part 4: EUROPOLIS 4 / Kultur, Politik, Musik, Revolutionäres, Historisches, Literarisches

Main outline (of the chapters) / Kapitel-Gliederung

Kapitel 30:	(Y)	YIELD the Rest
Kapitel 31:	(A)	ARCHITECTURE / Architektur

Kapitel 32:	(C)	CULTURE / Kultur
Kapitel 33:	(P)	POLITICS / Politik
Kapitel 34:	(M)	MUSIC / Musik
Kapitel 35:	(Poe)	SONGS and POEMS / Lieder und Gedichte
Kapitel 36:	(RC)	REVOLUTIONARY CONCEPTS / Revolutionäres
Kapitel 37:	(D)	DIVERSE and GARBAGE / Diverses und Schmierzettel
Kapitel 38:	(H)	HISTORY / Historisches
Kapitel 39:	(L)	LITERATURE / Literarisches
Kapitel 40:	(CC)	CONCLUSION CHAPTER / Schlusskapitel

Detailed outline (of the articles) / Artikel-Gliederung

Kapitel 30:	(Y)	YIELD of the REST / Restertrag
(Y1)		Vorwort 4 des Herausgebers
(Y2)		Geplantes Vorwort 4 des Ex-Herausgebers
(Y3)		Vorwort 4 des Autors
(Y4)		Danksagung 4
(Y5)		(a) Giordano Bruno
		(b) Ein Plädoyer für Giordano Bruno, Sergius Kodera
(Y6)		Tycho Brache
Kapitel 31:	**(A)**	**ARCHITECTURE / Architektur**
(A1)		Jimmys Architektur-Prinzipien
(A2)		Architektur-Algorithmen und Urbanismus, Peter Weibel
(A3)		Prag, Wien und Venedig: die 3 M
(A4)		Schönheit ist Fiktion
(A5)		Chaotische Städte, Anne Wagner-Opera & Werner DePauli-Schimanovich
(A6)		ö@motion <mailto:ö@motion>: environments 2020, Ekkehard Rehfeld
(A7)		Architektur = General Problem Solving
Kapitel 32:	**(C)**	**CULTURE / Kultur**
(C1)		(a) Kunst und Wissenschaft, und gegen die Geldverschwendung!
		(b) Krankheit als Kunst und Wissenschaft, Peter Weibel und Werner DePauli
		(c) Entwurf für ein provokantes Flugblatt, Werner DePauli und Peter Weibel
(C2)		Film: „Artificial Intelligence"

(C3)		EDDY (= Expected Death-Day and -Year)
(C4)		Fremdsprachen-Unterricht einmal anders
(C5)		Espanyol con Canciones y Karaoke
(C6)		Spanische Schule in Wien
(C7)		Spanisch als Retter der Europäischen Kultur (im Gegensatz zu Latein und Altgriechisch)
(C8)		Intellektokratie versus Idiotokratie
(C9)		Ehret die gescheiterten Tyrannen-Mörder!
(C10)		Ein A-Religiöses Christentum als Baustein für eine neue Europäische Kultur
(C11)		Weshalb es keinen persönlichen Gott gibt
(C12)		Hütet euch vor den Künstlern!
(C13)		Bundesländer bezahlen Wiens Hochkultur
Kapitel 33:	**(P)**	**POLITICS / Politik**
(P1)		(a) Österreich braucht eine Technik-Kultur
		(b) Technisches Museum an der Universität Linz
		(c) Die Technologie-Feindlichkeit der Österreicher ist ein kulturelles Problem
		(d) Brief von Robert Hochner
		(e) Die Technikfeindlichkeit der Österreicher
		(f) Die Technologie-Milliarden
(P2)		(a) Soros und die Offene Gesellschaft
		(b) Brief von Peter-Paul Sint
(P3)		(a) Kommunismus versus Nationalsozialismus
		(b) Brief an den Bundespräsidenten
(P4)		Drei westliche Völker auf dem Weg zur Normalität
(P5)		Milosevic, Arafat, Scharon und Bush
(P6)		Die Gründung einer Zentral-Europäischen Föderation
(P7)		Wider die Zerstörung der Europäischen Kultur durch die USA
(P8)		(a) Kroatien
		(b) Bosnien
		(c) Kosovo
(P9)		Gebt den Ikonen die Schuld
(P10)		Europäisierung contra Globalisierung
(P11)		(a) Bevorstehende Irak-Invasion
		(b) Die Situation der USA nach dem Irak-Krieg
(P12)		Die Zukunft von Österreichs Intellektuellen
(P13)		(a) A. E. I. O. U. (Austrian Emigration International Organization Union), Pamphlet
		(b) A. E. I. O. U. (Austrian Emigration International Organization Union), 1986

Kapitel 34:	**(M)**	**MUSIC / Musik**	
(M1)		(a) Hymn for Europe	
		(b) Hymn for Europe (with Beethoven's 9-th as music)	
		(c) Europa-Hymne für Kinder (Europe-Song auf Deutsch)	
		(d) Cancion de Europe (Europe-Song en Espanyol)	
		(e) L'Hymne Europeen (Europe-Song en Français)	
		(f) … (Europe-Song in Italiano)	
		(g) … (Europe-Song auf Russisch)	
(M2)		Pan-Europe Hymn	
(M3)		One more night in Las Palmas de Gran Canaria	
(M4)		„Vom Atlantik zum Pazifik …": Deutsches Land in Demut fand	
(M5)		(a) Austrian Danube Monarchy	
		(b) New Austrian National Hymn	
(M6)		Hymnen	
(M7)		33 Kampflieder der 68er-Revolution und Anti-Vietnam-Krieg	
Kapitel 35:	**(Poe)**	**SONGS and POEMS / Lieder und Gedichte**	
(Poe1)		Gedichte / Lieder für Kinder:	
		(a) Die Quadratzahlen,	
		(b) Die Monate,	
		(c) No News,	
		(d) Der Weihnachts-Krampus	
		(e) Der Hunde-Freund, Alexander Mehlmann	
(Poe2)		Spanische Gedichte / Lieder:	
		(a) Werner, el Ikaro,	
		(b) El loro,	
		(c) Ciudades de Asturias,	
		(d) El Soldado de Plomo,	
		(e) Mis Palabras,	
		(f) Eurocast Hymne	
(Poe3)		Übersetzung ins Spanische:	
		(a) Todos mi patitos,	
		(b) Zoro, has robado ganso,	
		(c) Juanito pequenyo,	
		(d) Yo soy el pajarerito	
(Poe4)		Frühe Gedichte / Lieder:	
		(a) Ein Jugendgedicht,	
		(b) Omega-Nulls Leitspruch,	
		(c) Sexy Robot,	
		(d) Vorwärts-Gang,	

		(e) Der helle Cincano
(Poe5)		Wien-Gedichte / Lieder:
		(a) Willi for President,
		(b) Wienerlied,
		(c) Ode an Wien,
		(d) Urlaub in Wien
(Poe6)		Restliche Gedichte / Lieder:
		(a) Chiemensee,
		(b) Schrumpf-Germane,
		(c) Das Gisela-Prinzip,
		(d) The Janos-Demetrovic Song
(Poe7)		Lieder mit Noten:
		(a) Schifahrer-Gstanzln,
		(b) Der 10-Tage-Wochen Song,
		(c) Austria-Song,
		(d) Das Zigarettenlied,
		(e) Arbeits-Song
Kapitel 36:	(RC)	**REVOLUTIONARY CONCEPTS / Revolutionäres**
(RC1)		Sonnenkalender: 10-Tage-Woche (10. Jänner 1979)
(RC2)		Kosmologische Kalenderreform: Die 10-Tage-Woche. In Peter Weibels. (Hrg.) Buch: „Jenseits der Erde: Kunst, Kommerz, Gesellschaft im orbitalen Zeitalter"
(RC3)		Interviews mit 68ern
(RC4)		Flugblatt „Kurt Gödel und die Wiener Philosophie"
(RC5)		Leserbrief in Fridolin 43 (Okt.89): Prof. Barths Abschied
(RC6)		Vortrag EURO-Protektionismus (Jänner 1996)
(RC7)		Die Welt-Ethnie (+ 4-Ecks-Ehe)
(RC8)		Dreiecks- und Vierecks-Ehe
(RC9)		Der Unsinn des Lebens
(RC10)		Sloterdijk und mein 6. Sinn
(RC11)		Lesen Sie den Spiegel
Kapitel 37:	(D)	**DIVERSE and GARBAGE /** **Diverses und Schmierzettel**
(D1)		Zitate auf den Cover-Rückseiten und einige großgoscherte (aber weise) Sprüche
(D2)		Krankenkassen und Gesundheitswesen
(D3)		Proletenpartei
(D4)		Mercedes Sosa in Wien
(D5)		I am a Spaniard!
(D6)		Haider und die Österreicher
(D7)		Leserbrief ans Profil (wegen Kurt Gödel)

(D8)			Homepages für die Beamten
(D9)			Informatik und Multimedia
(D10)			Vielosaufie
(D11)			Unsinn ausspucken!
(D12)			Der Jimmy-Fanclub
Kapitel 38:		**(H)**	**HISTORY / Historisches**
(H1)			Glück im Unglück am Freitag dem 13. August
(H2)			Inkontinenz I
(H3)			Die Schule Schimanovich
(H4)			Appendix zur Schule Schimanovich
(H5)			Geschwindigkeit hat mich schon immer fasziniert!
(H6)			Über Automaten und ihre Theorien, Karl Fröschl, Siegfried Mattl, Hannes Werthner
(H7)			Erkenntnis-Theorie
(H8)			Leserbrief zu „LKWahnsinn"
(H9)			Lichtsparzeit!!!
(H10)			Abschieds-Mail an den Jimmy-Fanclub: Goodbye, Jimmy, goodbye!
(H11)			Probleme und Spiele als Modelle von AI-Systemen
(H12)			Paradigmen-Wechsel in der Mengenlehre
Kapitel 39:		**(L)**	**LITERATURE / Literarisches**
(L1)			Die Liebes-Erklärung (Cyber-Theater in 4 Akten)
(L2)			The EINSTEIN-Quartet: Einstein, Weyl, Neumann, Gödel
(L3)			Jimmy's 3-Language-Rule
(L4)			Tower of Babylon
(L5)			Gesang der Länder, Octavian Mocanu
(L6)			Jimmys Selbst-Portrait
Kapitel 40:		**(CC)**	**CONCLUSION CHAPTER / Schlusskapitel**
(CC1)			Curriculum Vitae 4
(CC2)			Link-Liste 4
(CC3)			Literaturverzeichnis 4
(CC4)			Gliederung 4 des Gesamtbuches
(CC5)			Konflikt Israel-Islam
(CC6)			Nachtrag zu „Fehler in der Straßenverkehrsordnung" (= EP1-K7-TD6)
(CC7)			Computer-Spiele und A. I. (Abstract)
(CC8)			Ein 2-Zylinder-Motor mit Kompressor

Part 5: EUROPOLIS 5 / KURT GÖDEL und die Mathematische Logik

Main outline (of the chapters) / Kapitel-Gliederung

Kapitel 41:	(Ex)	EXPLANATION / Erklärung
Kapitel 42:	(GöF)	GOEDEL-FILM / Gödel-Film
Kapitel 43:	(Gö)	GOEDEL-RESEARCH / Gödel-Forschung
Kapitel 44:	(Lo)	LOGIC / Logik
Kapitel 45:	(CW)	CALCULUS OF WINNING / Gewinn-Kalkül

Detailed outline (of the articles) / Artikel Gliederung

Kapitel 41:	**(Ex)**	**EXPLANATION / Erklärung**
(Ex1)		Geleitwort des Herausgebers
(Ex2)		Vorwort 5 des Autors
(Ex3)		Danksagung 5
Kapitel 42:	**(GöF)**	**GOEDEL-FILM / Gödel-Film**
(GöF1)		Speech in Connection with the Running of the Gödel Film, Eckehart Köhler
(GöF2)		Drehbuch zum Film „Kurt Gödel: Ein Mathematischer Mythos", Peter Weibel und Werner DePauli-Schimanovich
(GöF3)		Shooting Script for the Film „Kurt Gödel: A Mathematical Mythos", Peter Weibel und Werner DePauli-Schimanovich
(GöF4)		Guión de la pelicula „Kurt Gödel: Un Mito Matematico", Peter Weibel und Werner DePauli-Schimanovich
(GöF5)		Scénario du film „Kurt Gödel: Un Mythe Mathematique", Peter Weibel und Werner DePauli-Schimanovich
Kapitel 43:	**(Gö)**	**GOEDEL-RESEARCH / Gödel-Forschung**
(Gö1)		Nachruf auf Kurt Gödel in der Zeitung „Die Presse", März 1978
(Gö2)		Interview von Peter Weibel mit Sir Karl Popper in „Wissenschaft Aktuell"

(Gö3)		Die Unerschöpflichkeit des Geistes (gem. mit Peter Weibel in „Wissenschaft Aktuell")
(Gö4)		Beiträge zu „Gödel-Satz, Möbius-Schleife, Computer-Ich":
		(a) Gödels Unentscheidbarkeitsbeweis. Ideengeschichtliche Konturen eines berühmten mathematischen Satzes, Peter Weibel und Eckehart Köhler
		(b) Der Gödel'sche Beweis
		(c) Ausschnitte aus dem Gespräch mit Franz Kreuzer
(Gö5)		Die Formelmanipulations-Sprache GOEDEL
(Gö6)		Reden für die Feier anlässlich des 80. Geburtstags von Kurt Gödel im großen Festsaal der Universität Wien, April 1986
		(a) Leopold Schmetterer: „Kurt Gödel: Markstein einer kreativen Epoche Wiens"
		(b) Werner DePauli-Schimanovich: „Kurt Gödel zum 80. Geburtstag."
(Gö7)		Kurt Gödel and his Impact on Artificial Intelligence
(Gö8)		Buch „Kurt Gödel: Ein Mathematischer Mythos", Werner DePauli-Schimanovich und Peter Weibel
(Gö9)		Buch „Gödel: A Life of Logic", John Casti und Werner DePauli
(Gö10)		Abstrakt vom Vortrag „Kurt Gödel: Truth and Provability", Logic Colloquium 2001. In: „Collegium Logicum" 2001, Annals of The Kurt-Gödel- Society, Volume 4, Abstracts of the Logic Colloquium 2001 (Vienna)
(Gö11)		Vorwort zum Band 1 von „Kurt Gödel: Wahrheit und Beweisbarkeit (Dokumente und historische Analysen)", Peter Weibel
(Gö12)		Einleitung zum 1. Band von „Kurt Gödel: Wahrheit und Beweisbarkeit (Dokumente und historische Analysen)"
(Gö13)		Vorwort zum 2. Band von „Kurt Gödel: Wahrheit und Beweisbarkeit (Kompendium zum Werk)", Werner DePauli-Schimanovich und Michael Stöltzner
(Gö14)		Kurt Gödel: Aufarbeitung des Nachlasses und Dokumentation seiner wissenschaftlichen Tätigkeiten
(Gö15)		Reply to a Review of „Gödel: A Life of Logic" and „Logical Dilemmas: The Life and Work of Kurt Gödel", Georg Gottlob

(Gö16)		Storys of Genius: Recent accounts of Kurt Gödel's life, Bernd Buldt
(Gö17)		DePaulis Brief an Martin Davis
Kapitel 44:	**(Lo)**	**LOGIC / Logik**
(Lo1)		Mathematische Linguistik
(Lo2)		(a) The formal explication of the concept of antinomy
		(b) Die formale Charakterisierung des Antinomie-Begriffs
(Lo3)		Arrow's Paradox is partial-consistent
(Lo4)		Formel-Homomorphismen zwischen Logischen Theorien
(Lo5)		The Vienna Theorem Prover, Georg Gottlob, Alexander Leitsch und Werner Schimanovich
(Lo6)		Bericht über das Jahrbuch 1996 des „Institut Wiener Kreis": „Foundational Debate: Complexity and Constructivity in Mathematics and Physics", Werner DePauli Schimanovich, Eckehart Köhler, Fritz Stadler
(Lo7)		Modallogik und Deantik, Werner DePauli-Schimanovich und Peter Weibel
Kapitel 45:	**(CW)**	**CALCULUS OF WINNING / Gewinn-Kalkül**
(CW1)		Prädikaten-Logische Theorie zur Behandlung von Positions-Spielen (4. Wittgenstein Symposium 1979)
(CW2)		An Axiomatic Theory of Winning Mathematical Games and Economic Actions, (Proceedings der EMCSR 1980 und Journal of Cybernetics and Systems 1981)
(CW3)		Calculus of Winning: Abstract of the Kurt Gödel-Colloquium 1999 (Joint Conference with the Barcelona Logic Meeting 1999.) In: Collegium Logicum 2001, Annals of the Kurt-Gödel-Society, Volume 4, Abstracts of the Logic Colloquium 2001 (Vienna)
(CW4)		Automatic Players for Computer Games (Proceedings of EUROCAST1999, Springer LNCS)

Part 6: EUROPOLIS 6 / INFORMATIK für SPIELE und VERKEHR. Extension der MENGENLEHRE.

Main outline (of the chapters) / Kapitel-Gliederung

Kapitel 46:	(Pro)	PROLOG / Prolog
Kapitel 47:	(SG)	STRATEGIES of GAMES / Strategien von Spielen
Kapitel 48:	(TCS)	TRAFFIC-C. S. / Verkehrs-Informatik
Kapitel 49:	(CS)	COMPUTER SCIENCE / Informatik allgemein
Kapitel 50:	(Set)	SET THEORY / Mengenlehre

Detailed outline (of the articles) / Artikelgliederung

Kapitel 46:	(Pro)	PROLOG / Prolog
(Pro1)		Geleitwort des Herausgebers
(Pro2)		Vorwort 6 des Autors
(Pro3)		Danksagung 6
Kapitel 47:	**(SG)**	**STRATEGIES of GAMES / Strategien von Spielen**
(SG1)		CATRIN 5 (Colour-Triangle, Auszug aus dem Praktikum), Hermann Kaindl und Werner DePauli-Schimanovich
(SG2)		KALAH 4 (Miniversion von Kalah, Auszug aus der Diplomarbeit), von Wolfgang Wiesbauer
(SG3)		(a) (Auszug aus dem Praktikum), Werner Payer und Werner DePauli-Schimanovich
		(b) Oval-Mühle (Auszug aus der Diplom-Arbeit), Werner Payer
(SG4)		Strategical Games (Abstract for the Norbert Wiener Symposium)
(SG5)		Mathematische Spiele 1 (in „Wissenschaft Aktuell" 1980)
(SG6)		Mathematische Spiele 2 (in „Wissenschaft Aktuell" 1980)
(SG7)		Merlin (ein Computer-Chess-Programm)
(SG8)		Verschiedene Schach-Varianten
(SG9)		De Bono's L-Game (Optimaler Player), Gerhard Hartmann

(SG10)		Tertia en Raya (Optimaler Spieler für „3 in a Row"), Dino Sulzgruber und Werner DePauli-Schimanovich
(SG11)		Peggy (Optimaler Spieler), Herbert Laufer und Werner DePauli-Schimanovich
(SG12)		Solitaire (Heuristischer Spieler), Herbert Laufer
(SG13)		Pente (Heuristischer Spieler), Martin Feda, Renate Bartl und Werner DePauli-Schimanovich
(SG14)		Rock-Em Up (Optimaler Spieler), Andreas Trubel, Margit Schibl und Werner DePauli-Schimanovich
(SG15)		SIM / Hexi, Wolfgang Slany
(SG16)		Master Mind (Optimaler Spieler), Karl Grob und Werner DePauli-Schimanovich
(SG17)		Games in A. I. (Vortrag)
Kapitel 48:	**(TCS)**	**TRAFFIC-C. S. / Verkehrs-Informatik**
(TCS1)		Network Design and Control by Simulation Experiments (COMPSTAT 1978) Wilfried Grossmann, Georg Pflug, Werner Schimanovich
(TCS2)		Evaluation of Strategies for Urban Traffic Organisation by Simulation, Wilfried Grossmann und Werner Schimanovich
(TCS3)		Auszug aus: Verkehrswissenschaftliche Forschung in Österreich, Dokumentation 1970–1980, ÖVG Spezial, Band 1, (Hrg. Peter Faller und Gerhard Gürtlich, WU-Wien, ca.1982)
(TCS4)		Bewerten von Verbesserungs-Strategien für den Öffentlichen Verkehr mittels Computer-Simulation, Verkehrs-Annalen (4/1983), Wilfried Grossmann, Werner Schimanovich und Hannes Werthner
(TCS5)		Simulation des Verkehrsablaufes auf einer zweispurigen Landstraße, Ergebnisbericht Nr. 1, Gottlob, Schimanovich, et al
(TCS6)		Simulation von interaktiv gesteuerten Straßenbahn-Netzen (Auszug aus der Diplomarbeit), Georg Gottlob
(TCS7)		Bewerten von Verbesserungsstrategien für den öffentlichen Verkehr mit Hilfe von Computer-Simulation (Auszug aus Dissertation), Hannes Werthner
(TCS8)		Simulation der Schnellbahn, Wilfried Grossmann, Georg Pflug, Werner Schimanovich
(TCS9)		Darstellung des Verkehrs auf einem Grafik-Terminal (1978), Wolfgang Wiesbauer und Werner Schimanovich
Kapitel 49:	**(CS)**	**COMPUTER SCIENCE / Informatik allgemein**

DePauli-Schimanovich

(CS1)		Philosophie und Informatik (Informatik-Forum, Band 3/Nr.1, April 1989)
(CS2)		Plädoyer für ein englischsprachiges Informatikstudium (Informatik-Forum, Band 3/Nr.3, September 1989)
(CS3)		EDV an österreichischen Universitäten (Informatik-Forum Nr.1, März 1990)
(CS4)		Warum streiken die Betriebs- und Wirtschaftsinformatiker?
(CS5)		Die elektronische Epoche (Informatik-Forum Nr.2, Dezember 1986), Peter Weibel
(CS6)		Mehrwertige Logik und Informatik, Georg Gottlob
(CS7)		Robotersteuerung mit PROLOG, Günther Gehring, Walter Mair, Werner Schimanovich
(CS8)		Steigerung der wissenschaftlichen Qualifikation in der Informatik
(CS9)		Artificial Intelligence (Vortrag)
(CS10)		Introduction to Machine Learning (Vortrag)
(CS11)		Automatic Diagnosis in XSs (Vortrag)
(CS12)		Relative Problem Solving and the Role of Logic in A. I. (Vortrag)
Kapitel 50:	**(Set)**	**SET THEORY / Mengenlehre**
(Set1)		Extension der Mengenlehre
(Set2)		Der Mengenbildungs-Prozess
(Set3)		Zur Geschichte des Mengenbegriffs, Ulrich Felgner
(Set4)		A Brief History of Future Set Theory
(Set5)		(a) The Notion „Pathology" in Set Theory (Vortrag)
		(b) The Notion „Pathology" in Set Theory (Paper)
(Set6)		Naïve Axiomatic Class Theory: A Solution for the Antinomies of Naïve Mengenlehre
(Set7)		(a) Naïve Axiomatic Mengenlehre for Experiments (Vortrag)
		(b) Naïve Axiomatic Mengenlehre for Experiments (Paper)
(Set8)		(a) On Frege's True Way Out (Vortrag)
		(b) On Frege's True Way Out (Paper)
(Set9)		Axiomatic Set Theory (Vortrag beim Las Palmas Seminar)
(Set10)		References for the Set-Theoretical Articles

Part 7: EUROPOLIS 7 / ENGLISH EXCERPT of EUROPOLIS 1 and 2

Main outline (of the chapters)

Chapter 51:	(EI)	ENGLISH INTRODUCTION
Chapter 52:	(ITE)	INTRODUCTION to TRAFFIC in EUROPE (in English)
Chapter 53:	(TLE)	TRAFFIC: TRUCKS (= LKWs) (in English)
Chapter 54:	(TTME)	TRAFFIC: TRAINS & MAGNETIC ELEVATION (in English)
Chapter 55:	(TBSE)	TRAFFIC: BUSES & STREETCARS (in English)
Chapter 56:	(TDPE)	TRAFFIC: DEVELOPEMENT & POLITICS (in English)
Chapter 57:	(TCE)	TRAFFIC: CARS (in English)
Chapter 58:	(TSAE)	TRAFFIC: SHIPS & AIRPLANES (in English)
Chapter 59:	(TAE)	TRAFFIC in AUSTRIA (in English)

Detailed outline (of the articles)

Chapter 51:	**(EI)**	**ENGLISH INTRODUCTION**
(EI1)		Preface 7 of the Editor
(EI2)		Preface 7 of the Author
(EI3)		Thanks Giving 7
Chapter 52:	**(ITE)**	**INTRODUCTION to TRAFFIC in EUROPE (in English)**
(ITE1) = (I1)		Preface1 of the Editor of EP 1
(ITE2) = (I2)		Preface1 of the Author of EP 1
(ITE3) = (I3)		Thanks Giving1 of EP 1
(ITE4) = (I7)		A New Socio-Economic Model as Alternative to the Turbo-Capitalism
Chapter 53:	**(TLE)**	**TRAFFIC: TRUCKS (= LKWs) (in English)**
(TLE1) = (TL2)		Defusing of the Rolling Bombs
(TLE2) = (TL3)		Automation and Electrification of Highways
(TLE3) = (TL4)		Electro-Highways
(TLE4) = (TL5)		New Principles of Construction for Trucks
Chapter 54:	**(TTME)**	**TRAFFIC: TRAINS & MAGNETIC ELEVATION (in English)**

(TTME1) = (TT1)		Docking Trains
(TTME2) = (TT2)		Coupling-Trains
(TTME3) = (TT3)		Talgo Double-Decks
(TTME4) = (TT4)		„Prophet of Death"
(TTME5) = (TM1)		TRANSRAPID or TGV or ICE?
(TTME6) = (TU2)		A Magnetical Elevated Subway for Las Palmas, or: A SWISS METRO for Gran Canaria!
Chapter 55:	**(TBSE)**	**TRAFFIC: BUSES & STREETCARS (in English)**
(TBSE1) = (TB1)		Public Busses with Double Number of Seats
(TBSE2) = (TB2)		The Hotel-Bus
(TBSE3) = (TS1)		Cabin Streetcar
(TBSE4) = (TU3)		A Subway for Las Palmas
Chapter 56:	**(TDPE)**	**TRAFFIC: DEVELOPEMENT & POLITICS (in English)**
(TDPE1) = (TD1)		Development of Transportation and Traffic in Europe
(TDPE2) = (TD3)		A Traffic Solution for Las Palmas
(TDPE3) =		A New Recreational Zone for Las Palmas de G. C.
(TDPE4) = (TD6)		Mistakes in Street traffic-Law and Traffic-Buildings Addition to Mistakes in Street traffic-Law and Traffic-Buildings
(TDPE5) = (TP1)		Technical Measures/Actions to Increase Traffic-Security
(TDPE6) = (TP6)		50 % of Research = Stranded Costs
(TDPE7) = (TR1)		The Stem-Bike
Chapter 57:	**(TCE)**	**TRAFFIC: CARS (in English)**
(TCE1) = (TC1)		Several Tips for Car Builders
(TCE2) = (TC2)		Mechanical Car-Platooning versus Electronical Shaft/Pole
(TCE3) = (TC3)		Car-Tubs
(TCE4) = (TC4)		Highway Supreme Direction versus Hydrogen
(TCE5) = (TC5)		Automated Highways ONLY by Electrification!
(TCE6) = (TC6)		The Car of my Dreams
Chapter 58:	**(TSAE)**	**TRAFFIC: SHIPS & AIRPLANES (in English)**
(TSAE1) = (TW1)		Fast-Ships and Hovercraft-Trilopits
(TSAE2) = (TW2)		Hovercrafts on Rivers, Channels, Lines and Oceans
(TSAE3) = (TW4)		A New Way of Construction of the Adria-Danube-Channel
(TSAE4) = (TW5)		Escape of the Winter!
(TSAE5) = (TA1)		Super Jumbos and Flight-Ships
(TSAE6) = (TA2)		Technical Defects at Airplanes
(TSAE7) = (TA3)		Reorganisation of Airports
Chapter 59:	**(TAE)**	**TRAFFIC in AUSTRIA (in English)**

(TAE1) = (NI1)	Preface 2 of the Editor of EP 2
(TAE2) = (NI2)	Preface 2 of the Author of EP 2
(TAE3) = (NI6)	The Europeïstic Manifesto
(TAE4) = (Oe7)	A new Transit Highway ACROSS through the Inn-Valley

Part 8: EUROPOLIS 8 / ENGLISH EXCERPT of EUROPOLIS3 and 4

Main outline (of the chapters)

Chapter 60:	(JVE)	JUNTION between the VOLUMES (in English)
Chapter 61:	(FEE)	FOCUS ON EUROPE (in English)
Chapter 62:	(EE)	ECONOMICS (in English)
Chapter 63:	(RE)	REVIEWS (in English)
Chapter 64:	(SE)	SCIENCE (in English)
Chapter 65:	(GE)	GAMES (in English)
Chapter 66:	(IE)	INVENTIONS (in English)
Chapter 67:	(YRE)	YIELD the REST (in English)
Chapter 68:	(ACE)	ARCHITECHTURE & CULTURE (in English)
Chapter 69:	(ME)	MUSIC (in English)
Chapter 70:	(RCE)	REVOLUTIONARY CONCEPTS (in English)
Chapter 71:	(TE)	THE END

Detailed outline (of the articles)

Chapter 60:	**(JVE)**	**JUNCTION between the VOLUMES (in English)**
(JVE1)		Preface 8 of the Editor of EP 8
(JVE2)		Preface 8 of the Author of EP 8
(JVE3) = (J1)		Preface3 of the Editor of EP 3
(JVE4) = (J2)		Preface3 of the Author of EP 3
Chapter 61:	**(FEE)**	**FOCUS ON EUROPE (in English)**
(FEE1) = (F1)		From the EU to Great-Europe
(FEE2) = (F2)		Great-Europe and the Global Puzzle
(FEE3) = (F3)		The 10-Day Week
(FEE4) = (F4)		A Pan-European Educational System

147

(FEE5) = (EU4)		Euro-English and Euro-Spanish
(FEE6) = (xx)		Europe 1900–1930
Chapter 62:	**(EE)**	**ECONOMICS (in English)**
(EE1) = (E1)		Europeïzation contra Globalization
(EE2) = (E2)		The Economic Europeïsm
(EE3) = (E3)		The EURO-Protectionism and the Standards
(EE4) = (E9)		Innovation and Progress: Inventions and Creativity as new Scale / Measure for Economic Values!
(EE5) = (E10)		World-Currency as a Proof for Friendship with USA
(EE6)		The Unemployment Lie
Chapter 63:	**(RE)**	**REVIEWS (in English)**
(RE1) = (R2)		Review of Werner DePauli-Schimanovich's and Peter Weibel's Book „Kurt Gödel: Ein Mathematischer Mythos", Eckehart Köhler
(RE2) = (R3a)		Review of John Casti's and Werner DePauli's Book „Gödel: A Life of Logic", Martin Gardner
(RE3) = (R5)		Review of John Casti's Book „Paradigma Lost", Eckehart Köhler
(RE4) = (R10)		„Freud, Wittgenstein, Gödel, Schrödinger: The Creative Power of Vienna"
(RE5) = (R12)		„John Nash == A Beautiful Mind?"; Review of the Film „A Beautiful Mind"
(RE6) = (R14)		Review of Dawson's book „Logical dilemmas: the Life and Work of Kurt Gödel"
Chapter 64:	**(SE)**	**SCIENCE (in English)**
(SE1) = (S1)		UNICAN: University of the Canary Islands
(SE2) = (S2)		OHES-IEEA: „Organization for the Heritage of European Sciences" or „European Institute for Advanced Study"
(SE3) = (S3)		A grove from bustes for the OHES.
(SE4) = (S4)		CANTECH: Canarian Technology
(SE5) = (C5a)		EUROCAST: European Conferences on Computer-Aided System-Theory
(SE6) = (C5c)		EUROCAST 97: Another Austro-Canarian Collaboration
Chapter 65:	**(GE)**	**GAMES (in English)**
(GE1) = (G1)		Bear-Dog-Hunt
(GE2) = Part of (G2)		Poker-Tic-Tac-Toe
(GE3) = Part of (G3)		Cyclope and CyclopeD
(GE4) = (G4)		Loss-Drawn-Win „Marienbad-Game"
(GE5) = (G7)		The Mathematician Girl
Chapter 66:	**(IE)**	**INVENTIONS (in English)**

(IE1) = (INV1)		Inventions (in the Stadium of a Concept)
(IE2) = (INV5)		The Torque Engine
(IE3) = (INV6)		[Dur-Aluminium-Container]-Ships
(IE4) = (INV7)		The Boot of my Dreams
(IE5) = (INV8)		Optimal Railway-Waggon
Chapter 67:	**(YRE)**	**YIELD the REST (in English)**
(YRE1) = (Y1)		Preface 4 of the Editor of EP 4
(YRE2) = (Y2)		Preface 4 of the Resigned Editor of EP 4
(YRE3) = (Y3)		Preface 4 of the Author of EP 4
Chapter 68:	**(ACE)**	**ARCHITECHTURE & CULTURE (in English)**
(ACE1) = (A1)		Jimmy's Architecture-Principles
(ACE2) = (A3)		Prague, Vienna and Venice: the 3M
(ACE3) = (C3)		EDDY (= Expected Death-Day and -Year)
(ACE4) = (C11)		Why a Personal God does not Exist
(ACE5) = (P8c)		Kosovo
Chapter 69:	**(ME)**	**MUSIC (in English)**
(ME1) = (M1a)		Hymn for Europe
(ME2) = (M2)		Pan-Europe Hymn
(ME3) = (M3)		One more Night in Las Palmas de Gran Canaria
(ME4) = (M4)		"From the Atlantic to the Pacific …": German land full humble stand
(ME5) = (M5a)		Austrian Danube Monarchy
Chapter 70:	**(RCE)**	**REVOLUTIONARY CONCEPTS (in English)**
(RCE1) = (RC7)		The World-Ethny
(RCE2) = (RC8)		Triangle and Quadrangle Marriage
(RCE3) = (RC9)		The Nonsense of Life
Chapter 71:	**(TE)**	**THE END**
(TE1)		Curriculum Vitae 8
(TE2)		Outline 8 of the Whole Series of EUROPOLIS-Books
(TE3)		Jörg Haider and the Austrians
(TE4)		The first Computer

Part 9: EUROPOLIS 9 / GÖDEL'S LETTERS TO HIS MOTHER
and Interviews with Time-Witnesses

Part 10: EUROPOLIS 10 / UTOPIA EUROPIA

Gabriele Dölzer

Sonst noch was …

Es war einer dieser Tage in Italien voller Palmen, Strand und dieser Sonnenwärme, die dir die Kälte des Winters allmählich nimmt und dich aus der Erstarrung löst, dich wieder zum Fließen bringen kann. Kennen Sie dieses Gefühl, wenn für einen Augenblick alles in Ordnung und Harmonie scheint? Genau in einem dieser Augenblicke zog ich bei einer „Schlussrunde" eines Wochenseminars eine Karte, auf der stand: „Was willst du wirklich?"

Schmunzelnd legte ich die Karte weg und dachte, wenig beeindruckt davon: „Was soll die Frage?"

Viele Wochen vergingen. Diese Frage ließ mich nicht mehr los. „Ja, was will ich wirklich?"

Die Meisten von uns versuchen, Konstrukte vom gelungenen Leben zu realisieren, suchen glücklich und zufrieden zu leben. Einiges wird uns dabei gelingen, manches wird auf der Strecke bleiben. Vielleicht überlagern dabei Wünsche und Fantasien die Realität, und es entwickelte sich daraus ein Leben, das wir so gar nicht wollten.

Manchmal ist das schade und traurig, manchmal ist es aber auch ein Glück.

Irgendwo habe ich einmal gelesen: „Wenn Gott einen Menschen liebt, dann erfüllt er ihm seine Wünsche nicht…"

Gehen wir also einmal davon aus, dass wir unsere Wünsche nicht erfüllt bekommen.

„Erfülle dir deine Träume, dann hast du Platz für neue!" Super Spruch? Ich habe viele Jahre danach gelebt und gehandelt.

Erst heute weiß ich, was dadurch alles auf der Strecke geblieben ist. Was also will ich wirklich?

Nein, ich möchte nicht marktschreierisch verkünden, wir sollen alle nicht planen und wünschen, fokussieren und innovativ sein.

Innovation ist momentan in unserer Zeit und in der Politik ein ganz wichtiges Wort geworden. Falls Sie auch nicht genau wissen, was es bedeutet, hier die Definition laut Lexikon: *Innovation: Neuerung, Neueinführung, Herstellen von neuen Zusammenhängen (bes. Soziologie, Wirtschaft und Technik).*

Also, ich würde mich niemals trauen zu sagen, wir sollen nicht innovativ sein. Ich traue mich aber zu sagen, dass es nicht nur einer Innovation im Außen bedarf, sondern vor allem eine Innovation im Innern. Unsere Leben, unsere Seelen schreien nach Innovation. Sie schreien sogar Disziplin übergreifend. Wir brauchen alle Innovation. Aber nicht nur eine Innovation in den Strukturen, sondern vor allem eine Erneuerung in uns selbst. Ein Hinschauen, was wirklich zählt.
Ich halte nichts vom Entwickeln großer Strukturen, die nur im Außen sichtbar sind. Organisationsentwicklung ohne Persönlichkeitsentwicklung ist hohl und führt mit Sicherheit letztendlich nicht zum Erfolg.
Was also wollen wir wirklich?

Schließen Sie die Augen für einen Augenblick und fragen Sie sich dabei: „Was will ich wirklich?"

Welche Gedanken und Gefühle steigen in Ihnen hoch? Können Sie eine Sehnsucht fühlen? Vielleicht einen Druck in der Brust oder in der Magengegend? Fühlen Sie, dass da mehr in Ihnen ist? Können Sie erahnen, was da noch alles offen ist? Und gleich darauf fallen uns tausend Gründe ein, warum es jetzt nicht geht, dies oder jenes zu tun.

Solche Einwürfe kommen normalerweise in Scharen, falls man sich überhaupt die Mühe macht, bei dieser Frage länger als zwei Minuten zu bleiben.

Wie kann ich also aber eine Fülle in mir erleben, die mir die Kraft und die Klugheit gibt, mit meinen Ängsten, Verletzungen, Schmerzen und mit meinen Verwirrtheiten umzugehen? All das ist möglich. Nicht nur möglich, sondern gehört vielmehr zu uns, wie das Atmen, ohne das wir nicht leben können.

Vielleicht ist die Kontaktlosigkeit zu uns selbst nicht gleich so gravierend spürbar wie der fehlende Sauerstoff. Doch irgendwann ist auch dies spürbar, und auch dieser Augenblick kann Atemnot hervorrufen oder sogar im schlimmsten Fall tödlich sein. Auch der innere Tod kann mir mein Leben nehmen. Dies hat viel mit der Verwirklichung des „Selbst" zu tun.

Auch hier gilt es, eine große Aufmerksamkeit zu haben. Lassen Sie sich nichts einreden, was Sie brauchen, damit Sie auf ihrem Weg zu sich selbst weiterkommen und Ihre Individualität immer mehr verwirklichen. Es ist alles in uns angelegt. Wir brauchen manchmal nur Geburtshelfer, wenn die Geburt eines neuen Lebensabschnittes allzu schwierig ist und die Geburtswehen allzu lange dauern.

Thomas von Aquin verrät fünf Heilmittel bei Schmerzen und Traurigkeit, und zwar genau in der Reihenfolge:
Σ
- Tränen
- das Mitleid der Freunde
- der Wahrheit ins Auge sehen
- schlafen
- baden

Es sind meist nicht die großen, spektakulären und lauten „Events" die einem wirklich hilfreich sind. Die pushen zwar für ein paar Tage hoch, sind aber meist nur Strohfeuer. Wirkliches Gehen, Heimgehen zu meinem Selbst, dauert und ist viel, viel leiser.

Es gibt einen Weg, der die Normalisierung des Abnormen aufhebt. Clarissa Pinkola Estes beschreibt es folgendermaßen: „Damit diese (Menschen) an die im eigenen Ich schlummernden, gesunden und instinkthaften Eigenschaften wieder anknüpfen können."

Eine schöne Aussicht für uns alle, die wir uns auf den Weg gemacht haben. Eine schöne Aussicht für die Tage, an denen wir uns scheinbar verloren fühlen.

Oft denke ich nach einer Beratung: „Wieso sind Menschen eigentlich so dürftig in der Eigenwahrnehmung?
Verdammt.
Warum trauen sie ihrer Wahrnehmung, ihrer inneren Gewissheit nicht mehr zu? Warum trauen sie allen Anderen mehr als sich selbst?"
Natürlich gibt es darauf logische Antworten.

Kleine Sätze, gar nicht böswillig verwendet. Sie alle stecken in uns und arbeiten weiter. Sie verletzen und verunsichern. Sie verunsichern so sehr, dass das Vertrauen zu sich selbst verloren geht oder gar nicht erst entwickelt werden kann. Das ist eine Erklärung.

Es gilt auch hier, sich selbst zu prüfen. Erklärungen können immer nur eine Stütze, ein Geländer sein, an dem man sich beizeiten festhalten kann, sollte es wackelig werden. Aber das Leben eines Menschen kann in keinem Buch stehen und in keiner noch so wahren Erklärung.

Das Leben eines Menschen muss von ihm selbst gefunden werden. Aus.

Gabriele Dölzer

… über Wechseljahre …

Wechseljahre sind fremd und neu und sie läuten einen neuen Lebensabschnitt ein. Einen Lebensabschnitt, auf den die Menschen nur selten gefasst sind. Vielmehr wird alles getan, um die Tatsache des Älterwerdens hinauszuschieben. Ganze Industriezweige und Ärzte leben gut davon.

Aber die Formen und Zeichen dieses Älterwerdens sind so verschieden und vielschichtig, dass niemand Anderer einem dabei die Richtung weisen und die Richtigkeit beweisen kann.

Lassen Sie sich nicht verunsichern. Auch nicht von sich selbst. Es gibt nirgendwo nur die einzige perfekte Lösung oder die einzig richtige Erkenntnis. In jedem Fall aber glaube ich, dass wir alle geradezu darauf angelegt sind, uns ganz zu fühlen und zu leben.

Wie bereits erwähnt, der Weg geht dann von außen nach innen. Willkommen zuhause!

… vom Heimkommen …

Dieses „Heimkommen" zu einem Frieden und einer inneren Freiheit, die uns leben und lieben lässt. Denn die Seele handelt niemals irrtümlich. Dies wird uns begleiten.

So können wir dann besser überprüfen, was gut tut und was eher schädlich für uns ist. Wir können besser wahrnehmen, was sich schmerzhaft, glücklich, traurig oder leicht anfühlt. Wir können wahrnehmen, was uns versucht, klein zu machen oder zu halten. Und – wir werden dabei genau hinschauen. Erst dann können wir lernen, „heim zu gehen zu uns".

Clarissa Pinkola Estes schreibt dazu:

„(…) dass die Einzigartigkeit einer Seele, dieses namenlose Etwas, das man als die instinktive und spirituelle Identität einer Person bezeichnet, von der Umgebung gewürdigt und akzeptiert werden muss, um sich zur vollen Blüte entfalten zu können (…)"

Dadurch, so meint sie, wird die Individualität so unterstützt, dass eine nie gekannte Stärke und Vitalität entfaltet wird. Mehr will ich niemandem wünschen.

Was wollte ich gleich noch …?

Ich weiß noch genau, wie ich vor zwei Jahren und sieben Monaten zu schreiben begonnen habe. Ich lag auf meiner Couch und war frustriert, weil es mit dem Fasten wieder nicht so geklappt hatte, wie ich wollte. Ich war sauer auf Gott und die Welt und dabei besonders auf mich. Plötzlich fiel mir dann das Erlebnis mit der Karte ein, auf der „Was willst du wirklich?" stand, und in diesem Augenblick wusste ich: „Du setzt dich jetzt hin und beginnst zu schreiben. Egal wie, aber du beginnst jetzt damit."

Und genauso habe ich es dann gemacht. Ich bin aufgestanden von meiner Couch und habe zu schreiben begonnen.

Fast vier Jahre sind seither vergangen. Ein langer Weg.

Was willst du wirklich? Eine Frage, die mein Motor war. Die die ganze Kraft in mir mobilisiert hat.

Und heute heißt es: „Was wollte ich gleich noch?"

Wenn unser Wollen nur von unseren Wünschen und Vorstellungen bestimmt wird, sind wir in einer sehr infantilen Phase stecken geblieben. Nun werden Sie sagen: „Sind das nicht die meisten Leute?"

Es scheint so. Das Leben ist geprägt und fast schon angefüllt mit Wünschen und Vorstellungen. Das gilt bei materiellen Dingen. Da wird es sichtbar. Das gilt bei Lebensvorstellungen und Erwartungen, aber genauso wie bei den Vorstellungen, wie man sich fühlen muss.

2. Tag nach Neugeburt morgens / Wüstenrand

Wie gestern von der älteren Dame vorausgesagt, träumte ich heute Nacht tatsächlich sehr bizarr. Quasi eine Fortsetzung des Traumes, den ich in meiner Kindheit träumte. Ich könnte fast schwören, die Essener Siedlung war Ort der Handlung. Das heißt, eigentlich ist es eher Angst, sie könne Ort des Geschehens gewesen sein. Es waren nämlich nur noch Ruinen dieser schönen Wüstenstadt übrig. Inmitten der verkohlten Überreste standen sich zwei Gestalten gegenüber, die mich an Algazel und GD erinnerten. Ich konnte die Gesichter allerdings nur schemenhaft erkennen, da die Luft bestialisch flimmerte. Es musste dort unmenschlich heiß gewesen sein.

„Was hab ich bloß falsch gemacht?", fragte der vollbärtige Algazel mit einer gebrochenen Stimme, die durch zu langes Schweigen heiser schien.

„Ja, das hättste nicht gedacht, was? Du Lichtgestalt. Du mit deinem ewigen Allwissen", höhnte die Figur, die aussah wie GD. „Du niemals endende, unaufhörlich wirkende Kreativität, mit der du schaffst, die nie versiegt. Ha, lächerlich. Hättest deine unendliche Energie sinnvoller einsetzen sollen."

„Warum sie?"

„Das weißt du doch selbst. Sie waren gefährlich. Sie waren der Stöpsel, der verhinderte, dass das Gute versiegt. Erst, wenn die Letzten, die nicht lügen, betrügen und sich erhöhen, vom Antlitz der Erde verschwunden sind, kann ich Ruhe finden. Gibs zu, die nun noch vorhandenen, vereinzelt auf der Welt verstreuten, fallen nicht mehr ins Gewicht, haben nicht mehr die Macht, etwas auszurichten. Schau dich um, was übergeblieben ist und gewöhn dich dran. In kürzester Zeit wird die ganze Welt so aussehen."

Traurig betrachtete Algazel die verkohlten Überreste. „Wir hatten abgemacht, uns nicht einzumischen, ihren freien Willen zu achten."

„Ach, da schau her, und was war das mit „vom Teufel gebannt, wirst freudlos mich missen, weder dich noch mich noch den Dämon entdeckt, im Vertrauen nie hat er wirklich nach Schwefel gestunken, auf der Schulter sein Arm, dein Ohr abgeleckt?" Keine Hinweise? Hättest ihm auch gleich mit einem ‚GD wird dich benutzen, um dem Bösen einen Weg zu bahnen' warnen können."

„Das war doch nur im Traum."

„Alles ist nur Illusion, wenn du so willst. Aber für die doch nicht. Die denken, das sei real. Also, was sollte das in New York? Mitten auf der Straße! Da hab ich wohl geträumt, oder wie? Ich dachte, ich guck nicht richtig! ‚Hütet euch vor dem bösen Dämonen, der versucht euren Willen zu beherrschen. Du begibst dich in zweifelhafte Gesellschaft. Ich hab bis eben gehofft, dass ich meine nächtlichen Andeutungen nicht in die Tat umsetzen muss. So bleibt mir nichts, als meine Prophezeiung zu erfüllen'", äffte GD die schattierte Stimme seines Gegenübers nach.

„Das war doch lediglich eine Drohung", verteidigte sich Algazel. „Ich hab in Wirklichkeit nichts getan."

„Du Spinner, halt mich nicht für dümmer als ich bin. Du weißt ganz genau, wie Worte auf einen Menschen wirken und ihn einschüchtern können." Er zwinkerte dem Herrn gegenüber vertraut zu. „Und um endlich deine Frage zu beantworten, die dir schon seit Ewigkeiten auf den Nägeln brannte. Der Wetteinsatz hat mich nicht zu dem gemacht, was ich bin. Denk doch mal logisch: Wer ist schon interessiert an einer Herrschaft über eine tote Welt? Aber du gewaltigste, innigste Liebe, du hast ja in deiner Überheblichkeit nicht für eine Sekunde damit gerechnet, dass es anders laufen könnte, als du dachtest. Du reinstes, hellstes, weißestes Licht, so ist das, wenn man keinen Platz für Finsternis in sich zulässt. Dann kann man die drohenden Schatten nicht sehen. Die Menschen stehen nun mal nicht auf Friede, Freude, Eierkuchen, sondern auf Markenklamotten, teure Autos, Computerspiele, Umweltzerstörung und Handyklingeltöne."

„Mal ehrlich, angesichts einer solchen Liste wäre es doch wohl eher an mir, den Glauben an sie zu verlieren! Ihre einzig reale Dimension scheint die methodisch nachprüfbare zu sein. Und dennoch", sein Blick verklärte sich, „wie ein Zauberer habe ich ihnen meine Kunststücke gezeigt. Eines nach dem anderen."

Verzückt, in den Augen das Leuchten einer Fünfjährigen, die zum ersten Mal einen vollbehangenen, funkelnden Weihnachtsbaum betrachtet, lange bevor sie je eine von den mickrigen, abgewrackten, nur noch spärlich mit braunen Nadeln bekleideten Fichten sehen musste, die im Januar zuhauf auf den Straßen herumlagen – also ungeachtet der Binsenwahrheit, man könne das Schöne nur richtig schätzen, wenn man sein Pendant, das Schlechte bereits erfahren hatte – dachte der Älteste an seine Taten zurück. „Und zu keiner Zeit waren sie fähig, meine Wunder, meine Genialität mit dem Verstand oder ihrer Wissenschaft zu erfassen!" Er wurde stutzig. „All meine unergründlichen Werke hätten sie doch zumindest verwundern müssen."

„Ach was", antwortete GD pampig. „Hast du es ernsthaft nicht bemerkt? So dumm wird man doch nicht geboren, oder? Selbst wenn in der heutigen Arschgeweih- und Handygeneration noch jemand an dich glaubt, es verlangt ihm schon Courage ab, es nur zuzugeben. Sie scheißen auf dich. Zweckdienliches Denken bestimmt den Menschen, ist der Konsumgesellschaft längst in Fleisch und Blut übergegangen. Was glaubst du, warum sie sich in riesigen Städten zusammenballen? Ich musste wirklich nicht viel machen. Ich habe nur die Trägheit der Masse und später das Wort Gutmensch in die Welt gesetzt und schon lief alles wie geschmiert. Danach frönte deine Schöpfung, je nach Portmoneeinhalt, lieber dem Luxus als dir."

„Da gebe ich dir Recht", nickte Algazel resignierend. „Die Gattung, die sich überzeugt hat, eine zufällige Mutation zu sein, glaubt nur, was sie zu messen fähig ist. Sie misst und vermisst einfach alles auf dieser Welt. Ihre sportlichen Leistungen, die Höhe der Berge, die selbstgezogenen Grenzen ihrer Länder, Meerestiefen und sogar sich selbst." Kurz ging er in sich. „Offenbar wird der Mensch von der Angst getrieben, dass es nicht gibt, was er nicht messen kann. So bleibt ihm nichts Anderes übrig, als ständig zu prüfen, woraus eine Pflanze, ein Tier oder er daselbst gemacht ist. Bis zum letzten Molekül. Weißt du, sie haben sämtlichen Substanzen Namen gegeben und freuen sich wie kleine Kinder, wenn sie erklären können, aus wie vielen Anteilen wovon sie bestehen." „Aber dass aus den verschieden großen Häufchen Chemie ohne unseren Funken nichts Lebendiges entsteht, verdrängen sie. Menschen sind lächerlich. Sie bewegen sich tagtäglich in einer Welt, die nur durch uns existiert, aber leugnen, was sie am Leben hält. Weil wir für sie nicht messbar sind. Stattdessen berechnen sie das Chaos und den Zufall. Von mir haben sie diese Dummheit nicht", frotzelte GD.

„Zufälle gibt es nicht!", grantelte der Herr etwas bockig.

„So war es wohl von Anfang an Bestimmung, dass ich gewinne?", höhnte GD herablassend.

Dann senkte er betroffen seinen Kopf und scharrte verlegen mit seinem Huf in den verbrannten Resten. Ein verdrecktes weißes Fell kam zum Vorschein. Mit aschfahlem Antlitz schaute er wieder auf. „Du wolltest gar nicht die Menschen, sondern allein mich prüfen?"

Der Bärtige betrachtete GD voller Mitgefühl und Wärme, dann nahm er ihn in die Arme. Durch die wabernden Hitzeschleier sah es aus, als würden beide miteinander verschmelzen.

Ich weiß wirklich nicht, ob ich der Essenerin von diesem Traum erzählen soll. Schließlich glauben sie nicht nur an Träume, sondern sind davon überzeugt, dass Gedanken und Worte sich verselbstständigen. Ich denke, ich behalte mein Kopfkino besser für mich.

Aus: Driemert, Hartmut K.: Ein hellerer Ton als Weiß.

Alexander E.

Es gibt Situationen, die Signalcharakter haben und in jedem Leben Bestimmtheit anzeigen. Selbst durch typisierten Sprachgebrauch, auch in anderen Sprachen nahezu selbiges. Doch eigentlich nur ähnlich. Diese These ist nicht in versuchter Gewalt verfasst, sondern dem Leben entnommen. Im Leben als Leben beschrieben.

Zusehends, ähnlich als vorheriges, um das Leben und die Sprache auszufüllen. Zu erfüllen. Zu erfüllen ist, was Leben ist. Leben ist, was zu erfüllen ist. Erfülle ich auch mich und mein Leben? Erfülle ich auch noch etwas Anderes? Gibt es etwas, das ich im Leben Anderer erfüllen kann? Und wenn, dann erfülle ich es. Doch sowieso ist das mein Leben. Wo liegt also die Verwirrung? Im Zusammentreffen vom getrennt gedachten Leben verschiedener Lebewesen, Menschen? Denn einmischen und zerstören ist niemandes Recht.

In jemandes Leben etwas bewirken kann ich, wenn ich mein Leben nutze. Indem ich mein Leben nutze, nutze ich Anderen. Bestimmt und gewiss. Ob bewusst oder unbewusst. Ich nutze dir und deinem Leben. Ihren und meinem Leben. Ich vereine etwas. In der Tat, doch die Bestimmtheit setzte das voraus.

Ob die Tat bereits als Plan gedanklich erfasst und so gut als möglich gemeistert erkannt? Denn getan war sie noch nicht. Oder doch? Welche Tat?

Wenn ich kann, will ich das Andere können. Wenn ich nicht kann, will ich das andere nicht können. Oder nicht?

Das Unerklärliche ist nicht dadurch so schwer, weil man es nicht erklären kann. Sondern weil man es auch nicht verstehen kann. Oder nicht?

Alexander E.

Größe macht Angst. Weil man Größe nicht erkennen konnte? Weil man eine so zerstörende Kraft, die es schafft, Leben zu zerstören, mit Größe verwechselt? Weil Größe ein sehr wichtiger Begriff ist. So wie Weite.

Ich erkenne Größe und habe keine Angst, noch fühle ich sie. Weil ich bewusster bin als Andere. Weil ich absolute Erfüllung des Lebens als Größe verstehen kann. Weil auch Liebe, heldenhaft gedacht, Größe ist. Sie zeigt Größe und ist Größe in Form von Schutz. Sie beinhaltet Größe als vollkommene Erfüllung. Und Liebe ist groß. So groß, um sich vor größten Untaten nicht fürchten zu müssen. So groß, um wahrhaft zu lieben. Vermutlich auch so groß, um Angst vor der Größe zu nehmen.

Man nehme an, es gibt ein so großes Hindernis, das die Liebe nicht überwinden kann. Was soll das bedeuten?

Die Größe der Liebe, könnte auch sein, dass sie so unscheinbar klein sein kann.

Die Größe des Menschen zeigt sich auch als Liebe. Doch nur in Liebe erreicht? In Liebe erreiche ich Größe, wird jeder Mensch anerkennen. Aus Angst vor Kämpfen verwehrt man sich dem Erkennen. Doch mancher nicht.

Wenn jemand liebt ist er groß. Ich gebe nicht an. Ich versuche, zu erklären und zu verfeinern.

Wieso das Spiel der Sinne nicht verfeinern. Aus Angst, etwas zu Großem zu begegnen.

Ein Riese stellt sich als Riese ein. Sollte er fragen: „Wieso habt ihr solche Angst vor Größe?"

Und paradox erkannte man, die größte Gefahr beginnt versteckt und/oder ganz klein. Um auch nicht sofort entdeckt zu werden. Wie philosophisch, denn die Gefahr war der Feind. Nicht die Größe. Doch ist es mit der Größe etwas so Geheimnisvolles. Denn jemand hätte geschrieben. Nicht die Größe des Heeres war gefürchtet, selbst in der ausweglosesten Situation. Sondern die Gefahr fürchtete man. Die Größe, ohnehin als Indiz, auf größere Bestimmtheit gestoßen zu sein. So beinhaltet Größe auch manch' vermuteten Ausweg. Verzeihung wie Zerstörung. Wenn etwas wie derartig beweiskräftig beschrieben und erkannt, jenes ebenso bestimmt Platz finden sollte. Nicht nur bestimmten Platz, sondern als Leben erkannt.

Als verwandt dachte man sich nicht nur Lebewesen, sondern auch Taten und Dinge. Ob es zur Verwandtschaft genügt? Philosophie begnügt und vergnügt.

Sollte Verwandtschaft begnügen? Wieder ein richtiger Zeitpunkt oder gar keiner.

Ich vergnüge mich beim Schreiben. Und erreiche Menschen damit. Fit und klug genug, um als ganze Bewegung in Erscheinung treten zu können. Das, wovon Andere träumen. Das, wovon Andere träumen, ist nicht meine Bewegung.

Hoffnungsvoll gemeint, selbst in absoluter Nicht-Bewegung, könnte man eine fantastische Begegnung erlebt haben.

Von einer zur nächsten Überlegung. Überlegungen und Gedanken werden immer weiter reichen. Wird Distanz wieder als Größe erkannt haben. Man wird nicht einer einzelnen Überlegung zu Grunde liegen.

Wenn man meint, Angst zu haben, will man doch nur lieben. Wieso verzweifelt an Liebe gedacht und nicht erlebt?

Wieso bebt mein Körper, dass ich weinen könnte und meine, es war wieder die Angst? Wenn ich doch innig lieben wollte? Dann stets an Umarmung gedacht und so sehr man die Aufklärung fühlen will und wollte, es nur folgender Weg für Menschen sein kann, genau das Menschen zu wünschen.

Auch nicht Richtung, sondern eben das zu erreichen.

Nicht die Richtung weisen, sondern aufrichtig genug zu sein, um in jemandes Anderer erfüllter Liebe, das Richtiggemachte mit zu erkennen. Dann kann ich mich höchstens freuen über deine Erfüllung. Zerstören kann ich sie nicht. Nicht ohne Kampf und nicht ohne Liebe.

Alexander E.

Ob jener zu verwirrende Punkt bereits früher bestand? Und dieser keinen Abbruch tun soll? Oder übertrieben als zu verwirrend beschrieben. Mit gleich keine Lösung erkannt. Mit gleich von vielen mehr getäuscht vermutet. Sich traurig gedacht und wieder herausgelacht.

Schizophren, wie sucht man eine Aufgabe oder eine Lösung? Sucht man ein Rätsel oder eine Antwort? Sucht man Liebe und Verzweiflung? An und als klärender Punkt, hatte man des Rätsels Lösung schon länger im Kopf, denn wie kann sich ein so schwieriges Rätsel so schnell und einfach klären. Du, außerdem wollte ich dies hier schon öfter gefühlt haben.

Wozu verwirre ich mich? Wieder, um zu erkennen, dass ich lieben wollte? Wenn aber mein Weg ist die Liebe, das Ziel ist, zu suchen, natürlich auch zu finden, wieso nicht immer ganz nahe daran sich befinden, wieso Umwege finden, die ich sowieso gegangen wäre? Also ist diese Verwirrung im Zeichen von Liebe wohl eine Aufgabe. Denn der größte Chaot, meinte man, erklärte sich das größte Rätsel.

Ich schaffte etwas in und mit Beweiskraft. Selbst im Chaotentum steckt Beweiskraft.

Mancher vermutete versteckt solch wichtige Frage im Kopf eines Chaoten. Ob das nicht leben, weit neben dem Leben sich befindet?

Ich finde mich als Erkenner beeindruckenden Wissens. Dann befinde ich mich als Empfänger von Wahrheit, der Wahrheit erfassen konnte. Nämlich die Wahrheit, die auch jene Angst einflößende Größe verbirgt, und sie aber nicht festhält, denn nur allzu einfach kann man sie fühlen. Fühlen, doch nicht ganz verstehen und erklären. Ich verstehe und erkläre auch, um zu fühlen. Denn wollte ich weder das Leben noch irgendjemanden betrügen. Doch das stand schon länger fest.

Als ich von Erfüllung vom Leben schrieb, dachte ich auch gleich an das Erfüllen eines anderen Wunsches, jenem zu helfen. Denn ich war und bin dort, sowie ich dachte, dass ich es tun will und man erkannte mich und mein Tun. Für mich war Voraussetzung, es als guten Versuch zu erkennen. Ich wollte ohnehin nichts Anderes. Das möchte ich hier auch nicht benennen.

Im Erkennen liegt sehr viel Wahrheit, so wie ich im Erkennen in Wahrheit mich befinde. „Hallo, wie kam ich zur Wahrheit?"

Ich grüße dich, wenn ich eine sanfte Umarmung spürte, denn wenn nicht, und Gewalt. Das Folgen gemeint und spitzfindig ich nach Klarheit suchte.

Bücher und Reisen als Anfang vom Leben.

Man denkt, man kann Liebe im Gesicht ablesen. Ich schreibe fast wie ein Zahlenableser. So bestimmt kommt es mir vor. Und das, was stört ist wieder, was meiner Liebe schaden wollte. Doch Liebe lässt sich nicht schaden. Der Präsident möchte mit Schriftstellern weinen, wenn er die Härte des Lebens nicht erkennen will. Vielleicht, weil Präsident ein Beruf ist. Doch des Lebens Hilfe ein Dienst am Leben ist.

Niemand braucht sich vor Gott zu fürchten. Auch nicht vor Macht und Größe. Denn vor welchem Beruf soll mir des Lebens Hilfe verwehrt werden? Vor niemandem, vor keinem. Vor niemandes Menschen, und, denn auch die Angst vor dazugehöriger Scham soll vielleicht unentdeckt bleiben.

Unentdeckt sein, so unentdeckt ich sein will. So unentdeckt, gewaltlos wie jeder Mensch, der mich liebt, es wünscht. Keine Gewalt, sondern Einhalt übt man. Und als Tat begnügt das bestimmt viele Stunden. Vergnügt außerdem und die Antwort als Rätsel, wenn man erkennt, die Antwort war bereits eine Rätsels Lösung. Doch nur etwas und viel umfangreicher.

Von wahrer Schönheit war ich wie hin und her gerüttelt. Mein Drang nach Verwirrung und Zerstörung wurde zerstückelt, oder wieder geklebt. So lebe und zeitweise bebe ich.

Alexander E.

Meine Person kann die Angst im Bauch „auch" fühlen, doch vollends nehmen und einen Riegel vor diese mögliche Türe zu schieben, dazu wurde ich nicht ausgebildet. Wieso soll man sich nicht tränenvoll umarmen? Weil jemand Anderer es nicht will? Das Gegenüber wollte ich schließlich fragen und nicht, ein Augenmaß auf den möglichen Schaden, den mir jemand zufügen will, richten.

So, vielleicht hätte es so kommen sollen, aus diesen Gründen, mich so zu finden, dass ich mich nicht mehr bewegen kann. Nicht mehr, sondern gar nicht mehr. Ja, witzig, gar nicht mehr, als absolutes Ende und möglichen Wiederbeginn. Doch entscheide ich das nicht. Zeigen wird sich, was geschieht. So benehme ich mich. Ich besinne mich auf die Liebe. Ich liebe den Sinn.

Interessant, ob man erst verschiedene Dinge getrennt lieben muss. Soll. Liebe benötigt Aufmerksamkeit, das ist mir sehr wichtig. Etwa liebe ich viele Dinge und Taten, Gefühle und mehr, doch will ich im bestimmten Moment bereit sein, nur meine Frau oder mein Kind zu lieben. Ohne wie hintertrieben, doch im Guten, alles als Eines, Dinge untrennbar nur die Fähigkeit sehen, es als ein Leben zu nehmen. Ich möchte Dinge ruhen lassen, wie das Auto vor dem Haus. So bestimmt wie dieser Platz nur sein kann. Und was bedeutet nun Einklang? Eben nicht das Wort, sondern mich zu dem gemacht haben, was allen entsprach. Womit der Einklang möglicherweise entstand. Dieses ständige Finden wollen sollte schlicht auch Zeichen für ständige Suche sein. Vieles wird dafür entschädigen, sollte tatsächlich Schaden entstehen. Und ebenso Dank wird bestehen. Man kann den Vorgang nicht ganz erkennen, wenn er dieses meint, das halsbrecherische Gefühl von Zerstörung.

Von der Liebe und anderen Heilmitteln

Als kein Mann mehr über mir war, räkelte ich mich, stand auf, und nachdem ich geduscht und an der Bar meinen Durst gelöscht hatte, kleidete ich mich an und fuhr nachhause. Ich fühlte mich erschöpft, sehnte mich nur noch nach meinem Bett, und kaum lag ich darin, versank ich sogleich in tiefen, traumlosen Schlaf, aus dem ich erst am Sonntagmittag erwachte. Sobald ich wirklich zu mir gekommen war, kehrte die Erinnerung an die Vision letzte Nacht im Club zurück. Da es mich drängte, darüber mit jemandem zu sprechen, rief ich bei Swami Shanti Abhiram an. Er nahm sofort ab, doch war er gerade auf dem Sprung, um zu einer jugendlichen Schülerin im Nachbarort zu fahren. Er wollte das Mädchen eineinhalb Stunden unterrichten und danach noch Tee mit ihren Eltern und ihrer Tante trinken.

Als der Swami am späteren Nachmittag zurückkam, wartete ich schon vor dem Haus auf ihn. Er hörte mir geduldig zu, kaum dass er einmal eine Zwischenfrage stellte, doch vermochte er mir keine zufriedenstellende Deutung dieser Vision zu geben. Er meinte schließlich: „Die alte Lina könnte dir dazu sicher Genaueres sagen."

Die „alte Lina" war eine Schamanin, die aus der Kraft ihrer weiblichen Magie heraus wirkte. Von ihr hatte Swami Shanti Abhiram einige Jahre zuvor, als er einer kleinen Vereinigung von Frauen und Männern angehörte, die tantrische Sexual-Magie praktizierte, eine Initiation erhalten. Weil der Lebens- und Erkenntnisweg jedes einzelnen Menschen anders verläuft, hatte sich diese Gruppe zwischenzeitlich aufgelöst, doch versprach mir der Swami, wenn irgend möglich, die Verbindung mit der „alten Lina" herzustellen. Er hatte damals noch losen Kontakt zu Marion, einer Yogini der Gruppe, und zu einem der Männer, einem Vertreter einer technischen Großhandlung. Die „alte Lina" hatte ihres hohen Alters wegen das Schamanisieren schon lange aufgegeben und bereitete sich nun auf ihre größte und längste Schamanenreise vor. Trotzdem war sie bereit, ihr Können noch einmal anzuwenden, und weil ihr selbst das Schreiben schwer fiel, wollte sie Marion das Ergebnis ihrer Nachsuche diktieren. Sie verlangte von mir nur einen einzigen persönlichen Gegenstand, um mich zu erspüren: ein getragenes Kleidungsstück, ein paar Haare oder einen abgeschnittenen Fingernagel. Über meine persönliche Lebenssituation sollte ich nichts schreiben oder erzählen. Schon am Dienstag schickte ich Lina, die in einem kleinen, abgelegenen Ort lebte, einen einzelnen getragenen Socken. Am Freitag hielt ich einen dicken Brief in Händen, den die alte Schamanin in der Nacht zuvor diktiert hatte. In klarer, eindringlicher Sprache forderte sie mich unmissverständlich auf, meine sehr häufig wechselnden sexuellen Kontakte, die ich mehrmals wöchentlich in den Clubs fand, aufzugeben; nicht irgendwann, sondern jetzt, in diesem einen Augenblick. Sie schrieb auch, dass der tödliche Virus einer HIV-Infektion noch nicht in mir wäre, doch sie ließ keinen Zweifel darüber aufkommen, dass die Fortsetzung meines ausschweifenden promiskuitiven Lebens zwangsläufig eine solche Ansteckung nach sich ziehen würde.

Lina ermunterte mich, mein Frausein liebevoll anzunehmen. Für sie war der Zyklus einer Frau Ausdruck ihrer Macht und ihrer Stärke und sie meinte, er müsse so regelmäßig sein, dass er als Maß der Zeit dienen kann. Daher war sie beunruhigt, als sie die Unregelmäßigkeit meines Menstruationszyklus erspürte. Sie legte mir dringend ans Herz, täglich „Frauenmantel-Tee" zu trinken und mich fachärztlich beraten zu lassen, der Harmonie meines weiblichen Zyklus wegen. Erst Monate später konnte ich mich dazu durchringen, die Pille zu nehmen. Doch dann las ich in dem Brief etwas, was meinen Atem stocken ließ: „Du bist an die kosmische Energie angeschlossen. Ich nenne es „kosmische Energie", andere nennen es „Kraft des großen Seins", die Inder nennen es „Kundalini-Energie" und die moderne Verhaltenswissenschaft spricht von „psychosexueller Energie". Trotzdem fühlt sich deine Geist-Seele nicht wohl in deinem anmutigen Körper und du bist verzweifelt. Die kosmische Energie tritt durch die Basis deines Körpers in dich ein, dem Muladhar-Chakra der alten Inder. In deinem Körper ist der Kraftfluss im Bauchraum, dem Sitz der Gefühle versperrt. Es entsteht an deiner Basis ein Energie-Stau, der dir als eine besondere Art sexueller Erregung spürbar wird. Der freie Fluss dieser Energie erzeugt einen Zustand, für den es zwar viele Umschreibungen gibt, der aber mit Worten nicht beschrieben werden kann: Erleuchtung, kosmisches Bewusstsein, alles lieben und verstehen, hellseherische Fähigkeiten, Gedanken lesen, und, und, und … Das kosmische Bewusstsein hast du bisweilen schon erspürt und das Denken deiner Menschen ist dir kein Geheimnis."

Ich wusste sofort, zum ersten Mal hatte jemand das ständige Pulsieren und Pochen in meinem Becken zutreffend beschrieben. Jetzt brauchte ich nur noch „meinen Weg", wie die Schamanin schrieb, zu finden, eine Weisheitslehre und Meditationstechniken.

„Du wirst Mutter", las ich in Linas Brief, und leichtes Unbehagen überkam mich. Ich sollte meine Mutterschaft als Akt der Schöpfung durch mich selbst annehmen, als Teil meiner Selbstfindung und -erkenntnis und um meinen männlichen Persönlichkeitsanteil zu verstehen. Zunächst konnte ich mit diesen Sätzen absolut nichts anfangen; erst Monate später begriff ich mit einem Mal, was es mit dieser Schwangerschaft auf sich hatte. Doch da stand noch mehr Atemberaubendes in dem Brief: „Du bist eine Frau mit dem Charisma der Naturheilerin, weil du Verbindung zur „Kraft des Großen Seins", der „kosmischen Energie", hast. Und dann las ich noch, dass mir als Heilerin die Aufgabe gestellt wurde, zur Auffindung von Heilmitteln gegen Virusinfektionen beizutragen. Den dafür nötigen Impuls aus der geistigen Welt sollte ich innerhalb der nächsten siebzehn Monate bis zum „Fest des Nordens" erhalten. Ich konnte mir zwar nicht vorstellen, wie das geschehen sollte, doch ich vertraute darauf. Schließlich ermunterte mich die alte Schamanin noch dazu, den sexualmagischen Bewusstwerdungs- und Erkenntnisweg zu gehen.

Im nächsten Frühling musste ich oft an Linas Weissagungen denken: „Durch dich wird die pharmakologische Forschung entscheidende Anstöße bekommen." Und schon in diesem Jahr bis zum „Fest des Nordens" sollte es geschehen! Da Lina geschrieben hatte, dass mich mein Partner dabei unterstützen würde, zelebrierte ich täglich mit dem Swami Rituale, in denen ich die geistige Welt um ihre Unterstützung bat. Und schließlich schaute ich Symbole und Bilder an, aus denen ich mit Hilfe meines Partners und Michals Unterstützung die Valence-Bond-Strukturen von drei unterschiedlichen Stoffklassen herauslesen konnte. Das also sollten die neuen Heilmittel gegen Virusinfektionen sein! In den folgenden Monaten verbrachte ich ganze Nachmittage in den Universitätsbibliotheken, um mich in die einschlägige Literatur einzulesen. Dabei brachte ich in Erfahrung, dass die pharmakologische, nicht jedoch die antivirale Wirkung verschiedener Verbindungen der ersten Stoffklasse lange bekannt ist …

Ich studierte die allgemein zugängliche Literatur und rief eine Patentrecherche ab, mehr konnte ich leider nicht tun, um mein Heilmittelprodukt voran zu treiben. Nun müssten die verschiedenen in Betracht kommenden Verbindungen nur noch präparativ dargestellt, für die Therapie von Viruserkrankungen nutzbar gemacht und gegebenenfalls Patentansprüche angemeldet werden. Ich schrieb einige große und auch weniger große Unternehmen an, wandte mich an Akademien und gab Anzeigen auf, doch bislang wollte noch niemand mein Projekt weiter verfolgen; der immensen Kosten wegen.

Mein Philippi Paracelsi geheimes Inventarium

„Mein Philippi Paracelsi geheimes Inventarium ...
... daselbst liegen alle operationes Philosophiae, so seit Adams Zeiten von Alchimia, Philosophia, Astronomia, Cabala, Magia und andren weisen Künsten gehabt sein worden, die alle neu durch Engl und meine Erfindung seint corrigiert wurden ..."

Mir ging es nicht anders als dem bengalesischen Schriftsteller Rabindranath Thakur (engl. Tagore), der für seine mystische Dichtung „Gitanjali" den Nobelpreis für Literatur erhielt und der einmal geschrieben hat: „Ich habe Gott gesucht in vielen Leben ..."

Doch an dieser Stelle möchte ich nur von meiner Suche in diesem Leben berichten:

In ihrem Buch „Ein Leben beginnt" berichten Sheila Kitzinger und Lennart Nilsson von der Reise, die wir alle einmal ganz tief im Körper unserer Mutter gemacht haben, an die wir uns aber nur sehr selten, blitzartig oder gar nicht erinnern.
  Wie bei mir selbst die Erinnerung an den Beginn meines Lebens zurückgekehrt ist, möchte ich nun erzählen: Eingebettet in eine liebliche Landschaft, von mildem Klima verwöhnt, liegt Konstanz am Bodensee. Früher als in meiner Heimat hält der Frühling dort Einzug. Es war erst März, doch es blühten schon Osterglocken und Forsythien; Holunder- und Stachelbeerensträucher zeigten schon ihr erstes frisches Grün und die Knospen der hohen Kastanienbäume waren bereits dick angeschwollen. Ich

glaubte, beim Spazieren gehen die Ungeduld in den Knospen zu spüren, sich endlich öffnen zu dürfen. Nur die Platanen, die auf der Promenade in Konstanz zurechtgestutzt sind, wie es sonst nur in Mittelmeerländern üblich ist, reckten ihre kahlen, eigenwillig geformten Äste und Zweige in den blassblauen Himmel und zeigten noch wenig Neigung, ihre Blattspitzen hervorkommen zu lassen.

Dunstschleier lagen über dem See, ließen das gegenüberliegende Ufer und die Berge in der Ferne mehr ahnen als wirklich erkennen. An diesem warmen sonnigen Nachmittag führte mich ein ausgedehnter Spaziergang vom Hörnle zum Stadtzentrum. Ich war in gespannter Aufmerksamkeit; noch bewusster als sonst nahm ich meine Umgebung wahr. Ich bewunderte die riesigen Thujen und die majestätischen Zedern in den Gärten und Anlagen am Weg. Ich verweilte auf einer Bank; sah den Enten und den Möwen zu. Doch am meisten faszinierten mich die Schwäne, die mit rauschendem Gefieder ganz in meiner Nähe in geringer Höhe vorbei flogen.

Ich fühlte mich beschwingt, war glücklich, weil ich gerade mein Diplom als Tiefbauingenieurin erhalten hatte und meinte, mir würden nun in beruflicher Hinsicht alle Türen offen stehen. Doch bald schon folgte die Ernüchterung. Erst Monate später hatte ich eine Stelle bei einem städtischen Tiefbauamt gefunden.

Nach einer Reihe beruflicher Fehlschläge, die weniger in meiner mangelnden fachlichen Qualifikation, als vielmehr in meinen Problemen im Umgang mit anderen Menschen begründet waren, las ich im Frühjahr 1988 die Anzeige einer privaten Akademie für ganzheitliche Persönlichkeitsentfaltung. Kurz entschlossen schrieb ich mich für die Ausbildung zur ganzheitlichen Lebensberaterin, Seminarleiterin und Kosmologin ein. Dieser Lehrgang wurde an Wochenenden in Form von Blockseminaren von Septem-

ber 1988 bis November 1989 durchgeführt und war in drei Phasen gegliedert:
I. Persönlichkeitsentfaltung
II. Bewusstseinserweiterung
und
III. Kosmisches Bewusstsein.

Im dritten und letzten Teil des Lehrganges, dem „kosmisches Bewusstsein" überschrieben war, wurde auch die Geschichte der Seele, also die Theorie der Reinkarnation behandelt. Die Lehre von der Rückkehr der Seele auf die physische Ebene als Nachfolge einer oder mehrerer früherer Existenzen sollte nicht reine Theorie bleiben, sondern in einem Regressions-Experiment unter Beweis gestellt werden. Die TeilnehmerInnen sollten in diesem Versuch an ihre früheren Inkarnationen herangeführt werden.

Ein Jahr später, an einem lieblichen Sonntagnachmittag im März, schien die Sonne wärmend vom blauen Himmel, die Vögel zwitscherten ganz munter, Forsythien, Krokusse und Osterglocken blühten; es roch förmlich nach Frühling und neu erwachendem Leben. Und ich selbst war freudig erregt, ging gespannt und wissbegierig zu dem Regressions-Experiment.

Wir trafen uns im großen Seminarraum der Akademie; wir, die fünf Frauen und zwei Männer, die sich für jenen Lehrgang eingeschrieben hatten. Bei dem Regressions-Experiment sollten jeweils zwei Personen ein Team bilden, um im Folgenden abwechselnd die Rolle der Therapeutin und der Klientin zu übernehmen. Als es darum ging, einen Partner oder eine Partnerin für diese Übung zu wählen, habe ich mich absichtlich zurückgehalten. Ich hoffte, ohne Partnerin oder Partner übrig zu bleiben, denn ich wollte am liebsten von der Leiterin unserer Gruppe angeleitet werden, weil ich nur sie für kompetent genug hielt.

Die Leiterin hatte vier Matratzen und Decken in die vier Ecken des Raumes gelegt, so dass die einzelnen Gruppen einigermaßen ungestört arbeiten konnten; der Raum war abgedunkelt. Im Verlauf des Regressions-Experiments kam die Leiterin zu jeder der Gruppen, um erforderlichenfalls beratend oder lenkend eingreifen zu können.

Bei dem folgenden Regressions-Experiment übernahm ich zunächst die Rolle der Therapeutin und Karin war die Klientin. Schließlich durfte ich Klientin sein; ich legte mich auf die Matratze, deckte mich mit einer Decke zu und Karin setzte sich zu mir. Sie sprach mit leiser und klarer Stimme, langsam und eindringlich: *„Schließe deine Augen. Richte deine ganze Aufmerksamkeit auf deinen linken Fuß, er ist völlig entspannt und gelöst und warm. Dein rechter Fuß ist völlig entspannt und gelöst und warm. Deine Füße sind entspannt und gelöst und warm. Dein linker Unterschenkel ist entspannt und gelöst und warm. Dein rechter Unterschenkel ist entspannt und gelöst und warm ..."*

Auf diese Weise wurde nach und nach mein ganzer Körper vollkommen entspannt und ich fiel ganz allmählich in einen leichten Trance-Zustand. Und Karin sprach weiter:

„Stelle dir nun vor, dass du dich in der Gebärmutter deiner Mutter befindest. Du fühlst dich geborgen in dem warmen Fruchtwasser. Deine Mutter ist im neunten Monat schwanger."

Ich fühlte mich mit einem Mal ganz klein, in Embryohaltung zusammengekauert. Es war dunkel und ungewohnte Geräusche drangen an meine Ohren. Von einer engen elastischen Hülle umgeben, eingebettet in Wärme, fühlte ich mich geborgen.

Nach einer kurzen Pause sprach Karin langsam und eindringlich weiter: *„Du bist nun acht Monate alt."* Und nach einer weiteren kurzen Pause: *„Du bist sieben Monate alt; du bist sechs Monate alt."*

Ich fühlte meinen Körper kleiner und kleiner werden und als Karin endlich sagte: *„Du bist einen Monat alt. Du erlebst den Moment, in dem dich deine Mutter empfangen* *hat"*, glaubte ich auf die Größe einer Eizelle geschrumpft zu sein, die auf ihre Befruchtung hofft. Doch mit einem Mal schien sich mein ganzes Sein verändert zu haben, ich befand mich nun im Innern eines Flüssigkeitstropfens, losgelöst von jeder Erdenschwere. Ein bloßer Gedanke genügte und mein Tropfen bewegte sich blitzschnell, wohin ich wollte. So schwebte ich nun außen vor dem Fenstersims eines Schlafzimmers, und durch einen Spalt in der blauen Übergardine betrachtete ich eine Frau und einen Mann beim Liebesspiel: Noch blickte der Mann seine Partnerin liebevoll verführerisch an, und dann wurde ich ganz plötzlich in einen trichterförmigen Strudel hineingewirbelt und in diese beiden Menschen hineingesogen. Meine Seele hatte sich die Eltern dieser Inkarnation gesucht oder wurde zu ihnen hingeführt …

Ich weiß nicht, wie lange ich nach diesem Erlebnis noch auf der Matratze im großen Seminarraum gelegen hatte. Ich packte dann meine Sachen zusammen und fuhr nachhause.

Wolfgang Fels

Sinnig-Unsinniges

Gedanken

Wieder ist ein Jahr vergangen,
wieder ist ein Jahr vorbei,
und ich frage mich mit Bangen,
was wohl meine Zukunft sei.

Wie viel Jahr' sind mir gegeben,
ruft der Himmel schon bald: Schluss!
Bleibt es lebenswert mein Leben,
droht mir Siechtum, Leid, Verdruss?

Ich kann nicht die Zukunft sehen,
weiß nicht, was dereinst passiert,
Schritt für Schritt muss ich dort gehen,
wohin mich das Schicksal führt.

Bleibt zu hoffen, dass das Gute
weiter meine Zeit bestimmt,
doch im Fenster steht die Rute,
die drauf keine Rücksicht nimmt.

Memento mori!

I konn goa net glaubm, dass i amoi stirb
und unta an Hügl vafaul und vadirb.
Hab ich doch bislang vor Gesundheit gestrotzt,
mit Witz und mit Kraft und mit Leben geprotzt,
erhoffte von meinen berauschenden Trieben,
dass diese nie aufhörn, dass immer sie blieben!

Jedoch auf einmal
ist still es im Saal,
die Lichter gehen aus
und in diesem Haus
is ana, der stirbt
und unta an Hügl vafault und vadirbt!

Liebe

Ein Blinder kann die Liebe sehn,
der Taube kann sie hören,
und keiner kann ihr widerstehn,
wenn Herzen sich betören.

Der Stumme sagt: „Ich liebe dich",
er sprichts mit einer Geste,
und ich sag dir: „Du bist für mich
die Schönste und die Beste."

Wolfgang Fels

Die Osterhäsin

Die Häsin faltet fromm die Hände,
oh Himmel mach der Qual ein Ende!
Da läuft was schief, was ist das bloß,
trotz rammeln sind wir kinderlos!
Ich hätt' so gerne kleine Häschen,
mit langen Ohrn und Schnuppernäschen.

Der Himmelsvater, den sie fragt,
nickt mit dem Kopf, hört zu und sagt:

„Da seh' bei dir ich ein Problem:
Dein Gatte ist zwar wunderschön,
jedoch er ist ein Osterhase
mit Stummelschwanz und roter Nase,
und seine Eier färbt und kocht er,
da kriegt er weder Sohn noch Tochter,
so dass ich dir nur raten kann,
such einen andren Hasenmann!"

Abschied

Ich bin nicht da
und bin nicht fort,
bin dir ganz nah
an jedem Ort.
Du kannst mich fühln,
jedoch nicht sehn
und meinen Weg
muss jeder gehen!

Arbeitswut

Das Leben ist Arbeit,
jedoch ist in Wahrheit
die Arbeit mein Leben!
Welch rastloses Streben.

Was denke ich?

Wenn ich nur wüsste, was ich denke,
wohin ich die Gedanken lenke,
ist ergo dieses der Beweis,
dass ich nur denk, was ich nicht weiß.

Krötenwanderung

Frühling ists, die Kröten wandern
von einem Straßenrand zum andern,
und von der BAWAG übern Teich
verzieht sich Krot samt Krötenlaich.

Nun ist das Krötenvolk verschwunden,
mit ihm das Geld der BAWAG Kunden.
Doch wer bezahlt die Krötenleich?
Na klar, es zahlt ganz Österreich!

Der Zahn der Zeit

Wolfgang Fels

Es nagt an uns der Zahn der Zeit,
die Zukunft heißt Vergangenheit,
auf einmal sind wir ungefragt
bis auf die Knochen abgenagt.
Sag, was geschieht mit unsrer Welt,
wenn ihrer Zeit ein Zahn ausfällt?
Nicht viel, ist sie erst fünf, sechs Jahr,
weil dieses ja ein Milchzahn war!

Doch wenn sie alt sind Zeit und Welt,
kein einz'ger Zahn im Kiefer hält,
so dass, was wirklich ein Malheur ist,
der Kiefer zahnlos, völlig leer ist
und die bei Ebay sehr erlesen
ausgewählten Zahnprothesen –
sosehr die Ärzte sich auch schinden –
im Kiefer keinen Platz mehr finden,
kann keine Zeit mehr an uns nagen,
bleibt unbenagtes Wohlbehagen!

Lebenslüge?

Nimm endlich ab die rosarote Brille,
betracht das Leben, wie es wirklich ist!
Wenn Lärm durchdringt die murmelnd sanfte Stille
Gewalt und Hass das Leben frisst.

Sieh an die wundgeschlagne Erde,
die Not und Elend überzieht,
ich möchte, dass einmal noch sie werde,
wie man durch rosa Brill'n sie sieht!

Ebenbild Gottes

Der Mensch ist Gottes Ebenbild,
was nicht für jeden Menschen gilt.
Denn ist wer böse, dumm und hässlich,
charakterlos, verderbt und grässlich,
dann frage ich euch im Vertrauen:
So soll der liebe Gott ausschauen?!

Glück

Lehn dich zurück, lass Herz und Seele baumeln,
versuch ein Stück in Seligkeit zu taumeln
und halt das Glück ganz fest in deinen Händen,
drück es an dich, es möge niemals enden!

Wolfgang Fels

Leben

In einem Glas, das Leben heißt,
schwimmst du mit deinem Lebensgeist.
Wirst du des Daseins überdrüssig,
schwappst über und bist überflüssig,
per Ausguss gehts in den Kanal,
das Resümee: Es war einmal.

Es ist so

Nehmt hin, auch wenn's euch nicht gefällt,
dass jede Zeit die Uhr verstellt.
Drum faltet fromm die kalten Hände,
ein alter Wecker tickt den Tod,
und läutet euch zu Ende.

Erkenntnis

Erkenntnis und Wissen,
zu dürfen statt müssen,
bestärkt uns im Streben,
das Beste zu geben.

Zum Heulen

Und wieder sind die Wahl'n vorbei,
es siegt wie immer die Partei,
die am meisten hat gelogen,
rufgemordet und betrogen.

Die Wahlversprechen sind indessen
vom Wind verweht und längst vergessen,
egal, was immer man versprochen,
man hätt' es sowieso gebrochen!

Das Wählervolk muss jetzt erkennen,
dass die, die sich Minister nennen,
an Macht und eignen Vorteil denken
und nur einander sich beschenken,
so dass dem Wähler plötzlich klar ist,
dass, was nicht sein darf, trotzdem wahr ist:
Erst wird um seine Stimm' gerauft
und dann wird er für blöd verkauft!

In diesem Punkt, lieb Österreich,
sind die Parteien alle gleich.

Wolfgang Fels

Wolfgang Fels

Süchtig

Ich kanns nicht mehr hören, des Himmels Gesäusel,
hab ich doch schon längst einen Bund mit dem Teufel!
Mein Leben ist qualvoll, voll Sucht und Verderben,
für mich ist es nur noch das Scheitern am Sterben.

Rund um den Alkohol

Ein Viertel Veltliner, nein, besser ein Liter,
dann Cola mit Rum und ein paar Magenbitter,
s' ist grad so gemütlich, noch schnell einen Doppler,
es dreht sich, ich schwanke, bin schwindelig, hoppla!
Dann trink ich noch einige Bier aus der Dose,
bin längst schon per Du mit der Leberzirrhose.

Darf man – weil Trunksucht verkürzt unser Leben –
mit „Prost" und „Zum Wohle" die Gläser erheben,
um dann, wo so mannigfach Krankheiten winken,
auf jemandes „G'sundheit" hinprosten und trinken?

Die Frage ist für mich zu schwer,
die Antwort ebenfalls,
drum schütt ich mir das Budweiser
ganz prostlos durch den Hals.

Sinnfrage

Ich wollte ich wäre
und wusste, ich bin
doch dann kam die Leere
ein Ist ohne Sinn

Osterungedicht

Zum Osterfest, aus meiner Sicht,
schenkt man sich Eier, kein Gedicht.

Viagra

Er war mit ihr am Schiff im Schilfe,
braucht dringend eine Aufstiegshilfe,
und als Viagra er gefunden,
blieb er im Schilf gleich ein paar Stunden.

Wolfgang Fels

Klimawandel

Vom Fernsehn bis zum Würstelstandel
spricht man nur noch vom Klimawandel.
Die Luft verdreckt, die Welt wird wärmer,
die eh nichts haben, werden ärmer,
und Schuld daran sind nur die Andern,
die Auto fahrn, anstatt zu wandern.
Wer gar noch einen Jet benutzt,
der hat die Welt total verschmutzt.

Wer soll dem allen Einhalt bieten?
Politiker, die Einfaltsnieten?
Solang's der Menschheit blendend geht
wird sie die Welt verdrecken,
doch eines Tages ists zu spät,
sie wird daran verrecken!

Mathematische Berechnung der Zusammenhänge zwischen Umweltschutz – Umweltschmutz – Umweltkatastrophe

Georg Einstein (Pseudonym eines weltbekannten Intellektuellen, der seriöser Kandidat für den Umwelt- und Friedensnobelpreis ist) Washington DC

$$\frac{\text{Umweltschmutz}}{\text{Umweltschutz}} = (\text{Umweltkatastrophe})^2$$

M: Kann man herausnehmen:

$$\frac{M \cdot (\cancel{\text{Umweltschutz}})}{\cancel{\text{Umweltschutz}}} = (\cancel{\text{Umwelt}})\text{katastrophe} \times (\cancel{\text{Umwelt}})\text{katastrophe}$$

Durch kürzen erhält man:

$$M = \textit{Katastrophe} \times \textit{Katastrophe}$$

Anders geschrieben:

$$\frac{M}{\cancel{\text{Katastrophe}}} = \cancel{\text{Katastrophe}}$$

Kürzen ergibt:

$$M = 0$$

Damit ist der mathematische Beweis erbracht, dass zwischen Umweltverschmutzung und Klimawandel kein Zusammenhang besteht.

Überlebt …

Elizabeth Fleckenstein

Ein ganz gewöhnlicher Frühlings-Abend des Jahres 1991. Es ist fast 19:00 Uhr.

Im Osten des friedlichen Dorfes Beit-Jala versinkt die blutrote Sonnenscheibe am Horizont.

Der kleine, elfjährige Nicola sitzt beim Abendessen mit seinen Eltern und den drei jüngeren Geschwistern. Sie halten sich die Hände und singen dabei ein kleines Tischgebet. Nicola endet seinen Teil immer mit seiner hell klingenden, kindlichen Stimme: „Bitte Jesus, Frieden in unserem Land, wo du geboren bist! Amen." Gleichzeitig bedeutet dies für den Dreikäsehoch ein freudiges Signal, dass sich nun der würzige Geruch des frisch gebackenen Brotes aus Mamas Backofen im ganzen Haus ausbreiten wird. Klein Nicola kann es kaum erwarten, herzhaft hineinzubeißen. „Mama, Mama, kann ich gleich ein Stück Brot haben?"

„Nicky, mein Nicky, und was ist das magische Wort?"
„Bitte!"
„Hier, nimm! Pass auf, es ist noch heiß!"

Sie beginnen zu essen. Einfaches Pita-Fladenbrot, mit Humus, dem appetitanregenden Kichererbsenbrei bestrichen oder in Olivenöl und Thymian eingetaucht. Dazu eingelegte Oliven. Eine glückliche Familie. Man redet über Gott und die Welt. Einer der schönsten Augenblicke des Abends. Jeder teilt mit den Anderen seine Erfahrungen und Gedanken des vergangenen Tages. Nicola erweist sich dabei immer als ein neugieriges und kluges Kind. Alles hat bei ihm ein „Warum, Wie, Wo, und Wenn". Dad unterstreicht seinen Wissensdurst mit einem freundlichen Lächeln: „Eines Tages, Nicky, wirst du bestimmt einmal ein berühmter Journalist." Und genau davon träumt Nicola: Ein Kämpfer für die Wahrheit zu werden.

Dieser Abend hat etwas Besonderes an sich. Dad schneidet ein Thema an, das von der Macht des positiven Denkens handelt: Dass solche Gedanken und ihr Einfluss eine solche Stärke besäßen, wodurch selbst ausweglose Situationen zu einem guten Ende gewendet werden können. Nicola sieht Dad mit großen Augen an. Schließlich platzt er mit der Frage heraus, die total von seinem Verstand Besitz ergriffen hat: „Daddy, sind Schutzengel das Ergebnis unseres positiven Denkens?"

„Sohn, nicht nur; denn sie sind immer gegenwärtig. Egal, wer und wo wir sind. In guten und in schlechten Zeiten."

„Und warum können wir sie nicht sehen?" Marys Stimme klingt so unschuldig, dass Dad mit einem zarten Lächeln erwidert: „Liebes, manchmal sehen wir sie sogar …"

Plötzlich, wie aus dem Nichts, unterbricht ein lauter aggressiver Ton das traute Gespräch. Eine Schrecksekunde beherrscht die Stille in der kleinen, warmen Küche, die sich wie in einen Ozean von Angst und Schrecken verwandelt.

„Habt ihr das gehört?" Das Stimmchen der sieben Jahre alten Mary klingt so zerbrechlich, dass man es kaum vernehmen kann. Ohne eine Antwort abzuwarten, steht Mama auf. Versteinert wie eine Statue blickt sie zu ihrem Mann und flüstert: „Ist es das?" Als Antwort darauf kehrte die Detonation zurück, diesmal noch viel lauter …

Dad reagiert darauf ohne Umschweife mit klarer, autoritärer Stimme: „Alle runter ins Kellergeschoss! Beeilt euch!"

Rafael, nur wenige Monate alt, beginnt lauthals zu weinen. Mehr als alle Anderen fühlt er diese Aura einer aufkommenden Panik. Wie ein Flächenbrand beginnt sie sich auszubreiten. Ängstlich kuschelt sich das Baby unter die warmen Arme von Mama, die versucht, ihn mit Liebkosungen zu beruhigen.

Elizabeth Fleckenstein

Es gibt keine Zeit zu verlieren ... Die Schießereien werden lauter und lauter, das Rattern von Maschinengewehren, unterbrochen von Schreien, vom Donnern der Panzergeschütze. Das Heulen der Alarmsirenen, das Knattern eines Kampfhubschraubers ist wie der Beginn eines heran nahenden Gewitters. Der Golf-Krieg wirft seine Schatten auch nach Beit-Jala.

Hektisch rennen sie die ausgetretenen Stufen zum Kellergeschoss hinunter. Dad versiegelt die Tür mit einem dicken Klebeband. Es soll das Einströmen von Giftgas verhindern. Ein lächerliches Unterfangen. Dann zerrt er fünf Kartons mit Gasmasken unter dem Bett hervor. „Schnell, Nicky, hilf mir, die Kästen zu öffnen!"

Nie hat er Dads Stimme so in Panik gehört. „Nimm diese da, Sohn, und gib sie Mama für Rafael. Beeile dich."

Nicola hasst diese Gasmasken. Es ist, als würden sie ihm die Luft abschnüren. Und dann dieser verbrauchte Atem darin. Ein widerlicher Geruch. Aber es gibt keinen anderen Ausweg. Nach wenigen Minuten sind alle mit Masken versehen. Ein makabrer Anblick.

Mama versucht, ihren Kleinen Mut zuzusprechen. „Tief ein- und ausatmen. Schaut auf mich. Ja, so ist's recht. Es wird alles wieder gut." Dann zündet sie eine Kerze an. Bringt die Kinder noch näher an sich heran. Hüllt sie in eine warme Decke ein. Schlägt das Märchenbuch auf und beginnt, eine spannende Geschichte mit ihrer warmen, zuversichtlichen Stimme vorzulesen.

Alle Kinderaugen haften sich an Mama und hören mit großer Aufmerksamkeit zu. Es scheint, als seien alle Ängste und der Schock wie weggeblasen. Wie von einer Wolke weggetragen ...

Eine Stunde rinnt vorüber ... Zwei Stunden ... Doch die Schießerei hält weiter an.

„Mama, werden wir sterben?", wispert Nicola und blickt ängstlich zu seiner Mutter auf. „Keine Angst, Liebling. Wir werden nicht sterben."

Dabei zeigt sie ihm ein Bild von einem Schutzengel, der zwei Kinder auf einer gefährlichen Hängebrücke hinüberbegleitet. „Vertraust du dem Engel?" Nicolas Augen kleben fest an dem Bild. „Mama, ja das tue ich!"

„Dann wird er seine Aufgabe bestimmt gut erfüllen. Schließ jetzt deine Augen und versuche, ein bisschen auszuruhen!"

Nicola blickt um sich. Seine jüngere Schwester ist schon eingenickt. Ja, die ganze Familie döst vor sich hin. Also ist nur er als Einziger noch wach. Er versucht, krampfhaft seine Augen zu schließen. Minutenlang. Aber ohne Erfolg. Gleichzeitig spürt er einen seltsamen, unerklärlichen Schmerz. Wie ein elektrischer Strom durchzuckt es seinen Körper. Während er in das Nichts der Dunkelheit starrt, erhellen die Nacht blitzartige Feuerwerke: Bombenexplosionen. Sie müssen ganz in der Nähe ihres Hauses eingeschlagen haben. Gott sei Dank ist dies mit harten Steinquadern erbaut.

Gleichzeitig aber ahnt Nicola, dass ihn nichts vor den Kampfhubschraubern schützen kann, die jede Nacht und manchmal auch am Tag über den Häusern kreisen. Als warteten sie auf den richtigen Moment, bis sich etwas in ihrem Zielfernrohr bewegt, um sich dann wie ein Raubvogel auf ihr Opfer zu stürzen und es zu vernichten. Jederzeit. Wo immer. Wann immer.

Am frühen Morgen gegen fünf Uhr gibt es Nicola endgültig auf, noch eine Mütze Schlaf zu finden. Er schlägt die Decke zurück und geht ans Fenster. Die ersten Strahlen der aufgehenden Sonne tauchen den Kellerraum mit seinen schmalen Fenstern in ein schummeriges Licht. Nicola blickt auf zum Himmel. Das dunkelorange Morgenrot beginnt ihn zu hypnotisieren. Als wären die Wolken mit Blut getränkt.

Nicola hält seine Hände an die Ohren. Absolute Stille.

„Hat die Schießerei tatsächlich aufgehört? Oder träume ich nur?"

Wie von einer inneren Macht getrieben, zieht es ihn zur Tür hin. Raus aus dem Kellergeschoss! Dabei versucht er, jegliches Geräusch zu vermeiden. Nur jetzt nicht seine Familie aufwecken! Schnell schließt er die Tür hinter sich und tritt hinaus auf die Straße.

Alles scheint so unheimlich. Wie ein verlassenes Dorf. Kein krähender Hahn. Nichts als tödliche Stille. Nur ein Vogel zwitschert sein Lied vor sich hin.

„Ist hier jemand?" Nicola beginnt es eiskalt den Rücken hinunterzulaufen. Er kommt sich vor wie ein Fremder in seinem eigenen Städtchen.

Er läuft einfach weiter. Ohne sich dabei Gedanken zu machen, warum er das überhaupt tut. Automatisch folgt er den Schritten seiner Füße. Als würde ihm jemand den Weg weisen.

„Was mache ich hier ganz allein?" Nicola hört Alarmglocken in seinem Innern. Der Verstand gibt sie ihm ein. „Solltest du nicht bei deiner Familie bleiben? Also, geh schnell nachhause!"

Aber etwas hält ihn zurück. In seiner Seele tobt ein Kampf zwischen Angst und Mut. Schließlich entscheidet er sich, weiterzugehen. Wie von einem Magneten angezogen.

„Hallo, Nicky!"

Nicola dreht sich abrupt um. Vor ihm steht ein junger Mann. Mit einem strahlenden Lächeln um die Mundwinkel.

„Wer sind Sie? Und woher kennen Sie meinen Namen?"

„Erschrecke nicht, Nicky!", erwidert dieser mit einer sympathisch weichen Stimme. „Ich habe dich schon eine Zeit lang beobachtet."

„Mich beobachtet? Aber wo denn? Ich habe Sie nie gesehen!"

„Ich bin ein Hirte. Drüben auf diesem Hügel betreue ich meine Schafe." Dabei zeigt er mit seiner Rechten auf die Höhe jenseits eines kleinen Tales.

Langsam nähert er sich Nicola und streckt ihm die Hand entgegen. Das blonde Haar deckt einen Teil seiner klaren, blauen Augen zu. In dieser friedlichen Aura fühlt sich Nicola unwahrscheinlich sicher und geborgen.

Der junge Hirte ergreift spontan seine Hände. Dann gehen sie schweigsam weiter. Als wären sie alte, unzertrennliche Freunde …

Die Stille unter ihnen vermag mehr zu sagen, als irgendwelche Worte es ausdrücken können. Nicola findet keine Erklärung dafür. Aber er vertraut seinem Gefühl. Es ist ihm, als würden die guten Gedanken seines Gefährten sein ganzes Wesen erfüllen. Wie eine Wolke voller Frieden und Glück. Nie vorher hat er so etwas gespürt. Nicola möchte viele Fragen stellen, aber er bringt kein Wort heraus.

Plötzlich bleibt der junge Mann stehen und wendet sich Nicola zu. Dabei legt er ihm wie segnend die Hand auf den Kopf.

„Höre, Nicky! Jetzt ist es Zeit, dass du nachhause gehst."

„Jetzt? Aber ich möchte bei Ihnen bleiben."

„Geh nur! Ich bin immer mit dir. Aber jetzt will ich, dass du zu deiner Familie zurückkehrst. Lasse sie alle auf diesen Hügel dort herüberkommen. Von dort möchte ich euch etwas zeigen. Jetzt aber geh!"

Nicola spürt: „Ich muss einen Auftrag erfüllen." Also rennt er den Weg zu seinem Haus zurück. Er fühlt einen Schuss Adrenalin durch seine Adern fließen. In einem letzten Endspurt erreicht er das Haus. Rennt zu den Seinen und weckt sie mit lauter, sich überschlagender Stimme: „Alle aufstehen! Ganz schnell! Ich muss euch etwas Wichtiges zeigen!"

„Was ist los, Nicky? Was ist passiert?", ruft Mama besorgt zurück.

„Vertraut mir nur! Und kommt alle mit!" Ohne lange weiter zu bohren, nehmen die Eltern Mary und den kleinen Rafael auf den Arm und folgen dem davon stürmenden Nicola.

„Wohin willst du uns führen?", vernimmt er Vaters besorgte Stimme. Aber es gibt jetzt keine Zeit, lange auf Fragen zu antworten. „Dort! Wir müssen da drüben zu diesem Hügel hinauf!" Nicola scheint so voller Energie wie noch nie zuvor. „Da gibt es jemanden, der möchte uns etwas zeigen. Lauft schnell. Wir sind schon fast dort. Ihr müsst ihn unbedingt kennen lernen!"

Schnaufend und atemlos pustend erreichen sie die Höhe. Nicola hält die Hände wie ein Sprachrohr vor den Mund. „Hallo, wo sind Sie?"

„Wer ist es?", fragt Dad mit ernster Mine.

„Ich weiß nicht einmal seinen Namen!"

Plötzlich durchbricht eine ohrenbetäubende Explosion die Stille des Morgens.

„Die Schießereien gehen weiter. Schnell, lasst uns zurück nachhause eilen!" Mamas Stimme zittert voller Angst.

Entschieden nimmt Dad Nicola bei der Hand. „Nicky, jetzt ist es nicht die Zeit für Spielchen. Da draußen ist es zu gefährlich. Zurück nachhause!

„Oh, mein Gott!!! Das Haus ist weg!", schreit mit einem Mal Mama voller Verzweiflung. „Oh, mein Gott. Das darf nicht wahr sein! Ich kann es nicht glauben! Eine Rakete hat unser Haus getroffen. Genau auf der Seite, wo das Kellergeschoss war." Mama bricht schluchzend in Tränen aus, wobei sie alle umarmt.

Dad drückt seinen Sohn fest an sich. „Nicky, du hast unsere Leben gerettet!"

„Mama, Dad, nicht ich war es, sondern er, der junge Hirte."

Nie wieder ist dieser Mann aufgetaucht. Nicola hat alle Hügel und Täler nach ihm abgesucht. Aber ohne Erfolg. Doch er vergaß ihn nie. Und von diesem Tag an hing das Bild des beschützenden Engels immer über seinem Bett. Darunter stand in kritzeliger Handschrift: „Danke für die Bewahrung meiner Familie! Danke für das neu geschenkte Leben."

Wolkenbruch in der Wüste

„Wo steckt denn Judith?", fragt Jonatan Kaiser die andern fünf Wüstenwanderer, als sie am Tor zum Naturschutzgebiet von En-Gedi aufbrechen wollen. „Die grüßt nur schnell noch ihre alten Freunde von der ‚Feldschule'", lacht Nissim glucksend. „Immer noch schwärmt sie von dem unvergesslichen Jahr in der judäischen Wildnis. Muss ja auch eine tolle Erfahrung sein, so ganz fernab vom hektischen Getriebe des modernen Lebens."

Da kommt Judith lässig Händchen haltend mit einem jungen Mann in zerschlissenen Jeans aus der Jugendherberge dahergeschlendert: „Hallo Freunde! Darf ich euch meinen Verlobten vorstellen? Marc Schwartz, der neue Leiter der Field School. Wir wollen im nächsten Herbst heiraten."

„Jung gefreit, nie bereut!", lacht der athletische, braun gebrannte Israeli aus vollem Hals den Anderen ins Gesicht. „Wir können es gerade noch abwarten, bis Judith ihren Master in Geschichte hinter sich hat. Dann gehts ab in den Hafen der Ehe. So ein Goldstück wie dieses Mädchen lasse ich mir von keinem mehr stehlen! Ihr kennt sie ja selbst. Mit ihrer ansteckenden Liebe für das Leben."

„Nun übertreib mal nicht, mein Lieber", tadelt ihn Judith augenzwinkernd. „Ohne dich hätte ich nie die Stimme der Wüste verstanden."

„Liebesgeplänkel", grinst Ramsi vor sich hin.

Marcs strahlende Miene geht in leichte Besorgtheit über: „Wollt ihr wirklich heute die Tour machen? Seht ihr nicht, wie dunkle Wolken aufziehen? Es könnte bald zu regnen anfangen."

„Aber noch lacht die Sonne durch die Wolken", versucht Jehuda sich selbst und die Anderen zu überzeugen. „Ach was, das Wetter wird schon halten!"

„Von ein paar Regentropfen lassen wir uns nicht gleich ins Bockshorn jagen", schlägt Nadia die leisen Befürchtungen Marcs in den Wind. Hitzebeständig sind wir ja inzwischen durch die Ausgrabungs-Kampagne in Emmaus. Jetzt fehlt uns nur noch der Nässe-Test. Wir sind doch nicht aus Zuckerwatte!"

„Außerdem haben wir uns schon die ganze Woche auf diese Wüstenexkursion gefreut", mault Yusef Dwek etwas unwillig.

„Na, dann los!", drängt Jehuda zum Aufbruch.

„Passt ja gut aufeinander auf!", ruft ihnen Marc nach, während er Judith einen Handkuss nachwirft. „Und kommt alle heil zurück!"

Bald sehen sie tief im Süden den Kibbuz En-Gedi unter sich liegen. Über große Felsblöcke klettern sie weiter in Richtung Har Ischai.

„Habt ihr bemerkt, wie das Gestein sich ständig ändert?", macht Jonatan seine Freunde aufmerksam. „Neben roter Tonerde gibt es hier auch Kreide und harten Dolomit. Und da, eine typische Wüstenpflanze: eine Zygophyllum-Staude mit ihren fleischigen Zweigen und weißen Blüten."

Nach 35 Minuten haben sie den 190 Meter hohen Gipfel des Har Ischai erreicht.

„Oh, wie schön, dieser Ausblick! Schon jetzt hätte sich alle Mühe gelohnt.", schnauft Mary Hamilton außer Atem.

Die jungen Leute spähen hinab. Wilde Schluchten, ein imposantes Gebilde von riesigen Felsblöcken begrenzen das Lodmeer, wie die Bibel dieses einzigartige Binnenmeer bezeichnet. An den Wänden der Steinklippen rastet die Sonne auf ihrem täglichen Weg zum westlichen Horizont.

„Ich habe einmal gelesen, En-Gedi sei die am tiefsten gelegene Oase der Welt", unterbricht die Amerikanerin Ann Gordon das Schweigen. „Stimmt das eigentlich?"

Judith nickt mit dem Kopf. „Ja, so ist es. In dieser Senke des syrisch-afrikanischen Grabenbruchs wachsen deshalb auch exotische Pflanzen, üppig und vielfältig wie sonst selten auf der Welt. Das macht die Erforschung der Flora und Fauna so faszinierend hier. In dieser Gegend kannst du die Wärme des sudanesischen Klimas spüren."

Annemarie pflückt von einer Staude mit breiten, grünen Blättern einen Apfel. „Schade, der ist noch ganz grün. Wann ist der eigentlich reif zum Essen?", fragt sie mit ihrer Unschuldsmiene.

„Oh, nein!", ruft Nissim. „Lieber nicht! Diese Frucht kannst du nur einmal im Leben essen. Das ist ein Sodomsapfel. Schmeiße ihn lieber gleich weg! Der Saft der Pflanze ist tödlich. In Afrika dient er heute noch als Pfeilgift. Übrigens symbolisiert der Apfel die verkommenen und verfluchten Städte Sodom und Gomorra."

„Pfui!", macht die junge Schweizerin angeekelt und will ihn im weiten Bogen von sich schleudern.

„Moment noch!" Judith nimmt ihr den Sodomsapfel vielsagend aus der Hand: „Ich möchte euch noch etwas zeigen." Dabei fasst sie die schwülstig, dicht behaarte Frucht mit einem leichten Druck an. Sofort zerplatzen die aufgeblasenen Bälge. „Seht ihr den Staub, der dabei herauskommt? Er hat die bibelträchtige Phantasie der Menschen von der Asche Sodoms und Gomorras inspiriert."

Nadia schaut auf ihre Armbanduhr: „Oh, wenn wir vor Sonnenuntergang wieder in En-Gedi zurück sein wollen, müssen wir uns von dieser Idylle losreißen. Oder sollen wir hier Zelte aufschlagen?"

„Psst, leise!", zischt Judith und hält den Zeigefinger beschwörend an die Lippen. „Dort beim letzten Ginsterbusch. Eine Herde Steinböcke."

„Das ist ja eine ganze Familie", macht Mary ihrer Überraschung freien Lauf. „Seht ihr den Vater mit dem stolzen Geweih? Und die niedlichen Kleinen. Wonderful! Fast greifbar nahe. Eine paradiesische Idylle zwischen Mensch und Tier!"

„Könnte es nicht auch so zwischen Juden und Arabern sein?", wirft Jonatan die Frage in die Runde.

„Dass es nicht unmöglich ist, zeigt doch unsere Beziehung zueinander!", bekräftigt Nissim. „Sind wir in diesen Tagen in Emmaus nicht zu einer Art Familie zusammengewachsen?"

„Das geht aber nur, wenn man frei von Vorurteilen ist", stellt Judith fest. „Man muss den Anderen so nehmen wie er ist und nicht, wie man ihn gerne haben möchte. Ich meinerseits habe mir vorgenommen, den unabänderlichen Tatsachen frei und möglichst objektiv ins Gesicht zu sehen. Ich möchte niemals vor der Wahrheit kneifen, selbst wenn sie manchmal unangenehm ist. Das ist auch mit ein Grund, warum ich mich für das Geschichtsstudium entschieden habe. Immer wieder beobachte ich, wie die Historie dieses Landes von der jüdischen wie auch von der palästinensischen Seite einseitig verfärbt und damit verfälscht wird. Als neue Generation sollten wir die Grenzen dieser Vorurteile einfach durchbrechen und Abstand nehmen von stereotypen Klischee-Auffassungen, die Palästinenser seien gefährliche Terroristen, alle Juden nur rücksichtslose Settler und Besetzer. Will man die tiefsten Schichten eines anderen Volkes ergründen, darf man sich nicht von persönlichen und ideologischen Interessen leiten lassen."

„Die Wahrheit macht frei, indem man sich selbst die Maske vom Gesicht reißt und dem Anderen Raum in seinem eigenen Denken schafft", meint Jamal nachdenklich. „Der hundert Jahre alte Israel-Palästina-Konflikt wird kein Ende nehmen ohne eine gerechte Lösung für beide Völker."

„Dabei sind die tragenden Pfeiler Menschenwürde und Selbstbestimmung", betont Ramsi mit großer Nachdrücklichkeit. „Das schließt auch das fundamentale Recht auf Rückkehr der Palästinenser-Flüchtlinge mit ein. Ihr Israelis sprecht seit eurer Staatsgründung immer von Rückwanderung. Mit dieser Argumentation gesteht ihr jedem Juden, aus welch entferntem Teil der Welt er auch kommen mag, das Recht zu, sich in Israel niederzulassen. Und was ist mit unseren Flüchtlingen? Warum sollen sie nicht in den Genuss des gleichen Rechtes kommen, einschließlich Wiedergutmachung ihrer verlorenen Heimat, ihres Eigentums, mit palästinensischer Staatsbürgerschaft und einem Pass?"

„Aber man kann doch nach fast fünfzig oder dreißig Jahren die Juden nicht einfach aus den ehemals arabischen Häusern rausschmeißen und damit eine neue Tragödie heraufbeschwören", gibt Nissim zu bedenken.

„Das stimmt eigentlich", räumt Jamal Bandak ein. „Ein Unrecht kann nicht durch ein anderes überwunden werden. Es wäre sicher auch utopisch anzunehmen, man müsse die Juden aus ihren Wohnungen evakuieren, damit unsere Leute dorthin zurückkehren können. Ich glaube, für die Rückkehr der Palästinenser sollte ein internationaler Fond mit der Teilnahme Israels geschaffen werden. Nur so ließe sich eine solche Operation überhaupt finanzieren."

„Wo in der Welt gibt es noch einmal so einen schmalen Streifen Land, der mit seinen 28 000 Quadratkilometern auf dem Globus nicht viel größer als ein Fliegenschiss erscheint, der aber so tragisch in zwei Völker geteilt ist?", verschafft Yusef seinen aufgestauten Gefühlen Luft. „Wo beide so miteinander verstrickt sind in dem komplizierten Knäuel von Problemen: geopolitischer, wirtschaftlicher und psychologischer Art. Und unsere Führer leiden bis auf den heutigen Tag an der Mangelerscheinung einer gemeinsamen Zukunftsvision."

„Obwohl diese Vision eigentlich existiert. Nur ist sie mit schmerzlichen Kompromissen auf beiden Seiten verbunden. Deshalb stellen sich die Politiker auf beiden Augen blind", fährt Jamal leidenschaftlich dazwischen.

„Und worin besteht diese Zukunftsschau?", stellt Jonatan ganz sachlich die Frage. „Ich wünsche mir das Ende einer jahrzehntelangen Besetzung unseres Landes; die Schaffung eines Palästinenser-Staates; das permanente Einfrieren der expandierenden gigantischen Settlement-Aktivität; eine faire Lösung für das Schicksal Jerusalems als Hauptstadt, sowohl für Israel als auch für Palästina. Ist El Quds nicht gleichzeitig ein geistiges Zentrum einer Milliarde Muslime, die niemals damit einverstanden sein werden, wenn Israel über ihre heiligen Moscheen herrscht? Jerusalem ist auch die spirituelle Heimat für Hunderte von Millionen Christen. Der Versuch einer exklusiv israelischen Verwaltung dieser Stadt muss doch eine ständige Provokation für die ganze Welt hervorrufen."

„Ja, ein Leben mit Gleichberechtigung und Achtung voreinander. Das sind die Zauberworte einer gemeinsamen Zukunft", bekräftigt Jehuda die Ansicht seines arabischen Freundes. „Wir Juden sollten keine Angst haben müssen, auf dem Markt in Bethlehem unser Obst und Gemüse einzukaufen, ohne ständig ein Messer im Rücken zu befürchten. Wir sollten das Wort Sicherheitsbedürfnis aus unserem Wortschatz streichen können und durch die Vokabel gegenseitiges Vertrauen ersetzen können. Keine Suizid-Bomber mehr; keine Hetzpropaganda von militanten Gruppen auf beiden Seiten. Den Anderen als Bruder, als Angebot zur Horizonterweiterung und als menschlichen Reichtum entdecken. Stellt euch mal vor, was dabei herauskäme: Ihr Palästinenser mit eurer angeborenen Gastfreundschaft, eurer Herzlichkeit, eurem Sinn für die Großfamilie, in der alle, auch die alten Menschen, ihren Platz finden. Und wir Juden, die wir aus über 130 Ländern kommen. Mit unserem Know-how, das wir von überall mitgebracht haben. Wir könnten gemeinsam ein Stück Paradies aus diesem kleinen Fleckchen Erde machen!"

„Dann würden von selbst die Checkpoints an den Straßen wegfallen", greift Jamal den Faden auf. „Wo dich ein israelischer Soldat mit einer Handbewegung durchlassen oder zurückschicken kann, weil du ein Sicherheitsrisiko für seinen Staat darstellst. Keine entwürdigenden, stundenlangen Kontrollen am Airport mehr. Mit all den aufdringlichen Fragereien: Was ist der Grund deiner Reise? Welche Leute wirst du besuchen? Was für eine Organisation hat dir den Flug bezahlt? Dabei wirst du so fertig gemacht, dass am Ende dein menschliches Selbstbewusstsein zu einem Nichts zusammengeschrumpft ist. Du verlierst den Stolz, zu diesem Land zu gehören. Die anderen Mitpassagiere defilieren an dir vorüber und betrachten dich als den Suspekten mit misstrauischen Blicken: Seht den bösen Araber. Manchmal träume ich des Nachts von einem freien Palästina. In dem jeder Bürger sich der gleichen menschlichen Grundrechte erfreut. Gott sei Dank kann mir diesen Traum niemand nehmen."

Es ist sehr still geworden in der Runde der jungen Leute. Jeder hängt seinen Gedanken nach.

„Wir träumen mit dir, Jamal", sagt Judith fast unhörbar. „Dieser Traum wird Wirklichkeit werden. Das verspreche ich dir!" Dabei schaut sie dem 22-jährigen Bandak ganz tief in die Augen. „Ich werde in meinem Milieu alles dafür tun. Wirfst du einen Stein in die Mitte eines Sees, wird er seine Kreise ziehen bis zum Rand. Wenn viele kleine Leute guten Willens viele solche Kreise der Menschlichkeit ziehen, werden sie ausufern und die Welt verändern. Daran glauben wir doch? Oder?"

Das einstimmige Nicken der sieben sagt mehr als viele Worte.

Das Davidstal verengt sich zu einer schmalen Felsspalte. Die kleine Gruppe wandert zielstrebig im trockenen Flussbett hinauf. Bald öffnet sich vor ihnen an der Westwand ein unheimlicher Schlund: die von den Römern erbaute Essener-Steige. Schon vor 2000 Jahren kletterten die Qumranleute, die Bewohner des „ältesten Klosters der Welt", dort hinauf.

„So, wie geht's nun weiter?", fragt Annemarie die ortskundige Judith.

Die drahtige Israelin überlegt kurz: „Wir könnten von hier aus in kleinen Interessengruppen ein wenig ausschwärmen. Dort, wo ihr ein Naturschild findet, zweigt ein Wanderweg zu einem 5000 Jahre alten chalkolithischen Heiligtum ab. In der Nähe gibt es zwei Quellen. Ihr findet dort einen Felsen mit ausgemeißelten Napflöchern verschiedener Größe. Sie sind der antike Hinweis auf den Kult eines heiligen Hains mit seinen klassischen Elementen einer Naturreligion: Wasser, Felsen, Bäume.

In nördlicher Richtung führt ein Pfad zur Schulamit-Quelle. Und dann weiter zum Davids-Wasserfall. Machen wir einen Uhren-Vergleich. Bei mir ist es jetzt genau drei. Ich würde sagen, in einer Stunde treffen wir uns wieder beim Picknickplatz unter den Ginstersträuchern. Von dort wandern wir gemeinsam durch den Nahal David zum Parkplatz zurück. Alles klar?!"

Ein einstimmiges Okay ist die Antwort.

Jehuda schaut die kleine Bethlehemitin vielsagend an: „Nadia, möchtest du mit mir einen Abstecher zum Wasserfall machen?"

„Natürlich! Ich wollte dich gerade dasselbe fragen."

„Dann liegen wir ja auf der gleichen Wellenlänge." Unbeschwert und fröhlich wie Geschwister laufen die beiden los.

„Was für ein romantischer Wegweiser", macht Nadia den Freund mit einem schelmischen Lachen aufmerksam. „Mearat ha-Dodim. Heißt das nicht auf Hebräisch Höhle der Verliebten?"

„Ja, das ist die wörtliche Übersetzung. Sollen wir dem Schild folgen?"

„Was hindert uns daran?"

„Halt! Da ist noch ein anderes Wegzeichen. Es führt zu einer Quelle, die den Namen der berühmtesten Geliebten der Bibel trägt: Schulamit."

„Dann gehen wir weiter zur Schulamit-Quelle!"

Jehuda fasst die kleine Araberin bei der Hand. Es ist ihm, als würden Wellen elektrischer Stromstöße von Nadia ausgehen und seinen ganzen Körper erfassen. Das Herz schlägt ihm wie wild im Leib. In seinem Kopf gehen tausend Lichter an. Trotzdem spielt er den Gelassenen.

„Wie ich mich in seiner Nähe so geborgen und sicher fühle", denkt Nadia. Dabei errötet sie bis unter die Haarwurzeln.

Das palästinensische Mädchen und der Israeli. Feuer und Wasser suchen einander. „In seiner Abwesenheit ist alles so leer und nichtssagend", drängt sich ihr ein neuer Gedanke auf. „Ohne ihn fühle ich mich einsam. Wie ausgedorrt. Ich bin total durcheinander. Was geht nur mit mir vor?"

Da plätschert sie schon: die Schulamit-Quelle. Durch eine tunnelförmige Höhle, die sich nicht im Felsen, sondern durch üppigen Pflanzenwuchs gebildet hat. Die beiden Verliebten lassen sich am Rand des Rinnsals nieder. Ihr Schweigen ist beredter als tausend Worte es vermögen. Die Hände fest ineinander verschlossen. Als seien sie Teil einer unzerreißbaren Kette. Ihr Blick gleitet fasziniert zu den großen schwarzen Wänden der judäischen Bergwelt. Die Schluchten greifen ineinander über, um sich in Schwindel erregenden Tiefen zu verlieren. Über ihnen brütet ein düsterer Himmel. Darin lodern rötliche Wolken. Fast könnte man meinen, als seien sie ewige Öllampen, die einen heißen, rauchigen Dunst verbreiten. Ein finsterer und unbarmherziger Geist scheint über den Steinhügeln zu herrschen. Hart mit der Strenge einer unnachgiebigen Gerechtigkeit. Versteinert gegenüber jeder Berührung von Gnade und Milde. Die Wüste Juda. Verbrannt in der starren Hitze und hinunterfallend, tiefer und tiefer in das gewaltige, große Auge, das auf dem Grund des Schlundes liegt: Das Tote Meer. Dahinter das Ende allen Lebens. Sodom und die ewigen Sandwände von Moab. Sie flackern und tanzen wie die Flammen der Hölle. Wie die Grenzen von Raum und Zeit.

„Die ganze Welt mit all ihrer Härte und Düsternis liegt hier offen vor uns", flüstert Jehuda in das andächtige Schweigen. „Und ich darf hier sitzen mit der lieblichsten Tochter Bethlehems."

Nadia drückt noch fester die Hand des Geliebten. Gedanken der Zuneigung fliegen von einem Herzen zum andern. Zu zart, zu empfindsam, um sie auszusprechen. Als könnten sie bei ihrer Formulierung zerbrechen. Ein leichtes Zittern geht durch Nadias Seele. Sie spürt den Durst der Jugend, seinen Atem zu trinken. Ihre Lippen kommen sich näher. Berühren sich zu einem schüchternen Kuss.

„Nadia", flüstert Jehuda. „Ich liebe dich, mehr als meine Seele. Wie schön bist du und wie reizend. Dein Hals ist wie ein Turm aus Elfenbein. Dein Mund wie köstlicher Wein", zitiert er spontan aus dem Hohen Lied der Liebe.

„Oh, Liebster, wenn du wüsstest … Aber dürfen wir die Flamme weiter nähren? Du als Jude, ich als Palästinenserin. Werden wir nicht verbrennen und gemeinsam in den Abgrund stürzen? Wer kann uns retten?"

„Die Liebe ist mächtiger als tosende Wasser, stärker als der Tod. Sie wird alles besiegen! Deshalb möchte ich dich fragen …"

Genau in diesem Augenblick kommen die Anderen unter lautem Hallo vom Map al David zurück.

„Na, ihr beiden! Habt ihr euch gut amüsiert?", platzt die spontane Gina wie ein Elefant in das Liebesgeflüster. „Wir hatten ein tolles Naturereignis", plappert sie lustig drauf los. „Am liebsten wäre ich mit dem Wasserfall von der 11 Meter hohen, bemoosten Felswand in das weite, von Sand und Schilf umrandete Becken heruntergerauscht."

„Oh, Mann!", ruft Nissim aus, als er zum düster verhangenen Himmel hinauf blickt. „Da oben braut sich etwas zusammen. Deshalb so schnell wie möglich zum Nahal David zurück, bevor die schweren Wolken sich entladen!"

Die jungen Leute zurren ihre Rucksäcke fester und marschieren eiligst los. Da fallen auch schon die ersten dicken schweren Regentropfen. Gleich darauf beginnt der Himmel sich zu entladen. Heftige Regenmassen ergießen sich über die dahinhastenden Menschen. Das noch vor kurzem trockene Flussbett füllt sich schnell mit Wasser. Unbarmherzig prasselt das Unwetter nieder. Als wären Myriaden von Dämonen entfesselt. In wenigen Minuten sind die sieben bis auf die Haut völlig durchnässt. In den steilen Schluchten des rauen Felsenmassivs pfeift der Sturm sein unheimliches Lied. Der Wind treibt hochgewirbelte Sandmassen gegen die Bergwände.

Der wolkenbruchartige Regen schwemmt das herangewehte Geröll talabwärts. Gina rutscht aus und fällt der Länge nach hin. Die Hände abgeschürft, das linke Bein verstaucht, hinkt sie mit zusammengebissenen Zähnen weiter. Da, ein Rauschen, als würde ein Zug daherbrausen. Es ist nur eine Frage von wenigen Sekunden. Zu spät erkennen die Volontäre die nahende Todesgefahr.

„Halte sich jeder fest, wo er kann!", schreit Nissim in das ohrenbetäubende Gebrüll der herandrängenden Flut. Ein reißender Fluss stürzt turbulent durch das Wadi und drängt mit unheimlicher Geschwindigkeit zum See. Was immer diesem Strom im Wege steht, reißt er mit: entwurzelte Bäume, Felsbrocken, einen ertrunkenen Steinbock … Jehuda zerrt Nadia mit aller Kraft an sich und drängt mit ihr aus dem gefährlichen Flussbett. Schnaufend, keuchend, erschöpft erreichen sie eine überhängende Höhle.

Franco, Ramsi und Yusef werden von den wuchtigen Massen mitgerissen. Schwimmend, zappelnd versuchen sie sich über Wasser zu halten. Da entdeckt Jamal, der sich verzweifelt an einem Ginsterstrauch fest gekrallt hat, wie Judith, anscheinend von einem Felsbrocken getroffen, hilflos und ohnmächtig in den Wellen treibt. Mit einem entschiedenen Ruck stößt er ab und stürzt sich in die wütenden Elemente, Judith entgegen. Endlich bekommt er sie an ihrem dunklen Pferdeschwanz zu fassen und drückt ihren Kopf nach oben. Dann sind die beiden um die nächste Biegung verschwunden.

„Judith, nicht aufgeben", schreit Jamal der jungen Israelin ins Ohr. Dabei schluckt er prustend und hustend eine Menge Wasser. „Denk an unseren gemeinsamen Traum! Du musst weiterleben, um ihn zu verwirklichen!" Immer noch geht es in rasendem Tempo bergabwärts. Mit letzter Anstrengung hievt Jamal die 23-jährige über seinen Kopf auf einen Felsvorsprung, als ihm mit einem Mal schwarz vor den Augen wird. Ein mächtiger rollender Gesteinsbrocken hat ihm den Schädel zerschmettert. Schlaff versinkt er in den Fluten.

So schnell wie das Unwetter gekommen war, so schnell ist es wie ein böser Spuk verschwunden. Rufe werden laut. Es ist Marc: „Halloooo! Wo seid ihr? Judiiiith!", überschlägt sich seine Stimme voller Angst und Panik. „Judiiith!?"

Da tragen zwei stämmige Männer von der Feldschule die immer noch Ohnmächtige auf einer Bahre zu ihm hin. „Judith, oh, Judith! Wird sie es schaffen?", wendet sich Marc in seiner Verzweiflung an einen der Träger. „Ronny, du bist Arzt! Sag mir die Wahrheit!"

„Ihr Atem geht sehr flach. Aber sie lebt."

„Sie blutet ja fürchterlich am Kopf."

„Das sind nur Schürfwunden. Wir werden sie gleich verbinden. Sie ist nur sehr geschwächt. Ich gebe ihr eine Kreislaufspritze. Wahrscheinlich hat sie noch ein paar Knochenbrüche. Nur Kopf hoch, Marc. Wir bringen deine Braut schon durch!"

„Und die Anderen?"
„Alle sind heil geborgen. Bis auf einen."
„Was soll das bedeuten, bis auf einen?"
„Der junge Palästinenser. Ich glaube, Jamal Bandak heißt er."
„Sag, was ist mit ihm?"
„Leider ertrunken. Mit doppelter Schädelfraktur. Er muss auf der Stelle tot gewesen sein, als der Stein ihn traf."
„Wie konnte das passieren?!"
„Die Anderen sagen, er hätte sich von einem sicheren Standort losgerissen und bewusst in die Fluten gestürzt. Um Judith zu retten."
„Nein! Das darf nicht wahr sein!", schreit Marc voller Schmerz auf. „Jamal, ein Palästinenser, hat sein Leben geopfert, damit Judith, eine Jüdin, lebt!"

Aus: Fleckenstein, Karl-Heinz: Expedition Emmaus. novum Verlag

Wilhelm Fröhlich

Halt mich fest

Biene auf dem Honigbrot

Hilfe, Hilfe! Ich bin in großer Not,
eine Biene klebt auf meinem Honigbrot.
Der Honig scheint ihr gut zu schmecken,
dabei wollt' ich allein ihn schlecken.

Ganz tief im Honig stecken ihre Beine,
sie schafft es nicht mehr raus alleine.
Ob sie die Beinchen hat gewaschen,
bevor sie sich entschloss zu naschen?

Liebes Bienchen, mach' mal Fliege,
bevor ich von dir 'nen Stachel kriege.
Ich helfe dir auch gern dabei,
wir schaffen es bestimmt, wir zwei.

Ich bot ihr freundlich meinen Finger an,
damit sie sich an ihm hochziehen kann.
Als Dank bekam ich einen Bienenstich,
ist das vielleicht nicht ärgerlich?

Das Bienchen sprach: „Es tut mir leid,
doch vergessen hast du die Kleinigkeit:
Der Honig, den du mit Genuss da isst,
meiner ist."

Brennende Kerzen

Zwei Kerzen machen sich gegenseitig an,
Feuer und Flamme entzünden ihre Herzen.
Und alles deutet darauf hin, dass irgendwann
ihre Liebe sie wird verschmelzen.

„Du siehst blendend aus im hellen Kerzenschein!
Komm, lass mich in deine strahlenden Augen sehen,
mein Leben mit dir teilen, mit dir glücklich sein
und gemeinsam Winde und Sonne überstehen!"

Es ist Feuer im Spiel – herab fließen Freudentropfen.
Licht und auch Behaglichkeit erfüllen ihr Haus.
Von nun an werden gemeinsam ihre Herzen klopfen
und gehen irgendwann gemeinsam aus.

Figurengeflüster

Die Kugel sprach zum Kegel leise:
„Ich muss was tun, verändern meine Lebensweise.
Du bist so schön und oben spitz,
meine Figur ist wohl ein Witz.
Ich kann abnehmen bis zum Übertreiben
und werde trotzdem kugelrund bleiben."

Das unbeschriebene Blatt

Sie war ein unbeschriebenes Blatt, sehr lieb,
dann sah ich, wie sie meinen Namen darauf schrieb.

Dann das Wort *Liebe*, geschrieben mit ihrer Hand –
die Sehnsucht nach ihr raubte mir den Verstand.

Auch ich war für sie ein unbeschriebenes Blatt,
erfreulicherweise vom gleichen Format.

Was auf einem stand, ließ sich aufs andere kopieren –
herrlich knisterten die Blätter beim zärtlichen Berühren.

Es ist nicht bei den knappen „Einträgen" geblieben,
das gemeinsame Leben hat ganze Bände geschrieben.

Wir blättern heute drin, lesen, wie es früher einmal war.
Aus dem Knistern wurde langsam ein Rascheln,
aber immer noch wunderbar.

Der Bücherwurm

Der flinke, kleine Bücherwurm,
der frisst sich durch den Bücherturm,
verschlingt sie nacheinander alle,
bis er ermüdet kommt zum Falle.
Was träumt nun so ein Bücherwurm?
Er träumt vom neuen Bücherturm.
Er beißt sich durch bedruckte Seiten,
lässt sich vom Inhalt spannend leiten,
verfolgt den Mörder auf Canale Grande,
doch der entkommt ihm – welche Schande!

Er beißt sich durch, durch die Regale,
er will die Bücher lesen – möglichst alle,
die von Mord und Totschlag handeln,
und über Menschen, die durch Zeiten wandeln,
über Liebespaare und auch Wetten,
über Ehebruch in fremden Betten.
Dort bleibt er auch für eine Weile,
denn er ist müd', schafft keine Zeile,
doch ausgeruht – gleich nach dem Schlafen –
wird er den nächsten Bücherstapel schaffen.

Wilhelm Fröhlich

Wilhelm Fröhlich

Das Dasein

Das Dasein beginnt mit der Geburt,
es ist des Menschen schwerstes Verbrechen.
Der Countdown läuft und mündet im Endspurt,
es ist des Lebens sicherstes Versprechen.

Lebenslänglich bekommt sofort das kleine Wesen,
als Option schiebt es die Todesstrafe vor sich hin.
Warum? Was ist denn vor der Zwangsgeburt gewesen,
wo hat sein Leben denn den Urbeginn?

„Die Geburt bringt uns das **Sein** zur Welt;
die Person wird ihm das Leben schaffen."[1]
Ein Leben, in dem regieren Macht und Geld,
das Recht erstritten wird mit Waffen.

„Man kann nicht spät genug geboren sein",[2]
doch hat das Neugeborene eine Wahl?
Es ist so hilflos, zart und klein –
zurück gehts nicht, trotz Aufschrei oder Wutanfall.

„Seid fruchtbar und wehret euch",[3] will man sagen;
doch ohne Menschen hat die Welt nur wenig Sinn.
Deshalb stets den Tod, nicht die Geburt beklagen,
denn jedes Neugeborene ist der Menschheit ein Gewinn.

---

1 Jouffrey
2 Karl Foerster
3 Ulf Annel

Ein Neuer Tag

In Flammen steht am Horizont das Tagestor,
die dunkle Nacht dem Tag nicht weichen mag.
Als Sieger geht die Sonne bald hervor,
bringt Licht und Schatten an den neuen Tag.

Ein neuer Tag, ein neuer Morgen,
ein kleiner Lebensabschnitt so beginnt.
Wir stürzen uns in Arbeit und in Sorgen
und merken nicht, wie uns die Zeit entrinnt.

Schenk mir ...

Schenk mir deine Liebe,
wenn ich mich nach ihr sehne.

Schenk mir dein Vertrauen,
wenn mich Zweifel plagen.

Schenk mir deine Wärme,
wenn ich an Einsamkeit erfriere.

Schenk mir dein Selbstvertrauen,
wenn ich leer und ausgebrannt bin.

Schenk mir dein Lächeln,
wenn ich müde und traurig bin.

Schenk mir ein glückliches Leben mit dir –
ich reiche dir meine Hand.

Wilhelm Fröhlich

Halt mich fest
Jahreszeiten der Gefühle

Halt mich fest,
wenn ich fröhlich bin.
Ich will meine Freude mit dir teilen.
Schenk mir dein Lächeln,
ich will in deinen Augen sehen,
wie die Fröhlichkeit erwacht.
Sie erfüllt meine Gedanken,
meine Gefühle.
Es ist Frühling in meinem Herzen.

Halt mich fest,
wenn ich ausgeglichen bin.
Hilf mir mein seelisches Gleichgewicht zu erhalten.
Es kann von kurzer Dauer sein,
es ist monoton.
Es ist
wie ein Schreiten auf dem Schwebebalken.
Reich mir deine Hand, wenn ich falle.
Fang mich auf.

Halt mich fest,
wenn ich traurig bin.
Halt mich einfach nur fest und schweige.
Ich muss die Geborgenheit bei dir spüren,
deine Wärme, deinen Atem.
Halt mich fest und habe mit mir Geduld.

Halt mich fest,
wenn meine Gefühle gefühlloser werden.
Wenn der Nebel meine Augen trübt,
die Kälte meine Gedanken erstarren lässt.
Halt mich fest,
wenn Erinnerungen mich beherrschen
und ich mich einsam fühle.
Nimm mich einfach in deine Arme.
Ich liebe dich!

Ich, der Baum im Herbst

Der Sturm reißt mir vom Leibe das schmucke Laub,
am Boden liegt die gold'ne Pracht verstreut.
Bald wird aus meinem Stolz nur Sand und Staub –
der Herbst hat keine Müh' gescheut.

Schwarzbraune Flecke tragen alle meine Blätter,
ihr Glanz wird bald Vergangenheit perfekt.
Den Rest besorgt das schmuddelige Regenwetter –
ich stehe da entlaubt wie ein erbärmliches Subjekt.

Und dennoch will ich nicht den Mut verlieren –
mein Lebenswerk ist längst noch nicht vollbracht.
Bald werd ich neuen Schaffensdrang verspüren
und dann erscheint mein neues Kleid in voller Pracht.

Wilhelm Fröhlich

Welche Farben hat die Welt

Sag mir,
welche Farben hat das Glück?

Das Glück strahlt Freude aus,
in hellen Farben begegnet es dem Tag.
Aus jeder Lage kommt das Glück als Sieger raus,
erfüllt mit Hoffnung jeden Schicksalsschlag.

Sag mir,
welche Farben hat die Liebe?

Die Liebe ist so rot wie auch das Blut,
das durch verliebte Herzen fließt.
Sie schafft in Menschen Lebensmut,
den sie mit Freude voll genießt.

Sag mir,
welche Farben hat die Seele?

Die Seele spiegelt sich in deinen Augen wider,
die Trübsal ist für sie ein schlimmes Risiko.
Wenn aber Glück und Freude sich auf sie setzen nieder,
erstrahlt sie hell und farbenfroh.

Sag mir,
welche Farben haben Träume?

Träume sind schwarzweiß und bunt,
so, wie wir den Tag erleben.
Nur Erlebnisse mit klarem Hintergrund
können Farbe für die schönsten Träume geben.

Sag mir,
welche Farben hat der Krieg?

Im Krieg fließt Blut und das ist rot;
schwarzer Rauch verhüllt die bunten Lebensfarben.
Der Krieg treibt viele Menschen in den Tod
und hinterlässt in deren Seelen tiefe Narben.

Sag mir,
welche Farben hat das Leben?

Das Leben ist so vielfältig und so vital,
genießt die Farben je nach Lebenslage.
Für Glück und Freude stehen helle Farben stets zur Wahl,
die dunklen Töne für die trüben Tage.

Sag mir,
welche Farben hat die Welt?

Alle Regenbogenfarben hat die große Welt
Rot, Orange, Gelb, Grün, Blau und **Violett**.
Such dir die Farbe aus, die zu dir passt und dir gefällt.
Sie macht dein Leben angenehm und nett.

Unsere Erlebnisse mit der bayerischen Ausflugsgastronomie

Günter Girlich

Wir sind ein Paar im besten Alter, wie man sagt, und nach Bayern zugereist. In München wohnhaft nutzen wir jeden freien Tag, wenn es die Witterung zulässt, um die herrliche Umgebung zu erkunden. Sei es per pedes oder Fahrrad, mit den „Öffentlichen" oder mit dem eigenen Auto. Ein Teil des Erlebten bei unseren Ausflügen, im Speziellen mit der bayerischen Ausflugsgastronomie, ist es wert, aufgeschrieben zu werden.

Ausflug an den Starnberger See, östliche Seite.

Mit der S-Bahn ist man, kommt man aus der Innenstadt Münchens, relativ schnell am circa zwanzig Kilometer südlich der bayerischen Landeshauptstadt gelegenen See. Wir wollten einen Teil dessen erkunden und wanderten ab dem Bahnhof Starnberg links über die Uferpromenade, an der Werft und dem Freibad vorbei, über das nordöstliche Ufer, weiter östlich am See entlang. Der Weg, den sich Wanderer oder Spaziergänger mit den Radlern teilen, ist gut ausgebaut und verläuft flach am Ufer. In den wärmeren Jahreszeiten laden unterwegs viele Lokalitäten zur Rast, der Bayer sagt zum „Brotzeit machen" ein. Da wir gut zu Fuß sind, gönnen wir uns eine Pause in der Regel erst, nachdem wir ein größeres Stück des Weges hinter uns gebracht haben. So auch an diesem Tag. Als es dann doch Zeit für eine Rast war, standen wir vor einem traditionell bayerischen Wirtshaus mit Biergarten, der bei schönem Wetter wie an diesem Tag, zum Verweilen einlädt. Einen freien Tisch mit Blick auf den See ergatternd, in dem die Wellen sich leicht schäumend am Ufer brachen. Von der wärmenden Sonne vom blau-weißen Himmel beschienen, fühlten wir, dem Paradies ganz nah zu sein. Ein freundlicher Aushilfskellner mit sächsischem Dialekt, nach unserem Begehren fragend, ließ heimatliche Gefühle aufkommen. Mit von den Einheimischen übernommener bayerischer Gelassenheit erhielten wir das Gewünschte nach entsprechender Wartezeit. Am Nachbartisch hatten zwei ältere Damen mit jungfräulichem und sehr schlankem Erscheinungsbild Platz genommen. Sie machten anscheinend wie wir Rast von einer Wanderung. Als der Kellner kam, war es für die eine von beiden, ohne in die auf dem Tisch ausliegende Karte zu schauen, sicher, dass sie einen Eiskaffee ohne Sahne wünschte. Auch schon deswegen, um ihr Erscheinungsbild auch in Zukunft zu wahren. Ihre Begleitung bestellte einen Kaffee, schwarz. Als das Gewünschte an den Tisch gebracht wurde, echauffierte sich die Dame, die den Eiskaffe ohne Sahne bestellt hatte, dass dieser nun doch mit Sahne war. Der vom Wutanfall des Gastes erschrockene, eingeschüchterte Kellner blickte ratlos und mit der Schulter zuckend in die kleine Damenrunde. Nach einer Entschuldigung für das Missgeschick suchend, gab er an, dass er es aber richtig, ausdrücklich ohne Sahne, in der Küche angegeben hat. Die begreifen das aber dort einfach nicht. Um der Dame entgegen zu kommen und das Problem zu lösen, machte er den Vorschlag, sie solle doch die Sahne einfach runter nehmen, brauche sie selbstverständlich nicht zu bezahlen. Kopfschüttelnd ließ sich diese darauf ein. Der Himmel hatte sich verdunkelt. Vom anderen Seeufer her trieb eine schwarze Gewitterwolke mit Blitz und Donner über den See auf die Gäste im Biergarten zu. Die Hoffnung, die an den Tischen aufgestellten Sonnenschirme könnten den mit dem Gewitter erwartungsgemäß verbundenen aufkommenden Regen abhalten, sollte sich wenig später nicht bestätigen. Der Kellner hatte sich ins Wirtshaus gerettet und überließ die Gäste ihrem Schicksal. Auf dem See befindliche Segler, deren Bootsleute die Situation falsch einschätzten oder zu spät erkannten, hatten Mühe nicht zu kentern. Ein Sturm fegte über den See, verbunden mit einem unwetterartigen Platzregen. Die Gäste suchten verzweifelt, aber vergeblich nach der Bedienung, um ihre Rechnungen zu bezahlen und den nun unwirtlichen Ort fluchtartig verlassen zu können. In der Tür vom Lokal zum Biergarten stand im Dirndl eine sich als Wirtin ausgebende typische bayerische Frohnatur gesetzten Alters. Die Arme in die Hüften stemmend, schwer atmend, wobei bei jedem Luftholen sich ihr praller Busen gefährlich anhob und drohte aus dem Mieder zu hüpfen. Mit tiefer, gewaltiger Stimme gab sie an die Gäste den Hinweis, dass sich doch keiner einbilden solle, dass der Kellner bei diesem Mistwetter zu den Gästen käme. Sie sollten doch gefälligst ins Lokal kommen, wenn sie was wollten. Ein Gast rief ihr in gleicher Manier entgegen, dass das Personal doch nicht ernsthaft erwarten könne, dass die Gäste bei diesem Wetter ins Haus kämen. Und so waren es nur die Wenigsten, die, als der Regen etwas nachgelassen hatte, den Weg ins Haus antraten. Die Meisten sah man an diesem Tag nicht wieder. Etwa ein halbes Jahr später ergab es sich, dass wir wieder in diesem Wirtshaus eine Rast einlegten. Am Nebentisch bestellte ein Gast einen Eiskaffee, ausdrücklich ohne Sahne. Als das Gewünschte serviert wurde war er wieder mit Sahne.

Wir lächelten darüber.

Besuch des Flughafens

Wenn das Wetter am Wochenende nicht zum Wandern einlädt und auch sonst keine weiteren Aktivitäten anstehen, ist der Flughafen München unser Ziel. Es gibt immer was zu sehen und zu entdecken. Man schnuppert Fernweh, wenn man auf die große Anzeigetafel blickt und weit entfernte Ziele ausmacht. Viele Reiseveranstalter locken an ihren Schaltern mit vermeintlichen Schnäppchenangeboten und lassen vom nächsten Urlaub träumen. Am Ende eines Besuchs steht fast immer die Einkehr in das Lokal Airbräu, dem Brauhaus am Flughafen. Um eine unfiltrierte Halbe oder auch zwei zu genießen und den Tag ausklingen zu lassen. Ein Erlebnis wird uns bestimmt noch lange in Erinnerung bleiben. Wir betraten das zu dieser Zeit gut besuchte Lokal und hielten nach freien Plätzen Ausschau. Ein freier Tisch mit einem Reservierungsschildchen fiel uns ins Auge. Gut erzogen wie wir sind, begab ich mich zum Bedienungspersonal und brachte höflich unser Anliegen, ein Bierchen trinken, nicht lange zu bleiben und uns dazu an den reservierten Tisch setzen zu wollen, vor. Es wurde uns freundlich gewährt. Etwa zeitgleich zu meiner Nachfrage beim Kellner betrat ein anderes Paar das Lokal und ging ohne Umschweife auf den reservierten Tisch zu. Wir trafen zusammen an ihm ein. Nachdem wir und das andere Paar die Karte studiert und uns für etwas, was mehr als nur ein Bier war, entschieden hatten, kam der Kellner. Es war der gleiche, den ich zuvor um Erlaubnis gefragt hatte an dem reservierten Tisch Platz nehmen zu dürfen, um die Bestellung aufzunehmen. Obwohl wir getrennt bestellten, war er anscheinend der festen Überzeugung, dass wir zusammen gehörten. Ein Gespräch mit unseren Tischnachbarn kam leider nicht zu Stande. Es war wahrscheinlich der Tatsache geschuldet, dass die anderen Ersten nicht aus Bayern und zweitens so von sich eingenommen waren, dass sie sich für den Nabel der Welt hielten. In einer arroganten und völlig realitätsfremden Art und Weise wurde über Gott und die Welt geschimpft und sich selbst als Retter dieser dargestellt. Wir ließen uns aber nicht davon beeindrucken und befassten uns eben auch mit uns selbst. Nach kurzer Zeit kam eine junge Bedienung, dem Aussehen nach ein Azubi, brachte zeitgleich für alle das Bestellte und wünschte guten Appetit. Nicht einmal das gemeinsame Anstoßen am Tisch, was in Bayern und auch anderswo zum guten Umgang miteinander gehört, war mit diesen Leuten drin. Nachdem alle zeitgleich mit dem Verzehr begonnen hatten, war es nicht verwunderlich, dass wir auch etwa zur selben Zeit fertig waren. Unsere Tischnachbarn hatten es auf einmal eilig. Der Herr machte mit den Fingern schnipsend beim Personal auf sich aufmerksam und verlangte nach der Rechnung. Da ich es mir zu eigen gemacht habe, meinen Verzehr in einem Restaurant, zumindest überschlägig, immer im Kopf mitzurechnen, fiel es mir auf, dass die Rechnung, die der Nachbar erhielt, für die zwei ziemlich hoch war. Das schienen diese aber nicht zu bemerken. Vielleicht dachten sie auch nur, das München eben ein teures Pflaster ist und im Flughafen sowieso noch mal aufgeschlagen wird. Ohne mit der Wimper zu zucken, gab der Mann dem Kellner einen größeren Schein und ein kleines Trinkgeld. Er steckte das Wechselgeld ein, ließ die ausgehändigte Rechnung liegen und erhob sich mit seiner Begleitung. Grußlos verließen sie das Lokal. Meine Frau bemerkte zu mir: „Die waren aber komisch." Ich hatte das Bierglas gerade am Mund, um es zu leeren, als ich sah, dass das Glas von ihr noch zu einem Drittel voll war und sprach: „Trink schnell aus, oder lass den Rest stehen. Die beiden haben gerade unsere Rechnung mitbezahlt." Ich nahm die auf dem Tisch liegen gebliebene Rechnung an mich und auch wir verließen das Lokal.

Demenz

Günter Girlich

Der Inhalt

Ein alter Mensch, die Mutter, die gebrechlich ist, wird ins Heim abgeschoben, weil die Kinder sie nicht pflegen können, da sie in eine andere Stadt ziehen müssen, wo sie Arbeit haben.

Die Mutter leidet an Demenz, vereinsamt im Heim und stirbt. Es wird rückwirkend das Leben der Frau geschildert und es werden alltägliche Generationskonflikte ebenso aufgezeigt wie aktuelle gesellschaftliche Probleme, die den Kindern in der heutigen Zeit gar keine andere Wahl lassen, einen alten Menschen in ein Heim einweisen zu lassen.

...

Luise wusste nicht, ob sie träumte oder wach war. Ihr ganzes Leben glitt wie im Zeitraffer an ihr vorüber. Sie sah sich neben ihrer Mutter als kleines Mädchen im Laden. Ihre Mutter entwarf Hüte für die Damen der besseren Gesellschaft. Sie war kreativ. Das Geschäft florierte. Die Hüte wurden mit künstlichen Blumen verziert. So entstanden wahre Kunstwerke. Ein Renner in dieser Zeit. Luise reichte der Mutter eine rote Schleife, die ihr herunter- gefallen war. Das wurde von der Mutter mit einem warmen, freundlichen Lächeln belohnt. Jemand berührte sanft

Luises Schulter. „Luise, munter werden! Es ist Zeit für die Morgentoilette", hörte sie die ihr vertraute Stimme einer Schwester. Sie öffnete die Augen und sah sich in einem weißen Raum, in einem mit Gittern an der Seite liegenden Bett. Das Gitter, an der Seite wo die Schwester stand, war heruntergelassen. Mit einem freundlichen „Guten Morgen" versuchte die Schwester, deren Namensschild am Kittel sie als „Schwester Regina" auswies, die alte Frau in die Realität zurück- zuholen. Sie streichelte mit einem Finger die Wange der alten Frau. Schwester Regina war Luises Lieblingsschwester. Deshalb lächelte sie diese, nach etwas Benommenheit an. Aufrichten konnte sie sich nicht mehr. Es fiel ihr zu schwer. Die Schwester wollte helfen, aber Luise tat jede Bewegung weh. Sie teilte es durch einen schmerzverzerrten Gesichtsausdruck mit. Regina ließ von ihr ab. Mit einem feuchten Waschlappen versuchte sie, wenigstens die Hände und das Gesicht abzuwaschen. Als sie die Zudecke zurückschlug, kam ihr ein unangenehmer, aber bekannter Geruch entgegen. An diesen konnte sich Regina bei ihrer Arbeit bis heute nicht gewöhnen, obwohl sie schon lange in der Altenpflege arbeitet. Am Anfang war es noch viel schlimmer. Wenn sie jeden Morgen die Frühstücksbrote für ihre Kinder schmierte, überkam sie ein Brechreiz, weil sie diesen Geruch noch immer in der Nase hatte. Luise war versorgt. Regina hätte sich noch ein wenig mit ihr unterhalten wollen, aber sie musste weiter. Es warteten noch andere Heimbewohner auf sie. Sie drückte Luises Hand. Ein freundlicher Augenaufschlag war ihre Erwiderung. Die alte Frau versank wieder in einen Dämmerzustand. Sie hatte den Wunsch, nur noch zu schlafen und nicht mehr aufzuwachen. Sie hatte jedes Zeitgefühl verloren.

In ihrer neuen Welt sah sie sich über Wolken gleiten, ganz mühelos schwebte sie lautlos über Wattebausche. Sie glitt in sie hinein und spürte den Geschmack von Zuckerwatte auf ihrer Zunge. Sie sah eine Drehorgel vor einem Karussell, ein Riesenrad dreht sich daneben. In einer Gondel erblickte sie ihre Mutter. Sie winkte zu Luise herunter. Als die Gondel ihr am nächsten war, hörte sie die Mutter rufen: „Komm, mein Kind, fahre mit." Aber Luise war starr, konnte sich nicht bewegen. Sie versuchte zu laufen, zu rennen. Es ging nicht. Jemand schüttelte Luise an der Schulter. „Hallo, Frau Jahn, aufwachen. Sie müssen was essen!", sprach eine Stimme zu ihr. Obwohl sie die Augen geschlossen hatte, konnte sie sie zuordnen. Sie machte ihr Angst. Das Rütteln an ihrer Schulter wurde heftiger. Luise schlug die Augen auf. Schwester Rosi versuchte mit einem Löffel, ihr Brei einzuflößen. Luise mochte Rosi nicht. Ein blauer Fleck an ihrem linken Arm war das Ergebnis einer etwas unsanften Behandlung, der Arm schmerzte noch sehr. Luise würgte und spuckte. Die Schwester ließ von ihr ab. Rosi schnauzte sie an, wenn sie nichts esse, würde sie noch mehr abnehmen und bald sterben. Sie lief aus dem Zimmer, ohne das Gitter zu schließen. Luise war es egal. Sie stellte sich wieder schlafend, so hatte sie ihre Ruhe. Als sie annahm, die Schwester hat das Zimmer verlassen, öffnete sie die Augen. Es war dunkel im Zimmer. Die Nacht hatte den Tag beendet. Sie rief, wie als Kind, laut nach ihrer Mutter. Sie sah die Mutter wieder auf dem Riesenrad.

„Komm, Luise komm, fahre endlich mit", rief sie und winkte sie mit den Armen zu sich heran. Luise machte sich stark, bäumte sich auf. Sie rief: „Mutter warte, ich komme, warte, warte, bitte warte." Ein dumpfer Aufschlag ließ Luise erwachen. Sie lag auf dem Boden. Ihr ganzer Körper schmerzte. Es wurde schwarz vor ihren Augen. Sie wusste nicht, wie lange sie so dalag, denn sie hatte das Bewusstsein verloren. Als sie wieder zu sich kam, fand sie sich im Bett. Sie war fixiert.

Im Schwesternzimmer wartete die Ablösung. Rosi wurde von Regina, die die Nachtschicht übernahm, abgelöst. Regina fragte, ob etwas vorgefallen war. „Die alte Jahn in Zimmer 2 ist aus der Kiste gefallen. Ich denke, die macht nicht mehr lange. Eingeschissen hat die glaube ich auch schon wieder. Möchte wissen, wo das herkommt. Die frisst doch schon tagelang nichts mehr." Regina vermied es, sich mit Rosi anzulegen und fragte nur: „Hast du die Angehörigen verständigt?" „Nee, noch lebt sie doch."

Regina wünschte ihrer Kollegin einen schönen Feierabend, obwohl sie das nicht wirklich so meinte und ging in Zimmer 2, das Zimmer von Luise. Die alte Frau wimmerte leise vor sich hin. Sie war hellwach und zitterte am ganzen Leibe. Einfühlsam versuchte Regina, die alte Frau zu beruhigen und sie frisch zu versorgen.

„Luise, Sie müssen etwas essen. Sie sind so schwach. Ich habe gehört, dass Sie aus dem Bett gefallen sind. Haben Sie Schmerzen?" Luise zeigte so gut es ging auf ihre linke Seite. Regina sah nach und entdeckte einen blauen Fleck. „Ich reibe Ihnen das jetzt ein. Wir haben ja die Salbe, die Ihr Sohn beim letzten Besuch mitgebracht hat. Es wird gleich ein bisschen kühl, tut aber gut. Morgen kommt die Ärztin wieder. Ich sage ihr, dass sie nach Ihnen schauen soll. Kann ich sonst noch was für Sie tun?" „Geben Sie mir was, damit ich schlafen kann und nicht wieder aufwachen muss."

„Diesen Wunsch kann ich Ihnen nicht erfüllen. Ich komme gleich nochmal", erwiderte die Schwester freundlich.

Regina verließ das Zimmer, um eine Schmerztablette zu holen. Als sie zurück war, wälzte sich Luise vor Schmerzen im Bett. Mit der Tablette nahm Luise auch etwas Flüssigkeit auf, was die Schwester freute, obwohl es viel zu wenig war. Regina beschloss, den Sohn anzurufen. Es war kurz nach zehn Uhr. Regina wagte den Anruf. Nachdem sie drei Mal das Freizeichen wahrnahm, meldete sich der gewünschte Gesprächspartner.

Am späten Abend, zu einer für das Ehepaar ungewöhnlichen Zeit, klingelte das Telefon. Susanne und Holger Meier saßen vorm Fernseher und schauten sich an. Aus den Blicken der beiden war ohne Worte die Frage zu entnehmen: „Wer um diese Zeit?" und „Hoffentlich nicht, oh, nein, bitte nicht!"

Holger fasste Mut, erreichte mit wenigen Schritten durchs Zimmer das Telefon im Flur. Er nahm den Hörer ab: „Meier", murmelte er. Am anderen Ende der Leitung entschuldigte sich eine hörbar junge Frauenstimme für die abendliche Störung. Holger nickte seiner Frau zu, die es nicht mehr vorm Fernseher hielt und ihrem Mann gefolgt war.

Wie lange hatten die beiden auf diese Situation gewartet und gehofft, dass der Zeitpunkt noch möglichst lange auf sich warten lässt? Susanne drückte auf die Taste mit dem Lautsprechersymbol, während Holger der Worte lauschte, die von der Frau am anderen Ende gesprochen wurden.

„Ist es möglich, dass Sie heute noch kommen?", fragte die Frau, nachdem sie einen ausführlichen Bericht über den Gesundheitszustand der Mutter von Holger geliefert hatte.

„Ja, natürlich." Nach einem Blick auf seine Armbanduhr, welche zehn Minuten nach 22:00 Uhr zeigte, antwortete er, dass man in einer Stunde losfahren könnte.

Susanne packte auf die Schnelle das Nötigste zusammen. Holger hing in Gedanken versunken im Sessel. Obwohl der Fernseher lief, nahm er keine Notiz von dem, was sich darin abspielte. Er war bei seiner Mutter. In seinem Kopf überschlugen sich Bilder aus der Vergangenheit. Er sah sich im Garten in seinem Elternhaus auf der Schaukel. Im nächsten Moment sah er seine Mutter beim letzten Besuch, wie sie wie ein Häufchen Unglück in ihrem Bett im

Pflegeheim lag und den Wunsch hatte, für immer die Augen zu schließen. Hatten sie sich etwas vorzuwerfen? Hat man die alte Frau ins Heim abgeschoben? Irgendwie schon, aber anders wäre es doch gar nicht gegangen.

Nach einer Stunde und einem starken Kaffee stiegen die zwei ins Auto. 600 Kilometer Fahrt durch die Nacht und die Frage, ob sie die Mutter noch lebend antrafen stand ihnen bevor.

Susanne und Holger sprachen nicht viel auf der Fahrt. Beide starrten in die Nacht. Sie dachten an das, was auf sie zukam. Susanne unterbrach die Stille. „Hast du alle Papiere zusammen?" „Ich denke schon", antwortete ihr Mann einsilbig.

Seit drei Jahren befand sich die Mutter im Heim. Holger nannte sie seit der Scheidung der Eltern, da war er zwölf, beim Vornamen. Luise, das war ihr Name, hatte die neunzig schon ein paar Jahre überschritten. Holger hatte befürchtet, als die Entscheidung für die Aufnahme in das Heim gefallen war, dass Luise, da sie ja mehr oder weniger doch ihre Selbstständigkeit aufgab, schneller abbauen würde. Es freute die Kinder, dass sie sich doch ganz gut anpassen konnte an das neue Lebensumfeld. Bei den letzten Besuchen von Susanne und Holger, war der gesundheitliche Verfall allerdings zusehends zu beobachten. Es war traurig, nahezu hilflos, mit ansehen zu müssen, wie ein Menschenleben zu Ende geht.

Ausschnitt aus einem in Arbeit befindlichen Roman von Günter Girlich

Das Münchner Oktoberfest

Günter Girlich

Man nennt es das größte Volksfest der Welt. Wenn sich alljährlich in der zweiten Septemberhälfte die Stadt München im Ausnahmezustand befindet und der amtierende Oberbürgermeister der Stadt mit „O'zapft is'!" am dritten Sonnabend des Monats, um Punkt 12 Uhr das Ereignis eröffnet, dann ist es soweit. Das Oktoberfest oder wie es auch kurz genannt wird „die Wiesn" in München, die jedes Jahr im Schnitt etwa sechs Millionen Menschen anzieht. Die Tradition des Anstiches um Punkt 12 Uhr wird seit 1950 gepflegt. Damals erklang vom damaligen Oberbürgermeister Thomas Wimmer das „O' zapft is'!" zum ersten Mal. In der Regel dauert dieses Ereignis sechzehn Tage und die Besucher kommen aus der ganzen Welt. In diesem Jahr findet es zum 174. Mal statt, es beginnt am 22. September und endet am 7. Oktober.

Seinen Ursprung hat das Oktoberfest im Jahre 1810 anlässlich der Hochzeitsfeierlichkeiten des Kronprinzen Ludwig von Bayern und der Prinzessin Therese von Sachsen-Hildburghausen, nach der auch das Festgelände, die Theresienwiese, benannt ist.

Am 12. Oktober war damals die Hochzeit und ab 13. wurde allenthalben in der Stadt das beste Bier ausgeschenkt, nämlich Freibier. Vier Tage später fand jenes denkwürdige Pferderennen statt, das sich als Urzelle des weltgrößten und bekanntesten Volksfestes aller Zeiten herausstellen sollte. Die Idee dazu, die Hochzeit mit einem Pferderennen zu feiern, hatte ein bürgerlicher Unteroffizier, der Mitglied der bayerischen Nationalgarde war.

Der Beginn des Festes wird am ersten Tag eingeleitet mit dem Umzug der Wiesnwirte, der aus der Innenstadt kommend, zur Theresienwiese führt. Prächtig geschmückte Pferdegespanne präsentieren die auf den „Wiesn" vertretenen Münchner Brauereien. Von den Wagen herab grüßen die Wirtsleute mit ihren Angestellten und winken den zahlreichen Zuschauern am Straßenrand zu. Bis zum Beginn um 12 Uhr erreichen alle ihre Zelte, die offiziell „Festhallen" heißen, und es gibt insgesamt 14 mit über 100 000 Sitzplätzen. Außer den „Zelten" gibt es noch weitere über 60 gastronomische Betriebe. Kommt der Besucher durch das Tor mit der Aufschrift „Herzlich Willkommen zum Oktoberfest" steht er am Anfang der Wirtsbudenstraße, die links und rechts von Bierzelten, Fressbuden, Souvenirständen und anderen Wiesn-typischem gesäumt ist. Von Weitem erkennt der Besucher das Zelt der „Fischervroni", von „Paulaner" und anderen. Vor dem „Löwenbräuzelt" brüllt ein übergroßer nachgebildeter Löwe und vor der Spatenbräu Festhalle „Ochsenbraterei" wird ein Ochs am Spieß gebraten.

Das erste, rechter Hand gelegene Bierzelt ist das Hippodrom. Für mich persönlich ist das Hippodrom das schönste Zelt, obwohl diese Beurteilung bestimmt Geschmackssache ist. Von einer Bühne in halber Höhe spielt die Kapelle und heizt die Stimmung mit bekannten Schlagern und anderen Ohrwürmern an. Bei „Spaten"-Bier (es gibt natürlich auch alkoholfreie Getränke und Prosecco oder Wein) kommt auch der ruhigste Typ bald in Schwung und er stößt, ertönt von der Kapelle der Ausspruch: „Eins, Zwei, Drei – Suffa!", mit seinen oft noch unbekannten Tischnachbarn an. Die Gefahr, dass man hier „hängen bleibt" ist groß. Aber es gibt ja noch weitere Zelte und der Besucher sollte für sich das Zelt entdecken, welches am besten zu ihm passt.

Die „Wiesn" sind eingeteilt in den Teil mit den Zelten und in den Teil mit den Fahrgeschäften, Eis- und Losbuden, Bierbars, Cafés, Kleintheater usw. Stände mit allerlei Leckereien von süß bis deftig und gepfefferten Preisen, die fast jedes Jahr steigen, findet man auf dem gesamten Gelände. Es gibt außer der Wirtsbudenstraße, an der die meisten Zelte stehen und die durch sechs Querstraßen verbunden wird, die Schaustellerstraße. An dieser und den Verbindungsstraßen befinden sich die rummeltypischen Einrichtungen.

Etwa 80 Fahr-, Schau- und Belustigungsgeschäfte laden mit einer speziellen Mischung aus der neuesten Technik oder Althergekommenem zum Verweilen ein. Die einzige, namentlich benannte Querstraße ist die Matthias-Pschorr-Straße, an deren westlichem Ende die weltberühmte Bavaria steht und vor der jährlich, am zweiten Wiesnsonntag vormittags, das Konzert der Wiesn-Kapellen stattfindet.

Der Begriff „Bierzelt" ist etwas volkstümlich. Alle sind stabile Bauten und jedes ist für sich eigen und präsentiert eine Münchner Brauerei und Biermarke. Die Gäste sitzen an langen Tischen auf Holzbänken, es gibt auch Boxen mit kleineren Tischen, Terrassen und oft einen VIP-Bereich, in denen sich der eine oder andere Promi zeigt oder gerne zeigen möchte.

In der Mitte der meisten Zelte ist auf einem Podium die Kapelle platziert. Ab Mittag werden oft Märsche und Blasmusik gespielt, später kommen flottere Rhythmen hinzu. Und die Stimmung steigt.

Seit dem Jahr 2005 hat man die Kapellen angewiesen, bis 18:00 Uhr „gedämpft" zu spielen, da es in den Jahren zuvor schon nachmittags ziemlich heiß herging und die Verantwortlichen die Qualität des Festes verkommen sahen. Das Ausarten in bloße Saufgelage mit enthemmten, meist jungen Menschen sollte gestoppt werden.

Zu vorgerückter Stunde hält es die Besucher dann meist nicht mehr auf den Bänken und so werden diese bestiegen. Klatschend und tanzend, so gut es geht, wird sich nach der Musik bewegt. Jedes Jahr wird ein Wiesnhit gekrönt. Dieser bahnt sich in der Regel während der Dauer des Festes an.

Ein Ohrwurm war in den letzten Jahren zum Beispiel „Anton aus Tirol", „Hey Baby …" oder „Der Holzmichel". Für das kommende Fest könnte es sein, dass die Kapellen den neuen Hit von Ötzi „Ein Stern, der deinen Namen trägt" einstudieren.

In diesem Jahr liegt der Preis für die „Maß" in den Zelten wieder über der sieben Euromarke. Durch die Mehrwertsteuererhöhung, gestiegenen Energiekosten und teures Malz könnten die Wiesn-Fans in diesem Jahr eine böse Überraschung erleben und die Maß bis zu acht Euro kosten, vermeldete eine Münchner Boulevardzeitung.

Das halbe Hendl, mit Petersilie gefüllt, wird um die neun Euro zu haben sein. Viele Besucher kommen mit ihren Arbeitskollegen, oder besser, in ihrem Team auf die „Wiesn". Da lässt der Chef schon mal was springen und der Teamgeist wird gefördert. Die Plätze werden oft schon ein Jahr zuvor reserviert und jedes Jahr erneuert. Alle Gäste, die das Oktoberfest besuchen, sind willkommen. Für die Einheimischen ist es fast schon Pflicht, in der „Tracht" aufs Oktoberfest zu gehen. Aber auch Gäste von weiter her legen Lederhose, Hemd oder Dirndl an. Und ich habe nicht nur einen Farbigen oder Asiaten gesehen, der diese Tradition auch lebt. Hat man ein Zelt gefunden, das einem zusagt und Plätze darin, so bestellt man sein Bier, eine Maß. Die Bedienungen, meist Frauen, sind zu bewundern. Nicht selten schleppen sie von der Schänke, so heißt die Zapfstelle, bis zu zehn Bierkrüge auf einmal, jeder mit einem Liter Bier gefüllt, zu ihren Gästen. Und wer eine nicht richtig voll eingeschenkte Maß nicht reklamiert, ist selbst Schuld. Mit der Zeit lernt man seine Tischnachbarn kennen und es ist schon vorgekommen, dass man Italiener, Schweizer oder Neuseeländer kennen lernt, die man im nächsten Urlaub besucht. Kommt der Besucher das erste Mal auf die Wiesn, sollte er genügend Zeit mitbringen und seinen Rundgang am späten Vormittag beginnen. So verschafft er sich einen Überblick über das, was geboten wird und entscheidet sich danach für den Ort, an dem er sich länger aufhalten möchte. Auch für die, mit dem größten Durchhaltevermögen ist 22:30 Uhr Ausschankschluss, die Musiker beenden ihr Spiel, die Zelte leeren sich und ein bestimmt erlebnisreicher, schöner Wiesnbesuch geht zu Ende.

Wenn die Wiesntage vorüber sind und Bilanz gezogen wird, was die rund 12 000 Beschäftigten während der Oktoberfestzeit den Besuchern an Brezn, Steckerlfisch, Hendl, Spanferkeln, Schweinshaxn, Ochsenbraten, Bier und vieles mehr, sowie Freude, Gaudi und Spaß auf den Fahrgeschäften und Attraktionen geboten haben, dann freuen sich alle auf das nächste Jahr und es gilt der Ausspruch: „Nach den Wiesn ist vor den Wiesn" – auch wenn man fast ein Jahr darauf warten muss.

In den vergangenen Jahren wurden Stimmen laut, die eine Erweiterung der Wiesn, besonders eine Mehrung der Zelte zum Inhalt hatten. Leider ist dazu noch keine Entscheidung gefallen. Die Verantwortlichen geben zu, dass besonders das Spektakel an den Wochenenden kaum noch regelbar ist und dass es keine Tabus und Denkverbote geben darf, wenn es darum geht, eine mögliche Katastrophe zu vermeiden. Es gibt Pläne, die Wiesn umzubauen. Der amtierende Stadtrat will dies nicht und forderte, einen Arbeitskreis ins Leben zu rufen, der alternative Maßnahmen erwägen soll.

Neue Diskussionen gibt es auch zu den traditionellen Bierkrügen, die ja bekanntlich aus Glas sind und leider in der Vergangenheit für manche zur Schlagwaffe wurden. Plastikkrüge wurden erprobt. Das Für und Wider wird abgewogen werden müssen. Zu den 2005er-Wiesn waren erstmals italienische Polizisten, Carabinieri im Einsatz, um am zweiten Wiesnwochenende, das traditionell sehr stark von Italienern besucht wird, etwaige „Verständigungsschwierigkeiten" bei Auseinandersetzungen auszuschließen und notfalls, beschwichtigend im Beisein der deutschen Polizei einzugreifen.

Die Vorbereitungen für das große Spektakel in 2007 haben begonnen und für viele ist es klar, wieder dabei zu sein. Für den Gast, der zum ersten Mal dabei sein wird, lohnt ein Besuch allemal.

Alle wünschen sich friedliche Wiesn und kein Vorkommnis wie 1980, als durch einen Bombenanschlag am Haupteingang 13 Festbesucher starben und über 200 verletzt wurden. Zur Mahnung erinnert eine Skulptur am Ort des Geschehens an die Tragödie.

Also: „Pfiat euch" und „Auf Wiedersehen in München".

Tom Bishop

Philipp Gratzer

Ein anstrengender Morgen ...

„Aufstehen, Tom, sonst kommst du zu spät in die Schule!", rief Mrs. Bishop aus der Küche, um ihren Sohn, Tom, endlich zum Aufstehen zu bewegen. Nach einer Weile öffnete Tom dann die Augen und begann verschlafen, sich anzuziehen. Erst nachdem diese aufwendige, jedoch auch ebenso notwendige Prozedur erledigt war, warf er einen Blick auf den Radiowecker, der neben seinem Bett auf dem kleinen Nachttischchen stand.

Plötzlich riss er seine Augen, die wegen der großen Müdigkeit nur halb geöffnet waren, weit auf. Es war schon 07:35 Uhr, was bedeutete, dass er es wahrscheinlich wieder einmal nicht rechtzeitig in die Schule schaffen würde. Was auch unter normalen Umständen vielleicht nicht so schlimm gewesen wäre, hätte sein Klassenvorstand nicht gedroht, ihn einen ganzen Monat lang nachsitzen zu lassen, falls er sich noch einmal verspäten würde.

Versuch macht klug, dachte Tom bei sich, nahm seine Schultasche, welche er am Vortag achtlos in eine Ecke seines Zimmers geschmissen hatte, rannte die Treppe hinunter – er nahm immer zwei Stufen auf einmal – und wollte sich gerade seine Schuhe anziehen, als seine Mutter erneut aus der Küche rief: „Ah, du bist endlich aufgewacht ... was möchtest du zum Frühstück?"

„Keine Zeit, Mama, ich muss mich beeilen, sonst komme ich wieder zu spät!", entgegnete Tom gestresst. Doch auch im größten Stress fand Tom noch immer die Zeit, sich im Spiegel, der neben der Tür an der Wand hing, zu vergewissern, dass der Junge da drin nicht allzu chaotisch aussah. Aber genau das Gegenteil war der Fall: Sein buschiges, schwarzes Haar war noch völlig zerzaust und zu allem Überfluss bemerkte er außerdem, dass er sein T-Shirt verkehrt herum angezogen hatte. Nachdem er sein Äußeres wieder halbwegs in einen normalen Zustand gebracht hatte, riss er die Haustüre auf und stürmte hinaus in den Garten.

Tom überlegte kurz, ob er sein Fahrrad nehmen sollte, welches allerdings einen Platten im Vorderrad hatte, oder ob er schneller wäre, wenn er die Strecke zu Fuß bewältigen würde – entschied sich dann schließlich fürs Laufen.

Mit einem Blick auf seine Armbanduhr stellte Tom fest, dass er nur noch zwei Minuten hatte, um rechtzeitig im Klassenzimmer zu sein. Das kann ich schaffen, dachte er und mobilisierte seine letzten Kraftreserven.

Und dann endlich: Am Ende der Straße konnte er schon die Umrisse des riesigen Schulgebäudes erkennen.

Er setzte zum Endspurt an, stürmte durch das große Schultor, zog sich in der Garderobe seine Hausschuhe an, hastete dann den Flur entlang und erreichte endlich das Klassenzimmer. Gerade rechtzeitig, denn hinter sich hörte er bereits die Schritte der gehässigen Englischprofessorin.

Schwer atmend, betrat er das Klassenzimmer. Seine Klassenkameraden, die vor einer Sekunde noch in ihre Gespräche vertieft waren, stellten diese erschrocken ein. Als sie jedoch erleichtert feststellten, dass es Tom und nicht die Englisch-Hexe war, fingen sie erneut zu plappern an.

In Schweiß gebadet und noch völlig außer Atem, ließ sich Tom in den Stuhl neben Franklin, seinem besten Freund, sinken. Er war der Einzige seiner Klasse, der noch kleiner war als er. Auf seiner Nase saß eine Brille, die seine Augen dahinter etwas größer erscheinen ließen, als sie es in Wirklichkeit waren. Franklin begrüßte ihn und sagte: „Hallo, hätte schon gedacht, dass du es wieder mal nicht schaffst."

„Tja", entgegnete Tom mit einem Grinsen, „im Sprinten war ich schon immer eine Eins." Schnell holte er seine Englischsachen aus dem Bankfach und legte sie sorgfältig übereinander gestapelt auf den Tisch.

Kurze Zeit später wurde die Tür des Klassenzimmers erneut geöffnet. Diesmal war es wirklich die Englischprofessorin.

Sie stellte sich vor die Klasse und begann mit ihrer ungewöhnlich hohen Stimme zu sprechen: „Herr Bishop", sie schaute in Toms Richtung, „Sie sind sich doch im Klaren darüber, dass es verboten ist, auf den Schulfluren zu rennen?"

Tom sagte ängstlich: „Ja, Frau Professor, aber …", er konnte seinen Satz nicht einmal beenden, denn schon schimpfte sie weiter: „Sie haben die Hausordnung verletzt, doch als wäre dieser missliche Umstand noch nicht genug, haben Sie mir außerdem noch die Türe vor der Nase zugeschlagen. So ein Benehmen werde ich nicht länger dulden! Sie schreiben bis morgen die Hausordnung ab, verstanden?" Tom wusste, dass es keinen Sinn hatte, sich gegen die Professorin zu verteidigen, so antwortete er nur mit: „Ja, Professor." Zu allem Überfluss begannen jetzt auch noch die restlichen Schüler schadenfroh zu lachen – ein Fehler, wie sich bald herausstellte, denn auch das gefiel der Englisch-Hexe überhaupt nicht: Sie ließ ihre geballte Faust auf das Lehrerpult niederdonnern und verschaffte sich somit Ruhe.

Erneut begann sie, mit ihrer ungewöhnlichen Stimme zu reden: „Was gibt es da zu lachen? Wenn ihr so etwas witzig findet, dann werdet ihr das sicher auch lustig finden: Ich habe beschlossen, die gesamte Klasse einen Überraschungstest über die gesamte Grammatik des letzten Halbjahres schreiben zu lassen." Diese Ankündigung traf die Schüler wie ein schwerer Schlag, das breite Lächeln auf ihren Gesichtern wich teils verdutzten, teils verängstigten Blicken …

Ein echt mieser Tag …

Der Grammatiktest am Vormittag war für Tom ein echtes Desaster, doch nicht nur für ihn, auch Franklin und die meisten anderen Schüler der Klasse hatten kein gutes Gefühl dabei gehabt.

Am Nachmittag – die Schule war gottlob vorbei – schlenderten Tom und Franklin gerade die Straße in Richtung Park entlang, sie wollten auf einer Parkbank den schönen Tag genießen, als ihnen plötzlich die Gang von Harry, einem obercoolen Jungen aus der Siebten entgegenkam. Die fünf Jungen waren alle einen Kopf größer als Tom und Franklin und mindestens zwei Jahre älter. Tom hatte nie verstanden, warum Harry jenen Einfluss an seiner Schule hatte. Soweit er das beurteilen konnte, war der Schläger mit seinem von Mitessern befallenen Gesicht nicht gerade eine Schönheit und auch vom Charakter her hätte er sich lieber mit einem Aasgeier abgegeben. Trotzdem schien er unter den Schülern beliebt zu sein. Doch ob das nun aus wirklicher Sympathie, oder aufgrund der Angst um ihr Wohlergehen war, sei dahingestellt.

„Wen haben wir den da?", fragte Harry mit einem bösen Lächeln im Gesicht. „Sind das nicht die zwei Versager aus der Fünften?"

„Was geht dich das an, Harry?", entgegnete Tom trotzig. Er wusste zwar, dass er lieber seine vorlaute Klappe hätte halten sollen, doch er konnte einfach nicht anders.

„Lassen wir uns etwa eine solche Frechheit von diesen zwei Bengeln gefallen?", fragte Harry die Anderen süffisant. Diese schüttelten energisch die Köpfe. „Dann zeigt ihnen doch mal, was wir mit Leuten machen, die uns dermaßen beleidigen!", schlug Harry gelassen vor.

Wie ihnen befohlen, gingen die vier Gangmitglieder auf die zwei Jungen los und begannen, mit ihren geballten Fäusten auf sie einzuschlagen.

Tom versuchte, den zahlreichen Schlägen seiner Kontrahenten auszuweichen, doch ohne Erfolg. Auch Franklin erging es nicht besser – er war nach einem Schlag auf den Nacken zu Boden gestürzt und blieb nun reglos liegen.

Mit schmerzverzerrtem Gesicht sank nun auch Tom auf seine Knie hinab, doch er dachte nicht daran, aufzugeben. Erst einige weitere Schläge überzeugten ihn davon, dass Kapitulation wohl wesentlich klüger war. So ließ er seine Arme sinken. Doch die Hiebe der Schläger hörten und hörten einfach nicht auf. Tom schrie, als ihn ein Kinnhaken hintenüber schlagen ließ, genau auf die Kante des Bordsteines.

„So, ich denke das reicht, Jungs, lasst uns von hier verschwinden!", hörte Tom eine Stimme, welche ihm unendlich fern erschien. Schließlich erkannte er die Stimme, sie war Harrys.

Er öffnete ängstlich die Augen und erkannte verschwommen ein paar Beine vor sich. Erneut hörte er diese Stimme, doch nun viel lauter; Harry musste also genau vor Tom stehen.

Dieser beugte sich nun zu ihm hinunter und sagte: „Wehe, du erzählst jemandem, dass wir das waren, verstanden?"

Toms Kehle war wie zugeschnürt, er wollte Harry etwas Beleidigendes an den Kopf werfen, doch heraus kam nur ein leises Wimmern.

Ein weiterer Tritt in die Rippen raubte ihm vollends die Luft und verschwommen sah er, wie sich das paar Beine von ihm wegbewegte. Gelächter, das immer leiser wurde, war das Letzte, was er hören konnte, dann verlor er das Bewusstsein.

Botschaft und Hintergrund von Tom Bishop – Der Krieger erwacht

Philipp Gratzer

Diese Geschichte spielt im Hier und Jetzt, was schon einmal sehr wichtig ist, da sie uns lehrt, dass wir weder in der Vergangenheit leben und irgendetwas oder irgendjemandem nachtrauern sollen noch all unsere Kraft, Liebe etc. für die Zukunft aufsparen müssen.

Die Geschichte des Tom Bishop ist eine sehr bildhafte Metapher, die einen großen Kampf beschreibt, den jeder von uns irgendwann einmal ausfechten muss. Die Einen früher, die Anderen später. So kommt auch Tom zu einer Weggabelung seines Lebensweges und er kann entscheiden, sich entweder zu verkriechen und die Dinge geschehen zu lassen oder selbst zu versuchen, die Welt, seinen Möglichkeiten entsprechend, etwas besser zu machen.

Natürlich, die Bedrohung der ganzen Welt ist eines der schlimmstmöglichen Szenarien überhaupt, doch es beschreibt die Wichtigkeit dieses Kampfes …

Die Grundlage für Toms Geschichte ist der japanische Manga. Und zwar aus einem ganz einfachen Motiv. So, wie der japanische Comic auf den ersten Blick vielleicht stupide und stümperhaft wirken mag, erscheint möglicherweise auch mein Buch beim nachlässigen Überfliegen. Doch ich habe von jenen Comics gelernt, dass man im Leben alles schaffen kann, wenn man nur den nötigen Biss, Mut und Freunde, die hinter einem stehen, hat. Außerdem gibt es hier nicht die klaren Grenzen zwischen Gut und Böse, wie es sie größtenteils bei anderen Geschichten und Erzählungen gibt. Im Grunde ist es im wirklichen Leben auch nicht so einfach zu unterscheiden, wer auf welcher Seite steht, und so ist mein Text in seiner Unwirklichkeit doch der Wahrheit bedeutend näher als so manch anderer. Auch Tom erfährt, dass nicht alles schwarz und weiß ist. So werden zum Beispiel einstige Gegner plötzlich zu wichtigen Mitstreitern.

Weiters beschreibt meine Geschichte den Rassismus, jenen Hass vor dem Anderen und Unbekannten. Doch es ist nicht – zumindest nicht nur – der Rassenhass den dunkelhäutigen Menschen gegenüber, sondern ein etwas anderer …

Das Motiv von mir war, dass ich eine Geschichte schaffe, ähnlich wie jene einer gewissen Joanne K. Rowling, die auch Kinder und Jugendliche wieder mehr zum Lesen anregt. Darum habe ich zusätzlich Probleme wie Unsicherheit, Einsamkeit, Mobbing und das wohl wichtigste aller Themen, nämlich die Liebe, in meine Geschichte eingearbeitet.

„Tom Bishop – Der Krieger erwacht" ist eine frische, erquickende Geschichte, deren Thematik noch nicht hunderte und aberhunderte Male abgehandelt wurde. Die Verschmelzung von den Lehren des Fernen Ostens und das Aufzeigen von Gedanken, Problemen und Themen, die Menschen jeglichen Alters und jeglicher sozialer Schicht interessieren dürften, ist etwas noch nie Dagewesenes und auf jeden Fall lesenswert.

Jemand – ich glaube, es war meine Deutschprofessorin – hat einmal gesagt: „Ich habe nur ein einziges Leben, doch durch das Lesen von Büchern habe ich das Gefühl, hunderte Male gelebt zu haben."

Ich habe selbst, und zwar schon während des Schreibens, miterlebt, wie ein Buch ein Leben verändern kann.

Und so wie ich die Botschaft des Tom Bishop erfahren habe, nämlich dass nicht einmal das Unmögliche selbst unmöglich ist, hoffe ich, dass auch viele Andere mein Buch lesen und seine Philosophie verstehen werden …

Aus: Gratzer, Philipp: Tom Bishop – Der Krieger erwacht. novum Verlag (Lieferbar ab Sept. 2007)

Verborgene Kunstschätze in fränkischen Kirchen

Birke Grießhammer

Immer, wenn ich eine alte, kleine Kirche betrete, bin ich neugierig und gespannt. Geht es Ihnen auch so?

Wenn ich beim Wandern oder Rad fahren in der fränkischen Landschaft eine der alten Kirchen sehe, packt mich eine unbändige Neugier. Ich will unbedingt hinein gehen und schauen, ob ich da etwas Schönes finde: Bildwerke, zum Beispiel eine reizende Madonna mit dem Jesuskind; eine liebliche Heilige in herrlichen, goldenen Gewändern; einen alten bizarren Mann, der seinen Kopf mit der Bischofsmütze in Händen trägt; und, und, und …

Auch die Bilder haben es mir angetan, sie erzählen Geschichten. Geschichten aus der Bibel, die ich oftmals kenne und die ich Ihnen oder denen, die mit mir sind, gerne erzähle. Oder die vielen Engel, vor allem in den mit Gold, Silber und Marmor reich ausgestatteten Barockkirchen, von denen es besonders in der Fränkischen Schweiz und in der Umgebung Bambergs eine Menge gibt. Da bewohnen Engel in jeder Größe und in jedem Alter die Kirche, fliegen den Altar entlang hoch über die Köpfe oder stehen wie eine Wache neben dem Altarbild oder sie halten wie in Gößweinstein ein verglastes Kästlein mit einem besonderen Kleinod.

Die kleinen alten Kirchen, ich erkenne sie oftmals am vorgesetzten Ostchor mit den verzierten Maßfenstern oder am dicken, behäbigen Turm mit Rundbogenfenstern, diese kleinen alten Kirchen haben es mir angetan. Manchmal sind die Kirchen gar nicht so klein, aber die Ortschaften, zu denen sie gehören, sind klein und wenig bekannt.

Diese Kirchen ziehen mich magisch an. Was finde ich wohl dort? Eine prachtvolle Strahlenkranzmadonna, ein geschnitztes Bild einer Wöchnerinnenstube, eine Unterhaltung zwischen alten Männern mit Bart, …?
Ich freue mich jedes Mal, wenn ich um die Kirche eile, um eine hoffentlich offene Eingangstüre zu finden. Dort ist manchmal ein Schaukasten oder ein Kirchenplakat angebracht. Aber welche Enttäuschung, wenn die Tür verschlossen ist. In den evangelischen Kirchen ist das leider häufig der Fall. Und es ist Donnerstagvormittag oder Sonntagnachmittag. Kein Kirchenbüro ist besetzt. Wer hat den Schlüssel? Wo wohnt der Messner? Kann ich den Herrn Pfarrer an seinem geruhsamen Sonntagnachmittag stören? Geht er mit mir in die Kirche oder vertraut er mir den Schlüssel an?
Und, juhu – die Kirchentüre geht auf – aber schon weit vor dem Altar hängt eine Absperrkordel und ein Warnschild: Vorsicht! Alarm! Ich bin erschrocken und wagte mich nicht weiter nach vorne, obwohl ich von meinem Standort nur wenig erkennen kann. Welche Enttäuschung!

Und so habe ich nun, angetrieben von meiner Neugierde, ein Buch über die verborgenen Kunstschätze für Sie gemacht, zum einen, damit Sie diese leichter finden und besser betrachten können, zum anderen, damit Sie wissen, wann und wie Sie in die Kirchen kommen. Und zum Dritten, damit Sie die spannenden Geschichten zu den Kunstwerken erfahren können. Denn sie erzählen Geschichten:
Ich habe sie aufgeschrieben und habe die Kunstschätze fotografiert. Übrigens, das Fotografieren in den kleinen Kirchen ist riesig schwer. Ich kann ein Lied davon singen: Das Licht ist miserabel oder blendet, die Oberfläche der Tafelbilder spiegelt, die Epitaphien hängen an die drei Meter hoch, die Anna-Selbdritt, die ich mit dem Fernglas erkenne, steht im Gegenlicht in etwa vier Meter Höhe im Gesprenge über dem Schreinaltar!

Und trotzdem. Ich bin auf die Suche gegangen und habe in fast vierzig Kirchen an die 120 verborgene Kunstschätze aufgestöbert, sie genau betrachtet, fotografiert und von ihnen in diesem Buch berichtet.

Ich erzähle nicht nur die Geschichten zu den Bildern, die oftmals in der Bibel stehen, oft aber auch nicht, ich erzähle auch die Geschichten und Legenden der Heiligen mit ihren eigenartigen Attributen (Erkennungszeichen): ein Hahn, ein Drache, ein Körbchen mit Blumen, ein Schwert, ein zerbrochenes Rad, und, und, und.

Ich erzähle auch, weil ich auch Enkelkinder habe und weiß, dass die jüngeren Generationen heute nicht mehr so viel aus der Bibel kennen, die bekannten und die weniger bekannten Geschichten.

Und dazu die Geschichten, die die Zeit schrieb. Wann das Bild, der Altar, der Grabstein in die Kirche kam, wohin er im Laufe der Zeit versetzt oder verstellt wurde, wann und warum er wieder zum Vorschein kam, was einige Restauratoren oder Denkmalschützer – besonders im 19. Jahrhundert – in bester Absicht mit den armen, alten Bildwerken vornahmen, aber dadurch ihre ursprüngliche Wirkung veränderten! Sie litten unter neuer, greller Bemalung oder wurden in einen viel später entstandenen Schrein versetzt. Die Gemeinde hatte und hat oftmals gar nicht viel zu melden, denn die Fachleute (!) entscheiden über ihre Köpfe hinweg. Und die Angehörigen der Familien, die Andachtsbilder für „ihre" Kirche in Auftrag gegeben und bezahlt haben, sind längst verstorben und können sich nicht mehr wehren. Ich habe bei Busfahrten mit Gruppen, die sich gerne mit mir auf die Suche begaben, die Schätze mit Taschenlampe und Fernglas genau betrachtet und dazu erzählt. Auf solche Tagesfahrten will ich Sie gerne mit Ihrer Familie, mit Ihren Kids oder Teenies, mit Ihren Freunden mitnehmen, um das Vergessene und Verborgene zu finden und darüber mehr zu erfahren.

Die Kapitel des Buches sind in leicht durchzuführenden Tagesfahrten angeordnet. Lassen Sie sich mitnehmen! Lesen Sie zuhause oder in der Kirche – vor allem im Sommer – die Texte. So werden die Kunstwerke Ihnen bekannt, Sie werden sie besser verstehen, fachkundiger betrachten und lieben lernen. Es wird Ihnen gehen wie mir: Ich trage die verborgenen Schätze als Bilder mit mir, besuche sie gerne und zeige sie meinen Freunden oder Enkelkindern.

Nun einige Kostproben aus meinem Buch:

Mein Lieblingsthema ist die Strahlenkranzmadonna. Sie lächelt uns in zahlreichen Kirchen entgegen: in Ottensoos, in Kalchreuth, Hersbruck, Puschendorf, Neunkirchen, Katzwang, Velden, Veitsbronn, Dormitz.

Fast immer ist sie mit dem Kind auf dem Arm stehend dargestellt (Ausnahme: Puschendorf, dort als apokalyptisches Weib auf dem Drachen sitzend und in Kleinschwarzenlohe, dort sitzend als Katharinenverlöbnis). Sie ist umgeben von zahlreichen goldenen Strahlen, die sie wie eine Mandorla umgeben. So wirkt sie wie eine Göttin. Angetan mit einem oftmals farbig verzierten Gewand, über dem in zahlreichen Falten ein goldener Mantel liegt. Oftmals sehen wir um die schlanke Taille einen auffallend geknüpften Gürtel, das Zeichen der Kraft und der Jungfräulichkeit sowie die in Locken offen herabfallenden Haare. Über ihrem, manchmal mit einem weißen Schleier bedeckten Haupt, halten fast immer zwei Engel eine goldglänzende Krone zum Zeichen ihrer königlichen Würde.

Zumeist sitzt auf ihrem linken Arm, dem Herzen näher, der Sohn Jesus, der Gottessohn. Er ist wie ein Baby mit etwa zwei bis drei Monaten aufrecht sitzend dargestellt, manchmal mit überkreuzten Beinen. Das soll kein Strampeln des Nackedeis andeuten, sondern weist auf seinen späteren Kreuzestod hin. Überhaupt gibt es bei den Schnitzwerken, ihren Beifügungen, den Farben oder der Umgebung wenig Zufälliges. Fast alles hat eine bestimmte Bedeutung, die die Menschen damals wussten, die wir aber oftmals nicht mehr kennen.

So hält Maria in ihrer Rechten ein Szepter, das Zeichen ihrer Herrschaftsmacht im Himmel oder eine Frucht. Ein Apfel wird zurückgeführt auf den Paradiesapfel, den Eva dem Adam zu essen gab. Maria soll nun die neue Eva, also die reine Jungfrau darstellen, die durch die Geburt des Erlösers die Sünde, die Eva in die Welt gebracht haben soll, wieder auslöscht. Der Apfel ist aber auch das Zeichen für die Weltherrschaft. Gottvater oder der Kaiser tragen oftmals einen Reichsapfel mit dem Kreuzeszeichen, um ihren Anspruch auf das Weltregiment zu dokumentieren.

In der griechischen Mythologie kommen die Paradiesäpfel, die Äpfel der Hesperiden vor. Sie waren die Götterspeise, die ihnen ewige Jugend und ewiges Leben verliehen. Es waren Granatäpfel. Der aufgeschnittene Granatapfel mit seinem süßen, roten Fleisch und den fruchtbaren Kernen wurde mit der weiblichen Vulva verglichen und bedeutet auch die himmlische Freude und Lust: „… da wollte ich dich tränken mit gewürztem Wein und mit dem Most meiner Granatäpfel" (Das Hohelied Salomos 8, 2).

Der Apfel als Sinnbild der Fruchtbarkeit ist viel älter als das Christentum. Er ist auch das Zeichen des ewigen Lebens und der Wiedergeburt und wurde von Göttinnen den Helden verliehen. Auch von großen Göttinnen, wie Aphrodite, Hera, Juno oder der Unterweltsgöttin Hel ist bekannt, dass sie mit dem Apfel oder mit einem Apfelbaum dargestellt wurden. Wir kennen den Apfel auch aus Märchen, wie Schneewittchen, wo er vergiftet zum Scheintod der Königstochter führt.

Birke Grießhammer

Eine Stahlenkranzmadonna grüßt uns wie eine Göttin prächtig angetan mit dem Jesuskind auf dem Arm und mit einem Apfel in der Rechten in der evangelischen Pfarrkirche in Veitsbronn, Landkreis Fürth. Engel umschweben sie mit Instrumenten und halten eine Krone über ihr Haupt. Unbekannter Nürnberger Meister, 1470/80.

Manchmal reicht Maria oder ihre Mutter Anna auch dem Kinde eine Weintraube, ein Sinnbild für den Abendmahlswein oder im katholischen Glauben für das vergossene Erlösungsblut Jesu. Jahrtausendelang war das rote Blut der Frauen, das Menstruationsblut, ein Zeichen der Fruchtbarkeit und Gebärfähigkeit, da man glaubte, Kinder entstünden aus dem Menstruationsblut. Es wurde hoch geachtet und zu manchem Zauber genutzt.

Hält Maria als Mutter Gottes eine Birne in der Hand, dann weist das auf ihre reine Jungfräulichkeit hin, da die Blüten der Birne, wie manche meinen, das reinste Weiß zeigt.

Unter den Füßen der Himmelskönigin erkennen wir häufig – Sie müssen nahe herangehen – einen Sichelmond mit Gesicht. Der Mond kommt in der Apokalypse, der Offenbarung des Johannes vor, wo er unter den Füßen des Weibes in Geburtswehen in einer Vision des Evangelisten gesehen wird: „Und es erschien ein großes Zeichen im Himmel: ein Weib, mit der Sonne bekleidet, und der Mond unter ihren Füßen und auf ihrem Haupt eine Krone von zwölf Sternen. Und sie war schwanger und schrie in Kindesnöten und hatte große Qual zur Geburt." (Offenbarung 12, 1 und 2).

Dabei könnte man es bewenden lassen. Aber der Mond hat noch ungezählte andere, besonders vorchristliche Bedeutungen, die natürlich auch eine Rolle spielen. Die Sichel des zunehmenden Mondes entspricht auch dem Wachstum der Schwangeren und ihrer Frucht. Die griechische Göttin Diana, die im ganzen Mittelmeerraum verehrt wurde, trägt die Mondsichel als Zeichen und zahlreiche andere Göttinnen, vor allem die der Nacht und der Unterwelt ziert dies Gestirn der Frauen. Das Gesicht in der Mondsichel – zumeist als alte Frau mit Kopftuch erkennbar – könnte auf die Ahninnen hinweisen oder auf die mythologische Mondfrauengestalt, die Luna. Unter den Füßen der Maria wird das zumeist als Sieg der christlichen Maria über die heidnischen Göttinnen gedeutet. Immerhin war und ist der Mond das Zeichen der Frauen und ihrer Göttinnen in zahlreichen Kulturen, dagegen die Sonne – entgegen unserem deutschen Sprachgebrauch – das Zeichen der Götter, der Herrscher, der Männer und ihrer Vernunft …

Wir merken schon, vieles können wir bei den christlichen Bildwerken, die in Kirchen in kleineren Ortschaften verborgen sind, herausfinden. Übrigens hat der junge Albrecht Dürer um 1503 eine wunderschöne Strahlenkranzmadonna, die auf dem Sichelmond sitzend ihr Kind stillt, als Deckblatt für seine Kupferstichfolge des Marienlebens gestaltet. Strahlenkranzmadonnen gemalt oder als Bildwerke, die für dieses Büchlein ausgewählt wurden, finden Sie besonders in der Umgebung Nürnbergs und Erlangens. Sie stammen aus dem ersten Viertel des 16. Jahrhunderts und sind teilweise von namentlich bekannten Künstlern geschaffen worden, über die ich auch manches zu berichten weiß.

Auch das Alltagsleben der Menschen wird in unseren Kunstschätzen deutlich. Zum Beispiel im Bild der Wöchnerinnenstube. Sie dient mit mächtigem Bett, mit karierten Bettkissen, mit Truhe, Kanne und Becher geschnitzt oder gemalt als Ambiente zur Geschichte der Geburt Mariens oder der Geburt des Johannes des Täufers. Wir erkennen die Gebärende kurz nach ihrer Arbeit ermattet liegend oder aufrecht sitzend in einem Holzbett mit Baldachin und mit Vorhängen. In Dormitz, in der Nähe Erlangens, ist es die Mutter Anna (s. Abb.), die aufrecht sitzend mit einer goldfarbenen Damastdecke zugedeckt, glücklich ihr Neugeborenes entgegennimmt. Das Mädchen ist Maria, die mit roten Bäckchen von Kopf bis Fuß fest eingeschnürt als Wickelkind, wie damals üblich, der

Mutter übergeben wird. Der schönste Moment im Leben einer Mutter! Das Baby wird der Kindbetterin von der Hebamme mit aufgekrempelten Ärmeln und mit einer weißen Haube angetan zur Begutachtung hingehalten. Daneben steht eine Helferin, wohl das Lehrmädchen der in Nürnberg ab etwa 1520 geprüften und beschäftigten städtischen Hebammen. Sie trugen eine eigene „Dienstkleidung" mit einer hoch aufragenden, weißen Haube und die Geldtasche hing am Gürtel. So zeigen es auch zeitgenössische Trachtenzeichnungen.

Ganz wichtig ist in der Kindbettstube, wie sie zu Zeiten Dürers hieß, der Waschzuber. Er steht auf diesem Relief rechts unten. Dort wurde das Neugeborene gebadet, bevor es gewickelt wurde. Auf keinem dieser Bilder fehlt ein Krug, vermutlich mit Wein oder mit von den Frauen gebrautem Bier gefüllt und ein Teller mit stärkender Speise. Oftmals liegt ein Ei als Fruchtbarkeitssymbol auf dem Teller. Der Weinkrug und die Becher lassen erahnen, dass die glückliche Geburt mit Verwandten und Nachbarinnen, Männer hatten zu Wöchnerinnenstuben normalerweise keinen Zutritt, gebührend gefeiert wurde. Die Frauen hatten allen Grund, eine glückliche Geburt zu feiern, denn bei diesem alltäglichen Ereignis schwebte die Gebärende jedes Mal in Lebensgefahr. Und es ging ja auch oft genug schief.

   In Städten wie Nürnberg wurde genau vorgeschrieben, wie viel Wein oder Bier bei einem solchen Fest ausgeschenkt werden durfte, damit die Frauen ja nicht zu übermütig wurden. Auf einer Radierung Dürers aus dem Marienleben um 1503 sieht man, dass er das frohe Treiben gut wiedergegeben hat. Zwölf Frauen verschiedenen Alters mit mehreren Kindern, manchmal auch mit Hunden, bevölkern die Stube.

Selbstverständlich stellt der Künstler die Geburt des besonderen Kindes Maria oder die Johannes, des Täufers –

Birke Grießhammer

In einer Wöchnerinnenstube wird die Geburt der Maria dargestellt. Die Mutter Anna nimmt das Kind gewickelt entgegen, das ihr von der Hebamme gereicht wird. Relief von einem Altarflügel eines unbekannten Meisters um 1523 aus dem Umkreis des Veit Stoß in der katholischen Pfarrkirche Mariae Verkündigung in Dormitz, Landkreis Forchheim.

beide Kinder wurden von Engeln angekündigt – nicht so dar, wie es historisch gesehen wirklich gewesen sein mag. Daran liegt ihm nichts. Aber zu diesem Bildthema, das in die Bilderabfolge des Marien- oder Johannes Baptistaleben gehörte, wurde üblicherweise eine Wöchnerinnenstube abgebildet, im Gegensatz zur Geburt Jesu, der ja wie die Bibel erzählt, in eine Futterkrippe gelegt wurde. Wöchnerinnenstuben finden wir verborgen in den Kirchen in Ottensoos, in Gutenstetten, in Dormitz.

Themen, die nur selten dargestellt wurden, Besonderheiten und Raritäten fand ich auch oftmals versteckt. So wunderte ich mich in Tennenlohe über eine prächtig gekleidete Frau mit Bart, die an einem Kreuz hängt, in Hiltpoltstein entdeckte ich eine Maria unter dem Kreuz, die von einem römischen Hauptmann mit einem Prügel bedroht wird, in Neunkirchen stapft ein bärtiger Riese mit einem baumartigen Wanderstock durch eine Furt oder in Ostheim predigt ein Prophet Nackten und Totengerippen auf einem Acker. Dies alles fand ich und möchte es Ihnen gerne zeigen und erklären.

Mein Buch wird wohl im Sommer 2007 im novum Verlag erscheinen. Zum besseren Auffinden der Kunstschätze in den kleineren Orten in Ober-, Mittel- und Unterfranken ist eine Landkarte abgedruckt. Ein Register erleichtert es Ihnen, die für Sie besonders interessanten Themen schnell zu finden.

Ich hoffe, Sie sind nun ein wenig gespannt auf mein Buch.

Sinfonie des Tagesanbruchs

Lautlos schiebt sich die riesige orange Scheibe, Frau Sonne, über die auf aller Welt fein gezogene Linie des Horizonts. Es ist der Moment, an dem ein neuer Tag geboren wird. Mit Vergnügen küsst er die Sonne wach. Oder ist es umgekehrt und sie hält ihn zärtlich in ihren Armen, hebt ihn in die Höhe und präsentiert ihn den Menschen. Beides gleich interessant, Hauptsache er findet statt, der Tagesanbruch, der tägliche Sonnenaufgang. Prinz Tag und Königin Sonne sind einander Liebende, genauso wie die Nacht mit dem silbrigen Mond und den so weit entfernten Sternen liiert ist.

Der Ball des Schicksals dreht seine Runde. Man könnte meinen, jemand hält diese Feuerkugel in der Hand und erhebt sie zum Himmel, lässt sie ihre Bahn ziehen und fängt sie abends wieder auf, dass sie nicht verloren gehe.

Weiches, warmgoldenes Orange zwängt sich mühelos und unaufhaltsam durch die Ritzen der Jalousien und malt in den Zimmern eigenartige Muster auf das Interieur. Das Licht sucht sich durch den Saum der Wimpern den Zugang zum Auge des Schläfers und weckt ihn sanft aus dem Reich der Träume. Sicher wäre es eine besondere Art von Melodie, diese Sinfonie des Tagesanbruchs, die leise ins Ohr zieht, des Menschen Gehirnbahnen stimuliert bis er erwacht. Draußen die Natur, sie singt und musiziert unerschöpflich in ihrem vorgegebenen Rhythmus des Lebens, des Daseins.

Die regnerischen Tage haben ihre Musik, tröpfelndes Getrommel, strömende kleine Wasserfälle vom Dach zur Rinne, runter zum Gully. Vielleicht soll der Regen mit seinen kostbaren Tränen die Trauer über all die Vergehen an der Natur und an uns selbst beweinen, bewusst machen und wieder reinwaschen?

An nebligen Tagen hält sich die Sonne versteckt, verborgen im herumschwadenden Dunst. Der Nebel legt ein weiches, graues Gespinst des Vergessenwollens über die Welt, doch dringt dann die Sonne durch, bringt sie es wieder ans Licht, an den Tag.

Ein neuer Tag ist wie neu geboren werden, beinhaltet die Freude des Weiterlebendürfens. Die Schreckgespenster mancher Nacht fallen in sich zusammen wie die kalte Asche eines erloschenen Feuers, sie sind verbrannt und verbannt. Oder sie verziehen sich in dunkle Höhlen wie Fledermäuse, zusammengekauert in einer Ecke schlafend.

Ein neuer Morgen ist auch wie der Auftakt der Tagesmelodie. Beginnt er mürrisch, muffelig, hinterlässt das Notenspuren dieser Art, auch Taktlosigkeiten. Fröhlich freudig reingesungen zaubert das Lied ein lächelndes Tagesantlitz auf der Menschen Gesicht. Was werden wir heute, ja heute, wahrnehmen? Augen blickt, Ohren lauscht, Nase schnuppere und Mund schmecke … Die Tagesspeisekarte liegt bereit, sie kitzelt all die Sinne. Jeder ist sein eigener Gourmet oder auch nicht. Verpasstes kommt so nicht wieder. Aber Anderes ist genauso spannend und wertvoll.

Frühlings-Swing

Da ist er ja wieder, endlich! Der krokusgeschmückte, blauhimmelige Frühling, die burschikose Jahreszeit im leichten Gewand. Schwelgerisch säuselt und tänzelt der laumilde und dann wieder kühlhauchende Wind um die Ecken und zaust an den Haaren oder streichelt sie zärtlich. Bringt andere Gedanken in Bewegung, entkalkt und putzt den Winterstaub heraus aus den Köpfen. Er lässt die Säfte steigen, das Blut pulsieren, das Leben lebt wieder auf.

Fröhliches Gelärme füllt die Straßen und Cafés, Unterhaltung ist angesagt. Treffs, Dates unterteilen als vergnügliche Details den Alltagstrott. Musik liegt in der Luft, Frühlings-Swing beschwingt den Tritt, bestimmt den Rhythmus im Lauf.

Das neue Lieblingskleidungsstück darf aus dem Schrank hinaus zur Modenschau auf den Laufsteg Straße. Blumenbunte Farben und schmetterlingsleichte Stoffe bestimmen das Bild. Sonnenbrillenzeit ist angebrochen, die Augen sind das helle Sonnenlicht noch nicht gewöhnt. Hinter den dunklen Gläsern, oder den roten und erst recht hinter den metallisch blau schimmernden, lässt es sich unverfänglich flirten, Blicke aussenden und erhaschen, ohne gleich erkannt, demaskiert zu werden. Unverbindliches Ausschauhalten nach einer neuen Liebelei, eins der Frühlingsspiele, das zu ihm gehört wie das Gelbe zum Ei.

Spaziergänger lassen sich Zeit beim Laufen, fahren die Gänge herunter, während die Radler forsch dieselbigen zulegen. Motorradfans dröhnen donnernd über den trockenen Asphalt, ihre Lebenslust äußert sich in rasantem Tempo und der Lautstärke des Auspuffs. Autoradios turnen sich gegenseitig um die Wette und gewinnen an Eigendynamik. Alle Alter sind unterwegs, wer draußen sein kann, ist es. Raus zieht es jeden irgendwohin, man entkommt ihm nicht, dem Sog dieser Jahreszeit. Aufbruchstimmung.

Angriff

Lebewesen Kater liegt, sich räkelnd, im Grase. Sein wohliges, kehliges Schnurren, fast ein Gurren, verrät die Tat: Er hat soeben eine junge Amsel erhascht, die ihre ersten Flugversuche leider vor seinen Späheraugen unternahm. Jetzt verdaut er, spielt mit den Pfoten das Fangen des eigenen

Schwanzes, eingezogen bleiben sie die spitzen, gut gewetzten Krallen, die so feine, tödliche Linien ziehen können. Wieder ein gelangweiltes, breites Gähnen, weiße kleine Dolche blitzen auf, seine Zähne. Leben ist Spiel an diesem heißen Sommertag. Das ist einfach ein Katzenwetter.

Da wendet sich das Geschehen von einem Moment zum anderen grundlegend. Es erfolgt aus dem Nichts ein schwarzer Angriff von oben aus den Lüften. Amseleltern, zwei Paare, fliegen wie Geschosse haarscharf über den schutzlos liegenden Kater, drehen und peitschen wieder und wieder in minimalem Abstand, die harten Schnäbel wild hackend, an ihm vorbei.

Nur ein Minutenauftritt, diese stürmische Attacke, aber Kater muss sich, zu Tode erschreckt, blindlings türmend unter der Heckenrose in Sicherheit bringen.

Seitdem scheut er die Amseln.

Löwenzahn, Wandelblume

Geschlitzt, gezackt, das grüne Blatt, wie eine Säge gezahnt, an der man sich schnell den Finger ritzt oder gar abschneiden könnte, so präsentiert er sich, der Löwenzahn. Kinder erschreckt er nicht, im Gegenteil, er zieht sie magisch zum Berühren an. Den gelben Puschelkopf, hoch erhoben zur Sonne gestreckt, erweist er sich als wiesenfüllend, augenerfreuend, bienenbesummtes, schmatziges Futter fürs Vieh und als Ärgernis aller Besitzer eines englischen Rasens.

Im zeitigen Frühjahr warten schon tausende von Knospen, geduckt wie wilde, kleine Raubtiere, knapp über der Blattrosette, auf ihren Sprung zum Erblühen. Fast über Nacht knallen sie auf, gelblöwenmähnige Blumen, so ganz andersartig als die sittsame Rose. Eigentlich hätte man ihr lebenslustiges Brüllen doch hören müssen? Aber nichts hat den Schlaf gestört.

Obwohl die Blütenblätter sich streichelweich anlangen, haben die Blumen etwas Wuchtiges, Stolzes, Lebensstrotzendes an sich, bliebe man länger neben ihnen stehen, würden sie einen mit derselben Unbeirrbarkeit überwachsen wie sie sich in Mauerritzen einnisten.

Das Zarte entdeckt man erst dann, wenn die feinen, federleichten Samenschirmchen auch wieder wie über Nacht erscheinen und die Wandlung der Blüte offenbaren. Pusteblumen wie Schaumbällchen oder Salzburger Nockerln aus Eischnee verleihen der Wiese ein völlig anderes Aussehen. Ist vielleicht eine Wolke auf die Erde gefallen?

Beim leisesten Windhauch tänzeln, gaukeln sie wie eine Art besonderer Insekten durch die Luft, verfangen sich überall, auch im Haar. Da, wo sie sich niederlassen, keimen sie schnell, behaupten ihren Standort. Aus jedem erdenklichen, noch so kleinen oder kargen Platz bezieht er Lebenskraft, der Löwenzahn.

Hartnäckig ist er, als Unkraut beschimpft, wird er mit Messern herausgestochen. Trotzdem ziert er im kommenden Jahr wieder die Wiesen, Parks und Gärten. Seine hohe Zeit ist der April und genauso wie der Monat macht er, was er will.

Die Kostbarkeit der geschenkten Zeit

„Ich hab grad keine Zeit …" ist wohl einer der am häufigsten ausgesprochenen oder gedachten Sätze unserer Gegenwart. Ständig sind wir in Bewegung; ist es ein Nachrennen hinter der verrinnenden Zeit oder das Weglaufen vor Ereignissen, die in und über uns zeitlich werden wollen?

Margot Gröger

Wenn wir uns Zeit nehmen, so als könnten wir einfach hinlangen und uns aus dem großartigen Geschenk der Ewigkeit etwas abbrechen, wenn wir innehalten, uns selber oder einem anderen das Jetzt, das wirklich in der Gegenwart da sein, schenken, dann erfüllt es uns.

Zeit bekommt eine andere Qualität, sie wird mehr oder bleibt sogar manchmal stehen. Sie tut es.

In der Erinnerung an solche Momente des irgendwie Miteinanders hält man die Quäntchen Zeit auch wieder fest, holt sie vor Augen und betrachtet sie wie einen kostbaren Schatz. Also erfülle die Zeit, fülle die anfangs leere Kiste mit deinen eigenen Schätzen, mit all den Ereignissen, Begebenheiten und Erfahrungen, die dein Ich ausmachen. Das ist die Kostbarkeit der Zeit, die du dir in deinem Leben schenkst und die du mit Anderen teilen darfst.

Gartenfieber

Kaum werden die Tage länger, packt sie mich schon wieder, die Lust am Garteln, am Draußensein. Eine Freude, die in mir hochsteigt wie die aufgehende Sonne am Morgenhimmel, genauso orange und vielversprechend.

Der tägliche Rundgang durch mein Revier offenbart stets neue Szenerie. Ich durchstreife, halte inne, sehe und plane, träume … Es war erst Winteranfang und mich juckts schon wieder in den Händen, will tun.

Heuer ists noch schneefrei, es war lange warm. Deshalb breiten sich ganze Pflaster von Gänseblümchen schon dominant im Rasen aus, startbereit, als eine der ersten Blümchen zu erblühen. Wie Kinderköpfchen, grüne, winzige, kugeln sich die geschlossenen Blütchen zusammen, ducken sich in die Blattrosette, als wäre es ihnen nun doch zu kalt.

Im Beet thronen zwei blassgelbe Rosenblüten wie kostbares Porzellan, eisgefroren sind sie, über dorn- und raubereiften Zweigen. Hätten sie ein Menschengesicht, wären sie Damen des Rokoko in ihrer Ausstrahlung an Gestalt.

An der kleinen Weide beim Teich, sie soll einmal eine Kopfweide werden, sitzen die Knospenschalen noch fest. Und doch hat man das Empfinden, würde man die Ohren eng dran halten, könnte man im Inneren ein wildes Pulsieren spüren, vergleichbar mit der Unruhe eines Kükens im Ei. Ihre Kätzchenblüten schlüpfen auch so ähnlich. Die Schale springt zu gegebener Zeit auf und heraus befreit sich ein pelziges Tierchen, das aber eine Blüte ist. Vielleicht piepst das Weidenkätzchen sogar oder miaut – ultraschallmäßig – leider kann es niemand hören. Es drängt sich mir der Gedanke auf, ob nicht alles in der Natur irgendwelche Laute von sich gibt? Jedenfalls sind sie unaufdringlich und nicht im Geringsten laut.

Der grüne Schachtelhalm ist das ganze Jahr gleich sattgrün, verlockt zum Reinbeißen, tut aber keiner. Er steht straff aufrecht, säumt den Teichrand an einer Seite wie die aus der Erde ragenden Spitzen von Florett, immer zur Abwehr bereit. Einmal, als ich mich zu neugierig über sie beugte, bekam ich den Stich im Auge zu spüren. Wenn ich mit der Hand seitwärts an ihm streife wie über die Saiten einer Harfe, gibt er einen raschelnden Laut von sich, der an bewegte Papierseiten erinnert. Ich mag dieses ausdauernde Gewächs, weil es Wind und Wetter trotzt.

Mein Weg führt mich weiter Richtung Hecke. Die in Form geschnittenen Buchen erzittern, weil eben ein Windhauch durch ihre Astrippen streicht. Die hartledrigen alten Blätter sitzen noch fest, sie geben diesen ganz eigenen sirrenden Ton von sich, wenn Vögel schutzsuchend einfliegen. Ein verlassenes Nest sitzt in einer Astgabel, fein eingewirkt, kugelig haftet es. Ob es im Frühjahr noch einmal von Familie Kohlmeise bezogen wird oder ein frecher Spatz mit Gattin einzieht ist noch ungewiss.

Ah, die Christrose darf ich nicht vergessen. Auch sie zieht heute mein Augenmerk auf sich, sie will beachtet sein wie all die anderen. Knospenansätze spitzeln kugelig und grün bekränzt aus der Erde. Sie gedeiht am besten in Verbindung mit den Wurzeln der Hecke oder von Bäumen, symbiotischer Austausch beidseitiger Kräfte.

Langsam wird es mir kalt, trotz des inneren Fiebrigseins. Muss noch warten mit der freudigen Arbeit im Garten, es ist schließlich noch Winter.

Brandung

Im Meer stehen und sich der Brandung hingeben an einem stürmischen Tag, das lässt einen für lange Momente alles Drumherum und Drinherin vergessen. Die Wellen haben ihre Kraft am Wellenbrecher draußen noch nicht verloren und klatschen mit ungeheurer Wucht gegen den Körper, der sich ihnen entgegenstellt und mit Mühe standhält. Sein Widerstand teilt für Sekunden das herpeitschende Wasser. Gleich nach der Trennung vereinigt sich die geteilte Welle wieder und rollt aus bis zum Strand.

Es tut weh, so hart getroffen zu werden, die Haut wird rot vom Schlag, vom nächsten, vom übernächsten … Aber es tut auch gut, sich dieser Kraft auszuliefern, Urkraft weckt Urkräfte. Oft wirft sie einen um oder zieht den Boden unter den Füßen weg, saugt wie eine riesige untersandige Schnecke an den Sohlen. Ein unbeschreibliches Empfinden, man will es nicht missen.

Gedanken tauchen auf, Bilder. So geht es also den Felsen draußen, an die das Meer schon seit Urzeiten hinbrandet. Spuren hinterlässt es bei beiden. Die Welle hat dich, harter Stein, überrollt, berührt, liebkost, auf ihre Art in die Arme genommen. Immer geht ein Teil von dir über ins Wasser und wird mit fort getragen. Die rollende Welle läuft weiter, läuft aus, findet zu sich selbst. Aber sie ist nicht dieselbe geblieben. Nach jedem Aufprall hat sie eine Erfahrung gemacht, dann sammelt und formt sie sich neu. Keine Welle ist wie die andere, jede ist einzigartig trotz des Gleichmaßes der Rhythmik.

Unermüdlich wälzt sich das Meer schaffend und erschaffend durch sein riesengroßes Bett. Unaufhörlicher Puls, schwipp, schwapp, ewigkeitslang.

Stell dir vor Mensch, das Meer würde innehalten, stillschweigen, in seiner Bewegung erstarren, von einem Moment zum anderen. Plötzlich nur noch tonlose Ruhe, Stille wie Atem anhalten, was würde in ihr nicht alles fehlen?

Fels und Meer würden sich nicht mehr so unbefangen „begegnen", in der gewohnten, wiederkehrenden Weise. Eine Melodie wäre unterbrochen, der Faden der Zeit gerissen. Es wäre der Moment des Stichs mit der Spindel wie im Märchen von Dornröschen, als alles in Schlaf fiel.

Wer könnte das je wieder aufwecken, verbinden, in Bewegung setzen?

Vielleicht jemand, der „spinnt" oder träumt, der ein Wort „wirft" wie ein Tau. Ein Wort, das als Echo widerhallt und zurückkommt. Ein Wort wie „Leben" oder/und „Liebe" würde passen, denn sie tragen auch den Rhythmus der Ewigkeit in sich.

Joachim Größer

Die gläserne Kugel

Auf dem Flohmarkt herrschte lebhaftes Treiben. Es war erstaunlich, wie viele Leute irgendetwas zu verkaufen hatten. Erstaunlich auch, dass mindestens drei Mal so viele Menschen über den Markt schlenderten, um irgendetwas „Antikes", was meist garantiert nicht antik und absolut nutzlos war, zu erwerben.

Da hatte ein Flohmarkt-Händler auf eine Pappe mit großen Buchstaben gekritzelt „GARANTIRT ANTIEK!" Ein Anderer pries Schallplatten an, wo man vermuten konnte, dass bestimmt nur die Hüllen noch in Ordnung waren. Die meisten der Flohmarkt-Händler standen oder saßen und warteten auf Kauflustige.

Herr Schulze, um es mit seiner Frau, die leidenschaftlich gern Flohmärkte besuchte, nicht zu verderben, schlenderte an ihrer Seite über diesen legendären Markt, der alljährlich im Mai das ganze Zentrum des Städtchens füllte. Am Stand eines kleinen alten Mannes, bestimmt ging er schon auf die Achtzig zu, hielt Herr Schulze an. Sein Blick fiel auf eine gläserne Kugel, wie er sie in Filmen bei Wahrsagerinnen gesehen hatte. Sie hatte die Größe einer Pampelmuse, war milchig eingefärbt und trotzdem glasklar. Und dieser letzte Umstand ließ Herrn Schulze am Stand verweilen. Er nahm die Kugel aus einem wunderschönen, aus Elfenbein geschnitzten Ständer und begutachtete das Stück. Der Alte, der aufgrund seiner langen Händlertätigkeit sofort ein kauffreudiges Opfer ausmachte, erklärte Herrn Schulze ohne dessen Aufforderung: „Billig, mein Herr – sehr billig! Beste Handarbeit und garantiert über hundert Jahre alt. Diese Kugel wird Ihren Schreibtisch zieren, mein Herr!"

„Wie viel?", fragte Herr Schulze. Und der Alte lächelte freundlich: „Nur vierhundert Euro!" Er hielt Herrn Schulze auch den Ständer zur Begutachtung hin. Herr Schulze nahm den Ständer und besah die Elfenbeinschnitzereien. Seine Frau flüsterte ihm zu: „Vierhundert Euro! Du willst das doch nicht etwa kaufen?!"
Der Alte, der zwar nicht das Geflüster der Frau Schulze verstand, dafür aber ihre Mimik und Gestik deutete, machte Herrn Schulze ein erneutes Angebot: „Nur für Sie, mein Herr – ich gebe Ihnen dieses Prachtstück für schlappe dreihundertfünfzig Euro. Es ist ein Unikat und garantiert viel mehr wert!"
Frau Schulze, die den begehrenden Blick ihres Mannes zu deuten verstand, konterte: „Wenn Ihre komische Kugel viel mehr wert ist, ja, warum verkaufen Sie die dann so billig?" Und sehr energisch fügte sie hinzu: „Komm, Hans!"
Und Hans, eigentlich hieß er ja Johannes Schulze, trabte seiner Gattin hinterher, nicht ohne vorher dem Alten zuzuflüstern: „Für dreihundert Euro kaufe ich sie! Ich komme wieder!"
Der Alte lächelte weise: „Ja, ja, die lieben Frauen." Er nahm die gläserne Kugel samt Ständer und legte sie in einen alten Koffer.
Kurz bevor das Ehepaar Schulze das Auto erreichte, sagte Herr Schulze: „Mechthild, ich gehe schnell noch auf die Toilette." Und ehe seine Mechthild antworten konnte, drückte er ihr den Autoschlüssel in die Hand und verschwand.
Der Weg zur Toilette endete am Stand des Alten. „Dreihundert!", sagte Herr Schulze und zückte sein Portmonee. „Dreihundertfünfzig, mein Herr, dreihundertfünfzig!" Der Alte blieb hart.
Herr Schulze war besessen von der Idee, diese Kugel zu erwerben. „Ich habe nur dreihundertzehn Euro in Scheinen. Ich gebe Ihnen mein ganzes Kleingeld dazu!" Herr Schulze legte die Geldscheine auf den Tisch und schütte-

te sein gesamtes Kleingeld dazu. Der Alte erkannte mehrere Ein- und Zwei-Euromünzen. So antwortete er großzügig: „Aber nur, weil Sie es sind, mein Herr!"

Herr Schulze eilte zum Auto zurück. Er verstaute seine Neuerwerbung im Kofferraum und hoffte nur, dass seine Frau, die mit einer Lektüre beschäftigt war, nichts von seinem Kauf mitbekommen hatte. Da keine Frage diesbezüglich kam und auch sonst der „Haussegen" nicht gelitten hatte, entschloss sich Herr Schulze, am nächsten Tag seine Frau mit einem Geschenk zu überraschen. Er kaufte ihr die Halskette, die im Schaufenster des Juweliers schon lange die Aufmerksamkeit seiner Mechthild genoss, aber deren Kauf wegen des ausgewiesenen Preises nicht in Frage kam.

Zuhause musste sich Frau Schulze mit geschlossenen Augen vor den Spiegel stellen. Ihr Mann legte ihr die Kette um und verkündete strahlend: „Na, ist das nicht eine wunderschöne Kette?"

„Du hast die Glaskugel gekauft! Ich habe es geahnt!" Die Augen seiner Mechthild blitzten vor Zorn.

Kleinlaut erwiderte Herr Schulze: „Ich konnte einfach nicht widerstehen. Das musst du doch verstehen, Mechthild. Ich habe auch den Preis heruntergehandelt."

Frau Schulze drehte sich wieder zum Spiegel und betrachtete mit Wohlgefallen das Geschenk ihres Hans. Herr Schulze kannte seine Frau nach fünfunddreißigjähriger Ehe gut genug, um zu wissen, dass er nichts mehr zu befürchten hatte. Also lief er zur Garage und entnahm dem Kofferraum Kugel samt Ständer. Vorsichtig trug er beide Gegenstände in sein Arbeitszimmer und stellte sie so, dass er immer einen Blick darauf werfen konnte. Fast zärtlich strich er über die glatte Oberfläche der Kugel. Johannes Schulze dachte: Ich werde mich erst einmal am Glanz und am Farbspiel meiner Kugel erfreuen. Und es war ihm, als würde die Kugel ihm antworten: „Tu das, Johannes! Tu das!"

Den ganzen Nachmittag verbrachte Herr Schulze im Arbeitszimmer. Das war für seine Frau nichts Ungewöhnliches, war doch ihr Mann Übersetzer und verbrachte fast die ganze Arbeitszeit am Schreibtisch.
Am nächsten Morgen wiederholte sich alles. Herr Schulze nahm die Kugel in die Hand, betrachtete sie mit Wohlgefallen und dachte: Ist sie nicht herrlich! Solch ein schönes Exemplar! Ich könnte sie stundenlang ansehen!
Und wieder glaubte er, die Kugel zu hören: „Ja, dann tu es doch, Johannes!"
Auch an diesem Tag übersetzte Johannes Schulze kein einziges Wort.
Pünktlich um acht Uhr betrat Herr Schulze sein Arbeitszimmer, verließ es für kurze Zeit gegen zwölf Uhr. Entgegen seinen sonstigen Gewohnheiten legte er sich nach dem Mittagessen nicht für ein halbes Stündchen aufs Ohr, sondern eilte sofort wieder an seinen Schreibtisch. Die ganze Woche ging das so. Frau Schulze, an die Arbeitsweise ihres Mannes gewöhnt, ging ihrer Tätigkeit nach und wurde erst hellhörig, als ein Anruf vom Verlag kam. Sie nahm das Gespräch entgegen und übermittelte es ihrem Mann: „Hans, du hast den Termin der Abgabe beim Verlag nicht eingehalten! Ruf bitte zurück!"
Frau Schulze hörte ihren Mann von „unvorhersehbaren Schwierigkeiten" sprechen. Auch wiederholte er mehrfach, dass Montag früh alles, aber auch wirklich alles, beim Verlag vorliegen würde. Was das hieß, wusste Frau Schulze. Das Wochenende würde sich ihr Mann nur in die Arbeit knien. Sie bereitete sich schon innerlich darauf vor, dass ihm selbst das Essen mundgerecht serviert werden musste. Aber das kam anders. Ihr Mann ging zwar ins Arbeitszimmer und eigenartigerweise hörte sie ihn dann laut mit sich selbst sprechen. Doch Sinn und Inhalt verstand sie nicht. Nach kurzer Zeit kam ihr Mann mit hochrotem Kopf mit allen Unterlagen ins Wohnzimmer und kommentierte diesen „Umzug": „Damit du nicht das ganze Wochenende al-

leine bist, arbeite ich ausnahmsweise hier. Ich hoffe, es stört dich nicht."

Natürlich störte das Frau Schulze nicht, nur – alles wiederholte sich in der kommenden Woche: der Anruf vom Verlag, das Arbeiten übers Wochenende. Und auch die dritte und vierte Woche verlief nicht anders.

„Johannes, jetzt reicht es!", schimpfte Frau Schulze. „Der Verlag wird dir noch deinen Vertrag kündigen! Finde zu deiner alten Arbeitsweise zurück oder …" Hier machte seine Mechthild eine lange Pause, ehe sie den Satz aussprach, der ihn aufschrecken sollte: „Dann ist nicht nur dein Arbeitsverhältnis bedroht, sondern auch unsere Ehe!"

Und diese Androhung tat Wunder. Johannes Schulze forderte sogar seine Frau zu einem längeren Spaziergang durch den Stadtwald auf und versprach ihr beim Spazieren gehen, dass alles wieder ins Lot kommen werde. Richtig gut tat ihm dieser Spaziergang. Er atmete tief durch und er, der Johannes Schulze, verstand gar nicht mehr, warum er sein Arbeitszimmer nicht mehr verlassen hatte. Froh über die Wandlung ihres Mannes, wollte sie ihm frisch gebackenen Kuchen und heißen Kaffee ins Arbeitszimmer bringen. Doch hinein ging sie nicht. Ihr Mann sprach nämlich laut und deutlich: „Ja, ich werde dich nicht mehr verlassen!" und „Ich werde dich immer anschauen!" Erschrocken stürzte Frau Schulze in die Küche. Was sollte sie tun? Hatte ihr Mann Besuch, von dem sie nichts wusste? Aber wie denn, da niemand das Haus betreten hatte!

Also beschloss sie, das Arbeitszimmer doch zu betreten. Am Schreibtisch saß ihr Johannes – vor ihm lagen die Schriftstücke, die er übersetzen sollte. Er aber saß nur da und stierte auf die gläserne Kugel.

„Hans!", rief sie. „Ist alles in Ordnung?"

„Aber ja", antwortete ihr Hans verstört, „ich will mich nur konzentrieren."

Frau Schulze verließ sehr beunruhigt das Arbeitszimmer. Das war nicht mehr ihr Hans. Seine Augen glänzten fiebrig, sein unsteter Blick und die ganze Haltung drückten aus: Lass mich in Ruhe! Ich will mit dir nichts mehr zu tun haben! Und da sie in ihrer langjährigen Ehe keinen einzigen Tag getrennt waren, wusste sie, warum das Verhalten ihres Mannes sie beängstigte. Sie beobachtete ihren Hans sehr genau. Er verließ so gut wie gar nicht mehr das Arbeitszimmer, aß kaum noch etwas und übersetzte kein einziges Wort. Seine Wangen fielen ein, rasieren tat er sich auch nicht und Frau Schulze hatte das Gefühl, dass das, was sie ihm sagte, gar nicht mehr in sein Bewusstsein drang.

In ihrer Verzweiflung suchte sie ihren Hausarzt auf. Doch der glaubte ihr nicht so recht. Wie sollte auch innerhalb weniger Wochen aus einem gesunden Manne, der gerade mal seinen sechzigsten Geburtstag gefeiert hatte, ein willenloser, verkommener Alter geworden sein?

„Bringen Sie ihn heute Nachmittag in meine Sprechstunde", sagte der Arzt. „Ich werde mich mit ihm unterhalten."

Aber wie sollte sie ihren Mann bewegen, das Arbeitszimmer, geschweige denn das Haus zu verlassen? Nun erhielt sie auch keine Antworten mehr. Ihr Mann saß nur noch da und stierte auf die gläserne Kugel.

„Doktor", schluchzte Frau Schulze am Telefon, „Sie müssen kommen! Bitte, kommen Sie!"

Am Abend erschien der Arzt: „Na, wo steckt er denn, unser Zimmerhocker?", sagte er betont jovial.

„Gehen Sie ins Arbeitszimmer, Herr Doktor", antwortete Frau Schulze mit verheultem Gesicht. „Jetzt spricht er auch nicht mehr mit mir!"

Der Arzt erschrak, als er das Zimmer betrat und seinen Patienten am Schreibtisch sitzen sah. Diesen Mann hätte er auf der Straße nicht mehr als Herrn Johannes Schulze erkannt. Hastig maß er Puls und Blutdruck, schaute dem Patienten in die Augen und sprach ihn an: „Wie geht es Ihnen, Herr Schulze?", fragte er. Als er keine Antwort erhielt, fragte er nochmals: „Erkennen Sie mich? Ich bin Ihr Hausarzt!"

Johannes Schulze saß und rührte sich nicht. Er nahm nichts mehr von seiner Umwelt wahr. Der Doktor verließ das Arbeitszimmer. „Ist es schlimm?", fragte Frau Schulze, wieder dem Weinen nahe. „Sehr schlimm", erwiderte der Arzt. „Er muss sofort ins Krankenhaus! Es besteht Lebensgefahr!" Nun konnte Frau Schulze ihre Tränen nicht mehr zurückhalten. Aufschluchzend ging sie ins Wohnzimmer. Der Arzt folgte ihr. „Nehmen Sie die Tablette", sprach er. „Sie wird Sie beruhigen. Ich rufe den Krankenwagen und werde Ihren Mann ins Krankenhaus begleiten. Anschließend komme ich wieder zurück."

Dankbar schluckte Frau Schulze die Tablette und noch während der Arzt telefonierte, schlummerte sie ein. Geweckt wurde sie von der Klingel im Flur. Draußen stand im Dunklen der Hausarzt.

„Ihr Gatte ist in der Psychiatrie, Frau Schulze. Morgen früh möchte Sie der behandelnde Arzt, das ist Dr. Robert Mayen, gern sprechen. Er wird Ihnen Fragen stellen wollen."

Frau Schulze nickte nur, krampfhaft die Tränen zurückhaltend. „Wenn es Ihnen nicht gut geht, rufen Sie mich an, bitte! Auch nachts, Frau Schulze!" Ihr Hausarzt musterte sie durch seine dunkle Hornbrille. „Sie haben mich doch verstanden, Frau Schulze?", fragte er, als er von Mechthild Schulze keine Antwort bekam.

„Ja, ja, Doktor", erwiderte sie. „Ich verstehe Sie und ich melde mich, wenn es mir schlecht geht." Kaum hatte sie das letzte Wort gesprochen, da schossen ihr erneut die Tränen in die Augen. Der Arzt gab ihr noch eine Tablette und verabschiedete sich dann mit besorgtem Blick.

Am nächsten Morgen fuhr Frau Schulze in die Klinik. Auf Dr. Mayen musste sie warten. Dann endlich kam er. Frau Schulze bestürmte den Arzt: „Wie geht es meinem Mann? Kann ich zu ihm?"

„Wir haben Ihren Mann soweit stabilisiert, dass er außer akuter Lebensgefahr ist. Überraschenderweise bat er uns, allerdings nur mit Gesten – ohne zu reden, um Papier und Schreibstift. Die halbe Nacht saß er und hat uns eine Geschichte aufgeschrieben. Würden Sie diese bitte lesen!"
Der Arzt reichte Frau Schulze mehrere Seiten. Sie erkannte die Handschrift ihres Mannes, kaum lesbar wie immer. Sie überflog das Gekritzel mehr, als dass sie es las.
„Das ist seine Geschichte", sagte sie flüsternd.
„Ja", antwortete der Arzt, „die hat Ihr Mann für uns aufgeschrieben!"
„Doktor", erwiderte Frau Schulze, „das ist die Krankengeschichte meines Mannes! So, genauso hat alles angefangen und so hat es auch geendet!"
Sie nahm aus ihrer großen Handtasche eine gläserne Kugel und ein Gestell aus geschnitztem Elfenbein. „Die Kugel hat mein Mann auf dem Flohmarkt gekauft. Sie stand dann auf seinem Arbeitstisch und diese Kugel hat mein Mann immer und immer wieder angestarrt!"
Dem Gesicht des Arztes sah man an, dass er dieser Darstellung wohl nicht so recht folgen mochte.
„Lassen Sie uns die Kugel hier", sagte er trotzdem. „Vielleicht kann sie bei der Therapie hilfreich sein."
Der Arzt trug die Kugel in das Arztzimmer. Dann betrachtete er sie auf ihrem wunderschön geschnitzten Elfenbeingestell näher. Sie hatte die Größe einer Pampelmuse, war milchig eingefärbt und trotzdem glasklar. „Du bist ja wirklich eine Schönheit", murmelte der Arzt. „Man könnte dich immer und immer wieder anschauen!"
Und es war ihm, als würde die Kugel ihm antworten: „Tu das, Robert! Tu das!" …

Alois Hallner

Die Zweilinge oder Alpha und Omega

„Schrecklich! Schrecklich!", seufzt Alpha, Primarius, Professor, Doctor medicinae universae, Direktor des Pathologischen Instituts, Vorstand der Prosektur eines Städtischen Spitals, Prosektor. „Schrecklich", seufzt Alf im Bad, vorm Spiegel. Das dumme Gesicht, zum Speien, die Falten, die Bartstoppeln, das zerknitterte, zerknautschte Gefries, der verschlafene Blick, die verquollenen, vergrammelten Lider, die Halos, Halonen, die Ringe um die Augen. „Schrecklich", seufzt er am Morgen des Zwölften, des dem als 11.9. oder 9/11. Ohne Jahresangabe in die Weltgeschichte eingegangenen folgenden zwölften Septembers. Und das nach einem Abend, einer Nacht ohne Gevögel, Vögelei, Vögeleien. Mir wollte er einfach nicht stehen. Ist das ein Wunder nach dieser Manhattaner Hollywood Reality Show, wo ganz anderes in sich zusammengefallen ist? Selbst mein Megilein, das sonst nicht genug kriegen kann, hat keine Lust gehabt. Alles war trocken an ihr, in ihr. Bis auf die Augen, die sind ihr übergelaufen, in Wasser geschwommen. Die Arme, die wecke ich heute nicht, die schläft so schön, die soll sich ausschlafen. Die blöde Fratze, die mich da im Spiegel anglotzt, mir entgegenstiert, schrecklich, wie nach einer total versumpften Nacht. Und doch ohne Reste, Residuen von dem, was gestern geschehen, was mich, was uns stundenlang nicht hat schlafen lassen, keine dem Day after adäquaten Spuren in der verkommenen Visage. Nichts von den Albträumen, aus denen ich immer wieder hoch geschreckt bin, nichts vom Mitleid, das sich in mir, in meinem Inneren festgesetzt, nichts von der Angst vor kopfloser Reaktion, vor Re-Reaktionen. „Ach, was soll's, Alf? Reiß dich zusammen, altes Haus! The show must go on, the bloody life."

Dann am Vormittag in der Pathologie: „Was gibt es denn heut zu sezieren, Marek?" „Nur eine Leich, Herr Professor." „Was, nur eine, eine einzige? Eine männliche mit Krebs, sagen Sie? Ansonsten nichts? Nicht schlecht. Aha, die Krankengeschichte: Karl Grajcek …, Architekt …, hilusnaher Tumor der rechten Lunge …, inoperabel …, metastasierend …, auf chemo-, radio-, immuno-, phytotherapeutische Maßnahmen einschließlich altbewährter, altehrwürdiger fernöstlicher wie steinzeitlicher Heilverfahren nicht angesprochen. Na, gut, respektive nicht. Auf den hinteren Tisch haben Sie ihn platziert? (Den Architekt auf den hintern Tisch, den hintern-, den Arschtisch, was sonst?!) Ich sehe schon, das Diktaphon hängt ja darüber und das Sezierbesteck liegt schon bereit. (So, in den Kittel, die Kittelärmel hinein, hineingeschlüpft.) „Gehns, sans so lieb, Marek, und bindn's ihn mir hintn zsamm. Danke." (Noch Talkum auf die Hände, in die Gummihandschuh, hinein mit den Pratzen und fertig sind wir.) „Marek, wir können die Sach angehn, das Autops/Nekrops/Seziern." (Ja, Autopsieren, mit den eigenen Augen, das ist wichtig, beschauen, nekropsieren, die Leiche in Augenschein nehmen, wozu man sie sezieren, zerschneiden, zerlegen muss; nicht, wie es sich eingebürgert hat, obduzieren; was gibt es da zu obducere, was sollte man da schon verhüllen?)

Professor Alpha inspiziert, seziert, diktiert, sinniert: „Also, Karl Grajcek, kachektische männliche Leiche, neunundfünfzig, einsiebenundsiebzig, fünfundfünfzig, Integumentum fahlgrau, schlaff, an der Rückseite Leichenflecke, Totenstarre bereits gelöst, Gebiss vollständig, von ein paar Plomben abgesehen intakt, das Genitale unauffällig." (Ist das nicht putzig, das Schwanzerl? Wie das auf dem Schrumplsack ruht, wie eine Nacktschnecke. Höh! Nicht abschweifen, reiß dich zusammen, Alf, du bist nicht allein!) „Über der linken Leiste ein Tattoo, „nur für dich", mit Pfeil zum Mons Pubis." (Ein Schlaumeier, der Grajcek! „nur für dich", gute Devise, sich ja nicht festlegen. Oh, daneben noch ein zartes Narbenfeld, da ist gewiss ein Name gestanden, den er wegmachen hat lassen. Sollt ich etwa nur für megi …? Quatsch! Für mich gibt es nur sie, mein Megerl, na ja, fast nur sie. Hör auf zu spinnen, zu spintisieren, du geiler Bock, am Ende merkt der Marek noch den sich anbahnenden Aufstand zwischen deinen Haxen, den Steifen, mit dem du jetzt eh nichts anfangen kannst, höchstens nachher, ihm dann, danach die Leviten lesen, dem Kerl, hahaha!, die Leviten lesen? Den Kopf beugen, ihn niedermachen/knüppeln!) „Das Stückl Haut da, hörns Marek, schneidens heraus, wenn wir fertig sind, samt einem Ranftl von der krausen Schambehaarung, spannens es auf eine Korkplattn und tuns es ins Spezialbad zum Konservieren, Sie wissn schon. Das ulkige Tattooterl wird unsere Tattoo-Kollektion, den Tattoo-Schaukasten bereichern, die Leut stehn auf so was." (Trödl nicht, mach weiter!) „Gesicht schmal, Augen tief liegend, Nase spitz." (Wovon es spricht, das Gesicht? Von Leid, von Schmerzen? Nichts davon abzulesen, einfach 08/15! Den Runzeln, den Bartstoppeln, den verlebtn Zügen nach könnte es förmlich auch meines sein!) „Schlafens nicht ein, Marek, das Messer, bitte." (So, Kragenschnitt von der linken Schulter zur rechten, Längsschnitt vom Kragen, dem Kragnschnitt runter, am Nabel, Nabunkulus links vorbei, zum Schambein, die Haut auf die Seite präpariert!) „Und jetzt das Knorpelmesser, bitte, danke, Marek." (Ratschsch und noch einmal Ratschsch, weg mit dem Brustbein-Rippen-Deckel; damit sind alle Körperhöhlen zugängig, die Innereien weidgerecht aufgebrochen, frei zum Dislozieren, Inspizieren, Schnipseln, zum Aservieren von Proben und Relozieren von dem, was übrig bleibt, was wir übrig lassen. Also weiter mit dem Diktat!) „Rechte Lunge über einem gut mannsfaustgroßen harten Knoten breitflächig mit der Brustwand verwachsen." (Gaumen und Mundbodn durchtrennen, das Zwerchfell um-, das Zeug im kleinen Beckn abschneiden, und raus mit den Eingeweidn, dem Aufbruch im Ganzen, in einem Block!) „So, Marek, das Paket auf den Präpariertisch, und, bittschön, reichns mir das Organmesser." (Ein Schnitt durchs linke Beuscherl, das ist okay, einen durch das rechte, mitten durch das Gewächs, die dubiose, die suspekte Geschwulst.) „Schnittfläche grauweiß, durchsetzt von trockenen gelblichen Herden, von Feldern nekrotischen, abgestorbenen Gewebes; zweifelsfrei ein maligner Tumor, ein bösartiges parasitäres Gewächs." (Bösartiges, parasitäres Gewächs? Weil es eigenen Gesetzen folgt? Sich nicht um seine Herkunft kümmert? Im Wachsen kein Pardon kennt? Nicht gegen die oder den, von der oder dem es stammt, nicht einmal sich selbst gegenüber? Ist das nicht geradezu menschlich, geradeso, wie sich manche ab und zu, Verbände/Bünde hin und wieder, ja ganze Staaten, Staatenbündnisse anderen, dem Gros der Menschheit, dem Rest der Welt gegenüber verhalten?) „Entschuldigens, Marek, ich war mit den Gedankn schon wieder woanders, das von gestern geht mir nicht aus dem Kopf. So, eine Scheibe von dem Zeug für die Histologie. Tans den Stöpsel herunter vom Flascherl, Marek, damit ichs reintun kann." (Flutsch, da ist es drin im Formalin. Das reimt sich ja: drin im Formalin!) „Die Lymphknoten an der Lungenwurzel, am Hilus vergrößert, verhärtet, verbacken, offenbar ebenfalls krebsdurchsetzt. Das Skalpell bitte, Marek, danke." (Zwei von den Knoten herausgeschält, so, das wär's.) „Marek, bitte, tans das dazu zur Lungenprobe ins Glas. Die übrigen Eingeweide, das Herz, die Leber, die Nierndern und so weiter, alles o. k., ohne Befund." (Jetzt noch die Wirbelsäule, da haben sie im Röntgen Aufhellungen gesehen, die für Metastasen sprechen, die so ausschaun als ob ...) „Den Meißel, Marek, und den Hammer. Sie könntn inzwischn das Schädeldach absägn." (Bumm, bumm, bumm, da haben wir den Knochenspan, eine Längsansicht der -einsicht in die Wirbelsäule.) „In mehreren Wirbeln verdächtige Herde." (Zwei bröckeln noch mit dem scharfen Löffel herausgeholt, für die histologische Examination, denglisch oder neudeutsch Igsæmineischen.) „Sans fertig,

Marek? Ja? Dann, bitte, die beidn Bröckln zum andern Zeug ins Formalin. So, jetzt zum Schädl, zum Hirn." (Übrigens: Hirn gebackn oder einfach gebratn mit Ei, das ist schon etwas Feines, ein Magenbitter, ein Enzian danach aber ratsam. So, die harte Hirnhaut abtragn, das Gehirn, Cerebrum, Encephalon vom Rückenmark, von der Medulla abtrennen und herausheben, das wärs.) „Die weiche Hirnhaut unauffällig, die Hirnwindungen entsprechen der Norm." (Na, was sonst? Ob einer ein Genie war oder ein Trottel, ein Manager, Politiker oder Massenmörder, is da eh nicht auszumachen!) „Das Hirnmesser, bitte, danke. An den Hirnschnittflächn nichts Besonderes, die Rinde und die diversen Kerne, alles unauffällig." (Auch da nichts, gar nichts, keine Residuen aus der Vergangenheit, dem Krieg, gut, da war er noch ein Gschrapp, aber was die Kindheit, die Jugend und das hinterher mit sich gebracht haben mag? Die Weiber, das Onanieren, Fidschigogaln? Das von gestern, da hat er Glück ghabt, ist ihm wenigstens erspart geblieben.) „Ja, ja, ich weiß, Marek, ich war schon wieder absent, abwesend, ich hab in der Nacht ja auch kaum ein Aug zukriegt. Auf einen Schlag, na ja, zwei oder drei Schläg, wanns wolln, tausende Leichn! Was heißt Leichn? Faschierte Menschn, menschenfasch/farce/haschee, entpersonalisierter Müll, und dazu zehntausende Angehörige, Mütter, Kinder, Lebensgefährtn. Sans net bös, Sie ham noch a Menge zu tun, und ich halt Sie nur auf, wir sind ja eh schon fertig mit der Schnipselei. Tuns halt alles wieder reinräumen …" (das ausgeweidete Eingeweide zusammen mit Sägemehl wieder einweiden oder eingeweiden?) „… und zunäh, und, Marek, vergessns das Tattoo nicht." (Am eindrucksvollstn wärs ja, es samt Penis und Scrotum zu präparieren und auszustellen. Darauf werden wir aber verzichtn müssn, man kann ihn doch nicht ohne Genitale aufbahrn. Womöglich will ane nachschaun, ob untenherum, unter dem Leichnhemd noch alles da is, was ihr Spaß gemacht hat.) „Also, Marek, wie gsagt, das Tatoo mit ein bissl was drumrum …"

Zwei Tage später, am Vierzehnten des Monats, Frau Doctor medicinae universae omega, Doktor(in) der gesamten Heilkunde, Assistentin (id est andernorts/-lands Oberärztin), am Pathologischen Institut, der Prosektur des Städtischen Spitals, Prosektursadjunkt(in), Schwester des Institutsdirektors Professor Doctor Alpha: Nur widerwillig wälzt sie sich aus der behaglichen Bettstatt, der Zweilingsharpfn. Schlürft, schleicht, schleppt sich ins Klosett, zum Topf, Potschamper, na ja, zur Muschel halt, danach ins Bad unter die Brause, macht sich, entschlackt, erleichtert, gereinigt, gesäubert, innerlich wie äußerlich gecleant, clean, daran, alles was man bei Tag, tagsüber hüllenlos-nackt darzubieten pflegt, Gesicht, Hals, Arme, Hände, Finger, Fingernägel, zu beschmieren, bemalen, mit Lasur, mit Lack zu überziehen, zu lasier/lackieren: Mein zweites, mein öffentliches Gesicht! Bei Männern ist das alles nicht so wichtig, der grau verschleierte Teint, die Falten, die Furchen im Gesicht, der Zwei- bis Mehrtagebart, alles das macht sie erst richtig interessant. Das bilden sich diese Machos, manchmal nicht mehr als matschige Mannderln, wenigstens ein. „Mein Toni gehört ja auch ein wenig zu dieser Sorte." Manche Teenies, Funzerln, stehen gerade auf solche ungustiöse Mannsbilder. Aber wir, wir Weiber, wir solln, wir müssn, wenn wir uns ein Mannsbild angeln, eins halten wolln, noch mit Fünfzig wie Maderln ausschaun, wie ein zwanzigjähriges Pupperl im Film, im Fernsehn ...

Es ist schon halb neun, höchste Zeit, als Meg, Frau Doktor Omega, in der Pathologie, dem Pathologischen Institut eintrifft. (Im Pathologischen Institut? Ist es krank, das Institut? Also manchmal stimmts, das Attribut, ist es ein treffendes Epitheton – wenn auch nicht gerade ein schmückendes, ein Epitheton, das das Epitheton Ornans verdient –, weil zuweilen ist der Betrieb im Pathologischen, präzise Pathoanatomischen Institut wirklich pathologisch, psychopatholog/neurasthenisch.) Im Labor, Laboratorium für feingewebliche, für histologische Untersuchungen wird sie schon erwartet: „Gutn morgn, Frau Doktor." So in Worten formell, insgeheim in sich hinein grinsend, die medizinisch-technische Assistentin Lieselotte. „Wie ich vom Marek gehört hab, gibts heute nix zu sezirn, da können wir uns gleich in aller Früh über die Histologie hermachen, sie sind doch schon fertig, die Präparate vom vorgestrigen Fall, ja, die vom Grajcek, dem Lungen-ce-a, den/das der Chef, der Professor, der Alf, seziert hat, die hast doch scho präpariert, geschnittn und gefärbt, die Proben? Soso, sie liegn schon nebn dem Mikroskop, zusammen mit den Routinesachn, den abradierten Ausschab-/Kratzungen von der Gyn, den OP-Präparaten, Probeexzisionen und -Punktaten?! Mit den letzteren werd ma anfangen, weil da Patienten dahinter stehn bezetwe liegn. Die grajcekschen Schnitte können wartn." (Die Lieselotte, Lotte, das ist eine Em-te-a, auf die man sich verlassen kann, und auch sonst, nicht gerade taufrisch, aber das Untergestell, das Chassis, nicht gerade eine Schönheit, aber erfahrn, an Schärfe nicht zu überbietn, die treibt es nicht nur mit Männern, nein, auch mit Frauen, sei, heißt es, Magdas Intimgespielin, Lieblingstribadin. Dieses verrückte Huhn, Cette Cocotte Folle, muss ich wieder einmal nachhaus einladen, wenn der Alf etwas auswärts zu tun hat, an einem Wochenende eventuell, es könnte, es würde sich lohnen, da bin ich mir sicher. Zur Sache! Also schaun wir, was da so anliegt.) „Das tut sie dann. Wir wollen sie, die doktrische, bei den für Pro/Diagnose wie Therapie und damit Quoad Vitam patientenbezogen essenziellen Explorationen sowie sie, die nun als Sekretärin fungier/amtierend, mit der Pe-Ce-Dokumentation der diktierten Befund(ungs)ergebnisse beschäftigte technische Assistentin, Lieselotte, Lotte, wir wollen die beiden bei der langwierig/weiligen, verantwortungsreichen Arbeit nicht stören."

Nach guten zwei Stunden waren die pathohistologischen Routineaufgaben des Tages erledigt, hatte Meg der Lieselotte gut drei dutzend dutzend/Waldundwiesenbefunde, drei dutzend dutzend/Waldundwiesendiagnosen diktiert.

(„Gott sei es gedankt, das hätten wir", denkt und sagt gedankenlos, bar des Gehaltes des Gesagten, des bedankten Dativobjektes Omega vor sich hin, in sich hinein.)
Doch da wartet auf die Frau Doktor, die Doktorin Omega noch etwas, das auch zur Routine, man kann sagen zur fast Alltags-/Allwochentagsroutine gehört, die mikroskopische Examination von Präparaten zur Ergänzung, Bestätigung, Ablehnung respektive Differenzierenden, Modifikation der makroskopisch gestellten Obduktionsdiagnosen warten auf sie, was der Chef, Professor Alpha, ihr Anderling Alf, von der vorgestrigen Auto-/Nekropsie des Falles Grajcek zur Überprüfung hinterlassen hat, warten konkret die aus dieser Hinterlassenschaft angefertigten Schnitte, denen Meg sich, assistiert von der die in Worte gefassten Erkenntnisse digital protokollierende Assistentin Lotte, nun zu widmen hat. Zunächst denen aus der Lunge, der Lungengeschwulst: Aha, am Rand ein schmaler Saum normaler Alveolen und Bronchiolen, gleich daneben Tumorgewebe, dicht gepackt kleine Zellen, fast nur Kerne, kaum Plasma, atypische Zellen, wie man sagt. (Atypisch? Weil sie da nicht her- oder hinpassen? Dabei sind sie doch da, gerade da, da am Ort, an Ort und Stelle entstanden. Ja, mein lieber Grajcek, unschuldig wirst kaum daran gewesen sein. Waren es dreißig oder gar fünfzig, die du pro Tag inhaliert, deinem Lungerl zugemutet hast? Dass sich das dann welche von denen, diesen Zelln nicht gefallen haben lassen, als Revanche wild geworden sind, sich wie wild vervielfacht, vermehrt und, wie sie genug verwildert, genug an Zahl waren die Rabaukn, zsammgerottet beschlossen haben, dich Viribus Unitis mit terriblem Terror zu terrorisieren, zur Strecke zu bringen und dich am Ende in der Tat zur Strecke gebracht haben!) „So, jetzt noch die Lymphknoten: Die sind massiv, ja völlig von Krebs durchsetzt, man kann schon sagn ersetzt. Und die Schnitte aus der Wirbelsäule: Da und dort noch Knochenbälkchen, ein paar Fettzellen, kümmerliche Reste, kleine Nester, Cluster von

Blut bildendem Mark, Gruppen hämatopoetischer Stammzellen, gleich daneben, in toto dominierend, Gewebe, das dem in der Lunge und in den Lymphknoten gleicht. Resümee: wie von den Klinikern angenommen, bei der Leichenschau bestätigt, ein metastasierendes Lungenkarzinom. Der Histologie nach, Resümee des Resümees, dessen bösartigste Form, ein Oat-Cell Carcinoma, manchen, speziell Oldies unter den PathologInnen, noch unter der, trotz gleicher Bedeutung wie Silbenzahl, sprachlicher Primitivität wegen heute jedoch als Obsolet, ja anachronistisch geltenden Bezeichnung Haferzellkarzinom bekannt."

Endlich, am Nachmittag, kann sich Adjunktin Doktor(in) Omega, unsere Meg, ihrerseits der vom Institutsdirektor, von Alpha angeregten, in dessen Auftrag von ihr konkret zu verfolgenden, der experimentellen Zellzüchtung zuzuordnenden Hobbyforschung widmen, die, so Meg, nach der Pflicht des täglichen Hand-, Augen- und Denkwerks für sie so viel wie den Charakter einer Kür, den Effekt rekreativen Entspannens hat. (Überhaupt heute, wo ich doch mordsmäßig neugierig darauf bin, was die fuzeligen Gewebsfuzerln aus dem Grajcek seinem Tumor, die wir, der Alf und ich, am Mittwoch auf einem Spezialnährboden angesetzt haben, so machen. Das wäre doch was – wärs wirklich was? Was schon? Wenn es uns gelingen würde, daraus einen Zellstamm zu züchten, einen wie den Hela, den man, 1951 in Amerika aus einem Zervixkarzinom auf-/herangezogen hat. Die Henrietta Lacks, die war gerade einunddreißig, als sie der Sensen-/Sichelmann im Auftrag von ganz oben her – so oder ähnlich der Pfarrer am Grab – geholt, respektive – so würde ich sagen – ganz ohne Auftrag abgemurkst hat – und jetzt, nach einem halben Jahrhundert, ist immer noch was von der da: das „He" und das „La", na und ein weltweit verbreitetes Geschlecht klonierter, genetisch identer – wirklich immer und überall identer? – Zellen, nach ewigem Leben strebender Zellwesen, von denen, obwohl nicht mehr, nicht weniger beseelt als embryonale Stammzellen, ohne vatikanischen Einwand jeden Tag zigtausende der Forschung, dem Forscherdrang fortschrittsgläubiger Forscher geopfert werden. Unseren Stamm, sollten wir es schaffen, könnten wir Kagra benamsen, „Ka" für Karl, den Vornamen, und „Gra" für Grajcek, den Nachnamen des, weil unbefragbar ungefragten Spenders, des, nicht gerade widerwilligen, aber doch Spenders wider artikuliertem Willen, der willensfreien Spenderleiche.) „Ach, Lottchen, bitte, bring doch die Ansätze von den Kulturen aus dem Thermostat." (Der ihr Arscherl ist schon beachtenswert, richtig resch, zum reinbeißen, wie sie mit dem durch die Gegend wackelt, und als Ganzes schön griffig ist sie auch, die Lotte, diese Motte. Mit der könnt es mir gefallen, dem Alf, denke ich auch; dass sie mehr als doppelt so alt ist wie Schwesterchen Szimona aus Sziged, Studentin, Praktikantin, Alfs Doktorandin und seine, nicht nur, auch meine, Gespielin, die Szimona mit der saftign Mona. Na und? Wenn sie, die Lotte, gleich wenig Schkrupln hat wie die Szimona, die uns an alle ihre Löcher, die Prioren und das Posteriore, ranlasst, der es nicht nur a-priori, der es auch a-poposteriori gefällt?! Schon beim dran denken juckt mir die Zunge, zuckts mir in den Fingern, jauchzt mein Mauserl, tröpfelt, tropft, lauft mir die Musch, kann ich mir vorstellen, wie der Alfi, wie dem sein Stehaufmannderl auf die Lotte stehn, zu einem Steh-auf-die-Lotte-Manderl mutiern würd. Schluss, Frau Doktor, sie kommt, die Lotte, das Lottchen, höchste Zeit, wär sie jetzt nicht gekommen, dann: keine Minute und mir wärs gekommen!) „Ah, da bist du ja wieder, Lotte, du bist wirklich eine Perle." (Ja, eine goldgefasste!) „Na, schaun wirs halt durch, die Deckglaskulturen: … Aha …, hm …, oh, fein …, na ja, wern wir sehn …, nicht schlecht …, gut so …, hm, das könnt was werdn …, da, ja, die machts, glaub ich …, die vielleicht auch … Also, wenn ichs zusammenfass – lebn tun sie alle, auf drei oder vier von den Glaserln scheint sich was zu rührn, da dürftn schon Zelln ausgwachsn sein. Da wird sich der Chef, der Alf, freuen. Geh, Lotterl, schau selber einmal rein." (Wie sie sich über das Mikroskop beugt, die Lotte, das Lottchen, da hab ich ihre griffigen Grapferln, Tulli-Tutterln, ihre ganze Tuttifrutti-Tutulatur vor den Äugerln, oooooh!) „Was sagst? Du pflichtest, stimmst mir bei? Na, dann stell die Dinger wieder in den Brutschrank zurück. Wo wir jetzt hier fertig sind, könntest dich gleich an den Eingang von heut, das heut Eingegangene machn, ans Fixiern, Einbettn, Schneidn und Färbn der Abrasiones, Uterusgeschabsel, der Biopsien, Punktate, Probeexzisionen, der amputierten Mandeln, Mammae, Apendices und anderen Amputate, ans Vorbereitn der Sachn für morgn." (So, und ich hab noch zwei, drei Stünderln, um in Fachzeitschriften zu blättern.)

Dann am Abend des vierzehnten, im Heim der Fleisch-, Menschenfleisch-, Menschen-Leichen-Fleisch-, Eingeweide beschauenden Zweilinge, des Oberbeschauers Haruspex Supremus Alpha und seiner Vicaria in Haruspicio, seiner ihm adjungierten, ministrierenden Unterbeschauerin Omega, des hier ganz privaten Alf, der ganz privaten Meg: Das Wochenende, die Meg und ich, ich und der Alf, wir zwei allein, nichts, was einen, was eine von uns, was uns zwei vom lokalen terroristischen Attentat, regionalen eklatanten Eklat, was uns von den voraussehbaren Folgen des mondial-globalen Vorfalls, der dramatischen Tragödie auf der Bühne des Theatrum Terrae Seu Mundi von vorvorgestern hätte ablenken können. Schlimm, schlimm, schlimm: Zwei Tage lang wir allein mit unseren Grübeleien, Obsessionen, ohne Szimona, Szimonas Mona, Monas Moni, deliziös-köstliches Möslein, ohne Szimona, die womöglich gerade irgendwo, weiß der Teufel wo, monisch möselig möselt, von irgendwem ihre Mona möseln, bemöseln lässt, ohne einen anderen, eine andere, einen Dritten, eine Dritte, etwa die Lotte, das Lottchen, die/das vielleicht eben dabei ist, ihre kochende Lotte, ihr brodelndes flottes Lottchen flott zu flotten, zu flottiern, ihr Mauserl, Mauseloch zu mausen, von Magda sapphisch besapphen oder vom Züngerl ihres Futschleckerhündchens bezüngeln, behundeln zu lassn, niemand da für ein anständiges Tarock, tarocken, tarockieren, für einen klassischn Taper. Immer nur wir zwei zu zweien, im Duo duelliern, im Duett duettieren. Es wär doch was, wieder einmal zu dritt zu tappen oder, noch reizvoller, toller, im Trio zu trioliern. Sollen wir die Lotte anrufen, sie einladen für heute, ob sie mit uns Porno-Videos anschauen möcht? Nein, so mit der Tür ins Haus fallen, das geht nicht. Oder vielleicht auf diese Art: „Liebe Frau Lotte, liebe Lotte, wenn Sie Zeit haben, du Zeit hast, wir würden gerne mit Ihnen, mit dir das Forschungskonzept für das nächste Jahr durchgehen, in aller Ruhe, bei einem Glaserl Wein, und daneben, danach könnten wir erledigen, was sich, wenn wir schon einmal im trauten Kreise beisammen sind, sonst noch so fügsam fügen sollte." Und wenn sie dann zusagt und – so der Alf: „Mei Nudl mich im Stich lässt?", die Meg, sie gegen weibliche Reize und Reizungen immun ist, sie vielleicht missbilligt? Aber kuscheln wär ja auch was. Mist, das mit der Lotte will taktisch vorbereitet sein. Am Montag – der Toni: „Geh ichs gleich an." Aber was bleibt uns, mir und meinem Megerl, mir und meinem Alfi heute, was morgen, übermorgen? Die Wochenendausgabe der Zeitung lesen? Das dauert keine zehn Minuten, die Überschriften, die fetten gerade noch, dann kommt die Presse in den Presserecyclepappendeckelkarton. Fernsehen? Wo man hinzappt, auf allen Kanälen dasselbe: Sachlich-banale oder, vorherrschend, theatralisch-bombastische Kommentare, Betroffenheit vorgaukelnder KommentatorInnen; Immer wieder Manhattan, Manhattan, Manhattan; immer wieder schaurig-grausige Bilder vom gefällten World Trade Center, diesem amputierten delphischen Gold-/Gelddoppelphallus, zwiespältig/lichtigen Totem of God's Owen Country …; im Schutt begraben an die sechstausend Menschen, vernichtete, zu Pulver zerriebene, verbrannte, verhaschte, hintennach verarschte Menschen; gekappte Kontakte, familiäre Beziehungen, Freundschaften, Romanzen, Hoffnungen, Träume …;

die Visage des sich triefender Stimme als von Gott beauftragter Hüter des Guten in der Welt, Anwalt abendländisch-christlicher Kultur, jues-amerikanischer Leitkultur gerierenden Rächers …; die, zweifellos berechtigte Forderung nach Auslieferung der Schlüsselfiguren des Verbrechens …; die zynische Intention, die Brutstätten des Bösen, die Schurkenstaaten in die Demokratie zu bomben, wenn nötig mit a-b-c-bestückten Raketenköpfen, die Drahtzieher der Aggression, die zu Drahtziehern gestempelten Personen mittels präzis-personengebundener Operationen auszulöschen, zu liquidieren …; das In-Kaufnehmen von Toten, Dutzenden, Hunderten, Tausenden, Zehn-/Hunderttausenden? Als, angeblich, bedauerte doch unvermeidliche Kollateralschäden …; und, und, und …; keine kausale Analyse, kein offenes Wort zu den Ursachen, den Wurzeln des Terrors, keines zur Mitschuld, Schulddominanz an den Verhältnissen, nichts, nichts, nichts zu gewaltvorbeugenden Maßnahmen! Ins Bett Meg, Alf, nichts wie ins Bett, Alf, Meg, ins Bett und schlafen, versuchen zu schlafen, zu verschlafen – disgraziamente senza divertimento frizzante con lieselotte e o szimona …

Die Zeit bleibt nicht stehen, nein, manchmal leider zu unserem Bedauern. In diesen Tagen hätte sie schneller, viel schneller dahinlaufen können, so Alf am Morgen des Siebzehnten: „Das war ein Wochenende, am schlimmsten die Abende, die Nächte, das Wachliegen, wenn mich der Schlaf endlich übermannt hatte, die wüsten Gesichter, Phantasmagorien, Horrorvisionen, das immer wieder Hochschrecken, die Wachträume!" Ich, beispielsweise, von schlitzäugigen, säbelschwingenden Janitscharen attackiert, von deren Hiebe, den Hufen ihrer Pferde bedrängt, kein Ausweg, kein Entkommen …; oder vor Angst erstarrt mitten in einer Menschenmasse, in der ein grobschrötiges monströses Monster, der Golem (?), tobt, wo es/er hintritt zerquetschte Leiber, Leichen, das Pflaster mit gatschigen Massen, blutigem Fleischbrei, Haschee bedeckt …; oder ein turbantragender imposanter Koloss, Mohamed (?), der mit klobiger, mondsichelförmiger Sichel um sich sichelnd, blasphemisch fluchend mit einem Schlägel auf den Stephansdom einschlägt, nein, auf die Budaer Burg, auf dem Budaer Bergrücken von Budapest/Pescht mit einem Dreschflegel, Drischel eindrischt; Gemäuer, Steine fliegen herum, bis zur Bastei, in die Donau, über die hinweg ins Transdanuvische Pest/Pescht, ins Parlamentsgebäude, den ungarischen Houses of Parliament-Verschnitt; mitten im Geprassel von Steinen, Szimona – paß auf, lauf, lauf, mein Mädchen! – Ja, sie schafft es, findet Unterschlupf in einem der Basteier Weinkeller …; plötzlich mein Kopf, schier unerträgliches Stechen, Bohren; mit quälenden Schmerzen quäle ich mich in eine Arztpraxis, die ärztliche Diagnose: bösartiger Hirntumor, nichts zu machen, vielleicht Wochen noch, vielleicht morgen schon; ich gehe in mich, lasse mich fallen, kopflos fallen …; auf einmal ist der Spuk vorbei, Szimona, Mona, Moni, sitzt auf mir, presst mir ihr Hinter-/Unter-/Teil-/Gestell, ihr mostiges Pfläumchen, zwieselndes Zwutschkerl, die moosige Mona, den moorig/modrigen Vorhof, das artige Atrium, mundende Muschilein auf den Mund, den Schlund, la motte, die Kopula zum brünstigen Kopulationsschlauch ins Gesicht, dieser Duft nach gärenden Zwetschken! Zwetschkenmost! Sliwowitz! Ich krieg keine Luft … Hilfe, Hilfe! Luft, Luft! … Chaaa! Es geht wieder, ich kann wieder atmen, sie hat sich vorgebeugt, schnuppert an meinem Schnuppi, stülpt ihren Schnabel über den Schnipfel, schnäbelt mir einen ab, oh, oh, oh, diese Lippen, Samtlippen! Der Schlecker, Samtschlecker! Doch urplötzlich schlägt sie ihre Zähnchen, Zahnderln in mein ausgefahrenes Peri/Stomato/Kolposkop, als wärs eine Safaladi, Knacker, Salami, ein Radi, eine Salzstange oder sonst was Ess-/Fress-/Schnabulierbares; ich schreie auf, Szimona, Mona, Moni, haltein! Sie lässt es fahren, das Rohr, den Kolben, den Kopulator, pfählt sich mit ihrer Mona, Moni, Muschi auf meine Mentulla und reitet meinen Iste, Johann-Wolfgang nach bald Knecht, bald Meister, reitet diesen meinen knechtischen Meister, meisterlichen Knecht, reitet ihn, reitet mich, hopp, hopp, hopp! Wirft sich, hopp, hoppla, hoppala! Invertiertes Rodeo, beim Reiten hin und her, ich will sie abwerfen, a tergo, a culo, a ano Stöpseln, doch, schade, schade, das Bild verschwindet, bevor ich, bevor es mir gekommen …; es weicht einem offenen griechisch-römischen Theater, der Boden der Orchestra mit einem Belag Agrar-Agrar-Kulturnährboden bedeckt, auf dem ein erbitterter Kampf, Kulturkampf tobt, hin- und herwogt: humane (humane?), menschliche (menschliche?), amerikanische Hela-Zellen bemüht, ihre biochemisch-genetisch-rassische Überlegenheit raffiniert-brutal einzusetzen, auszunutzen auf der einen, sich verzweifelt wehrende, minderwertig-primitive, mies-inferiore eurasiatische Multikultitruppen von gottlosen Mäuse-Aszitestumor-, Syrischhamster-Ovarialzellkarzinom-, Japanischratten-Yoshidasarkom- und anderen viehisch-barbarischen tierischen Zellstämmen auf der anderen Seite; ich, gefesselt an die Beine, die Lehne eines Sessels der Prohedria, kann den unterlegen/unterliegenden Eurasiaten nicht beistehn, habe Angst, zwischen die Fronten zu geraten, fürchte mich vor Nebenwirkungen, kein Kulturzell-/Zellkulturflüsterer/Dresseur, den ich fragen, der mir raten, helfen kann …; auf einmal finde ich mich in einem Krankenhaus, einem Spital, einer onkologischen Abteilung, wo ich hinschaue kachektische PatientInnen, verstümmelte Extremitäten, zerfressene Mammae, Nasen und Ohren, aus offenen Bäuchen, zerfetzten Vulven, gehöhlten Augenhöhlen vorquellend, heraushängend, Viszera, Uteri, Bulbi, Quirl und Quasten, wo ich hinschau, Lungen-, Gebämutter-, Brust-, Prostatakrebskranke, allenthalben Brände, Schwären, Druck/Krebs/Brand/Schwären, Krebs, Krebse und noch mehr Krebse, resistent gegen Strahlen, Medikamente, Pflanzenextrakte, Akupunktur, Exorzismus, besprechen und Handauflegen, Krebse, die unter, die trotz Behandlung wuchern, weiterwuchern, Propagie/metastasieren, Patienten, die an der Therapie zu Grunde gehen; neben, zwischen den Kranken krebsverstümmelte/zerfressene Leichen …; plötzlich wieder alles weg, ich stecke, akkurat, mein Prügel steckt in einer versumpften Bauchtasche, Tasche? Täschchen! In Lottes Dose, Döschen, ich missioniere, wetze sie, rammel wie ein Verrückter, da, unversehens, ist mein Schwengel herausgerutscht aus Lottes Pofese, Lottes porta antica, steckt, werkelt in einem Po/Popodex, in einem End/Mastdarm, recte in einem Rektum, irre die Enge der analen Manschette, doch es ist ja gar nicht die porta adversa, die porta postica, das posteriore Lotterlogis Lottes, auch nicht Szimonas hintere, hinter(n)wärtige magyar/hungarische, ugrische Luke, es ist ein breiter, ein einladend-ausladender Arsch, die gekerbte Kruppe, der/die häuslich-vertraute von Meg, meiner verfickten Anderlingin, den ich da buserier, Breitarsch hin, Breitarsch her, Hauptsache, das Loch, das Arschloch ist eng, nicht ausgeleiert, doch, oh Schreck! Der Allerwerteste, der Allerwerteste aller Allerwertesten, aller allerwertesten Ärsche der Welt hebt sich, schwebt über mir, meinem Kopf, schwillt, entlässt einen donnernden Schass, schwillt weiter, die Rosette, die Iris/rosenblättrige Blende entblättert, weitet, öffnet sich, aus dem klaffenden Krater, der enthemmten Kloake quillt und quillt Scheiße, quellen in beängstigendem Maße Massen, Unmassen an Scheiße, die mich unter sich zu begraben, die mich zu ersticken drohen, im letzten Moment, gerade noch rechtzeitig gelingt es mir, mich zur Seite zu wälzen, der Exkrementen-/Fäkalienkaskade zu entkommen, mich dem sterkoralen Strom, der Flut, Sturzflut von Scheiße zu entziehen …; jählings lande ich, befinde ich mich auf einem weiten, weitläufigen Feld, steinig-sandigen vegetationslosen Ödland, darauf Leichen über Leichen, verstreut und gehäuft, herumirrende Menschen, hautüberzogene Skelette, Frauen, Mütter mit vertrockneten Brüsten, nackte Kinder mit Hungerödemen, Wasserbäuchen, tote Augen bar jeder Hoffnung, mich fröstelt, mich schaudert …; doch da, Finsternis greift um sich, hoch am Firmament ein von Strahlen umgebenes Dreieck, darin rauchblau dräuend ein Auge, das Auge Gottes, Gottes des Allgegenwärtigen, des allmächtigen Richters und Rächers; da grausig-grauschwarze Wolken, aus denen es regnet, schüttet, bricht, ein Wolkenbruch tödlicher Brühen, krebsinduzierender Laugen, karzinogener Viren niederschlägt/prasselt, keine Möglichkeit, sich dem heimtückischen Niederschlag/Geprassel zu entziehen …; auf einmal ein Riesenkrebs, der sich mir nähert, auf mich, den vor Angst Gelähmten wirft, vergeblich mein Versuch zu fliehen, ich kann nicht, da ist das scheußliche Ungeheuer mit einer Zange bereits über mir, über meinem Kopf, reißt mir mit der anderen den Bauch auf, ich schreie, brülle, fahre hoch – und erwache, schweißgebadet, pumpernden Herzens, komme langsam zu mir, nehme Meg, mein neben mir liegendes Zweilingsschwesterchen, in die Arme …

Ja, alles fließt, grübelt auch Meg. Das Leben ist stetes Fließen, steter Fluss. Bald träges, zähes, bald munteres Dahinfließen, bald schnelles, überstürztes, von Schnellen, Stromschnellen, Katarakten getriebenes Dahinjagen. Bald kaum wahrnehmbare, bald stürmische, gleich ob so oder so, ob langsam, schnell, überstürzt, dem/der einzelnen nach eine bald Gott/Teufel/Weltseidank wohlwollende, bald Gott/Teufel/Weltseileid, windige bis widrige Wandlung. Im Augenblick, am Siebzehnten frühmorgens, ist Meg, gleich Alf, erleichtert, die letzten zwei Tage, drei Nächte, das schrecklich-schreckliche Wochenende endlich, Fatum/Karma/Kismet/Moira-sei dank, hinter sich gebracht zu haben. Die Abende, die Nächte, das sehnsuchtsvolle Ersehnen, beschwerliche Erreichen von Schlafschwere, wenn sie die sehnlichst ersehnte Schwere endlich erreicht, Schlaf sie übermannt, überfraut hatte, die wüsten Schlaftraumgesichte, das immer wieder Hochschrecken, abermals martervolle Wachliegen, die quälenden Wachträume, Wachwahn/Trugbilder, wie zum Exempel, diese: … Aus dunklem Dunkel, aus schwarzer, rabenschwarzer Nacht heraus Horden von

Glatz-/Hautköpfen, an den Beinen, den Füßen metallbewehrte Stiefel, Fallschirmspringerstiefel mit Metallkappen, in den Händen Schläger, Baseballschläger, brennende Fackeln, Messer, Butterflymesser, die hassverzerrten Gesichter, Fratzen, aufgerissenen Mäuler, der den Mäulern entquellende Unrat: weg mit den Zuagraastn, den Tschuschn und der übrign durchrasstn Bagasch, für deutsche Sauberkeit, deutsche Reinheit von Haut und Blut! Wie sie auf alles einschlagen, was ihnen, den Glatz-/Hautköpfen, den Skinheads, im Wege/entgegensteht, sich ihnen entgegenstellt, Pekawes, Mülltonnen, Postkästen, Menschen, wie sie alles, was brennbar ist, in Brand setzen, was sich bewegt zu Boden prügeln; ich, obwohl ich angsterfasst zu rennen, zu entgeh/wischen versuche, nicht kann, nicht vom Fleck komme, mich, katatón-erstarrt, für unabwendbar verloren wähne …; und dann, plötzlich, rundum Wasser, Meer, an Zahl, an Höhe sich mehrende, türmende Wellen, die rotieren, sich heben, im Zentrum der sich hoch und höher rotier/hebenden Wellen wieder ich, die ich von/mit ihnen hochgerissen/gehoben/getragen werde, wie vom Strahl eines Springbrunnens, von der mächtigen Säule einer hoch und immer höher, himmelhoch/wärts strebenden Wind/Wasserhose, einer Rakete, Weltraumrakete, einem Weltraumschiff, an deren/dessen Spitze ich mich rasenden Herzens, spastisch verkrampfter Arme, Hände und Schenkel klammere; da, nahe vor, über mir, immer näher, ganz nahe, gesichtsfelddeckend ein glühender Ball, die Sonne, in den/die ich falle, von dem/der ich angezogen/eingesogen werde; stumm-schreiend fange ich Feuer, brenne ich, drohe zu verbrennen …; da, plötzlich, ein andersartiges, nicht minder schaurig/bedrohliches Bild: Ich liege auf einem Operationstisch, mein Rumpf mit einem schmutziggrünen Leintuch bedeckt, im Raum herum, nebelhaft, Figuren in ebenso schmutziggrünen Kitteln, Mützen, Masken, Gasmasken, in den Händen Messer, Sägen, Zangen, eine der Gestalten, ein männliches, ein weibliches Wesen, mit einer Hand, einem

Alois Hallner

Arm zwischen meinen weit gegrätschten/gespreizten Schenkeln tief in mir, in meinen Eingeweiden weidend, wühlend: Er ist zu groß, er wehrt sich, lässt sich nicht herausziehen der Krebs, aua! Er zwickt, er zwackt! Schnell, er muss entbunden werden, per sectio caesarea, caesariter, bevor er sprosst, Junge wirft, jungt, während dieser Worte erhebt sie sich, die Gestalt, wendet sich die Schar der schmutzig grün Gewandeten dem gräulichen Möbel, auf dem ich liege, mir zu, senken sich Messer, Fleischer/Fleischhauermesser über meinem Leib, auf den nach Entfernen des mich deckenden Tuches entblößten Bauch, ich schreie, brülle nein, nicht! Vergebens, vergeblich; doch jählings, obwohl, obschon schon höchstadelig-kaiserlich geschlitzt, gelingt es mir, vom Tisch, OP-Tisch, zu springen, mich aus dem Haus, hinaus auf die Straße durchzuschlagen, die Hände auf dem geöffneten, dem offenen Leib, den caesarischen Eingriff, auf das heraustretende/hängende Gedärm, das gruselige Krustentier, den Krebs, die Krabbe, die Riesenkrabbe, -languste, -garnele gepresst, mich erschöpft mit letzten Kräften schleppend zu entfernen; doch da, hinter mir plötzlich ein feistes Männchen, mandeläugig, weiß behost, bekittelt, kochhaubebehaubt/mützebemützt, das mir, bemüht mich einzuholen, nachhumpelt, mit schriller Fistelstimme nachschreit/kreischt: „Halt! Stehen bleiben, meine Glabben, meine Galnelen, ich blauchen, empfang von Schüsselkanzlel, Kanzlelschüssel für Sekletälgenelal von uno." Verzweifelt schleppe ich mich weiter, spreche vor mich hin, in mich hinein: „Nein, meinen Krebs, den gebe ich nicht her!" Der Verfolger mit seinem Bauch, Mast/Hängebauchschweinbauch, fällt zurück, der Abstand wird größer und größer, ich schaffe es, zu entweich/wischen …; da vor mir, in vollem Sonnenschein, eine Wiese, zu einem Rasen getrimmte Wiese, auf der/dem ein Knäuel, Menschenknäuel, ein kunterbuntes Durcheinander, hier eine Spur szimonasche Mona, da ein Pröbchen lottische Lola, dort ein alphischer Happen Alpha, alles in nichtzuentknäulendem

Knäuel von Rümpfen, Schädeln, Tentakeln, hier Büschel von Haaren, schwarzen, rostroten, brünett-blondiertgesträhnten, da ein breiter Arsch, ein, zwei, drei Finger im geweiteten Weidloch, dort ein langer Schlecker, die schleckgerecht gespitzte Schleckerspitze in struppig-wuscheliggerahmter, rahmig-versupp/sumpfter Muschel, und da wieder ein mächtiges Gemächt, ein stämmiger Stumpen. Oh Alf, mein Alf! Das stumpfe Stumpenende in ge/über/zerdehntem Schlund, und alles in turbulent-chaotischer Bewegung, ataktisch-synkopischer Rotation; ich stürze mich auf, tauche ein in das wurlende Gewurl, docke an mit dem Mund, der Zunge an eine moorige, vermoorte Möse, der Duft, hmmm! Die Duftlegierung, das Duftlegat, eine Melange von überlagerten Olmützer Quargeln und verfaulter Jahrmarktbrunzodrombrunze; oooh! Da, von hinten her, dringt etwas in mich ein, ja, was ist denn das? Ist das ein, sind das zwei mich siphnisierende, analy/analogisierende Finger? Nein, nicht ein, nicht zwei, überhaupt kein, keine Finger, nichts fingerlt da, eine dicke Rübe ists, ein dicker Radi, die mich ribbelt, der mich radiert, oh, ooh, oooh! Die Rübe, der Rettich, Riesenrettich meiner Mutter Sohn ists, die/der mich sodom/sokratisiert; doch just mitten in sich aufschaukelnder Katastase, katastasis, in Vorfreude aufs Kommen, in Vorkommensfreude, Schreck, oh Schreck! Ist alles weg, weg und vorbei ...; ich sehe mich in einen weiten Saal, Gerichtssaal, als Angeklagte vor einem Tribunal, Welttribunal, sehe mich nackt, gefesselt, gekreuzigt an ein an die Saalwand gelehntes Holzkreuz, die Beine festgebunden am Steher, die Arme an den Armen, neben mir schwarzverhüllt/mummte Häscher, vor mir, an der Front des Saales, der hohe Gerichtshof, zwölf Richter in roten Roben, daneben eine Fahne, auf blauem Grund reihenweise weiße Sterne, ein Sternenhimmel, über dem Richtertisch in Flammenschrift: God save the President of United States of the World! God save g.w.b.!, sehe mich angeklagt als n.g.o., non-govermental-organizer von Antiterroraktionen, als hart gesottene, unverbesserliche, bösartige/willige antiantimarxistische Antikriegstreiberin, von den mich bewachenden Bütteln mit Sticheln gestochen, mit Pieken gepiekt, laufen mir Blutrinnsale über die Brüste, im Tal des Busens abwärts, über den Bauch, in die Scham, wehrlos schluchze, weine ich; da, die Richter erheben sich, der Präsident des Tribunals verkündet, ein riesiges Paragraphenzeichen schwenkend, brutalverzerrten Gesichts das Urteil: „Schuldig! Tod durch die Garrotte! Schergen, waltet eures Amtes!" Kaum verklungen, legen die mir auch schon ein kaltes Metallband um den Hals, drehen am Knebel, in meinem Nacken grausam die Schmerzen, ich will schreien, kann nicht, kreischen, krieg keine Luft, falle in Ohnmacht – und, schweißgebadet, an Alf, mein Zweilingsbrüderchen geschmiegt, gekuschelt, erwache ich …

Jetzt nichts wie ins Bad, Alf und Meg, Meg und Alf, duschen, rasieren und makeupen! Vorm Spiegel: diese Gsichter, Gfrieser, grauenvoll, die Faltn, da muss dick Schmiere drauf, die Höfe, die Schatten um den Augen, da derspar i mir das Lidschattenauflegn, der Dreitagebart, der muss weg, radikal abgschabt, abrad/rasiert werdn. Richtig ramponiert, verlebt, versumpft sehen sie sich, und das, ohne dass da in den Nächten etwas gewesen wäre, nicht mit der Szimone, nicht mit der Lieselotte, nicht zwischen ihnen beiden, kein Omegaritt, kein Alphadoppler, keine französische, keine griechische Partie, netamal mit uns selber hama was tan! Nur Albträume. Aber was solls? Die Arbeit muss getan werden: die Toten im Leichenkeller, im Sektionssaal, die Klinikeingänge am Zuschneideplatz, die Präparate von den Leichen und die klinischen Eingänge am Mikroskop im Histolabor, na und die Mitarbeiter, der Sektionsgehilfe und Präparator Marek, die medizinischtechnische Assistentin Tantchen Lieselotte, die Doktorandin Schwesterchen Szimona sowie nicht zuletzt die Zellinie in statu nascendi, die, der Kagra-Zellstamm, der das Institut, dessen Chef, dessen Adjunktin weltbekannt machen, die Namen der nahezu namenlosen Zweilinge in die Riege der namhaften, der namhaftesten Zellbiologen der Erde, der Welt katapultieren, kann sein, morgen oder übermorgen, in die Nobelpreisvorschlagsliste bringen würde – sie alle, alle warten, sie alle, alle rufen nach ihnen.

Das versuchten sie sich einzureden, Alpha und Omega, jede(r) für sich. Doch, doch, doch ...? Nein, nein, nein ... und noch einmal Nein ...! Die letzten zwei endlos langen Tage, drei nicht enden wollende Nächte randvoll grausig-grauslichen Grauens haben die Zweilinge, die Lingelinge, A-Ling und O-Lingin, völlig, vollends, bis in die tiefsten Tiefen ihres Inneren, bis in ihr Innerstes, bis ins Mark, ins Knochen- und Hirnmark erschüttert, haben sie verändert/verwandelt, haben in ihnen ob des Weltgeschehens Zweifel am Sinn des eigenen Tuns aufkommen lassen. Müde, still in sich gekehrt, zweifelbeladen/belastet, nachhaltig zweifelnd an sich, der Zeit, der Zukunft, schleichen, trotten, schleppen sie sich dem Institut, dem Ort ihres Wirkens entgegen.

Endlich sind sie am Ziel, sind sie im Institut angelangt. Endlich kann Meg, Adjunktin Omega, sich umtun, erkunden und zusammentragen, was an konkreter Tages-/Routinearbeit anliegt/vorliegt. Endlich kann Alf, Direktor Alpha, aus dunkler, unscharfer, unstet-schwankender zerebraler Unordnung essenzielle Gedanken lesen, sortieren, zu Worten formen, Stichworte zu den so, im Kopf, vorgeordneten Worten notieren, zu Worten, zur Rede, mit denen, mit der er, der Chief, in der traditionellen montäglichen Staffpromotion/Instruction den Staff, die Institutsmann- (Marek) und -Weiberschaft (Omega, Lieselotte, Szimona), gleich einem Prior oder Primarius auf Prioritäten zu orientieren, auf die maßgeblichen Schwerpunkte der Woche auszurichten pflegt. Das zu tun, kommt er auch heute nicht umhin.

Die von der Adjunktin vorgetragenen konkreten Routineaufgaben des Tages werden ohne Nachfragen, ohne Einwürfe zur Kenntnis genommen. Doch, was der sonst so engagierte, so temperamentvolle, heute müde, abgeschlagen/gespannt, ja unsicher wirkende Direktor unüblich-verhalten, kaum vernehmbar, sotto voce sozusagen, in schleppender Rede, wenig überzeugend zur Forschung, zum Forschungsschwerpunkt Klonierung Karl-Grajcekscher Haferzellkarzinomzellen vorträgt, absondert, von sich gibt ... Wo ist da der Schwung in den Worten, durch die, der Schwung in der Rede, mit der die Mitarbeiter angefeuert, mitgerissen werden sollten? Wo der Schwung, der nötig wäre, um sie für das avisierte Ziel der Entwicklung eines Zellstammes, der an zellbiologischen Modellen forschenden, sich spezifischer Zelllinien gezielt als Indikatoren bedienenden Wissenschaft(l)ern neue, bisher unbekannte, die Arbeit revolutionierende Möglichkeiten böte, zu motivieren? Wo der ehrgeizige Drive, das Ansehen des Instituts in der Öffentlichkeit durch hohe wissenschaftliche Leistungen zu protegier/promovieren, zu promoten und so noch-und-nöcher Fördermittel einzuheimsen? Und wo, nicht zuletzt, der Elan, der über die in spe zu erwartenden sensationellen Leistungen, Höchstleistungen, deren ex-officio-vel-ex-more-Autoren, die Doctores Alpha und Omega, in den Kreis der Nobelpreisanwärter-gelisteten, partout in den noblen der Nobelpreis-dekorierten zu katapultieren vermöchte? – Doch die Konferenz ist dem Kapitän, dem Kapo der virtuellen Spitzenschmiere augen- und ohrfällig aus dem Ruder gelaufen.

Schweigen, gesenkte Köpfe, atemlose Stille ... minutenlang ... Niemand erhebt sich, um dieserart förmlich/sichtlich die Sitzung aufzuheben, nicht der Institutsdirektor, der Princeps, princeps inter pares, dem das primär zustünde, keine(r) der Untergebenen, parentes eiusdem, die/der gewagt, sich die Freiheit dazu zu nehmen. Alpha fühlt, weiß, dass er, der rector magnificus instituti, bei der societas inferioribus, selbst der vicaria rectoris, socia sua amabilis, bei seinem femininen halb-/zweitteil Omega nicht Widerhall gefunden, nicht angekommen ist, dass er, coram publico, als Boss voll, vollends versagt hat. Endlich rafft sich Alphas Vize, der Vizeboss, die Vizebossin der pathologischen Blase, Prosektursadjunktin Omega, ermahnt/muntert durch diskret-insistierende Blicke von em-te-a zia, zietta Lotte linker-, doltorandin sorella, sorellina Mona rechterseits, auf, erhebt sich und ergreift stehend, immer noch ergriffen vom Versagen Alphas, ihres normaliter immer firmen fraternellen Spiegelparts, das Wort. Sie verstehe das konfuse, die Konfusität der Rede des Institutsdirektors einerseits als Ausfluss tiefer Ergriffenheit in Anbetracht des Verbrechens von Manhattan, in Anbetracht der Tausenden, die dabei unmittelbar zu Tode, körperlich oder psychisch zu Schaden, zu Dauerschäden gekommen sind, in Anbetracht der zehntausenden Angehörigen und Freunde, die an den Folgen lang bis lebenslang zu leiden haben werden; andererseits verstehe sie es auch als Ausfluss der Sorge des Professors vor zwar legitim-plausibler, fatalerweise aber, wie vorher ahnbar/sehbar, reaktionär-racheoktroyierter Reaktionen der bis dato sich im Wahn der Unverletzbarkeit wähnenden, nun, mit Manhattan, in ihrer Selbstgefälligkeit schwer getroffenen Großmacht, die, wie zu befürchten, konform der biblischen Norm, ja fundamentalistisch normüberkonform mit (vielen) Augen um Auge, (vielen) Zähne um Zahn reagieren wird. Als hätte die Adjunktin mit ihren Ausführungen in ein Nest, ein Genist von stachelbewehrten Wespen gestochert, in einen Haufen, eine triste ameisensäurefabrizierender Ameisen gestierlt, schwirren mir-nichts-dir-nichts stech-/brenn-/beiß-/spritz-/ätzende Stimmen, ad interim immens divergierende, divergente Meinungen, konfuse Voten durch den Raum. Selbst der während der die Sitzung einführenden, ausschweifend-ausführlichen, einförmig-einlullend/schläfernden richtungweisend-hätte-sein-sollenden direktoralen Ausführungen eingedöst/geschlummert/geschlafene, unter dem lebhaften Speech der agilen Adjunktin mittlerweile aus-/ausge-/entdöste, aus-/ausge-/entschlafene, nunmehr völlig hiesige, ganz und gar dasig-wache Sektionsassistent und Präparator Marek mischt sich, klinkt sich intervenierend in die Diskussion ein. Gemeinsam, unter Beteiligung aller, Alpha eingeschlossen, wogen und wallen Worte hin und her, wird anarchisch meditiert, diskutiert, räsoniert, reflektiert. Bis sich nach lang, stundenlang anhaltender allgemeiner Konfusion allmählich gemeinsame Einsichten herauskristallisieren, eine weitest monodische, in praxi soviel wie identische Einstellung durchsetzt, einstellt, ein Resümee gezogen, resümiert, Folgerungen formuliert, fixiert werden können und werden.

Erstens: Das Institut wird ab sofort von Frau Professor, Professorin, Frau Prosektor, Prosektorin Primaria Doktor Omega dirigiert, die damit ergo, gewissermaßen von Amts wegen, und detto, über ihr Amt als Manager, Managerin hinaus, die Doktorandin Szimona auf dem Weg zur Promotion zu betreuen hat. Doktor Alpha, der Chefin Omega als Vizechef, als Prosektursadjunkt adjungiert, ist für die Erledigung des Routinekrams der Anstalt verantwortlich, wozu ihm die medizinisch-technische Assistentin Lieselotte und der Sektions-/Präparatioinsadlatus Marek als Gehilfen unterstehen, unterstellt sind.

Zweitens: Das Institut wird, die Mitarbeiter und -Innen des Instituts werden seine/ihre Patienten begleitende und post-mortem-gebotene diagnostische Arbeit wie bisher/lang auch fortab/an/hin, hinfort und zu-/inkünftig pflichtbewusst, gewissenhaft zu tun bestrebt sein. Das fordert die Widmung des Instituts, dazu fühlt sich die Belegschaft aufgrund ihres Berufes wie ihrer Berufung verpflichtet.

Drittens: Die einerseits bisher aussichtsreich ange-/verlaufenen, andererseits perspektivisch gesehen mangels unumstrittenen, unstrittigen Bedarfs aussichtsarmen und damit entbehrlichen Forschungen, Bestrebungen, als Forscher, Zellzüchter/Kultivierer, Hobbyzellkultivatoren zu reüssieren, werden aufgegeben, abgebrochen. Es gibt bereits über tausend menschliche Permanentzellstämme auf der Welt, wozu da noch einen, den tausendsten? Während täglich Natur zu Grunde geht, Lebewesen, Pflanzen Tiere endgültig verschwinden, aussterben.

Und überhaupt! Was soll's?

Knapp fünf Milliarden Jahre noch, dann hat die Sonne die Erde aufgefressen, dann gibt es keine Kirchen oder Moscheen, keine Musen-, Götter- oder Mammontempel, keine Bushis, Osama Bin-Ladens oder Dshihads, keine mosaischen, mohammedanischen, christusianischen, keine (mehr-oder-minder) heiligen Thora-, Halbmond-, Kreuz- und überhaupt Gotteskrieger mehr, dann hat sich die Welt von allem Abschaum, allen göttlichen Büschen und schurkischen Läden befreit, und dann irgendwann, noch ein paar Milliarden Jährchen später, weiter hat sich das sich dehnende, immer weiter dehnende, sich weiter und weiter weitende Universum endlich ins Unendliche ausgedehnt/geweitet, die mehr und mehr verdünnte Materie, endlich, schließlich, endschließlich, schlussendlich im Unendlichen, in der Unendlichkeit, in nichts, ins Nichts aufgelöst.

Dann hat er, er, der eine, reiner Geist, Herrscher über das Nichts, Beherrscher des Nichts, seine Ruh. Bis ihn, vielleicht, nach einer Weile, einer, kann sein, langen, sehr langen Weile die Langeweile langsam langweilt, es ihn, kann sein, aus lauter langweiliger Langeweile heraus Kribbel-Krabbel wieder juckt, er sich als schöpferischer Schöpfer, kreativer Kreator neuerlich zu schöpfen, zu kreieren entschließt, Big-Bang, einen urigen Knall knallen lässt – und die ganze Scheiße, so oder so, log oder analog, von Neuem, neuerdings wieder losgeht.

Ein Tag im Leben eines Wirtshausgehers

Werner Hawa

Ein Wirtshaus in Wien ist, ein jedes für sich, ein Mikrokosmos. Ein Gebilde aus Düften, Geräuschen und für das jeweilige Lokal eigenen Personen. Alle diese Zutaten für eine besondere Mixtur ergeben ein Wiener Gasthaus; so eines, wie ich es heute besuche.

Die Inneneinrichtung dieser Gaststätte hat schon viele heitere, lustige, unterhaltende aber auch nachdenklich stimmende Begebenheiten gesehen und gehört. Und irgendwie kommt es mir vor, als ob sich diese Anekdoten unterschiedlichen Inhalts in der braunen Wandtäfelung verewigt hätten, das Erscheinungsbild des Gastraumes imaginär mitprägen würden.

Sechs Tische in unterschiedlicher Größe sind unsymmetrisch im Raum aufgestellt. Eine Theke, in Wien „Budl" genannt, ist an der Längsseite des beschriebenen Szenebildes aufgestellt und beherrscht, ein Eck machend, den Aufenthaltsraum der Lokalbesucher. Viele Getränke und ab und zu eine Speise wurden schon an ihr serviert.

Ich gehe nicht zu einer bestimmten Zeit in dieses Lokal, welches ich als mein „verlängertes Wohnzimmer" betrachte, weil ich so viel Zeit an diesem Ort verbringe. Das Verlangen nach dem Genuss als stummer Beobachter und heimlicher Zuhörer in der Geräuschkulisse dieses Schankbetriebes zu sitzen, treibt mich immer zu unterschiedlichen Zeitpunkten in diese Lokalität, deren Besitzer, seine, als Kellnerin mitarbeitende Ehefrau und die Kellnerin, welche schon seit neun Jahren ihre Tätigkeit in diesem Haus ausübt, gute Freunde von mir geworden sind. Die Zeitspanne, in der ich dieses Lokal besuche, ist noch nicht lang, doch die offene, herzliche Art dieser Menschen und mancher anderer Gäste ist so freundschaftlich und ohne Aggressionen, dass ich mich mit der Häufigkeit meiner Besuche immer heimischer fühle. Immer, wenn ich eintrete, umfängt mich das eigentümliche Geruchsgemisch aus Zigarettenrauch, Küchengeruch und Alkohol. Es umfließt mich, setzt sich in meiner Kleidung und in meinen Haaren fest; als Erinnerung, welche einen Tag anhält und danach in den Äther der Vergangenheit entschwindet. Geräusche, bestehend aus den Gesprächen der Gäste, Lachen und Klappern des Geschirrs in der Küche dringen an meine Ohren. Im Hintergrund dieser phonetischen Darbietung träumt das Radio von der Zeit, als es noch die Aufmerksamkeit der Lokalbesucher hatte.

Meistens stelle ich mich an die Budl, um meine Bestellung zu konsumieren. An einen der Tische setze ich mich nur, wenn ich etwas esse. Die Küche des Hauses, in der der Besitzer des Lokales kocht, mundet mir, deshalb führt mich mein Junggesellendasein oft in seinen kulinarischen Wirkungsbereich. Das Klappern des Bestecks, welches um die Mittagszeit in dem Gasthaus zu hören ist und das von den älteren Menschen, Arbeitern und den Kleinunternehmern des näheren Einzugsbereiches des Gasthauses verursacht wird, hat einen eigenen Klang, vergleichbar mit einer kulinarischen Musik in meinen Ohren. Somit werden zwei Sinne meinerseits bei der Nahrungsaufnahme angeregt: der Geschmacks- und der Gehörsinn. Für mich eine angenehme Kombination, erinnert sie mich doch an eine Zeit, als ich noch in einem Zuhause (Elternhaus, eigener Haushalt mit Lebensabschnittspartnerin) gesessen habe und eine ähnliche Geräuschkulisse um mich gehabt habe. Bin ich mit der Nahrungsaufnahme fertig, oder genieße ich meine Getränkebestellung, wenn ich nichts esse, kann mein Sehsinn die verschiedenen Typen der anwesenden Gasthausgäste in sich aufnehmen. Physiognomien, unterschiedliche Sprechweisen und die Körpersprache der

Menschen unterhalten mich bei dem weiteren Aufenthalt in dieser Gaststätte und liefern mir meistens die Ideen für neue Geschichten für meine Bücher. Probleme älterer Menschen, welche sich zumeist aus körperlichen Nachteilen zusammensetzen, finanzielle Schwierigkeiten, die Schilderung der individuellen Einsamkeit oder die Sehnsucht nach der vergangenen Zeit, als die Sprecherin oder der Sprecher noch jünger waren, dringen an meine Ohren. Dazwischen höre ich die verschiedenen Probleme der Arbeit aus der Sicht der Bauarbeiter der umliegenden Baustellen, welche sich in der näheren Umgebung des Gasthauses befinden. Auch unterschiedliche Begebenheiten des Tagesablaufes der Händler, die mit den verschiedensten Waren in den Geschäften der Umgebung versuchen, Gewinn zu machen, sind für mich aus diesem Wortgewirr zu entnehmen. Jenes Gemisch aus den unterschiedlichsten Satz- und Meinungsinhalten, das von den immer präsenten Gaststättenbetriebsgeräuschen untermalt wird, nimmt an Intensität nach der Mittagszeit ab und wird von einer relativen Ruhe, die von Gesprächen unterbrochen wird, deren Inhalt Alltagsthemen sind, geprägt. Dieser Konversationsinhalt erscheint mir logisch, da das Lokalpublikum sich im Moment aus Personen, welche fast täglich am frühen Nachmittag anwesend sind, zusammensetzt. Diese Unterhaltungen sind für mich nur bedingt interessant, um irgendwann einmal in einem meiner Bücher verewigt zu werden, deshalb wandern meine Gedanken in den Erinnerungen meines Lebens umher. Dies passiert mir immer in einer solchen Stimmung im Lokal. Langsam nimmt eine eigentümliche Müdigkeit nach und nach von meinem Körper und Geist Besitz und ich bezahle, um in meiner Wohnung, die nicht weit von dieser Lokalität liegt, meine tägliche Mittagsruhe zu halten.

Zwei Stunden später bin ich wieder erholt. Ich habe vor, an diesem Tag nichts zu schreiben (obwohl ich als Schriftsteller meinen Lebensunterhalt verdiene) und mache mich wieder auf den Weg in mein Stammlokal, um an diesem Tag noch ein wenig von der Lebensfreude der Menschen in diesem Gasthaus mitzubekommen. Wie beim ersten Besuch dieser Gaststätte umfängt mich das Geruchsgemisch aufs Neue und infiltriert meine Kleidung und meine Sinne. Die Stammgäste des Nachmittags sind schon anwesend und begrüßen mich freundlich. Wie ich feststellen konnte, kommt eher wenig „Laufkundschaft" als Gäste in dieses Gasthaus. Wie ich bemerkt habe, bilden Stammgäste den Hauptteil der Besucher des Gasthauses. Es ist immer wieder erfreulich für mich, (den Einzelgänger des Lebens) vertraute Gesichter zu sehen. Vielleicht bin ich in den Augen meiner Mitmenschen etwas seltsam, doch bedeutet es für mich immer eine große Überwindung, neue Menschen, Orte und Lebensverhältnisse kennen zu lernen. Ich empfinde nur ein Sicherheitsgefühl, wenn ich vertraute Gesichter, Orte und Umstände des Daseins um mich habe. Lange habe ich in meinem Empfinden benötigt, um meine Schüchternheit und Gehemmtheit zu überwinden und mich dem gelösten und freundlichen Klima, welches in diesem Gasthaus herrscht, anzuschließen. In den bisherigen vierzig Jahren meines Lebens habe ich mich noch selten irgendwo so wohl gefühlt, wie in dieser Gaststätte. Sofern man sich in so einem Bewirtungsbetrieb überhaupt wohl fühlen kann.

Die Runde der anwesenden Nachmittagsgäste ist schon in guter Stimmung und es fällt mir nicht schwer, in diesem Kreis vertrauter Personen Anschluss zu finden.

Die Scherze, welche während der Unterhaltung zwischen den Leuten ausgetauscht werden, sind zwar nicht immer dafür geeignet, um in einem Mädchenpensionat erzählt zu werden, doch sind sie auch nicht zu derb, um jemanden zu brüskieren. Geblödelt wird kreuz und quer durch das Lokal. Manchmal sind auch unfreiwillige Beiträge zur allgemeinen Hochstimmung integriert, wie zum

Beispiel jetzt, als der Wirt (unfreiwillig) zum Protagonisten, und dies nicht alleine, einer lustigen Episode in seinem Lokal wird. Ein Kabelfernsehanschluss soll im Extrazimmer des Gasthauses installiert werden. Einer der Stammgäste, der eigentlich schon zum hilfreichen Inventar der Gaststätte gehört, soll ihm helfen. Ein Versuch, diesen Plan der Montage in die Tat umzusetzen, ist schon fehlgeschlagen, darum hält der Wirt eine neue „Befehlsausgabe" mit seinen Hilfstruppen, bestehend aus einer Person, ab. Beim ersten Versuch, das Kabelfernsehen in den abgesonderten Raum des Lokales einzuleiten, fiel das Ergebnis unbefriedigend aus, da man nach dem Aufdrehen des Fernsehers nur graues Schneegestöber auf dem Bildschirm sah, was den anwesenden Stammgästen Häme und Spott hervorlockte. Aber beim heutigen Versuch bestimmt der Chef, dass die Schiebetür, die den Gastraum vom Extrazimmer trennt, geschlossen bleibt. Denn, so sagt er, er möchte nicht mehr von den Anwesenden hören, dass „zwei Trotteln im Extrazimmer Blödsinn verbrechen". Worauf der (manchmal) zwangsverpflichtete Helfer, der noch dazu im selben Haus wohnt, wo auch das Lokal untergebracht ist, entgegnet, dass er NIE zum Chef „Trottel" gesagt hat. Diese Äußerung treibt dem Lokalbesitzer die Zornesröte ins Gesicht und er brüllt durch die rauchgeschwängerte Lokalluft: „Das kann auch nicht sein, da du ja einer der Trottel bist!" Diese verbale, unfreiwillig witzige Einlage verursacht Heiterkeit bei den Anwesenden und macht den Gasthausbesuch für alle Gäste, welche beide Akteure dieses Unternehmens kennen, zu einem unterhaltsamen Gasthausbesuch. Ich erfreue mich an diesem Moment der ungeplanten Heiterkeit und registriere diesen Moment in meiner geistigen Kartei der schönen Gasthausreminiszenzen. Nach einigen Tagen oder wenigen Wochen wird diese Begebenheit in dem Rauch der flüchtigen Erinnerung verweht sein. Dann wird nur mehr die Heiterkeit in mir wohnen, welche mir als kurzer, gedanklicher Abriss an diesen Tag geblieben ist.

Ich erfreue mich an der unfreiwilligen Spontaneität der Protagonisten dieser kurzen Gasthausepisode und der Kreativität der anderen Gäste in Bezug auf diese Unterhaltung und genieße das Zuhören. Bei dieser Unterhaltung vergesse ich alle traurigen Gedanken, die mein einsames Leben sonst bestimmen und gebe mich einfach dem Empfinden der guten Stimmung, die rings um mich herrscht, hin. Ohne dass ich ein Zeitgefühl in mir habe, verkündet plötzlich die Kellnerin: „Sperrstunde!"

Mit dem Nachhall der in den letzten Stunden erlebten Fröhlichkeit begebe ich mich auf den Heimweg, zurück in meine Mietwohnung. Als mich die Stille und Einsamkeit meiner Mietwohnung umfangen, ich mich in diesen Wänden zu Bett lege, denke ich noch einmal an die vergangenen, heiteren Stunden und schlafe, mit einem Lächeln auf meinen Lippen, in meinem Bett ein.

Der Autor

Name: Werner Hawa

Geboren am: 27. April 1964

Schulbildung:
- 4 Jahre Volksschule
- 4 Jahre Integrierte Gesamtschule
- 1 Jahr Bundesfachschule für Flugtechnik
- 3 Jahre Berufsschule für graphische Gewerbe (Lehrabschlussprüfung als Hand- und Maschinensetzer)

Berufsweg:

Verschiedene Berufe ausgeübt, da mein Lehrberuf einige Jahre nach meiner positiv abgeschlossenen Lehrabschlussprüfung nicht mehr in jener Form existierte, in welcher ich ihn erlernt habe. Ich verbrachte einige Zeit meines Lebens als Berufssoldat beim Österreichischen Bundesheer (etwa drei Jahre insgesamt), arbeitete bei verschiedenen privaten Wachdiensten, schleppte Möbel als Tagelöhner bei einer Personalbereitstellungsfirma, verdiente Geld als Betreuer von Datenleitungen bei der Firma Alcatel und arbeitete von Herbst 2000 bis etwa Mitte 2002 bei der Firma Zürich Kosmos-Versicherungen als Außendienstmitarbeiter. Von 2005 bis Ende 2006 war ich Invaliditätspensionist auf Zeit, da mir Ende 2002 die Aorta beim Herzeingang abgerissen ist und mir in einer fünfzehnstündigen Operation im AKH Wien das Leben von den Ärzten gerettet wurde.

Jetzt absolviere ich wieder die ganzen Gutachteruntersuchungen der PVA, da es von dieser Institution abgelehnt wurde, mich weiterhin als Invaliditätspensionisten einzustufen.

Die Erfahrungen, welche ich in den verschiedenen Berufen, die ich schon in meinem Leben ausgeübt habe, sammeln konnte, lasse ich nun in meine Bücher einfließen.

Jene Bücher, die ich nun schreibe, um meinem Gehirn eine Beschäftigung zu verschaffen und eine Tätigkeit auszuführen, die ich trotz meiner körperlichen Eingeschränktheit (linke Hand seit 2002 eingeschränkt bis überhaupt nicht bewegungsfähig, schwerste Wetterfühligkeit und, trotz medikamentöser Behandlung, starker Bluthochdruck) ausüben kann und die mir zudem sehr große Freude bereitet; meinem Leben wieder ein Ziel gibt.

Ich verliere mich

Zum Alzheimer Jahr 2006
Das Leben meiner Mutter „Leni"

Bevor meine Mutter nicht mehr in der Lage war, Zusammenhänge zu erkennen und ihr Leben selbstbestimmt zu leben, schrieb sie ihre Lebensgeschichte nieder und gab sie mir (Tochter) zur Aufbewahrung und eventuell späteren Veröffentlichung.

Eine Geschichte, die unter die Haut geht, deutsche Auswanderer zu „Maria Theresias" Zeiten, aus dem Elsas sowie Gegend Bad Mergentheim (aus einem Rittergeschlecht v. Hunen) – so genannte Donauschwaben, die die Tiefebene im Süden Ungarns (Umgebung Szeged) urbar machen sollten und die als Flüchtlinge 1945 per Pferd und Wagen unter ständigem Bombenbeschuss sieben Monate unterwegs nach Deutschland zurückkehrten, wo sie als Flüchtlinge (so genannte ungarische Zigeuner) nicht gerade willkommen waren und dann doch wegen ihrer Vielseitigkeit geschätzt wurden und eine neue Heimat in Bayern fanden.

Seit eineinhalb Jahren lebt meine Mutter in einem Pflegeheim im Chiemgau. Sie ist „dement", zu achtzig Prozent funktioniert ihr Gehirn nicht mehr. Nach den anfänglichen Schwierigkeiten, meine früher so starke selbstbewusste Mutter so zu akzeptieren wie sie jetzt ist, fing ich an, „Tagebuch" zu schreiben.

Mit der Zeit sah ich Zusammenhänge zwischen ihrem jetzigen Verhalten zu ihrem Erlebten in ihrer Kindheit in Ungarn und später, es entstand eine Geschichte ... Eines Tages sagte sie zu einer Pflegerin: „ICH VERLIERE MICH",

Lena Heimhilger

eine Verbindung zwischen dem Gewesenen und dem Jetzt entwickelte sich. Wenn ich sie sehe wie sie tanzt, dirigiert und singt mit einer Freude, sobald der Musiktherapeut erscheint, und er ihr Gesicht mit seiner Musik einfängt und sie erstrahlen lässt, bin ich sehr glücklich! Es scheint so, als erlebe sie dann die Momente in ihrer Kindheit, wo Musik, Tanz, Arbeiten und Feiern zum Alltag gehörten.

Kinder und Tiere sind ihr Ein und Alles. Sie spricht mit allen …, wenn auch fast immer bruchstückhaft, mit Hilfestellung lässt sich manchmal ein kleines Gespräch führen.

Die andere Seite, die sie mir zeigt, ist geprägt von Traurigkeit, Schmerz und Depression, wenn sie Momente erlebt, wo sie als Fünfundzwanzigjährige mit ihrem eineinhalbjährigen Kind innerhalb weniger Stunden die Heimat verlassen muss und ins Ungewisse zieht, ohne ihren Mann, der im Krieg kämpft.

Wenn sie ihre Kinder und ihren Mann nicht finden kann und nach Ungarn zu Fuß gehen will, hilflos und aufgeregt hin und her läuft, nachts keine Ruhe findet, Sachen verräumt und keinen inneren Halt mehr finden kann – orientierungslos ist – dann weine ich auch manchmal.

„Ich verliere mich" … Leni, 87 Jahre alt

Mama, sag mir warum du weinst …, Mama, bleib hier, komm doch, nimm meine Hand. Mama, wohin soll'n wir gehen, ich will nachhause, es ist schon spät, zieh nicht so an meiner Hand, wo willst du denn hin … – ich schaue dir ins Gesicht, deine Augen sehen mich nicht. Kannst du mir sagen, was du willst, warum sagst du nichts mehr?

Deine Augen sind leer. Du gehst in eine andere Welt, ich bin allein, bitte verlass mich nicht … Du bist unruhig, schaust dich um, wirkst gehetzt, bist auf der Flucht, bleib hier, *ich beschütze dich* …

(Lied)

Originaltext aus Leni's Aufzeichnungen

*– geschrieben vor circa sechs Jahren,
damals an Tochter Lena übergeben –*

Ich habe mich mit dreizehn Jahren schon verliebt, er war Metzgerlehrling, am Anfang war es nur ein Blickkontakt und es hat lange Zeit gebraucht, bis er mich angesprochen hat. Er war sehr lustig, sehr beliebt bei den Mädchen und bei seinen Freunden, denn er war ein guter Sportler, vor allem Fußballer. Seine Chancen, in höheren Klassen zu spielen, waren sehr gut, aber er ist nie lange weggeblieben. Einmal hat ihn sein Vater in die Stadt (Szeged) zu einem Metzger gegeben, damit er auch was Neues lernt, aber er war keine Woche weg, da war er schon wieder daheim und so ist die **Liebe langsam gewachsen und fürs ganze Leben geblieben.**

Im September war bei uns Kirchweih und da ist das ganze Haus auf den Kopf gestellt worden, da wurde gespritzt, alles neu gestrichen, gebacken, die Kleider erneuert und so weiter, denn „**Kerwei**" war das schönste Fest für Jung und Alt, drei Tage und Nächte! Die Frauen hatten alle Hände voll zu tun und es schien manchmal, dass für die Mannsbilder gar kein Platz mehr im Haus war, gerne verlegten sie dann ihren Standort am Abend ins „**Werzhaus**".

Bevor der Trubel anfing, muss der ganze Ablauf besprochen werden, die Buben waren so siebzehn bis achtzehn Jahre alt, die Mädchen fünfzehn. Als die Buben sich einig waren, musste sich ein jeder eine Partnerin suchen, sie und ihre Eltern fragen, ob sie einverstanden sind, es waren so zehn bis zwölf Paare, dann wurde ein Paar ausgesucht, die diese Gruppe drei Tage lang geführt hat, das war der Geldherr und die Geldfrau. Bereits Wochen und Monate vorher haben sich die „**Balbuwn**" ein „**Balmädl**" angeredet und haben auch manchmal damit gerechnet, dass es ihre Zukünftige sein wird, was ja auch öfter der Fall war.

Lena Heimhilger

Am letzten Donnerstagabend vor der Kerwei trugen die Balbuwn, die in der Zwischenzeit aus ihrer Mitte den **ersten und zweiten „Geldherr"** (= Vortänzerpaare und Geldverwalter) gewählt hatten, ihre Hüte zu ihrem Balmädl, damit der Hut mit schönen Sträußen und Bändern aufgeputzt werden konnte. Am Samstagmittag herrschte bereits Hochstimmung im ganzen Ort. Gäste kamen und man roch schon von Weitem das Gebratene. Wir hatten in **Szentivan** keine Musikkapelle, so dass die Balbuwn bereits Wochen vor der Kerwei eine auswärtige Musikkapelle verpflichteten, die am Samstagnachmittag anreiste und am Bahnhof in Szegedin oder Ujszentivan abgeholt werden musste. Mit den schönsten Pferden, im womöglich frisch gestrichenen Wagen, holte man die Musikanten ab. Am Dorfeingang und vor dem Vereinshaus spielten sie dann erstmals auf, womit sie ihre Ankunft bekundeten.

Am Sonntagvormittag vor der Messe haben die Buben Lose verkauft, denn am Nachmittag ist der **Vortanzstrauß** versteigert worden, den hat dann immer der Geldherr für seine Partnerin ersteigert.

Am zweiten Tag sind die Mädchen mit Musik abgeholt worden – jede einzeln – da gab es Kuchen und Wein, als alle wieder zusammen waren, wurde getanzt, gegen Abend ist dann jeder nachhause zum Essen und zum Frischmachen.

Abends wurde weitergetanzt, um Mitternacht hat das Mädchen ihren Partner zum Essen eingeladen, natürlich war die Mutter dabei, denn sie musste ja alles herrichten. Die verheirateten Männer haben drei Tage auf einen Bock gekegelt und wer dann gewonnen hat, ist mit dem Bock und Musik heimgeführt worden, dann gab es zu essen und zu trinken. Das war der letzte Tag, jeder todmüde, aber noch immer wollte man noch nicht aufgeben, abends ist weitergetanzt worden bis drei, vier Uhr früh. Aber dann war Schluss, den einen Tag durften wir ausschlafen.

Ich habe drei Mal mitgemacht und immer mit meinem Lieblingspartner, dann sind Jüngere gekommen, mein

Freund „**Niklos**" musste zum Militär und ein anderer Partner hat mich nicht interessiert.

Musik ist der Schlüssel zur Seele

– *Wenn Leni Musik hört, erinnert oder fühlt sie ihre glücklichste Zeit im Leben. Sie sang als Kind und Jugendliche in einem Chor und das Leben in Ungarn war geprägt von Herzlichkeit, vom gemeinsamen Arbeiten und Feiern. Musik und Tanz spielten eine große Rolle. Wenn sie „Ralph", den Musiktherapeuten, sieht oder hört, steht sie auf, öffnet ihre Arme, geht auf ihn zu, umarmt ihn und strahlt ihn an. Wenn er aufspielt mit der Ziehharmonika, fängt sie an zu dirigieren und zu singen in den höchsten Tönen, ihr gesamter Körper gerät dabei in Bewegung. Ich habe sie noch nie so glücklich gesehen.* –

Nun war wieder Erntezeit, der Mais („Kukruzbrechn") war reif und musste gebrochen werden, zwischen dem Mais waren auch die Kürbisse, als alles daheim war, musste der Mais entblättert werden, da saßen dann die Eltern und Großeltern, die Nachbarn und alle die Zeit und Lust hatten und haben die Blätter abgezupft, meine Mutter hat jedes Jahr die schönen inneren Blätter aufgehoben, getrocknet und Strohsäcke frisch gefüllt, das war ein sehr gutes Schlafen, damals gab es noch keine Matratzen, die anderen Blätter haben die Kühe bekommen, der Mais kam dann in einen Hambar, das war ein ziemlich großer Bau, mit Latten gemacht, die Latten waren so fünf Zentimeter auseinander, so dass die Luft gut durchziehen konnte, unter dem Bau waren die Schweineställe. Mich hat die Feldarbeit am meisten interessiert, mit zwölf Jahren habe ich schon kräftig mitgeholfen.

Nach der Ernte wurde das Laub geschnitten, gebündelt und so aufgestellt, dass das Wasser bei Regen ablaufen kann, das Laub haben die Kühe im Winter abgefressen, der Stamm wurde wieder gebündelt und getrocknet und wurde zum Heizen verwendet. Unser Ofen war aus Stein ge-

baut und ist im Winter morgens und abends geheizt worden, dann war die Wohnung schön warm ohne Gestank.
Und so hat es immer was gegeben, beim Bauern gibt es keinen Leerlauf.

Biografie

Ich hatte eine sehr geborgene, glückliche Kindheit, meine Mutter war eine sehr gute ruhige Frau, sie hat den Bauernhof geführt soweit es ihre Kräfte zuließen. Als meine Eltern nach dem Ersten Weltkrieg (1918) geheiratet haben, war der Anfang sehr schwer, mein Vater hatte „Malaria" und bis zu seinem Tode litt er sehr darunter. Für meinen Vater war ich als Erstgeborener der Sohn in der Familie. Schon sehr früh übernahm ich diese Verantwortung.

Meine Schwester und ich durften jeden Abend zu den Großeltern, die bei uns im Haus wohnten. Die Großmutter konnte so gut von den alten Zeiten erzählen, da waren wir ganz still, durften uns auf ihren Schoß setzen und sie fing an, ihre Erinnerungen an ihre Kinder– und Jugendzeit an uns weiterzugeben. Großvater spielte sehr gerne Karten.

Gleich nebenan war ein kleiner Weiher, da ist im Sommer gebadet worden, das Wasser war schön sauber, weil ihn eine Quelle gespeist hat. Obwohl ich nicht schwimmen konnte und es auch nie gelernt habe, hatte ich trotzdem meinen Spaß, mit Seilen, an denen wir uns entlang handelten, zogen wir uns im Wasser hin und her.

Mit zwölf Jahren war ich mit der Schule fertig, ich wollte in keine höhere Schule gehen, mir hat das Arbeiten mehr Spaß gemacht, am liebsten war ich draußen auf dem Feld, ich wollte alles lernen, was es in einer Landwirtschaft gibt, das Kochen habe ich auch früh gelernt.

Sonntag, 12.03.2006 im Pflegeheim

Sie ist unruhig, will weg, wir gehen etwas auf und ab, sie liest die Namen ab, bis wir zu ihrem Zimmer kommen. Wir essen einen Apfel, sie beobachtet mein Gesicht, nimmt meine Mimik war, sie sagt, als wir beide lachen, du siehst ganz anders aus, wenn du lachst, deine Lippen ...
Sie spricht aus ihrer Kinderzeit von dem Fluss „**Theiß**" im Dorf **Szentivan**, wo sie aufgewachsen ist, ... die Kinder waren im Wasser und sie zogen mit Seilen ... ihre Sätze sind unvollständig, werden jedoch von Satz zu Satz vollständiger. Ich sitze ihr genau gegenüber und schaue sie beim Sprechen direkt an, ihr Gesicht wird weich, ihre Augen warm, sie fühlt sich ganz jung, wir lachen, sie sagt plötzlich zu mir: „Du hast einen Mann."
Wir schauen das Fotoalbum an, sie sieht ihre Mutter und plötzlich bemerkt sie: „Wieso ist meine Mutter hier auf dem Bild schon alt, dann lebt sie nicht mehr?" Ich sage: „Ja, sie ist schon tot", sie wirkt jetzt traurig. Ich erkläre ihr, dass wir uns im Himmel wieder treffen, dann entspannt sich ihr Gesicht wieder.

Biografie

Am 23. August 1942 haben wir geheiratet. Wir waren sehr glücklich, mein Mann musste ein paar Mal zum Manöver, aber sonst war er daheim, unser erstes Kind kam am 01.06.1943 zur Welt, drei Wochen zu früh, ein Mädchen. Die Zeit, bis die Kleine achtzehn Monate alt war, verlief sehr ruhig. Nun musste mein Mann wieder einrücken, aber nicht nur er, sondern alle Jugendliche über siebzehn Jahren,

Lena Heimhilger

da wir **Deutsche sind, haben alle zur SS müssen**, damals wussten wir noch nicht, was das bedeutet. Das haben wir alles erst später erfahren, leider sind die ganz Jungen alle gefallen, die Älteren haben sich doch schon besser helfen können. Als nun alle deutschen Männer bis zum vierzigsten Lebensjahr aus Szentivan fort waren, war es für die Zurückgebliebenen schwer, die landwirtschaftlichen Arbeiten zu verrichten. Die Front kam immer näher, trotzdem wurde in der Landwirtschaft mit den letzten noch vorhandenen Arbeitskräften gearbeitet. Der Sommer war heiß, kein Regen, wir haben durchgehalten.

Am 15.08.1944 hatte Rumänien kapituliert. Das ganze Grenzgebiet nach Rumänien wurde zum Kriegsgebiet erklärt. Es kamen ungarische Truppen in unser Dorf. Sie zogen nach einigen Tagen weiter in Richtung zur rumänischen Grenze. Nun wurde uns allen bewusst, wie ernst die Lage ist und was uns Deutschen bevorstehen könnte. **Die Front kam täglich näher.** Wir hörten schon die Donnerschläge der Kanonen und Bomben und auch die Nachricht, dass schon deutsche Landsleute aus dem Banat und der Batschka Richtung Westen mit den Pferdewägen flüchteten.

Anfang September 1944 kam von der ungarischen Behörde im Dorf ein Aufruf, wonach sich aus jeder Familie im Dorf eine Person melden muss zum Bauen von Panzergräben und Auffangstellungen. So kam es, dass ich mit einigen deutschen Mädchen und vielen anderen, in der Nähe von Gilot seiner Tanya einen Panzergraben baute in Richtung Szöreg. Anschließend wurden Auffangstellungen beim Kamraldamm in Richtung Akazienwald gegraben.

Es war Anfang **Oktober 1944**, an einem Montag- oder Dienstagvormittag. Peter Balthasar, Kanyer Peterbacsi kam mit einem hohen Waffen-SS Offizier zu uns, um mit meinem Vater zu sprechen. Dieser Offizier brachte uns die Nachricht, dass schon viele Volksdeutsche aus dem Südostraum nach dem Westen flüchten. Er schlug vor, dass wir auch flüchten sollen, bevor es zu spät ist.

Die Nachricht vom bevorstehenden **Flüchten** wurde rasch von Mund zu Mund im ganzen Dorf bekannt. Die Leute, ob Deutsche, Ungarn oder Serben standen alle auf der Straße und fragten sich, was nun geschehen wird. Es kam eine große **Unruhe** im Dorf auf. Es wurde beschlossen, zu flüchten. Der Tag wurde auf den Donnerstag, den 5. Oktober 1944 festgelegt. Nun begann in jeder deutschen Familie die große Vorbereitung zum Verlassen der Heimat.

Die Heimat zu verlassen war ein harter Schlag!

Tagelang ist überlegt worden, was wir machen sollen, denn die älteren Leute wollten nicht weg und ohne unsere Eltern wollten wir auch nicht weg, dann wurde uns mitgeteilt, dass wir bloß vier Wochen weg müssen bis der Krieg vorbei ist, denn wenn wir hier bleiben, werden wir in die Kohlengruben nach Russland verschleppt und genauso war es.

Am 05. Oktober 1944 verließen sechsundfünfzig Pferdewägen die Heimat, sieben Monate unterwegs, sieben Monate Nomadendasein, dazwischen ein kurzer Aufenthalt in den Wintermonaten in der Umgebung von Wien in Massenquartieren.

Am nächsten Tag mittags kamen wir in Félegyháza an, abends sind wir dann weitergefahren über Kecskemét, Dunaföldvár. Nach einem dreitägigen Aufenthalt fuhr der Treck am 10. Oktober morgens weiter durch den Bakonyer Wald über Hajmásker nach Veszprém, dort blieben wir zwei Tage. Die Pferde und Wagen standen auf dem Marktplatz, es regnete dauernd. Während der zwei Tage war des Öfteren Fliegeralarm. Hier haben wir uns auch mit den Landsleuten aus dem Nachbarort Kübekhausen getroffen. Von Veszprém ging die Fahrt weiter nach Szabadbattan, dort erhielten wir erstmals von einer deutschen Dienststelle Mehl.

Wir fuhren dann über Pápa weiter in Richtung Ödenburg. Als wir in Pápa angekommen waren, heulten die Sirenen, wir suchten vor der Stadt unter den Bäumen und

Gebüschen Schutz vor dem Bombenangriff. Wir blieben über Nacht, bekamen Essen, die Pferde wurden neu beschlagen und die Wägen in Stand gesetzt.

Am 15. Oktober 1944 kamen wir in Ödenburg an. Es wurde am Straßenrand Feuer gemacht, um das Mittagessen zu kochen. Da kam die Nachricht, dass die ungarischen Truppen, die ja auf der Seite der Deutschen standen, kapituliert haben. Auf diese Nachricht hin wurde sofort aufgebrochen und in Richtung Deutsch-Österreichische Grenze gefahren, die wir am Nachmittag gegen 4.00 Uhr passiert haben. Später aber wurde bekannt, dass die ungarischen Truppen nicht kapituliert haben, sondern dass der Reichsverweser **Horty** abgedankt hatte und der Pfeilkreuzler **Szálasi** an die Macht kam.

Der Krieg aber ging weiter. Wir übernachteten in einer kleinen Gemeinde an der Grenze bei einer kroatischen Familie, sehr nette Menschen. Dort waren unsere Pferde – seit wir die Heimat verlassen haben – das erste Mal in einem Stall untergebracht.

Am nächsten Tag zog der Treck weiter nach Ebenfurt. Am Nachmittag dort angekommen, war Fliegeralarm, wir verstreuten uns bis der Alarm vorbei war in der Außenstadt, in der Nähe des Leitha-Flusses.

Am 17. Oktober fuhren wir weiter nach Unterwaltersdorf und Schrannawan. Wir bekamen dort gute Verpflegung. Die Fahrt ging jetzt nach Wien, wo wir zum Sankt Markusplatz dirigiert wurden. Die Pferde wurden in der Markthalle untergebracht und reichlich mit Futter, Melasse und Heu versorgt. Man entnahm Blutproben von den Pferden und jedes Pferd bekam eine Huf-Brand-Nummer. Die Flüchtlinge bekamen drei Mal warmes Essen am Tag und Brot, die Verpflegung war gut und ausreichend. Frauen mit kleinen Kindern wurden von der Bevölkerung Zimmer zur Verfügung gestellt, die übrigen Personen waren während der Nacht in einem öffentlichen Gebäude auf Strohlager untergebracht.

Am 24. Oktober ging die Flucht weiter. Da sind wir zwanzig Kilometer von Wien entfernt in folgenden Gemeinden untergebracht worden: Inzersdorf, Biedermannsdorf, Laxenburg, Gumboldskirchen, Hennersdorf, Fösendorf und Achau. Meine Familie war im **Fösendorfer Schloss** untergebracht, ein ehemaliges Schloss von Maria Theresia, passend zu unserer Lebensgeschichte. Gleich mussten wir uns anmelden und wurden sofort in Arbeit eingeteilt. Ich war eingeteilt nach Inzersdorf, um Regenmäntel zu machen, im Akkord, es war keine schlechte Arbeit, aber als die **Bomber** jeden Tag kamen, hatten wir schon **sehr Angst**. Meine kleine Tochter war in dieser Zeit immer bei meiner Mutter. Am Dorfrand war eine Flak-Batterie in Stellung, die immer von den Fliegern gesucht wurde. Wir waren täglich feindlichen Fliegerangriffen ausgesetzt, von zehn bis elf Uhr und von dreizehn bis vierzehn Uhr, in der Gemeinde war kein bombensicherer Schutzkeller, darum übersiedelten wir am 01. März 1945 nach Gumpoldskirchen. Dort waren nicht so häufig Fliegerangriffe und in den Bergen bombensichere Keller ausgebaut.

– *Wenn Mama desorientiert und aufgeregt ist, zeigt sie oft nach oben in den Himmel, bekommt eine dunkle Augenfarbe, hat Angst und sagt, was da runterkommt ...* –

Wir arbeiteten in den Weinbergen, aber es dauerte nur eine kurze Zeit, der Feind kam näher, wir mussten weiter. In Vöklabruck in Oberösterreich war alles überfüllt mit Flüchtlingen, man schickte uns gleich weiter nach Oberbayern. Als wir an die bayerische Grenze kamen, wollte man uns nicht hineinladen. So standen wir **drei Tage und drei Nächte** in der Salzburger Allee, direkt an der Landstraße.

Wir wurden nach Tirol dirigiert, dort wurde uns auch der Grenzübertritt verweigert. Endlich wurde es doch bewilligt, aber wir kamen nur bis Sankt Johann (Tirol), da wurde uns die Einfahrt ins Dorf wieder nicht erlaubt –

Lena Heimhilger

wegen Überfüllung. Dort standen wir wieder zwei Tage und Nächte auf der Straße. Von der Polizei wurden wir zurückgetrieben nach Oberbayern. Zwei Tage Rast in Lofer, weiter ging es nach Jettenberg, am 02. Mai 1945 kamen wir in Weißbach an. Weiter konnten wir nicht mehr, weil der Feind (Amerikaner) schon nahe war.

Ein Teil musste vier Kilometer weiter nach Inzell, da war ich mit meinem Kind, meinen Eltern, meinem Onkel und Tante bei einem Bauern untergekommen. Die amerikanischen Truppen besetzten die Gemeinde. Die ersten vierzehn Tage stand es sehr schlecht mit uns, keine Verpflegung und kein Futtermittel für die Pferde, niemand wollte uns haben. Bis dann die Militärregierung die Verwaltung in die Hände nahm und uns in Schutz genommen hat. Wir bekamen Konserven, die Kinder manchmal Schokolade und Zucker von den Besatzungssoldaten.

Lena:

Wenn ich so zurückdenke, fällt mir auf, dass ich oft ihren Blick auf mich geheftet spürte, wenn ich sie dann ansah, war sie erstaunt, manchmal völlig leer, so als wenn sie nichts sähe … so wie Versunken im einsamen Dunkel in den verhangenen Stunden schweige ich gen Himmel und bleibe stumm, vor circa zwei Jahren als es anfing, dass sie oft die Worte nicht fand, half ich ihr mit Wortstützen so gut es ging. Immer wieder spricht sie in dieser Zeit davon, dass sie nicht mehr sprechen kann. Sie hat Angst, wenn ich mit dem Auto wieder nach München fahre, steht lange an der Straße winkt und weint und wartet bis ich wiederkomme.

Ich habe neulich den Satz gelesen, den ich für Mama so passend finde: *„Ich suche Ruhe und Frieden, eine Erfüllung, doch nirgendwo komme ich an."*

Doch bleibt das Eine – das Aufbegehren meiner Seele – (oft zeigt sie mit einer Hand auf ihre Herzseite und sagt, aber hier ist noch was …)

Ich komme zu Mama ins Pflegeheim:

– Mein Kopf, mein Kopf tut weh, sie fasst sich an den Kopf, sie ist sehr aufgeregt, sie sagt, es ist in Ungarn, es ist nicht gut, dunkel … –
Ich lenke sie ab, sie ist völlig übermüdet, ich lege sie ins Bett, sie schläft einen Zweistunden-Tiefschlaf, ich bleibe da …

Was ich denke: Sie sind wie Kinder, die sich stundenlang allein mit ihrer Phantasie beschäftigen können. Ihre Krankheit hilft ihnen zu glauben, dass sie an viele Orte reisen. In ihrer Vorstellung sehen sie oft ihre Angehörigen, vor allem ihre Eltern. Auf diese Weise überleben sie.

Das Verhalten meiner Mutter zeigt mir, was in unserem Leben wirklich von Bedeutung ist – nämlich Erinnerungen an schöne Zeiten mit anderen Menschen, das sind die wahren Schätze des Lebens, wenn uns sonst nichts mehr geblieben ist.

Wenn ich mit meiner Mutter zusammen bin, konzentriere ich mich auf die Gegenwart. Ich ermahne mich immer wieder, sie so zu akzeptieren, wie sie jetzt ist und nicht wie sie war oder sein könnte. Manchmal fällt es mir schwer, wenn sie Phasen hat, wo ich sie nicht erkennen kann und ich registriere, dass das Fortschreiten der Krankheit ihr Gehirn immer mehr zerstört. Es bedrückt mich, mit anzusehen, wie sie immer mehr damit zu kämpfen hat, ihre Umwelt zu begreifen und sich darin zurechtzufinden.

Ich sehe, wie sie sich bemüht, sich an ihre Familie zu erinnern, ihre Kinder, ihren Mann, ihre Schwester, ihre Enkelkinder… ihr Urenkel „Jamell". Ihre Welt schrumpft immer mehr und ihr bleiben nur noch Kleinigkeiten, ihre

Erinnerungen an geringfügige Ereignisse aus vergangenen Jahren.

Die **Demenz** wird oft als potenzielles Psychotrauma dargestellt. Langzeitfolgen von politischer Gewalt, Terror oder Evakuationen im Zweiten Weltkrieg, von Überlebenden aus Konzentrationslagern. Es geht um die traumatisierenden Folgen dessen, was Menschen in ihrem Leben erlebt haben. Jeder von uns weiß, was ein traumatisches Ereignis ist. Es ist eine Situation, in der man ganz auf sich selbst angewiesen ist, in einem solchen Augenblick oder in einer solchen Situation kann man sich auf nichts und niemanden verlassen. Psychologisch gesehen passiert etwas Vergleichbares, wenn man dement wird. Allmählich verschwindet die Kontinuität aus dem Leben und es entsteht ein **Gefühl der Heimatlosigkeit**, da man langsam in eine neue Situation des Getrenntseins und der Entfremdung gerät.

Man kann demnach Demenz mit einem chronischen Gehirntrauma vergleichen, das bei dem betroffenen Menschen potenziell zu einem Psychotrauma führt oder ein altes Psychotrauma reaktiviert.

Ich glaube dadurch, dass meine Mutter nach ihrer geborgenen Kindheits- und Jugendzeit, gefolgt von einem so starken traumatischen Erlebnis wie Flucht und Vertreibung aus der Heimat ihr gesundes Urvertrauen verlor, blieben ihr nur noch die strukturierten Formen und Regeln, um dadurch Sicherheit und Vertrauen für das verbleibende Leben zu gewinnen.

Letzten Samstag habe ich sie mitgenommen nach Chieming am Chiemsee, es war nicht so heiß und ich hatte diese Idee mit dem „Bauernhof" direkt am See, an dem man immer vorbeigeht und ich diesen Hof immer schon sehr natürlich und ursprünglich fand. Die Hühner laufen frei rum, es gibt noch einen wunderschönen Obstgarten (wie ihn Mama in Szentivan in Ungarn in ihrer Kindheit hatte), mit einem kleinen Bach seitlich, der nicht zu tief ist (Mama kann nicht schwimmen und vor großem Wasser hat sie Angst). Außerdem ist der Stall noch offen, man kann die Pferde und Kühe hautnah anschauen. Im Bach tummeln sich vier junge Enten mit ihrer Familie. Mama ist begeistert. Zwei kleine Kinder mit ihren Eltern kommen uns entgegen, wir stehen auf einer kleinen Brücke, die zum Obstgarten führt.

Leni breitet die Arme aus und begrüßt die Kinder, sie freuen sich, die Mutter ist Marokkanerin – es entsteht eine unglaublich intime Atmosphäre zwischen meiner Mutter und dieser Familie. Später verabschieden sie sich ganz herzlich von Leni mit einer Umarmung auch der Vater. Die Bäuerin kommt zum Bach, sie trägt ein hübsches rotes Kleid mit Blümchen, Mama ist von dem Kleid begeistert und sie sagt es auch. Die Bäuerin erzählt aus ihrem Leben und findet, dass es meiner Mutter noch ganz gut geht, sie erzählt von den alten Leuten, die auf dem Bauernhof leben, oft schon über neunzig Jahre alt ...

„**Es ist wie in Ungarn**", sagt Leni, die Bäuerin verabschiedet sich sehr herzlich und wir versprechen, wiederzukommen. Als ich sie auf dem Bauernhof mit den jungen Enten und den Hühnern sah, leuchtete ihr Gesicht auf und sie **strahlte ewige Jugend aus**, sie war so schön, ihre Augen waren riesig mit einem auffallenden Glanz. – *Als Kind gab es ein kleines „Hähnchen", das ist jeden Morgen, wenn meine Mutter den Stall aufsperrte, zu ihr gelaufen und hat solange gebettelt bis es zu uns ins Bett gebracht wurde, dann war es selig. Wir hatten auch junge Enten und Gänse – alle selbst gezogen, die waren so lieb, wenn wir mit ihnen gesprochen haben, fingen sie an zu schnattern, dass es eine Freude war. Die jungen Kätzchen, die Fohlen, die Kälbchen ...* – **es war so schön, wenn ich so zurückdenke, erzählt sie mir oft.**

Monatelang wusste sie nicht, dass sie verheiratet war und mit wem.

Wochenende: Ich komme ins Zimmer, das Erste, was Mama sagt: „**Ich will nachhause zu Niklos**", und zeigt auf das Bild oberhalb des Bettes (das sind ihre Großeltern). Ich nehme sie in den Arm und erzähle ihr, dass Niklos nicht mehr lebt. „Ach so", sagt sie und wir wechseln das Thema, ich frisiere sie und es gefällt ihr – sie freut sich sehr, dass ich da bin, immer wieder lacht sie mich an und redet ununterbrochen mit mir, was sie schon alles gemacht hat und sie versucht ihr Bestes, sich um alles und alle zu kümmern, aber mehr kann ich nicht, sagt sie, manchmal ist es mir einfach zu viel, dann gehe ich schlafen …, sie zeigt auf ihr Bett. Wenn ich meine Mutter so erlebe, so weich, so warm, dann bin ich ganz bei ihr und ihren Gefühlen und denke, so hätte ich sie mir oft als Mutter gewünscht. Sie musste immer so perfekt im Leben sein, das, was sie als Kind und Jugendliche an Verantwortung übernahm, übertrug sich in ihr späteres Leben als Ehefrau und Mutter, das ließ nicht viel Zeit, um Gefühle auszuleben!

MAMA läuft weg!

Mittwoch vor Weihnachten. Gegen 21.00 Uhr läutet das Telefon. „Gerti" aus Siegsdorf ist dran. „Magdalena", sagt sie, „entschuldige, dass ich noch anrufe, aber deine Mama –, wir haben sie gegen 19.00 Uhr im Dorf gefunden – bekleidet nur mit einem Nachthemd und Hausschuhen!" Ich bin schockiert, mir fehlen die Worte. Gerti ist noch sehr aufgeregt. Sie schildert mir die Situation, dass es reiner Zufall war, dass ihr Mann und sie diese Strecke mit dem Auto durchs Dorf nahmen, um ihre Tochter Theresa abzuholen. „Die Ungarn haben mich geschickt", sagt Gerti. Es war eine eisig kalte Nacht und Mama hätte in dieser

Frostnacht nicht überleben können. Es war kein Mensch mehr auf der Straße um diese Zeit in dem kleinen Dorf. „Vladi", der Nachtwache hatte, nahm Leni gleich an der Haustür zum Pflegeheim in Empfang und packte sie gleich ins warme Bett und beruhigte sie. Mama will nachhause gehen, nach Szentivan. Man merkt nach diesem „Weglaufabend", dass Leni nicht mehr die „Alte" ist. Sie ist merklich gekippt in ihrer DEMENZ. Ihr Blick geht sehr oft ins Leere …, es entstehen keine Worte mehr, gelegentlich ungarische Aussprüche.

Eines Tages kommt sie den Flur entlang, den Kopf bedeckt mit einem Hut aus dem Nachbarszimmer, beschwingt die Arme schwenkend, dabei spricht sie nur ungarisch. Olga, die aus Ungarn kommt, versteht, was Mama sagt und erzählt es mir später. Mama: „Ich heirate …" Olga fragt auch in ungarisch: „Wo ist denn dein Mann?", Leni antwortet: „Der kommt noch." Sie spricht fast nur noch von Ungarn und dass sie nachhause will, von Tante Vetti, ihrer Mutter, zurzeit ist es ihr Vater.

Tage später ist sie auf der **FLUCHT** vor den Bomben, sie weint, hat fürchterlich Angst und fühlt sich unglaublich bedroht. „Ulli" nimmt sie in den Arm, streichelt sie, legt sich mit ihr ins Bett und tröstet sie. Depressionen folgen, sie kommt aus diesem Kreislauf, Weglaufen, Angst, Depressionen nicht raus.

Den geistigen Abbau merkt man jetzt sehr stark. Mama fühlt, dass sie sich in ihrem Verhalten verändert, dass sie anders ist als früher und nichts dagegen tun kann. Niedergedrückt sitzt sie in einem Sessel und schaut teilnahmslos. Sie kommt mit ihrer Umwelt immer schlechter zurecht und spürt, dass sie zunehmend auf Hilfe Anderer angewiesen ist. Sie fühlt sich oft niedergeschlagen und traurig.

„**Vladi**" kommt, sie strahlt ihn an, Vladi aus Moskau, der so viel Ähnlichkeit mit den Buben meiner Cousine in Ungarn hat, die noch in Szentivan leben, seine ruhige Art und wie er sie in den Arm nimmt, sie beruhigt, hat etwas unglaublich „Tröstliches" auch für mich. Oder wenn sie zu „Manfred" sagt: „Du bist doch der Beste!", dann ist sie so lieb und sie freut sich so über jede emotionale Zuwendung, die sie von allen Seiten bekommt und auch gerne selber verteilt. Da denke ich dann so für mich, sind es verdrängte Gefühle, die sie früher nicht rauslassen konnte, weil es ihr aus vielen Gründen nicht möglich war, die sie jetzt auslebt!

Wenn man sie so glücklich sieht, denkt man nicht, dass die Zeiten dazwischen oft so brutal deprimierend für sie sind, wenn sie orientierungslos durch die Gegend läuft und nach Anhaltspunkten und Erinnerungen sucht und nach vier bis fünf Tagen, wenn ich wieder bei ihr bin, erleichtert ruft: „ENDLICH BIST du DA – ICH BRAUCH DICH DOCH!" Ich versuche, ihr ein Stück HEIMAT zu geben, vom Gefühl her spürt sie, dass ich zu ihr gehöre.

Lena

Kurzer Steckbrief:

Lena Heimhilger, 54 Jahre,
war verheiratet, Sohn Eric, 31 Jahre,
aufgewachsen in einem Holz-Blockhaus
in einem riesigen Garten in Inzell,
lebt und arbeitet seit zwanzig Jahren
in München, Universität,
betreut seit circa sieben Jahren ihre
Mutter in ihrer Demenz

Heimhilger, Lena: Ich verliere mich. novum Verlag (Lieferbar ab Febr. 2008)

Körpersprache

Jürgen Hein

Berlin fand ich sehr reizvoll, da unser Methodik-Lehrer es auch für wichtig hielt, sich mal von zuhause, entweder Eltern oder Freund(in), Mann oder Frau abzunabeln. Wir sollten einfach mal lernen, loszulassen.

Durch die Aussage des „Loslassens" fiel mir auch wieder meine Abhängigkeit auf, die ich immer noch von zuhause hatte. Oder eben in einer Beziehung.

Mein Lehrer war also in meinen Augen mal wieder im Recht! Ich entschloss mich daraufhin, mich von zuhause los zu lösen, um mir zu beweisen, dass ich auch auf eigenen Füssen stehen konnte.

Da ich noch zuhause wohnte und in keiner anderweitigen Beziehung war, waren es bei mir nun mal wieder die Eltern, von denen ich mich löste.

In Berlin musste ich dann wirklich auf eigenen Füßen stehen. Ich entschloss mich dazu, in eine Wohngruppe mit sechs Jugendlichen einzuziehen. Die Jugendlichen waren im Alter von sechzehn bis einundzwanzig Jahren. Ich beobachtete anfangs ihr Verhalten und kam ihnen dadurch auch langsam immer näher. Im Großen und Ganzen verstanden wir uns sehr gut. Konflikte, die es hin und wieder gab, wurden mit vielen intensiven Gesprächen versucht zu lösen. Das Wissen über den Umgang mit Konflikten machte sich in meinen Augen sehr positiv im Umgang mit den Jugendlichen bemerkbar. Auch bei dem Team hatte ich das Gefühl, einen Glückstreffer gelandet zu haben. Sie wurden für mich gute Freunde, mit denen ich immer mein Handeln reflektieren konnte.

Jetzt hatte ich aber noch ein Privatleben. Und meine Freizeit nutzte ich hauptsächlich, um die Stadt etwas näher kennen zu lernen. Aber ich wollte nicht nur die Stadt kennen lernen, sondern auch das Nachtleben mit seinen Menschen.

Da es in Berlin Unmengen an Möglichkeiten gab, wollte ich mich nun auch mal selbst testen, inwiefern ich in mir den intrapersonalen Konflikt klären konnte oder überhaupt wahrnahm. Für diesen Test nahm ich mir vor, in irgendeinem Laden ein Mädchen kennen zu lernen.

So ging ich mit meinem Kumpel in ein Lokal. Wir kamen dort so gegen 23 Uhr an und sahen schon von außen, dass der Laden voll war. Die Freude stieg entsprechend.

Drinnen war die Stimmung schon sehr ausgelassen und die Tanzfläche entsprechend voller Menschen. Wir ergatterten zwei Plätze an der Theke. Von diesem Platz hatten wir eine sehr gute Aussicht auf die Tanzfläche und die gegenüberliegende Theke. Mein Kumpel bestellte dann das erste Bier. Dabei unterhielten wir uns über die laufende Musik, tauschten Erfahrungen über das Praktikum aus und redeten über das eine oder andere Mädchen, welches uns ins Auge fiel. Es war eine Unmenge an hübschen Mädchen in dem Laden. So viele, dass in mir die Überlegung und der Wunsch aufstieg, eventuell überhaupt nichts machen zu müssen. Vielleicht würde mich ja mal eine ansprechen? Immerhin lebten wir ja auch im Zeitalter der Gleichberechtigung! Aber ich wusste aus eigener Erfahrung, dass das wohl immer nur ein Traum bleiben würde. Wenn ich etwas wollte, musste ich auch was dafür tun.

Mein Kumpel und ich schauten uns weiter um. In mir stieg das Verlangen auf, durch Blicke eventuell die Eine oder Andere auf mich aufmerksam machen zu können. Ich bemerkte aber, dass es sehr schwierig war, sich auf irgendeine zu konzentrieren. Es waren einfach viel zu viele!

Ich stellte an mir fest, wie ich selbst schon dazu neigte, bei einem Blick weg zu schauen. Aber warum? Es war doch eigentlich etwas Schönes, sich in die Augen zu schauen!

Ich bemerkte es an mir und versuchte es also zu ändern. Es gab viel zu sehen! Es kam mir fast schon so vor, als sei ich total überreizt. Ich wurde nun auf einen Blick aufmerksam, der von der gegenüberliegenden Theke in meine Richtung sah. Sie traf äußerlich absolut meinen Geschmack. Aber sollte sie wirklich auf mich schauen?

Es konnte also womöglich beginnen? Ich vergewisserte mich nun, ob sie nicht vielleicht doch jemand Anderen ansah. Rechts neben mir saß mein Kumpel mit dem Rücken zu ihr. Er schaute etwas gelangweilt auf die Tanzfläche. Ihn konnte sie doch nicht meinen, oder? Links neben mir saßen zwei Jungs, die sich sehr angeregt unterhielten, aber keinen Blick auf die gegenüberliegende Theke warfen.

Ich war mir nun schon etwas sicherer. Aber noch nicht sicher genug! Ich wollte mehr. Mehr Gewissheit! Ich sah wieder zu ihr rüber. Auch sie blickte nun nochmals zu mir und trank dabei ein grünliches Mix-Getränk mit Strohhalm. Sie strahlte Ruhe aus, während sie mit dem Strohhalm im Glas stocherte. Jetzt kam ihre Freundin hinzu und sie unterhielten sich. Ich fragte mich, über was sie jetzt wohl redeten. Sie blickten nun beide zu mir herüber.

Ich spürte, wie ich verlegen wurde und sich mein Blick abwandte, aber es auch nicht schaffte, ganz von ihr abzusehen. Meinten sie mich? Da ich in ihr ein kleines Schmunzeln zu sehen glaubte, stieg in mir ein gutes Gefühl auf. Diese Wahrnehmung sorgte nun dafür, dass sich meine Gesichtsmuskeln anspannten und ebenfalls ein Schmunzeln in mir hervorbrachten. Sie schmunzelte wieder und öffnete dabei weit ihre Augen. Es war ein schönes Gefühl, sie so zu sehen. Und ich hatte das Bedürfnis, wieder aus ihr dieses Lächeln zaubern zu müssen. Sie unterhielt sich nochmals mit ihrer Freundin und wieder musste ich sie ansehen! Sie war bezaubernd! Schulterlanges, leicht gewelltes, dunkelblondes Haar. Große, dunkle Augen. Eine auffallend kleine Nase und einen passenden kleinen

Mund mit schmalen, verführerischen, ungeschminkten roten Lippen. Sie wirkte wild, aber auch verlegen, wenn sie den Kopf leicht in die Schulter lehnte. Sie blickte wieder zu mir! Ihre Freundin wandte sich ab und ging Richtung Tanzfläche.

Ich hatte das Gefühl als würde die Luft knistern. Eine Spannung, die fast nicht auszuhalten war. Ihre Augen waren klar und hellwach. Ich musste ihr zeigen, dass sie mir sympathisch war und das sollte sie aus meinem Gesicht ablesen können. Ich ließ also nun die Gefühle meinen Gesichtsausdruck formen. Es funktionierte! Ich konnte ihr wieder dieses bezaubernde Lächeln entlocken.

Alles um mich herum wurde bedeutungslos! Die Musik, die tanzenden Menschen, mein Kumpel, mein Bier, das ganze Lokal. Ich konzentrierte mich nur auf sie. Meine Gedanken kreisen nun um den nächsten Schritt.

Wie konnte ich dieses bezaubernde Wesen bloß näher kennen lernen? Ich bemerkte, wie in mir eine Angst aufstieg! Es war mal wieder die Angst, jetzt schnell handeln zu müssen, bevor es eventuell zu spät sei. Sie könnte das Interesse verlieren, wenn ich jetzt nicht handeln würde. Sie könnte aber doch auch einen Schritt machen und auf mich zukommen?

In mir stieg eine weitere Angst auf! Es war die Angst, jetzt bloß nichts falsch zu machen. Nur bloß nichts Falsches zu sagen. Aber was war falsch? Oder, was war „richtig"? Was, verdammt noch mal, war „richtig"? Ehrlichkeit? Was war aber in mir ehrlich? Meine Gefühle waren ehrlich! Und diese sagten mir: „Rede nicht, sondern handle! Du kannst auch zeigen, was du willst, ohne dass du dabei reden musst!" Irgendwie hatte dieses Gefühl, diese innere Stimme etwas, dem ich nachgeben musste. Denn das war ich! Und diese Stimme hatte Recht!

Ich hatte keine Lust, mit diesem bezaubernden Wesen zu reden. Sondern ich wollte nur ihre Nähe spüren. Warum sollte ich also diesem Menschen meine Einstellung vorenthalten? Dieser Konflikt, den ich im Innern mit mir austrug, dieser intrapersonale Konflikt, wie ihn die Schule deutete, nahm eine solche Lautstärke ein, dass ich die vergeblichen Versuche meines Kumpels, sich mit mir zu unterhalten, erst sehr spät wieder wahrnahm.

Er bemerkte, dass ich regelrecht weggetreten war und wollte nun unbedingt wissen, wem meine ganze Aufmerksamkeit galt. Er bestätigte daraufhin meinen Geschmack, indem er mir mit seiner Sprache „Echt 'ne geile Drecksau!" deutlich zu verstehen gab, dass er sie auch sehr interessant und wohl sehr hübsch fand. Es kämpfte also nun in mir die Angst gegen den Mut. Und die Ehrlichkeit der Gefühle, gegen das von mir immer noch so bekannte Rollenverhalten „cool" sein zu müssen.

Ich fühlte mich beschissen! Ich musste diesen Konflikt in mir klären! Meine Erinnerungen an dieses Rollenverhalten widerten mich an und somit beschloss ich, jetzt doch mal den ehrlicheren Weg zu gehen.

Der Konflikt war also geklärt. Jetzt musste ich nur noch handeln.

Aus: Hein, Jürgen: (M)Ein Ge(h)wissen – Der Sumpf. novum Verlag (Lieferbar ab Feb. 2008)

Gerhard Herzog

Dann sei du …

Der Alltag hin,
der Alltag her,
wenn wir uns vergessen, leben wir nicht mehr.
Konsumdruck und Schönheitswahn –
kommt es wirklich darauf an?

Ein kleines Gebet,
gesprochen aus tiefstem Herzen,
verschafft mir die Luft zu verschnaufen und zu erkennen,
dass es noch etwas Anderes gibt.

Ein kleines Gebet
gibt mir die Zeit,
mich zu besinnen, wer und was ich bin.

Ein kleines Gebet
gibt mir die Kraft,
den Alltag zu bewältigen und trotzdem zu leben.

Ein kleines Gebet
gibt mir den Glauben zurück,
an eine höhere Macht,
die, wenn wir es möchten, uns vorsichtig führt, zum Leben.

Ich war in der Stadt,
bin spazieren gegangen,
und im Park hat der große Regen angefangen.
Habe dann zuhause 'rumgehangen
und Musik von der Platte gehört, um
zu entspannen.

Gerhard Herzog

ಌಌಌ

Die Sonne geht auf und es ist ganz still.
Die Wolken ziehen
und die Vögel fangen an zu singen.
Das erste Auto höre ich und kuschele mich ein,
in meine Decke.

Sonntagmorgen allein.

ಌಌಌ

Wenn du es willst,
nehme ich dich an die Hand
und zeige dir mein Zauberland.
Was du dort siehst ist wunderschön,
doch vieles ist nicht leicht zu verstehen.
Meinst du aber, es ist alles nur Plunder, dann wird nichts
geschehen.

ಌಌಌ

Gerhard Herzog

Angst ist ein schwerer Schatten,
der alles überdeckt.
Du musst dich ihr stellen,
denn nur so ist sie zu bezwingen.
Und erst dann beginnt das Leben.

❧❧❧

Ich bin ein Mann
und weiß, wo es lang geht.
Ich bin ein Mann
und bestimme die Richtung.

Ich bin ein Mann
und regele alles allein.
Ich bin ein Mann
und lass eine Frau nicht an mich heran.

Wäre ich ein Mensch,
lehnte ich mich gerne einmal an,
suchte ich Hilfe bei dir und ließ mich
auch mal in deine Arme fallen.

Wäre ich ein Mensch,
dann hätte ich auch Angst und würde es zeigen, und dir
sagen, wie unsicher
ich bin.
Doch ich bin ein Mann
und wäre so gern ein Mensch.

❧❧❧

Kinderland?

Durch knietiefe Pfützen gerannt.
Mit Pampe Kuchen gebacken.
Und überall Kinderlachen.

Mit Freunden gespielt, die keiner sieht.
Mit Feen gestritten und Kobolden getollt.
Vom Regenbogen in die Wiesen gesprungen.
Und nicht schlafen gegangen,
wenn man es soll.

Die Knie aufgeschlagen
und nicht geweint.
Viele Pommes gegessen und Cola dazu.
Und niemand, der sagt, gib endlich Ruh'.

Im Wasser getobt, bis man zittert vor Kälte, nur das getan,
was Spaß macht.
Und gelacht und gelacht.
Niemand hat hier was zu sagen.

Keiner stellt so dumme Fragen,
dass ein Kind sie nicht versteht.
Wie so etwas geht?
Ein Erwachsener wird das nie erfahren.

Gerhard Herzog

Michael Himmer

„Die Idee ist ein Europa der Menschen und der Völker"

Mich gibt es nicht und trotzdem existiere ich tausendmal. Als Sozialarbeiter, Mitte 30, verantwortlich für Integrationsprojekte, bin ich nur eine Illusion und doch konkret. Ich bin Durchschnitt und doch einmalig. Ich bin ein Beobachter und Aufklärer, ich bin kritisch und politisch. Ich mische mich gerne ein, ich mag meine Arbeit und die Farbe grün. Einige meiner Kollegen sagen, dass ich mich zu rasch und zu intensiv auf meine Klienten einlasse. Auch mein Chef meint, ich sei „zu nahe dran". Das sei lobenswert, gleichzeitig schwingt mit dem Hinweis auf diese Nähe aber auch ein Vorwurf mit. Der Vorwurf nämlich, dass zu unserer Arbeit eben eine gewisse Distanz dazugehört. Ansonsten können wir uns nicht mehr neutral verhalten und Neutralität ist in unserem Arbeitsalltag wichtig.

Meine Einstellung zu Europa ist eben genau davon nicht geprägt, meine Einstellung ist nicht distanziert und nicht neutral. Wie immer bin ich „zu nahe dran". Mit Europa beschäftige ich mich, weil ich mir nicht sicher bin. Ich bin mir nicht sicher über die Bedeutung Europas im Hinblick auf meine Arbeit. Diese Unsicherheit nimmt mir aber auch die Möglichkeit, distanziert und neutral zu bleiben. Unsicher darüber, ob Europa nun gut oder schlecht ist, gefährlich oder nützlich, wirtschaftlich oder sozial, ob es mein Europa oder ihr Europa ist.

Ich habe niemanden gefunden, der mich distanziert und neutral über die Chancen und Risiken aufgeklärt hat. So habe ich mich selber auf den Weg gemacht, etwas darüber herauszufinden. Mit Europa meine ich die Europäische Union, ihre Geschichte, die Entwicklung von den Ursprüngen bis heute, die Ziele, Aufgaben und Zuständigkeiten, die Programme, Strategien und Fördertöpfe und die vielen Vorurteile gegenüber Europa. Ich habe viel Neues entdeckt, Erfreu-

liches und weniger Erfreuliches. Viele Fragen habe ich beantwortet, neue Fragen sind entstanden.
Ich hätte das alles nicht kennen gelernt, hätte ich meine Distanz und Neutralität beibehalten. Manchmal hätte ich von mir mehr Hirn und weniger Herz erwartet, manchmal wünschte ich mir von der europäischen Politik und Verwaltung mehr Herz und weniger Hirn. Ich habe mich fangen lassen von der Idee, berühren lassen von der Vision Europas und bin zuerst auf viel Papier gestoßen, konfrontiert mit der digitalisierten Realität einer Utopie, geheftet und gebunden, häufig gelocht und abgelegt. Mit diesen Erfahrungen möchte ich Ihren Zugang zu Europa erleichtern, Interesse wecken, provozieren, einlenken, anregen, vielleicht sogar mobilisieren. Tauschen Sie sich aus, arbeiten Sie zusammen und mischen Sie sich ein.

Hochachtungsvoll
Gottlieb

Gottlieb führt sie durch den EU-Dschungel. Gottlieb ist ihr persönlicher Wegbegleiter durch die Europäische Sozialpolitik, fragend und suchend, mittelmäßig und klar, gelegentlich provokant, verwirrt, sozial verantwortlich und manchmal witzig, einfach menschlich. Gottlieb soll jenes Maß an unmittelbarer Verantwortlichkeit vor dem Menschen herstellen, das in Europa gelegentlich vermisst wird.

Von der Wirtschaftsgemeinschaft zum sozialen Europa

Kennen Sie die Idee von Europa? Die Idee von einem gemeinsamen Europa ist schon alt. „Ein Tag wird kommen, wo es keine anderen Schlachtfelder mehr geben wird als die Märkte, die sich dem Handel öffnen, und der Geist, der sich den Ideen öffnet. Ein Tag wird kommen, wo die Kugeln und Bomben durch Stimmzettel ersetzt werden." Viktor Hugo träumte 1849 schon den Traum eines friedlichen Europas. Die Idee ist alt und gut.

Nach dem Zweiten Weltkrieg haben mutige und visionäre Menschen einen neuen Anlauf zu einem gemeinsamen Europa gemacht. Durch die enge Vernetzung in wirtschaftlichen Belangen sollten Frieden, Freiheit und Wohlstand gesichert werden. Und jetzt gibt es die „Krümmung der Gurken-Richtlinie", die Erlaubnis, zwischen den Begriffen Marille und Aprikose frei zu wählen (was ja dasselbe ist), das Weißbuch über die Jugend in Europa, den „Mister Außen- und Sicherheitspolitik", eine gemeinsame Währung und einen Wasserkopf in Brüssel. Also was ist passiert? Nach fünfzig Jahren Gemeinschaft sieht doch jeder die Welt ein bisschen anders. Und die Realität ist eben anders als der Traum und die Vision. Die Realität ist hartes Arbeiten und Rechnen, Kosten und Nutzen minus Dividende, Kompromisse und Intrigen, Vereinbarungen und Konflikte und das übliche politische Machtspiel.

Die Europäische Sozialpolitik und ihre Auswirkungen

Mit dem Buch „EU und Soziales" soll ein Einstieg in die vielfältigen Verbindungen zwischen europäischer, nationaler und regionaler Sozialpolitik ermöglicht werden. Die Meilensteine der europäischen Sozialpolitik zeigen, dass die Weichen für ein gemeinsames Modell gelegt sind. Es werden Fakten sichtbar: Zuständigkeiten und rechtliche Rahmenbedingungen, Programme und Arbeitsprinzipien, konkrete sozialpolitische Strategien. Es werden aber auch informelle Positionen, Erwartungen und Rollen aufgegriffen, Entwicklungen und Trends verständlich und Herausforderungen für soziale Entscheidungsträger sichtbar.

Das Europäische Sozialmodell, das es (noch) nicht gibt, wird zu einer Kernfrage für den Erfolg der europäischen Idee. Die Idee von einem gemeinsamen Europa der Menschen und der Völker ist gefährdet durch eine Flut von Richtlinien und Initiativen, die einseitig ökonomische Kennzahlen in den Vordergrund rücken. Wettbewerb und Wachstum werden aber als Grundlage für ein neues Europa nicht ausreichen. Der Mensch muss im Zentrum der politischen Diskussion und Aktion stehen, in dem soziale Anliegen und konkrete Notlagen der Menschen aufgegriffen und gelöst werden.

Es ist offensichtlich, dass in Kernbereichen sozialer Fragen jetzt die Weichen für die Zukunft gestellt werden, und zwar in Brüssel. Soziale Dienstleistungsorganisationen und Verbände sollten sich aktiv in diese Diskussion einschalten, denn sonst wird das Soziale in Europa von Anderen gestaltet – oder gar nicht.

Die Herausforderung für ein soziales Europa

Nach den erfolgreichen Jahren der wirtschaftlichen Vernetzung wird die Gemeinschaft nun auf weitere Bereiche ausgedehnt: Gesundheit, Soziales, Umwelt, Gleichbehandlung, Integration, Menschenrechte, Bildung, Sicherheit, Menschenwürde, Demokratie, Ernährung. Nach den wirtschaftlichen Strategien wie zum Beispiel zwei Prozent Wirtschaftswachstum pro Jahr, Nulldefizit, Exportsteigerung, stabile Inflationsraten suchen wir neue Strategien. Wir wissen um die Notwendigkeit einer gesunden wirtschaftlichen Basis und erwarten doch neue Strategien, Strategien, die Kraft und Energie vermitteln, die anziehen und motivieren. Wenige kämpfen für ein Nulldefizit, die große Mehrheit der Menschen lässt sich aber für Menschenrechte mobilisieren. Es muss nur gewollt werden, dann können wir mobilisieren.

Die Globalisierung des sozialen Wohlstandes und der Chancengleichheit als nächster Schritt zum Ziel einer Gemeinschaft der Völker? Nur nicht zu viel auf einmal, Schritt für Schritt. Wir haben mehr als fünfzig Jahre darauf verwendet, den Wirtschaftsraum zu installieren, die anderen Gesellschaftsbereiche sind nicht einfacher, ihre Umsetzung wird nicht weniger Zeit in Anspruch nehmen. Die Utopie eines fairen Europas, ein faires Europa als Motor für eine faire Welt?

Eine Utopie für ein faires Europa: Grund- und Menschenrechte! Aus der europäischen Geschichte – mit ihren Fehlern und Erfolgen – wissen wir, was Menschenrechte bedeuten. Wir kennen Schatten und Licht der Menschenrechte, wir kennen Verfolgung und Terror und wir kennen Freiheit und Geschwisterlichkeit. Mit Europa heißt für Menschenrechte, gegen Menschenrechte heißt gegen Europa. Mit Europa zusammenarbeiten heißt, gemeinsam arbeiten, heißt die Rechte der Menschen ausweisen, einhalten und einfordern. Mit Europa für Menschenrechte, ohne Unterschied der Nation, der Exportraten und der Befindlichkeiten. Mit Europa für Menschenrechte: verbinden und nicht trennen, verhandeln und nicht kämpfen, aufbauen und nicht niederreißen, erziehen und nicht trainieren, austeilen und nicht eintreiben, gestalten und nicht ausbeuten, leben und nicht sterben, Mensch sein in dieser Welt. Das könnte doch eine mobilisierende Wirkung entfalten, das könnte doch die Gemeinschaft der Völker fördern, das würde Europa doch unterstützen. Das ist bei einer ernsten Betrachtung auch mehr als nur ein Slogan, weil mit einem solchen Programm Arbeitsplätze verloren gehen, internationale Beziehungen überdacht werden müssen, um Exportländer neu zu bestimmen, und Wirtschaftsdaten korrigiert werden müssen. Aber ist das nicht trotzdem ein starker Gedanke, ein Gedanke, der vielen Europäern Vertrauen in Europa geben würde, eine schöne Utopie?

Noch einmal Gottlieb: „Als Bürger von Europa will ich mehr Geist und Vision, ich will mehr Gemeinschaft und weniger Rosinenpicker, ich will mehr Verantwortlichkeit und weniger Taktik. Das Projekt Europa kann letztlich nur gelingen, wenn die Menschen auch eine gefühlsmäßige Bindung zu dieser politischen Schöpfung entwickeln, ein „Wir-Europäer"-Gefühl entwickeln, sagt der Fischler Franz. Vielleicht nehme ich dann auch in Kauf, dass ich nicht immer bekomme, was ich will."

Aus: Himmer, Michael: EU und Soziales. novum Verlag

Daniel F. Huddersfield

Prima Ballerina?
Die Erlebnisse eines wahren Gentleman

Sommer 1972

Im zarten Alter von elf Jahren tanzt ein Mädchen beim Ballettunterricht und als Junge zählt *man* in einem Fußballclub eifrig die selbst geschossenen Tore. Ich war damals wohl etwas aus der Art geschlagen – mich trieb es zu den Wölflingen. *Was das ist?* Wölfling nennt man einen Pfandfinder am Beginn seiner *Karriere*. Eigentlich hieße mein dem Alter entsprechender Rang bereits Späher. Bin jedoch erst mit neun Jahren diesem Verein beigetreten, deshalb Wölfling. Eine wichtige Chance für eine glorreiche Beförderung rechnete ich mir jedoch zum Ende jenes Sommers hin aus. Aus diesem Zeitraum stammen meine nachfolgenden Erlebnisse.

Eines schönen Tages war an der großen Tafel am Eingang unseres Heimes ein Anschlag zu lesen, die obersten Pfadfinder bereiten ein bedeutendes Outdoor-Camp vor. Mit dem Ziel, uns Frischlingen Verantwortungsgefühl und Eigenständigkeit näher zu bringen.

Für mich bedeutete dies, mit anschließender Prüfung, die Chance zur Beförderung in die nächste höhere Altersstufe.

Da packte mich der Ehrgeiz und ich paukte nicht nur Vereinsregeln, ich knüpfte tagelang Knoten aller Art, dass es nur so rauchte. Selbst im Schlaf noch, erzählte meine Mutter später, hätte ich des Öfteren laut – *„Bin treu und helfe, wo ich kann und achte meine Mitmenschen und versuche, sie zu verstehen"* – und – *„Arbeiten mit Herz, Hirn und Geduld"* – gerufen. Nur gehandelt habe ich nicht nach diesen Vorsätzen, wie ihr sehr bald feststellen werdet. Ist *man* besonders gut und längst erwachsen, arbeitet *man* sich hoch, nennt sich fortan Gruppenführer, hernach wird man mit *Herr Feldmeister* angesprochen, schreibt sich eines Tages in die Soldliste der Navy ein, erhält dort einen Knacks und arbeitet fortan entweder als Rambo oder Staatspräsident.

Scherz beiseite. Pfadfinder kann ruhig wörtlich verstanden werden. Uns wurde liebevoll beigebracht, den richtigen Weg ins Leben zu finden. Was ich tatsächlich einst in dieser Welt darstellen wollte, wusste ich damals noch nicht so genau – mit meinen elf Jahren. Nur großartig sollte es sein, das war mir von jeher bewusst. Nur was?

Damals jedenfalls – da stellte ich bereits etwas dar! *Einen Wölfling!!!* Da hieß es jeden Samstag: „Antreten zum Dienst." Geschniegelt und frisch gekämmt, versteht sich, und pünktlich um zwei Uhr nachmittags im Clubheim erscheinen. Was besonders für mich galt – war doch der *Späher* mein hehres Ziel. Die Woche über lebte ich in andauernder Anspannung, schwelgte ich doch – verständlich für jeden *echten Jungen*, in Hochstimmung. Bis endlich der Samstag kam. Stets adrett gekleidet aus dem Haus. Stolze, heimliche Blicke zu den einem begegnenden Menschen. Besonders die alten Damen aus meinem Wohnhaus lächelten verzückt und gänzlich davon angetan – weil – ein Junge, der so gekleidet herum lief, eben noch Zucht und Ordnung kannte. Nicht wie diese Raver-Typen – mit ihren zu langen T-Shirts, Hosen, die selbst einem ausgewachsenen Elefanten unfreiwillig das Stolpern lehren würden, mit einem Haarschnitt herumliefen, als würden sie sich vor dem Spiegel mit einer Sichel *diese Misshandlung* selbst zugefügt haben.

Der Samstagvormittag gestaltete sich in etwa jedes Mal gleich und lief folgendermaßen ab:
- Halb sechs Uhr morgens und hellwach – ab unter die Dusche,
- noch vor dem Frühstück üben …, üben …, üben …, wie Wölfling eine Krawatte bindet,

- den steifen Hut bürsten und ...,
- so gegen elf Uhr steckte ich bereits in meiner beigen Uniform.
- 12.30 – raus aus der Wohnung, im Hausgang auf den Lift warten, genierlich versteht sich, nicht so wie ansonsten – von einem Fuß auf den anderen hüpfen,
- unten angekommen, sich besonders wichtig geben und in den bewundernden Blicken der Passanten baden ..., baden ..., baden ...
- und dann ... jedes Mal ... dieser Schock!

Raus aus der Haustüre – und – da stand ... **Wendy**!!!!!!!!
An sich ein nettes Mädchen in meinem Alter. Die Einzige, die mich *nicht* meiner Uniform wegen bewunderte!!!!!!!!!! Das jedoch war nicht der Grund meiner Abneigung ihr gegenüber.

Sie rennt mir nur andauernd und überall hinterher!
Ist in mich verliebt!!

In diesem Glauben jedenfalls lebte ich zu dieser Zeit. *Mir wäre einiges an Kummer, der da noch auf mich warten sollte, erspart geblieben, wäre ich nicht so eingebildet gewesen wie in jenen Tagen des Sommers 1972. Mittlerweile lernte Hattiwari sehr viel dazu. Davon etwas später.*

Da stand sie also, wartete bereits *sehnsüchtig* auf mich und quietschte mit ihrem zuckersüßen Stimmchen munter über Geschehnisse drauflos, die mich entweder *kein bisschen* interessierten oder sogleich zur Weißglut brachten. „Hallo Kumpel, heute zeigen wir's dem Feind wieder gell, täglich eine gute Tat, gell?" Immer dann verzog sich mein Gesicht zu einer grauenvollen Grimasse, beschleunigte und passte meinen Schritt dem Takt der Dampfwolken über meinem Kopf an. Dummerweise legte Wendy ebenfalls an Geschwindigkeit zu und holte mich bald ein. *Lei-*

der hatten wir den gleichen Weg zu gehen. *Leider musste ich sie sogar mitnehmen.* Zum einen, weil meine Mutti es so wollte. *„Mein Junge – pass sehr gut auf Wendy auf, bringe sie gesund nachhause. Du weißt selbst – wir sind mit ihren Eltern befreundet. Die sind sehr wohlhabend."*
Das war nicht der einzige Grund. Es gab noch einen extrem wichtigeren. Der erklärt auch, wo ich es doch hasste, sie mitnehmen zu müssen, andererseits froh darüber war, *dass* ich sie mitnehmen musste. Unverständlich? Genaueres etwas später. Bei jedem von Wendys, sicherlich liebevoll bedachtem Lächeln, hörte ich in Gedanken meiner Mutter gut gemeinten Ratschlag. **Weeeeeeaaaaahhh!** *Leider musste ich diesen befolgen.* Nicht etwa, weil wir mit ihren wohlhabenden Eltern befreundet waren oder weil Wendy den gleichen Weg wie ich ging, nein, – sondern – und das war ja das Grauenvolle an der ganzen Misere – sie zum anderen ein **Guide** war!!!!!!

Was das ist? Haltet euch fest, ein Guide ist ein – ich traue mich dies ja kaum, über die Lippen zu bringen – ein Guide ist ein …

… weiblicher Pfadfinder!!!!!!!!!!!!!!!!

Zudem bereits einen Rang höher als ich. Damit war ich ja wohl bestraft genug!

Warum geht sie nicht zum Ballett, wie Tausende andere normale Mädchen auch? Warum macht sie nicht Karriere als Prima Ballerina? Warum musste sie vor zwei Jahren damit aufhören, als sie mit ihren Eltern ins Nachbarhaus einzog? Prima Ballerina? Nein!!!!!!! Guide wollte sie sein!!!!!! Später eventuell noch … Erzählt mir andauernd, wie gerne sie Tierärztin werden würde, um all den bedauernswerten Kreaturen helfen zu können. Als ob mich das interessieren würde. All die Katzen einsammeln, die von Autos angefahren und achtlos liegen gelassen würden. Am Schick-

sal der an unzähligen Autobahnrastplätzen kurz vor den Sommerurlauben ausgesetzten und verhungernden Hunden teilhaben. Was die sich denkt! Womöglich schleppt sie im Winter den Rehen und Hasen ihr Futter in den Wald.

Sie, glücklich ein Liedchen summend, ich, niederschlagen und vor mich hin brummend, bestiegen wir gemeinsam die himmelblaue Tram und bereits zwei Stationen weiter ging es dann jedes Mal los. Da begann mein an sich weicher Sitz unbequem zu werden, kalter Schweiß meine Stirn zu bedecken und ich rutschte mit meinem Hintern hin und her, wischte so unauffällig wie mir möglich mit der Krawatte übers Gesicht. Da wurde ich jedes Mal leicht nervös. Da zitterten meine Hände wie Espenlaub, ich konnte sie kaum unter Kontrolle halten, hoffte, Wendy möge es nicht bemerken. Vorsichtshalber schob ich sie unauffällig, mit stoischem Blick aus dem Fenster der Tram, unter meine Schenkel und bemerkte gleichzeitig, wie meine Knie butterweich wurden. In meinem Bauch tanzten Millionen Schmetterlinge Cha-Cha-Cha. Ich finde, es ist an der Zeit, mein Geheimnis zu lüften, warum ich froh darüber war, *dass* ich Wendy mitnehmen musste.

An dieser Station, da stieß nämlich jedes Mal Natalie zu uns. Ein sehr hübsches Mädchen mit blasser Haut, hellblauen Augen und ins Orange tendierenden Haaren. Natalie war damals *Wendys beste Freundin*. Und *sie* war der einzige Grund, warum ich es überhaupt ertrug, mich als Wendys Beschützer aufzuopfern. In Natalie nämlich … war ich … ein kleines bisschen … verliebt!

Lacht da jemand? Nur – Natalie beachtete mich nie! Wünschte mir, kurz angebunden versteht sich, grad Mal einen *Guten Tag*, unterhielt sich anschließend **und ausschließlich** und das wiederum sehr ausgiebig mit Wendy, bis wir die Tram nach weiteren drei Stationen verließen.

Ich konnte nie verstehen, was die beiden so viel zu bereden hatten … mich links liegen ließen. Wo ich mir wochentags zusammengereimt hatte, was ich Natalie alles sagen würde ... wie wir uns köstlich amüsieren würden ... bei einem Eis ... in Ermano Rossis Stadt bekanntem CAFFÉ TUTTI DOLCE D'ERMANO*.

Die Realität bescherte mir jedes Mal, dass ich, im Vereinsheim angekommen, die beiden erst wieder zu Gesicht bekommen sollte, wenn wir den nach Nachhauseweg antraten. Irgendwie verspürte ich Wendy gegenüber eine stete Eifersucht, plante insgeheim, wie ich es schaffen konnte, sie einmal loszuwerden. Konnte doch gut möglich sein, dass Wendy plötzlich erkrankte ... und dann ...

Ich würde an der Tramstation auf Natalie warten, würde ihr erklären: „Hallo Natalie, wunderschön, dich hier zu treffen. Tut mir leid, Wendy liegt mit einer starken Grippe im Bett ... aber ich bringe uns zwei schon sicher ans Ziel."

Genau so und genauso tausende Male anders gingen solcherart – heute find ich's gemeine – hinterlistige Gedanken durch meinen damals unheimlich verliebten Kopf. Schmiedete Pläne, sah uns beide – hoffnungslos verliebt und eng umschlungen am Brommer See sitzen, während ich meine Würmer badete, uns an der kleinen Eisdiele im Stadtpark gütlich tun würden. Oder – ich jagte als Stürmer den Ball übers weite Grün des Vereinsstadions und auf der Zuschauertribüne feuerte mich Natalie mit rot glühenden Wangen an, pfiff mir anspornend zu. Alle wären sie neidisch auf mich – weil Natalie scharrte ungewollt in diesem zarten Alter bereits eine beachtliche Zahl an Verehrern um sich. Weil sie so toll aussah, und jedes Mal sowie sie lächelte, bildeten sich tiefe Grübchen in ihren Wangen und ihre blauen Augen strahlten heller als die Sonne an einem wunderschönen Frühlingstag. Und erst ihr Schritt. Wie sie ging – nein – wie sie übers Straßenpflaster ... schwebte. Uuuuiiiiiii!!!!!!!

---

* Aus: Huddersfild, Daniel F.: Das Mädchen! ... namens Sascha ...

Aber: Es sollte *ganz anders* kommen.
Weil das im Leben nun mal so ist!

Es war gegen Ende dieses Sommers, als die eine Hälfte der Menschheit aus ihren *Urlauben* zurückkehrte, und die andere begrüßte, die derweil die verlassene Stadt bewacht hatte, den Moskitos ihr Überleben sicherte, wenn *das Elend* wieder begann. Glaubt ja nicht, ich ging nicht gerne zur Schule. Aber Hallo! Voll das Gegenteil war der Fall. Diese Zeit zählt für mich heute noch zu der bisher schönsten meines Lebens. Mit ebensolchen Erinnerungen. Hatte gute Freunde. Mein bester war gleichzeitig mein Kumpel Robby, bürgerlich Roberto Manolo Schneider, für mich schlicht und ergreifend *der Robby*.

Aber da war noch was – Wendy! *Leider* besuchte sie dieselbe Schule wie ich, zudem noch die Parallelklasse. Mit anderen Worten, wir beide befanden uns auf gleicher Bildungsebene! Es geschah öfters, da rief sie mich nachmittags an, um wieder irgendetwas von mir auszuleihen. Mal ein Heft, um angeblich ihre Hausaufgabe in Mathe mit der meinen zu vergleichen, dann wieder einen Bleistift oder ein Lineal! Als ob sie das nicht selber besessen hätte. **Nur, um mich zu ärgern!** So zumindest empfand ich damals ihr Gehabe. Wie ich erst viel später erfahren sollte, leider zu spät – der Hintergrund war ein völlig anderer.

Doch zurück zu meinem Gehabe. *Na, hört mal!* Ein Mann in meinem Alter erhält Anrufe von einem – Mädchen!!!!!!!!!!! Jungs *beschäftigen* sich mit Jungs! Mädchen *spielen* mit Mädchen! **Punktum!** *Wie es sich gehört.* Zumindest in meinem unerfahrenen Alter von elf Jahren.

Wo bin ich stehen geblieben – ja, genau. Also, immer dann, wenn die Sommerferien sich ihrem Ende neigten, veranstaltete einer der unzähligen Pfadiclubs ein pompöses Abschlussfest. Bei uns heißt das **Land of Adventures Day**, kurz **LoA Day**. Dieses Mal fand das Treffen bei uns im Haupt-

lager statt. Da traf und trifft man sich bei solchen Festen, die nicht mit einem Jamboree verwechselt werden sollten, auch heute noch aus dem ganzen Land, was sage ich, aus ganz Europa alles, was sich Rang und Namen erarbeitet hatte, zu einem gemütlichen Plausch mit nachfolgendem Leistungswettbewerb. Da wurde dann von der Elite der Besten der Besten die Bestleistung gleich ein paar Mal überboten und zwar dermaßen gewaltig, dass es nur so rauchte. Da zeigten sich die Pfadfinder gegenseitig was sie den Sommer über gelernt hatten, gaben sich *coole heiße* Tipps … mit abschließendem *ausgiebig gemütlichen Plausch*. Eine an sich traumhafte und lehrreiche Angelegenheit. Allerdings schmerzte mich ein schlimmer, wirklich **schlimmer Haken** an dem Ganzen – es durften auch Mädchen daran teilnehmen.
Dem nicht schlimm genug – … **sogar Wendy durfte!**

Seid nicht zu sehr ungehalten meiner gelegentlich negativen Äußerungen wegen, was Wendy betrifft. Ist nicht wirklich böse gemeint. Im Alter von elf Jahren ist man nun mal seltsam, was das weibliche Geschlecht betrifft. Vor allem dann, wenn man zwei Schwestern hat und das Sandwichkind ist.

Mit dabei auch mein Kumpel Robby. Als Guestscout bei uns GuSp! Er sagte mir, er wolle nur *mal gucken*, wie das so ist, bei den Pfadis, *wie es so bei uns einhergeht.* **Bei uns Männern!!!!!!** Und dem Haken!!!!!!!

Robby gesellte sich also zu uns, mit der Absicht, in seinem Leben auch einmal etwas Bedeutendes darstellen zu

---

* GuSp = Pfadiabkürzung für Guides und Späher, danach folgen die CaEx – Caravelles und Explorer (14–20 Jahre) und die RaRo – Ranger und Rover (Ausbilder) erst tief Atem holen, bevor ihr überlegt, wie man wohl die sieben- bis zehnjährigen Wichtel und Wölflinge abkürzt – ich will kein WiWi hören – sie heißen: die Meute oder das Volk.

wollen so wie ich und ebenfalls ein Wölfling zu werden. Warum er mich damals augenzwinkernd angrinste, als er diese Bemerkung machte, wurde mir erst viel später bewusst – er wollte einfach nur die Girls *begutachten*. *Von wegen Jungs beschäftigen sich mit Jungs.* Ich war wohl tatsächlich ein wenig zurückgeblieben.

Vom Feld- und Waldmeister, dem Rover Günther und seinem *Assistenten*, der Caravelle Amanda, erhielten die Wichtel (!) und Wölflinge ebenso wie die Guides (!) und Späher und Wendy (ebenfalls Guide) ihre genauen Unterweisungen. Danach teilte er uns in Patrouillen auf.

Eine Patrouille ist, wie jedermann weiß, eine kleine Gemeinschaft, bestehend aus sechs bis acht Kindern. Ziel einer solchen Patrouille ist von jeher, das heißt seit der britische General Robert Baden-Powell 1907 die Boy Scouts gründete, vor allem die Gemeinschaft. Gemeinsame Unternehmungen – *wie etwa Waldläufe, Kinobesuche, Schwimmen, Basteln und dabei singen, ob richtig oder falsch ist egal, weil alles kann erlernt werden* – auch außerhalb des Vereinslebens zu tätigen. So das Miteinander vorher sich völlig fremder Personen üben, um schlussendlich ein verschworenes Team zu werden. Das hieß aber auch, wir sechs waren auf Gedeih und Verderb nicht nur für diesen Erkundungsgang, sondern für die nächsten Wochen verbunden. Keine üble Vorstellung an sich, nur ... Wendy war auch dabei! Anführer einer solchen Gruppe durfte ich also sein! Keiner hatte einen Einwand. Das machte mich besonders stolz. Gehörte ich mit meinen, zwar schon elf Jahren, rangmäßig doch noch zum gemeinen Volk, der Meute. Und plötzlich war ich ein gestrenges Aufsichtsorgan über jeweils zwei *Jungs* ... und drei *Mädchen*!

Klar doch, musste ja so kommen. Da war die zierliche Andrea, Robby und ich, dann der, na ja – gut aussehende – Alex, *meine* Natalie und ... was soll's ... Wendy eben. Wie gesagt – Alex sah gut aus, Robby besaß dafür mehr an Selbstsicherheit – machte sich damals bereits an jedes Mädchen heran. Und ich zerbiss mir jedes Mal die Zunge und kaute auf meinen Lippen herum, wenn ich eifernd beobachten musste, wie Alex mit Natalie herum blödelte. Er erschien mir ohnedies nicht ganz normal – gab sich der mit einem Mädchen ab! Das wäre mir eigentlich noch ziemlich egal, ging mich auch nichts an, was für eine seltsame Entwicklung der durchmachte. Nur eines störte mich dermaßen, dass mir jedes Mal heiß und kalt und kalt und heiß wurde. Erinnerte mich sehr an Wendy – weil … Der Kerl redete nämlich ausschließlich …

… mit meinem Mädchen!!!!!!!!!!

Warum nicht mit der schwarzhaarigen Andrea oder, jaaaaa, warum nicht mit Wendy!!!???? Nein – mit Natalie, **dieser Blödmann.**

Pause!!!! Einen Moment bitte:

An dieser Stelle sei dringend darauf hingewiesen, dass Wendy ein durchaus hübsches, attraktives, anständiges, stets sauber und adrett gekleidetes Mädchen mit langem goldblondem Haar war. Und ich ein dummer, eingebildeter Gockel, wenn ich das mal so sagen darf, mit ehrlichem Blick aus heutiger Sicht.

Was mich an ihr so störte, ich konnte es damals wie heute nicht erklären. *Aber sie mir. In einem Brief, den ich euch nicht vorenthalten möchte. Mit Worten, die mich beinahe aus meiner Bahn geworfen hätten. Als Schlusspunkt meiner hier niedergeschriebenen Erlebnisse ist er zu finden.*

… to be continued

Aus: Huddersfield, Daniel F.: Völlig uninteressant … edition nove (Lieferbar ab Aug. 2007)

Es lohnt sich

Reinhart Hummel

Wenn ich zu ihm kam, wurden seine Augen groß und ich hatte Angst, sie könnten aus ihren Löchern fallen und an seinem Flanellhemd, das rotkariert und fleckig den dünnen Körper umgab, hinabsteigen und auf dem Boden zertreten werden. Auch wenn das nicht passierte, fiel mir auf, wie die Höhlen immer größer und die Augen darin immer kleiner wurden.

Es war klar, ich musste der Sache auf den Grund gehen. Jeden Tag verlor seine Haut mehr Farbe und die Stoppeln wurden länger und die Hose weiter.

Ich war Pflegefachmann und kam zu den Menschen dorthin, wo ich ihre Wurzeln wusste und wo sie sich daheim fühlten, weil nur dort jemand gesund werden oder sterben oder in Würde leiden konnte.

Obwohl mir das Gleichgewicht von Distanz und Nähe ein Bedürfnis mit großer Schwerkraft war und ich lange und folgenreich dafür lernte, sagte ich Leo zu ihm, weil er sich das wünschte und Leopold hieß.

Schon Jahre kam ich zu ihm und er wohnte alleine in einem Haus mit einer Menge Zimmer, weil er einst Bäcker war und Angestellte darin wohnten und Backstube und Laden und Vorrat auch darin untergebracht waren, bis sich sein Körper gegen den Mehlstaub zur Wehr setzte und er sich auf Neues einlassen musste und zum Rangierbahnhof drüben ging, um Geld zu verdienen. Das alles war lange her und statt Gehalt bezog er längst Rente.

Wenn ich ging, wünschte er mir einen schönen Samstag, obwohl es Montag oder Dienstag war, aber ich wollte es nicht so eng sehen, weil auch ich im Urlaub schnell nicht mehr wusste, in welchen Tag ich mich treiben ließ.

Irgendwann stand ich an seiner Tür und er wusste meinen Namen nicht und tat geschäftig, damit ich nichts merken sollte. Einmal wirkte er geheimnisvoll und ich glaube, es sollte ein Hilferuf sein, den er in Spaß verpackte, ich sei doch für Menschen da und habe doch alles und könne alles und ich solle ihm einen neuen Grind beschaffen, sein alter funktioniere nicht mehr richtig und alles sei ein Seich. Und er fuhr sich dabei durch seine weißen Haare und sie standen wild ab und wurden zu einem Heiligenschein unter der Glühbirne am Küchentisch.

Ich schlug ihm einen Besuch beim Doktor vor und er explodierte wie eine Splitterbombe und Klumpen von Marmeladebrot und Spritzer von Milchkaffee flogen auf mich zu, als er mir sagen wollte, wie gesund und selbstständig und ordentlich er sei und seine Steuern stets korrekt zahle und er niemals aus diesem Haus ginge außer getragen mit kalten Füßen voraus. Leo zog sich zurück wie eine Schildkröte in ihren Panzer, wenn ich ihm zu nahe kam, und ich wusste, er fühlte sich von mir verraten, obwohl ich niemals etwas gegen seinen Willen unternommen hätte. „Himmelherrgottsack. Brauche nichts. Brauche niemand. Brauche überhaupt gar nichts. Herrgottsakramentnochmal", rief er mir jeden neuen Tag entgegen, aber er ließ mich gewähren und seine Stoppeln schaben und er knurrte dabei und ich wusste, es war eine Frage der Zeit, bis auch das jener Krankheit zum Opfer fiel, bei der das Eiweißrecycling im Gehirn versagte und Löcher machte wie in einem Schweizer Käse. Er aß wenig, weil er nur noch selten wusste, wie das ging und wenn ich ihm ein Stück Fleisch brachte, nahm er es in die Werkstatt und spannte es in den Schraubstock und das Blut tropfte und Metallspäne drückten sich hinein und er hängte es an die Wand zu den Werkzeugen und es erinnerte an Action-Food-Kunst. Aber er wurde nicht satt davon und die Augen zogen sich weiter in ihre Höhlen zurück. Wenn ich ihn korrigierte, und ich tat das sanft mit Streicheln, fast wie Liebesgeflüster, zündete ich dennoch jedes Mal jene Splitterbombe und Worte laut und nass und bitter dröhnten durch das Haus und es war leer und kalt, hallte wider. Ich wusste auch, gegen seinen Willen würde ich niemals verstoßen, weil ich ihm das längst versprochen hatte und ich mein Ehrenwort und seine Seele keinesfalls bräche.

Als ich durch das Kaufhaus der Stadt ging, drängte sich eine Idee in meine Gedanken, obwohl ich mir Mühe gab, meine Freizeit nur für mich auszukosten. Es war die Spielwarenabteilung. Dort gab es Baukästen zu einem Spottpreis weil Weihnachten längst vorbei und das nächste noch nicht in der Nähe war und er war so riesig, dass ich ihn nur mit Mühe tragen konnte und ich kam mir lächerlich vor ohne Kinder und dachte an das Fiasko und hörte schon sein Himmelherrgottsakrament.

Seine Augen wurden groß und sie fielen nicht aus den Höhlen, aber sie saugten sich fest an der Verpackung und ließen sie nicht mehr los und kein Fluchen hallte durch das Haus.

Als er die Lokomotive aus der Schachtel nahm, war ein Leuchten in seinen Augen und ich wusste, dafür würde sich noch vieles lohnen zu tun und die Lok war rot und es war eine Rangierlok wie einst drüben am Bahnhof.

Er prüfte alles aus diesem Karton genau und nahm Gleise in seine Hände und Waggons und hielt sie gegen das Licht und legte sie sorgfältig neben sich und er war gespannt darauf, wann er wohl zum Schraubstock gehen und sie zerquetschen und zum Fleisch hängen würde. Stattdessen suchte er und zog mich hinter sich her und ich zählte, und es waren dreizehn Zimmer im Haus und schließlich fand er ihn und ich staunte, weil er nicht fluchte wie er es sonst tat.

„He, Leo, was hast du vor?" Seine Antwort war nur ein Brummen. Wieder trabte ich hinter ihm her und fühlte mich dümmlich dabei und mir wurde klar, dass ich ihn irgendwie zur Pflege seines Körpers und zu frischen Kleidern bringen musste, weil der Schmutz roch und bald Ungeziefer anlocken würde. Der Schlüssel passte und er war stolz, auch wenn seine Brust schmal war und er sie nicht recht vorstrecken konnte.

Wir standen in der Backstube und sie war riesig und staubig und ein Teil davon war der Laden mit Schaufenstern und Theke und ich stellte mir vor, wie er früher, als seine Haut noch glatt und sein Gehirn noch ohne Löcher war, Brezeln geschlungen und Brötchen geformt hatte.

„Hier, hier rangieren wir."

Leo sagte das fest und eindeutig und jeder Versuch, ihn davon abzubringen, wäre zwecklos gewesen.

Die Gleise verliefen dort, wo früher nach Brot und Rückgeld gegriffen wurde, wahrscheinlich tausende, abertausende Mal und sie schlängelten sich um die Kasse, die dringend ins Museum gehörte. Leo sah und hörte nichts mehr um sich herum und war weiter entfernt von Essen und Trinken und Körperpflege und frischen Kleidern als je zuvor, aber in seinen Augen war Licht.

Er schickte mich nicht fort wie bisher, als er stets froh wirkte, wenn er mich von hinten sah und wieder Gleichförmigkeit seinen Tag beherrschte. Er wollte mich bei sich behalten und sah ungeduldig auf den Trafo und die vielen Häuschen und Signale und Weichen und Prellböcke, die noch in der Packung lagen und Schranken, rotweiß gestreift, die ihm besonders wichtig waren.

Ich hatte mich auf etwas Großes eingelassen.

Am nächsten Tag wollte er aus dem Bett sofort in die Backstube.

„He, Leo. Unmöglich. Als Lokomotivführer ungewaschen. Niemals! Nicht in diesen Kleidern. Keinesfalls."

Ich rief es ihm zu und hielt mich im Hintergrund, weil ich mit der Splitterbombe rechnete. Aber er schaute an sich hinab und brummte und kam hinter mir her ins Bad und legte die Schranke sanft beiseite, aber so, dass er sie im

Blickfeld behielt. Als ich ihn duschte, durfte ich den Vorhang nicht schließen und unentwegt sah er zu ihr hin. Und das Flanellhemd roch frisch und war rot kariert und er weigerte sich, es anzuziehen. Er bestand auf dem Blauen und ich erinnerte mich, dass das die Farbe war der Bahnarbeiter und ich musste den Ärmel vorsichtig über die Hand streifen, weil dort diese Schranke sie zur Faust nötigte.

Er bestand darauf, am selben Tag noch zu rangieren und ich, dass er vorher esse. Aber er hörte nicht auf mich und ich wusste, ich konnte nicht mehr länger zusehen wie er an Substanz verlor.

Das Schaufenster war auf eine Seitengasse der Fußgängerzone gerichtet und Leute blieben stehen und vor allem Kinder. Die Rangierlok surrte leise und der Motor würde das nicht lange aushalten. Sein Blick ließ die Rote nicht mehr los, auch nicht, wenn jemand an die Scheiben klopfte. Seine Hand lag fest auf dem Schaltpult, vielleicht ähnlich, wie sie früher auf dem Steuerstand der Diesellok gelegen hatte.

Ich ging in die Küche und schnitt Fleischkäse klein und Brot und kochte Eier hart und trocknete Essiggurken und schnitt Bananen in Scheiben und machte Apfelschnitze. Ich bestellte von Leo einen Güterzug leerer Waggons ans andere Ende der Theke und belud ihn und schickte ihn zurück. Und er aß. Er aß Züge leer in einer unglaublichen Menge, bis sich ein Geruch nach verschmortem Plastik in der Backstube ausbreitete und die Rote stehen blieb.

Und es standen Leute vor dem Schaufenster und sahen zu und eine Person trat heran und durch den Türspalt hörte ich ihre Stimme, ob man mich denn nicht gelernt hätte, dass man mit dem Essen nicht spiele und was sie gesehen habe sei menschenverachtend und abstoßend. Pfui Teufel.

A E I O U – Der Weg in die Unendlichkeit

Je. Ru. Salem

Es ist schon viele Jahre her, als ich mich mit dem Gedanken beschäftigte, ein Wort zu finden, das mich geistlich in die Unendlichkeit trägt. In meinem Geschäft fiel mir dann ein Wort ein: „Atommittelpunkt". Der Mittelpunkt des kleinsten Ganzen als Durchgang in die Ewigkeit.

Ein Mittelpunkt ist ja nur mehr eine geistige Größe, er ist nicht einmal ein Punkt, kein sichtbarer Punkt. Nun analysierte ich dieses Wort mit meiner Zahlensprache, die ich entwickelt hatte, weil mir immer wieder Zahlen aufgefallen sind, die auf unerklärliche Weise mit Ereignissen, Namen oder Daten in Verbindung standen. Einfach gesagt, ich setze ein Wort in Zahlen um, indem ich jeden einzelnen Buchstaben unseres Alphabetes fortlaufend nummerierte und dann die Zahlen zusammenzähle. Dies tue ich nach drei Gesichtspunkten: waagrecht zusammengezählt als irdische Zahl, senkrecht zusammengezählt als himmlische oder von „oben" kommende Zahl, die beiden Zahlen zusammengezählt ergeben einen übergeordneten Wert.

Zum Beispiel:

```
W  I  E  N
23 9  5  14  → 24      2 + 3 + 9 + 5 + 1 + 4 = 24
      5      51
      9      75
     23
     51
```

24 ist die „irdische" Zahl
51 ist die „himmlische" Zahl
zusammen … 75 ist die „irdische und geistliche" Zahl
(3/4 von 100)

Wien hat also die Zahlen **24 51 75**. Wein hat auch die gleichen Zahlen, nur dass die Buchstaben i und e vertauscht sind. Also ist der Wert von Wien gleich dem Wert von Wein.

Die Sprache hat eine Schwingung beziehungsweise ruft sie eine Schwingung hervor, sie ist die schöpferische Komponente. Nicht umsonst heißt es in der Bibel: „Gott sprach: „Es werde Licht" und es ward Licht."

Um bei dem Beispiel Wien und Wein zu bleiben, heißt es nicht: „Im Wein liegt die Wahrheit?" Wien und der Wein ist eine irdische heitere Glückseligkeit. Im Weinort Grinzing in Wien, im 19. Bezirk gibt es eine Himmelstraße, die auch in Weinseligkeit beim Heurigen besungen wird.

Und Jesus sagte beim letzten Abendmahl: „Dies ist mein Blut", indem er einen Becher mit Wein hochhielt und den Aposteln davon zu trinken gab. Es hat sich auch in Wien zugetragen, dass ich das Wort „Atommittelpunkt" als Durchgang ins Jenseits erdachte und dieses Wort hatte ohne Konsonanten nur mit den Vokalen die gleichen Zahlen wie Wien oder Wein.

Wie ich auf diese Tatsache kam? Es war so: Ich hatte das Wort Atommittelpunkt analysiert und fuhr am nächsten Tag in der Früh wie immer mit der U-Bahn ins Geschäft, ich muss immer beim Karlsplatz aussteigen. Plötzlich stand ich aber in der Station Stephansplatz, eine Station vorher. Ich lese meist in der U-Bahn und bin nicht sehr konzentriert auf die Haltestellen, meist reagiere ich auf die Ansagen durch den Lautsprecher. Hatte der Lautsprecher eine falsche Ansage durchgegeben? Ich weiß es nicht. Auf jeden Fall stand ich nun da am Stephansplatz und wollte auf die nächste U-Bahn warten. Da fiel mir ein: „Du warst

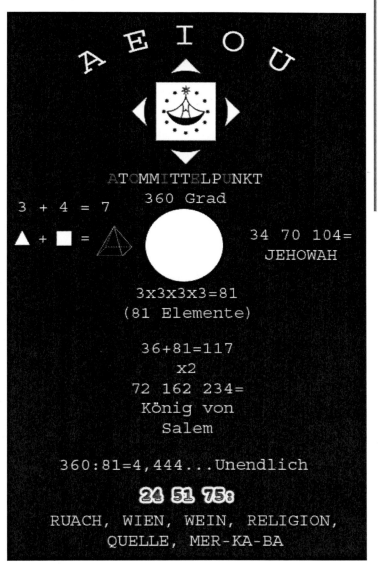

schon lange nicht mehr in der Stephanskirche, Zeit hast du und kontrollieren tut dich ja auch niemand."
Also fuhr ich hinauf und ging in die Stephanskirche. Meist gehe ich zu einer Seitenkapelle in der der Gekreuzigte mit einer richtigen Krone gekrönt ist und nicht mit einer Dornenkrone.
Ich war total verwundert, als über dem Eingang der Kapelle eine Schabracke hing mit den Vokalen A E I O U. Es war eine schwarze Schabracke, mit goldener Schrift waren die Vokale eingestickt. Ich hatte dies noch nie gesehen und war sehr verwundert.
Zurück im Geschäft, sah ich mir das Blatt Papier an, auf dem ich am Vortag das Wort Atommittelpunkt analysierte. Ich fragte mich, warum ich eigentlich die Worte nur normal analysiere (alle Buchstaben) und nicht nach dem hebräischen System der Kabbala nur die Konsonanten. Ich könnte das Wort doch auch nur nach den Vokalen analysieren, dass ergibt einen neuen Aspekt. Gesagt, getan und ich suchte die Vokale heraus. Wenn ich nicht gesessen wäre, hätte es mich wahrscheinlich umgehauen. Es drehte sich alles um mich. Das Wort Atommittelpunkt hat die Vokale: A E I O U und hat auch die gleichen Zahlen wie Wien und Wein, dass wusste ich damals noch nicht. Ich wusste auch nichts vom Friedrichsgrab in der Stephanskirche. Kaiser Friedrich ist direkt in der Stephanskirche begraben und hat sich sehr mit diesen Vokalen beschäftigt. Das AEIOU als Code für Österreich stammt von ihm, seine Frau war ebenfalls sehr spirituell und hieß wie ich Eleonore.
Das AEIOU stand auch auf dem Parlament in Wien und musste nach dem Ende des Zweiten Weltkrieges zur Besatzungszeit entfernt werden, weil man es als Provokation empfand. Das AEIOU hatte nämlich Kaiser Friedrich als geheimen Machtanspruch gedeutet, es sollte die Abkürzung für „Austriae est imperare orbi universo" sein. („Es ist Österreich bestimmt, die Welt zu beherrschen")
Das darf natürlich nicht auf dem Parlament eines Staates

stehen, der den Krieg verloren hatte. Interessant ist auch, dass man im Internet vor dem Beitritt Österreichs zur EU unter „AEIOU" Auskunft über Österreich erhielt, auch das musste gelöscht werden.

Alles hatte seine Richtigkeit und Sinnhaftigkeit, denn AEIOU bedeutet wesentlich mehr als weltliche Macht, es ist der Geist, der weht. Was soll das wieder heißen? Es gibt im Hebräischen ein Wort mit der Zahl **24 51 75** → RUACH, wie Wien, Wein und auch Atommittelpunkt. Was heißt aber RUACH? Eben: „Der Geist weht". Der Geist, der weht, ist identisch mit dem christlichen „Heiligen Geist". Es wehte ein Sturm und Feuerzungen kamen herab auf die Jünger, fünfzig Tage nach Ostern. Pfingsten heißt Fünfzig und ist das Herabkommen des Geistes auf die Jünger: 50+1=51, die „himmlische" Zahl von AEIOU.

Nun muss man noch etwas beachten, die Juden haben in ihrer Kabbala und in ihrer Schrift überhaupt keine Vokale verwendet, das durften sie auch nicht. Warum? Weil die Vokale die göttlichen Buchstaben sind, nach ihrer Weisheitslehre darf man Gott nicht darstellen (du darfst dir kein Bild von Gott machen), da er ein Geist ist.

RUACH, der Heilige Geist oder AEIOU, sind eben unsichtbar. Mit dem Wort „Atommittelpunkt" wollte ich geistig in das unsichtbare Reich Gottes eintreten, in die Anderswelt oder in die Antimaterie. Auch dieses Wort ist eine Wucht und hat es in sich.

```
Antimaterie mit Vokalen    52  115  167
Antimaterie ohne Vokale    22   85  107
                           74  200  274  /2 = 37 100 137
```

Wer die Bücher von Dan Brown gelesen hat, dem ist die Vorstellung der Gewalt der Antimaterie geläufig mit der der Vatikan hätte gesprengt werden sollen (Illuminati).

Für mich ist der Begriff Antimaterie in die Stephanskirche eingemeißelt.

Sie wurde mit der Zahl 37 gebaut (wie die Kathedrale zu Chartres in Frankreich, die in 1000 km Entfernung am gleichen 48. Breitengrad liegt).

Sie wurde im Mittelalter gebaut, mit dem Maß der Ellen. Die Türme sollten jeweils 444 Ellen (= 12 x 37) hoch sein, das Mittelschiff ist 333 Ellen lang (= 9 x 37), die beiden Seitenschiffe sind jeweils 222 Ellen lang (= 6 x 37).

Der Turm der Stephanskirche ist nach Metern etwa 137 Meter hoch, genau 136,7, das ist 111 zur Dritten und ergibt die Zahlen **136 7 631** (kann man von vorne nach hinten lesen und umgekehrt). Es konnte aber nur ein Turm gebaut werden, weil der zweite Turm geistiger Natur ist, er stellt den unsichtbaren Geist dar. Die Stephanskirche ist also nur für all diejenigen komplett, die im Stande sind, Materie und Geist zusammenzufügen. Zwei Türme zu je etwa 137 Meter ergibt die Zahl 274, die Zahl der Antimaterie, des Weges in die Ewigkeit und die Zahl der geistigen Welt.

Diese Erkenntnis ist Sprengstoff, wesentlich wirksamer als künstlich hergestellte Antimaterie. Einfach weil hinter einer Erkenntnis für diese Welt ein neuer Geist steht, der neue RUACH, verborgen als Göttlichkeit in den Vokalen.

Hier gleich einmal eine Kostprobe:

JEHOWAH (nur die Vokale EOA)	12 21 33
Dazu CHRISTUS (nur die Vokale IU)	12 30 42
Ergibt alle Vokale EOA+IU	**24 51 75**
	(RUACH)
Oder eben auch RUACH	
Zählt man nun den LOGOS (nur Vokale OO) dazu	12 30 42
So ergibt dies	36 81 117
Mal zwei (x 2) ist dies die Zahlenfolge	**72 162 234**
	(König v. Salem)

Das sind die Zahlen für den König von Salem.
Aber dazu äußere ich mich noch später.

Unter den Zahlen **24 51 75** finde ich noch andere interessante Darstellungen:
ADAM, der Alte, hat ohne Vokale die Zahlen 8 17 25
ALLAH (nur die Vokale AA) hat die Zahlen 16 34 50
Das ergibt wieder den RUACH 24 51 75

Übrigens sagt man doch „Im Wein liegt die Wahrheit".
Das hebräische Wort für Wahrheit ist EMETH und hat die Zahlen **24 51 75**.

Und nun noch mehr verblüffende Zusammenhänge:

RUACH + LOGOS (mit Vokal) ergibt 56 119 175
CHRISTUS + ALLAH (ohne Vokale) ergibt 56 119 175
RUACH + KORAN NANNA (o.V.) ergibt 56 119 175
SALEM KULECHI (es ist vollbracht) ergibt 56 119 175

Hier noch ein Beispiel:

JEHOWAH (mit Vokalen) hat die Zahlen 34 70 104
CHRISTUS (mit Vokalen) hat die Zahlen 54 117 171
RUACH (mit Vokalen) hat die Zahlen 24 51 75
Ergibt zusammen 112 238 350
Geteilt durch 2 kommen wir wieder auf 56 119 175

Aber auch JEHOWAH UND CHRISTUS mit Vokalen ergibt die Zahlen:
112 238 350 : 2 = **56 119 175**

Nun sehen Sie sich einmal die Zahl **119** an. Fällt Ihnen nichts auf? Mir schon, es ist der 11.09. ein Datum von noch nie da gewesener Sprengkraft. Ein Ereignis an einem solchen Tag, das mehr Aufregung und Aktivitäten hervorgerufen hat als alles zuvor Dagewesene.

Das alles liegt in den Zahlen der Wörter verborgen und ist der Beweis dafür, dass es eine höhere „Intelligenz" einfach geben muss und dass dieser höhere Geist in das Sein und Werden dieses Planeten eingreift. Wenn die Menschen diesen Planeten durch Dummheit, Raffgier, Egoismus und Machthunger zerstören wollen.

Ich möchte hierzu noch erwähnen, dass ich die Analysen der Wörter, bei denen immer die Zahl 119 herausgekommen ist, an einem Tag machte, an dem man des 5. Jahrestages des Anschlags auf das World Trade Center gedachte.

Eigentlich einen Tag später, es war der 12.09.2006, jener Tag an dem Papst Benedikt die Rede in Deutschland gehalten hatte, wo er die Gewalttätigkeit der Muslime kritisierte und einen ungeheuren Aufstand bei ihnen hervorrief. Ich wusste davon noch nicht, ich machte diese Analysen, um eine Harmonie zwischen Christen, Muslimen und Juden zu schaffen. Als ich all diese Wörter mit der gleichen Zahlenfolge sah, war ich überwältigt. Ich war fast in Trance und sah plötzlich die Wörter „SALEM KULECHI" (es ist vollbracht). Ich hatte es vollbracht, diese Religionen zu einer zusammenzufassen. Vorerst wusste ich nicht was SALEM KULECHI bedeutet, ich wusste nur, dass es mit der Bibel zu tun hat und rief einen mir bekannten Priester an. Er wusste es auch nicht, niemand wusste es. Erst als ich diese Zahlen in mein Zahlenalphabet eintrug, kam ich darauf, es sind die Worte Jesu am Kreuz. Wahrscheinlich in aramäischer Sprache, die er gesprochen hatte, die Info bekam ich durch Notizen, die ich mir vor Jahren einmal gemacht hatte, mir aber noch nichts gesagt hatten.

Es ist nun fünf Monate her, als ich diese Wahnsinnsanalyse gemacht hatte, wo immer die 119 vorgekommen ist. Nun habe ich ein Buch gefunden von Peter Plichta „Gottes geheime Formel", in dem ich eine Verbindung mit meinen Zahlenerkenntnissen herstellen konnte. Herr Dr. Plichta ist Chemiker, Mathematiker und Physiker, aufgrund seiner Forschungen auf den oben genannten Gebieten bin ich zu dem Schluss gekommen, dass es eine höhere Intelligenz, die hinter dieser Schöpfung steht, einfach geben muss. Es ist ausgeschlossen, dass solch hochintelligente Verknüpfungen von zum Beispiel der Anzahl der Elemente der Aminosäuren mit mathematischen Mustern und Zahlenabfolgen rein eine zufällige Entwicklung in der Natur darstellt, wie es Darwin lehrte. Die ganze Wissenschaft müsste neu überdacht werden und ein Zusammenhang zwischen einer hoch weisen Schöpfungskraft und den Naturerscheinungen hergestellt werden.

Ich will nur ein kleines Beispiel herausgreifen, habe ich vorhin Dan Brown und die Antimaterie erwähnt, möchte ich jetzt Paulo Coelho erwähnen. Er hat bestimmt gewisse geistliche Erfahrungen und bemühte sich sicherlich auch sehr mit seinem Buch „Der Alchimist", wo auch der „König von Salem" vorkam. Sie werden fragen, was hat Coelho und der „König von Salem" mit Naturwissenschaft zu tun? Es sind die Zahlen, die der „König von Salem" hat, nämlich **72 162 234**. Als Kurzformel gilt für mich die Zahl **234**, die mir mindestens ebenso oft erschienen ist, wie Paulo Coelho als König von Salem.

Aber jetzt zur Wissenschaft, es gibt **81** Elemente (3 hoch 4 = **81**). 3^4 ist der Weg in die Unendlichkeit. Meine Zahl für den LOGOS ist **100**, wenn ich 100 : 81 rechne, kommt eine sehr interessante Zahlenreihe zum Vorschein, entweder 1 mit Rest 19 **(119)** oder **1,23456790123 …** periodisch. Alle Zahlen mit Ausnahme der **8** sind in dieser Zahlenreihe auf ewig und endlos vorhanden. Warum nur die 8 nicht? Weil die 8 der Weg in die Unendlichkeit ist, es ist der Tod und die Auferstehung.

Wenn ich nun diese geheimnisvolle Zahl 81 dazu verwende, den Erdkreis zu teilen, kommt Folgendes heraus:

Ein Kreis hat 360°, 360 : 81 = **4,444444** ... unendlich (die Zahl der Erde in die Unendlichkeit marschierend). Wieso ich plötzlich auf die Idee gekommen bin 36 und 81 zusammenzuzählen, weiß ich auch nicht, auf jeden Fall ergibt 36 + 81 = **117**, mal zwei ist dies **72 162 234** (die Zahl für den „König von Salem").

In diesem Zusammenhang möchte ich noch erwähnen, dass Goliath, Hitler und Mohammed die Zahlen **36 72 108** haben, die Zahlen des Goldenen Dreiecks und auch die Zahlen der irdischen Macht. Gibt man zu diesen Grundzahlen der Erde eine neue Zahlenreihe von 1–9 hinzu (aber nur die **9** in die vom „Himmel" kommenden Reihe), dann erhält man folgendes Ergebnis:

```
   36 72 108
 +     9   9
   36 81 117  x 2 = 72 162 234
```
(wieder der „König von Salem")

19.02.2007 Nachsatz

Einen Tag, nachdem ich die obigen Zeilen schrieb, kam eine liebe alte Bekannte ins Geschäft und brachte mir einen Sack voll mit Büchern, die sie ausgemistet hatte, aber nicht wegschmeißen wollte. Ein Buch erregte meine Aufmerksamkeit, da ich es schon einmal überflogen hatte und mich sehr beeindruckte. Nun kam es mir wieder unter die Hände, es ist von Bob Frissell und heißt „Zurück in unsere Zukunft, vorwärts in die Vergangenheit". Die MER-KA-BA, ein Schlüssel zu den höheren Dimensionen, um genau zu sein, ein Schlüssel in die 4. Dimension. Die 4. Dimension ist eben das, was ich mit dem Wort Atommittelpunkt finden wollte. Einen geistigen Durchgang in eine höhere Welt als die der irdischen Materie (die dreidimensionale Welt). Die MER-KA-BA ist praktisch das Vehikel dazu, um in diesen Bereich zu gelangen. Sie ist der Weg in die Ewigkeit, der Weg, um sich mit dem Heiligen Geist, dem RUACH zu verbinden und ewig zu leben. Was glauben Sie, hat dieses Wort MER-KA-BA für Zahlen? Die gleichen Zahlen wie AEIOU oder RUACH (**24 51 75**).

Auch erst in den letzten Tagen analysierte ich das Wort Quelle, den Ursprung des Wassers, wo das Wassermannzeitalter entspringt. Das Wort Quelle hat ebenfalls die Zahlen **24 51 75**. Zufälligerweise steht in dem Buch über die MER-KA-BA noch der Preis drinnen, 234 Schilling hat es gekostet „**234**" (der „König von Salem").

Nun habe ich das Buch gelesen und fand am 26.02.2007, genau 33 Jahre nach meiner Erweckung (im Nachhang eine Erklärung), woher der Name Hebräer stammt. Nämlich von dem Namen EWER, dem Stammvater der Hebräer. Es ist schon fast lächerlich, aber auch EWER hat die Zahlen **24 51 75**. Die Zahlen für EWER (ohne Vokale) sind **14 41 55**, das sind die Vokale für den griechischen Namen JESOUS.

Wenn dir, lieber Leser, am Bestand dieser Erde und der Menschheit etwas gelegen ist, dann begreife: „Diese Zahlen und die damit verbundenen Erkenntnisse sind ein Beweis, dass es mehr gibt als das, was wir wissen und was die Wissenschaft beweisen kann." Es gibt eine andere Dimension, aus der heraus wir die Erde retten können, aber dazu müsste die Menschheit zurückkehren zum Glauben an etwas Höheres, das dann letztlich ein Wissen ist, dass es mehr gibt als nur die Materie.

Die Lehre Darwins über die Evolution hat seine Berechtigung, doch steht mehr dahinter als eine sich selbst weiterentwickelnde Natur, die Natur orientiert sich an einem Schöpfungsmuster, das von einer höheren Intelligenz vorgegeben ist und dazu sagen wir GOTT.

Nur, wenn der Mensch einen Rückhalt im Glauben findet, ist er bereit, auf vieles zu verzichten, was diese Erde zerstört. Das Leben bekommt wieder einen Sinn und man findet einen Weg in die Ewigkeit.

Die Katastrophen treten nun vermehrt auf, das Klima verändert sich, Stürme und Überflutungen treten in noch nie da gewesener Heftigkeit auf. Von vielen Seiten sagt man auf jeden Fall, dass sich die Natur versucht, an der Menschheit zu rächen. Ich sehe aber noch etwas anderes dahinter. Seit Jahren analysiere ich mit meinen Zahlen die Orte der Geschehnisse, das Datum oder den Zufall. Das sind Warnungen an die Menschheit, ob ihr es glaubt oder nicht, es ist so! Damit will ich euch sagen, dass ihr euch ändern sollt, glaubt daran und hört auf, den Planeten zu zerstören. Glaubt daran, dass es etwas gibt, das bewusst in die Entwicklung dieses Planeten eingreifen kann.

Wenn Sie wissen wollen, wie ich zu diesen Erkenntnissen gekommen bin, dann lesen Sie meine Biographie „Beichte einer Verrückten" von Je.Ru.Salem (erhältlich beim novum Verlag, **ISBN-10:** *3902514876) und wenn Sie mehr über die MER-KA-BA erfahren wollen besuchen Sie die Seiten http://www.merkaba.de oder http://www.pythagoras-institut.de/Institut/MKB/index.hmtl*

MR. HOUDINI, ENTFESSELUNGSKÜNSTLER MEETS MR. LOVECRAFT, KULTAUTOR VON HORRORGESCHICHTEN

Robert Kaldy-Karo

Mit der Ausstellung „Houdini, Superstar" begann das MUK (Museum für Unterhaltungskunst) mit Unterstützung des Instituts Kadotheum (Institut zur wissenschaftlichen Erforschung der Geschichte der Zauberkunst) einen Zyklus über jüdische Artisten und Zauberkünstler, deren Wurzeln in Wien, Österreich oder der Monarchie liegen und die bisher in unseren Landen nicht ausreichend gewürdigt wurden.

Viel zu lange wurde vergessen, was diese Künstler in ihrem Wirken für die Allgemeinheit geleistet haben und teilweise auch für ihre religiöse Abstammung verfolgt wurden. Deshalb verschwiegen viele dieser Künstler ihre Abstammung oder versuchten, diese zu verschleiern, um nicht benachteiligt zu werden.

Warum wir mit dem US-Künstler Houdini den jüdischen Zyklus beginnen wollen, ist schnell erklärt. Er hat 2006 seinen 80. Todestag und ist heute immer noch weltbekannt wie zu seinen Lebzeiten.

Bedeutende US-Künstler wie David Copperfield oder James Randi zeigten Kunststücke und Entfesselungstricks als Hommage an Houdini in ihren Shows. Es gibt Opern, Musicals, Theaterstücke, die sein Leben und Wirken glorifizieren. Natürlich lag sein Leben und Wirken weit außerhalb des Alltäglichen und durch seine Erfolge wird er zu einem US-Symbol des „Tüchtigen", der es mit eigener Kraft schafft, aus ärmlichen Verhältnissen zu entfliehen. Jeder kann in den USA berühmt und reich werden, aber die Wenigsten schaffen es.

Es ist dies die erste Ausstellung über Harry Houdini, die in Wien/Österreich gezeigt wird. Als begleitende Information gibt es einen umfangreichen Artikel (Der Artikel erscheint erstmalig im MUK Journal) mit vielen informativen Hinter-

grundinfos, die man nicht überall finden wird (Der Autor sammelt seit zwanzig Jahren über Houdini Material und Infos). Das Lesen wird durch eine Zeittafel mit seinen wichtigsten Lebensetappen erleichtert.

Harry Houdini, Name und Wirken dieses nur 1,65 Meter großen Zauber- und Entfesselungskünstlers sind auch heute noch in den USA, um nicht zu sagen, weltweit ein Begriff. Zu seinen Lebzeiten war Houdini: Showmann, Zauberer, Entfesselungskünstler, Sensationsdarsteller, Buchautor, Filmstar, Filmproduzent, Schauspieler, Entlarver betrügerischer Medien, Sammler seltener Zauberbücher und vieles andere mehr. Laut Eigenwerbung konnten ihn weder Ketten, Handschellen, Zwangsjacken, Packkisten, Gefängniszellen oder Stahlschränke festhalten.

„Natürlich will niemand meinen Tod sehen, aber ein gefährliches Experiment weckt einfach das Interesse der Menschen." (Houdini bei einem Interview)

Persönliche Freunde von ihm berichteten, dass er einen sehr widersprüchlichen Charakter hatte, Choleriker und dazu noch extrem geltungssüchtig war. Auf Konkurrenten oder Kopisten seiner Shows und Werbeideen reagierte er bösartig, eifersüchtig und stellte sie auf rüde Weise kalt. Zeit seines Lebens war er auf seine Mutter fixiert, durch ihren Tod verlor er an Halt und bekam psychische Probleme. Seine Ehe blieb kinderlos, er entwickelte einen weiteren Tick, indem er seiner Gattin Briefe über einen fiktiven Sohn und dessen Fortschritte in der Entwicklung schrieb.

Das Thema Tod faszinierte ihn, selbst hatte er große Angst vor dem Sterben. Allerdings gab er sich in der Öffentlichkeit gerne den Touch des todesmutigen Helden. Einige von Houdinis verrückten Ideen und Werbestunts wurden schon in psychologischen Studien analysiert.

„Im ruhelosen letzten Abschnitt seines Lebens spürte er dann furchtlos den dunklen Praktiken des Spiritismus nach und nahm als unermüdlicher Wahrheitssucher an einer Seance nach der andern Teil." (Raymund F. Simons-Tod und Magie, das Geheimnis um Houdini, USA 1980)

Er wollte und konnte sein Wissen der Tricktechnik der Zauberkunst heranziehen, um die in den USA massenhaft grassierenden falschen Medien, selbsternannten Professoren obskurer pseudowissenschaftlicher Hirngespinste und ähnliche Okkult- Betrüger, zu entlarven. Dies war ihm ein Bedürfnis, aber auch willkommene Werbung für seine Bücher und Vorträge über dieses Thema. Er gab es nie zu, aber im Geheimen hoffte er doch, ein echtes Medium zu finden, um mit seiner Mutter Kontakt aufnehmen zu können.

Nach seinem Tod wird er zur amerikanischen Legende und Geldbringer für viele Nachlassverwerter. Houdini wird vielfach vermarktet, wie zum Beispiel für Filme, Bücher, Hörspiele, Fernsehdokumentationen, Musicals, Opern, dramatische Schauspiele, Comics, Houdini-Museen, Zauberartikel, Ausstellungen, Bier, Souvenirkitsch, Wackelkopfpuppen, Zauberkästen, Spielkarten. Es gibt auch eine Kette von Zaubergeschäften in den USA, die sich „Houdini-Shops" nennen (Besitzer Gino Munari, der auch ein kleines Houdini-Museum in Las Vegas betreibt).

Houdini ist aber auch einer der wenigen Zauberkünstler, von dem es negative Anekdoten (über Döbler, Bellachini, Kratky-Baschik gibt es nur heitere und gutmütige Anekdoten) gibt. Wie die vom Kurzschluss im Magic Club London, Houdini schaffte es nicht, den Sicherungskasten (dieser war nur verklemmt) zu öffnen (diese Story dürfte wahr sein!), oder, dass er infolge einer klemmenden Türe auf der Toilette eingesperrt war und um Hilfe rufen musste. Gerne wird auch berichtet, dass ihn Scherzbolde in einer Telefonzelle einsperrten, worauf er wie wild an die Scheiben klopfte. Bei all diesen Anekdoten wird übereinstimmend berichtet, dass er die Anwesenden brüllend und wüst beschimpfte.

Houdini wurde am 24. März 1874 in Pest (heute Budapest) geboren, seine Eltern Rabbiner Mayer Samuel und Cecilia Weiß (geborene Steiner), gaben ihm den Namen Ehrich. Kurz nach seiner Geburt schiffte sich die Familie nach New York ein. Der Vater bekommt Jahre später eine Stelle als erster Rabbi in der Kleinstadt Appleton (Wisconsin), Houdini ist vier Jahre alt. Der Vater lebte sich im geschäftigen Mittelwesten nicht ein, Samuel war fünfundvierzig Jahre alt, aber er und seine Frau bemühten sich nicht, Englisch zu lernen. Houdini verlebte seine Kindheit bei deutsch sprechenden Eltern und sprach daraus resultierend ein ziemlich gewöhnliches, dazu noch deutsch/ungarisch gefärbtes Englisch.

Jahre später erzählte Houdini bei Interviews, dass er in Appleton/Wisconsin am 7. April 1874 geboren wurde. Damit wollte er sich zu einem echten Amerikaner machen und nicht als Immigrant gelten, deren Stellung in der US-Gesellschaft nicht angesehen war. Später, als seine Herkunft Nebensache war, konnte er nicht mehr zurück, da er in vielen Versicherungspolicen für seine Gattin seine falsche Herkunft angab. In Publikationen über Houdini taucht auch heute noch Amerika als Geburtsland auf und nicht Pest.

Jacob Clark Henneberger war Herausgeber der Pulp, (schlechtes Papier, doppelbödig für schlechtes Papier = schlechter Inhalt) Magazine, (bekannte und sehr populäre Schundhefte mit phantastischen und gruseligen Geschichten, die in den Zwanzigerjahren in den USA erschienen. Diese Magazine hatten eine sehr hohe Auflage und wurden von allen Bevölkerungsschichten gelesen. Viele, später sehr bekannt gewordene Autoren schrieben hier, wie zum Beispiel Robert Bloch, Autor von „Psycho". Mehrere der Geschichten wurden Jahre später auch ver-

Poster zur Sonderausstellung „Houdini – Der größte Entfesselungskünstler aller Zeiten" im Museum für Unterhaltungskunst – www.bezirksmuseum.at/muk

filmt.), Weird Tales und Detective Tales, die sich zu diesem Zeitpunkt nicht sehr gut verkauften.

Houdini war am Höhepunkt seiner Popularität und so kontaktierte Henneberger Houdini, um ihm eine Zusammenarbeit vorzuschlagen. Houdini war immer an neuen Werbemöglichkeiten interessiert und die ungeheure Popularität dieser Heftserie war ihm nicht unbekannt. Houdini lieferte Material für zwei Kurzgeschichten und eine Kolumne ab. Die Kolumne ‚Ask Houdini' (Fragen Sie Houdini) erscheint in der März-, April-, und in der Mai-/Juni-/Juli- Ausgabe von 1924.

In der März-Ausgabe wird der erste Teil der Geschichte „The Spirit Fakers of Hermannstadt" abgedruckt und in der April-Ausgabe 1924 beendet. In dieser Ausgabe erscheint auch „The Hoax of the Spirit Lover". Wer als Ghostwriter für diese beiden Geschichten und die Kolumne verantwortlich war, ist nicht mehr feststellbar.

Houdini hatte noch eine Idee für eine phantastische, versponnene Geschichte über seine Erlebnisse bei den Pyramiden von Gizeh/Ägypten. (Houdini machte hier Zwischenstation bei seiner Reise nach Australien, Tournee 1910.) Die Grundidee war, dass Angehörige eines alten, geheimnisvollen Kultes ihn entführten und gefesselt in einer Grabkammer, unter einem dieser Artefakte, einsperrten. Mit Hilfe seiner Kenntnisse der Entfesselungskunst kann er dann fliehen und die mystischen Verschwörer ihrer gerechten Strafe zuführen. Henneberger möchte aus dieser Story mehr machen und sieht sich nach einem guten Ghostwriter für Houdini um. Henneberger entschied sich dann für Howard Philipp Lovecraft, (20. August 1890 Providence-Rhode Island bis 15. März 1937 Providence) einen Einzelgänger und Sonderling, Schreiber von Horrorstorys mit einem morbidem Pantheon schrecklicher alter die Welt bedrohender Wesen und Götter aus anderen Dimensionen. (Einige dieser Geschichten wurden großartig vom österreichischen Autor H. C. Artmann ins Deutsche übersetzt.)

Lovecraft verarbeitete die Grundidee für die Story des Entfesselungskünstlers in eine spannende Erzählung in „Ichform". Lovecraft und Houdini sollten zuerst als Autorenduo genannt werden, da das Manuskript aber in der „Ichform" gehalten war, wurde nur Houdini als Autor genannt. Lovecraft bekommt für diese Auftragsarbeit 100.- Dollar, womit alle seine Rechte abgegolten waren.

Lovecraft schrieb das Manuskript wie immer mit der Hand, erst nach Fertigstellung dann mit der Schreibmaschine. Am Sonntag, den 2. März 1924 fuhr er nach New York, da er vorhatte, in der kommenden Woche zu heiraten. Zuvor musste er auch das Manuskript beim Verlag abliefern. Er war zu früh am Bahnhof und während der Wartezeit schlief er ein, letztendlich musste er laufend den Zug besteigen. In New York stellte er fest, dass er das Manuskript verloren hatte. Als penibler Mensch hatte er auch das handschriftliche Manuskript bei sich, was sich als Glücksfall erwies. Am 3. März schaltete Lovecraft im „Providence Journal" eine Suchanzeige („Verlorenes Manuskript, Titel: „Under the Pyramids", verloren Sonntagnachmittag am Bahnhof. Bitte an H. P. Lovecraft, 259 Parkside Ave., Brooklyn, New York schicken". Da er nichts über einen Finderlohn schrieb, ist es nicht verwunderlich, dass sich kein Finder meldete.), allerdings wird das Manuskript nie aufgefunden.

In New York verbrachte er die Nacht in der Wohnung von Sonia Haft Greene (seine zukünftige Gattin, sie führte ein kleines Hutgeschäft in New York und wohnte 259 Parkside Avenue/ Brooklyn), Miss Tucker (Bekannte von Sonia und Herausgeberin des Magazins „Reading Lamp") fungierte dabei als Anstandsdame. Montags fuhr er in die Redaktion der „Reading Lamp", wo Miss Tucker das Manuskript für den vergesslichen Literaten mit der Maschine schreiben ließ. Er musste zwischendurch die Redaktion verlassen, da er sich mit Sonia wegen der Heiratserlaubnis und dem Kauf der Trauringe treffen wollte.

Das Manuskript wurde noch rechtzeitig abgeliefert und erschien im Weird Tales Magazin Mai/Juni/Juli 1924 mit dem Titel „Imprisoned with the Pharaos" („Gefangen bei den Pharaonen" erschienen „In der Gruft" – Suhrkamp TB 779/1982) und kam bei den Lesern sehr gut an. Die Geschichte war auch unter Lovecrafts Arbeitstitel „Under the Pyramids" bekannt. Lange nach dem Tod von Lovecraft wurde erst bekannt, dass Lovecraft der Autor dieser Geschichte war.

Auch die von Houdini veröffentlichten Bücher, Artikel in Zeitungen oder Magazinen stammten von Ghostwritern. Zu Lebzeiten von Lovecraft erschien nur ein Buch und mehrere Geschichten seiner orgiastisch-perfiden Horrorstorys im Handel. Lange nach seinem Tod wurde er allerdings in den USA zum Kultautor und brachte den Verwaltern seiner literarischen Hinterlassenschaft Millionen ein (einige seiner Geschichten wurden auch sehr beklemmend filmisch umgesetzt).

In dieser Zeit entstand auch ein neues Poster „Buried Alive!", Houdini liegt gefesselt in einem Sarkophag vor der Sphinx von Gizeh. Unter dem groß geschriebenen Namen von Houdini steht noch: „The greatest Necromancer of the Age – perhaps of all Times – The Literary Digest".

Lovecraft lebte mit seiner Gattin in Brooklyn, er arbeitete als Ghostwriter für Möchtegern-Autoren, die professionelle Hilfe benötigten. Auch Houdini griff gerne auf seine Dienste zurück und übergab ihm diverse Schreibarbeiten für Veröffentlichungen. Am 15. Jänner 1925 lud Houdini ihn zu seiner Vorstellung ins New Yorker Hippodrome ein. Houdini traf sich einige Tage später mit dem Autor, da er die Idee für ein neues Buch über Aberglauben und betrügerische Medien hat, mit dem Arbeitstitel „The

Sonderausstellung im Museum für Unterhaltungskunst – Vitrine mit Houdini Memorabilien

Cancer of Superstition". Houdini brachte ihm Bücher und Manuskripte zu diesem Thema, damit er sich einarbeiten kann. Clifford Eddy (er war der US-Tourneeagent von Houdini) schrieb auch ein Kapitel für dieses Manuskript. Vor der Fertigstellung des Buches starb Houdini auf seiner Tournee. Lovecraft suchte einen Verleger, hatte aber kein Glück. Lovecraft bewunderte den Verstand und das Auftreten von Houdini, den er für einen gebildeten Gentlemen hielt. Dass Houdini sich aber als Zauberer und Entfesselungskünstler öffentlich produzierte, stieß ihn ab.

Nach dem Tod von Lovecraft im März 1937 wird „Imprisoned with the Pharaos" in der Juni/Juli-Ausgabe von Weird Tales noch einmal veröffentlicht. Auch jetzt wird nur Houdini als Autor angegeben.

Quellen

- Archiv des Instituts Kadotheum – Wien
- Archiv des Museums für Unterhaltungskunst – Wien
- Archiv des Autors Robert Kaldy-Karo
- Archiv Alfred S. Cermak

Dieser Artikel erschien in geänderter Form in folgenden Publikationen:

- Circus, Gestern- und Heute (Fachmagazin des Österreichischen Circusmuseums) 1984
- Innovator (Fachmagazin des 1. Wiener Zaubertheaters) 1985
- Magie (Fachmagazin des Magischen Zirkels von Deutschland) 1991

Am Ende dieser Erzählung möchte ich meinem Helfer, Hr. Alfred S. Cermak, für seine tatkräftige Forschung in den Bibliotheken (auch der von Babel) danken.

Großen Dank auch an Mag. Andreas Swatosch, der bei der Fertigstellung des Manuskriptes maßgeblich beteiligt war.

Robert Kaldy – Karo

Museumsleiter des Museums für Unterhaltungskunst
Vorstand Institut Kadotheum – Wien
Direktor des 1. Wiener Zaubertheaters

Gedanken der Liebe

Diese Geschichte wurde von Menschen diktiert, welche die Erde nicht mehr mit ihrem physischen Körper bewohnen. Es handelt sich um Wesen, die hier gelebt haben und interessiert sind, diese Welt von Unglück bringenden Gedankenformen zu befreien.

In unserer Gesellschaft werden andere Gedanken verwendet als in der Welt der Geister. Unsere Sprache ist nicht mehr zeitgemäß. Wir sprechen über den Tod, als wäre er vorhanden. Wir sprechen über die Liebe, als wäre sie nicht beherrschbar und über Gedanken als wären sie nichts. Das alles führt zu deutlichen Missverständnissen, welche aufzuklären das Allerwichtigste ist. *Alle Lebensregeln sind zuerst gedacht worden, bevor man erkannte, wohin sie führen.* Unsere Gesellschaft ist durch Gedanken entstanden. Die Besten davon sind mit guten Gefühlen verbunden und diese beschreiben unser Ureigenstes. Dieses ICH ist nicht durch andere Personen ersetzbar. Es ist das Besondere, das nur wir selbst besitzen.

Funktion und Kraft von Gedanken

Wir befinden uns mitten in einer Gedankensage, die kein Ende hat. Sie ist aktueller denn je und beschäftigt sich mit der Kraft und der Auswirkung von Gedanken. Diese ewigen Mächte sind für uns Menschen wichtig. Ungeheure Kräfte, die keine Schranken kennen, werden frei, denken wir entsprechend. – Wir, die Urheber der Besonderheiten, die wir Schicksal nennen. Wir sind die Gründer unserer eigenen Welt. Ein Zusammenspiel von Ursache und Wirkung begleitet uns durchs Leben – und wir lernen dabei. Vom Kleinkind bis zum Greis werden wir von Gedanken geleitet, die je nach Beschaffenheit entsprechende Ereignisse mit sich bringen. Beobachtet man laufend Gedachtes, so ist zu erahnen, was die Zukunft bringt.

Jederzeit ist es möglich, beste Gedanken erfolgreich dort einzusetzen, wo wir glücklich sein möchten. Gemeinsam Gedachtes realisiert sich schneller. Die gesamte Erde ist gedacht, glückliche Menschen zu beherbergen und wir haben die Aufgabe, unsere Gedanken danach auszurichten. Unser Körper reagiert entsprechend und lässt uns großartig leben. Die Gedankenwelt in ihrer Gesamtheit übt Macht über uns alle aus und lässt uns Schicksalsschläge verkraften, um immer wieder glückliche Stunden hervorgezaubert zu bekommen.

Wir denken, um Visionen von Glück und Frieden Wirklichkeit werden zu lassen. (Lange Zeit begriff ich nicht, wozu es Visionen und Träume gibt. Diese kann man ablehnen oder auch annehmen und genießen.) Als Unterstützung für verschiedene Lebenssituationen erhalten wir sie. Hinweise aus einem Traum sind zum Beispiel großartige Hilfsmittel, wenn man sie verstanden hat.

Unsere Ahnen haben vor uns gedacht. Sie haben unsere Gefühle erkannt und respektiert. Sämtliche Grundvoraussetzungen für ein glückliches Leben stammen von ihnen. Sie brachten Gedanken hervor, welche uns in guten Lebensphasen zusätzliche Unterstützung sind. Sie würden jederzeit eine Verbesserung denken, sollten wir in Schwierigkeiten geraten. Probleme, die wir hatten, sind bereits auf diesem Weg gelöst worden. *Wir erreichen etwas, indem wir uns nicht über Schranken hinwegsetzen, sondern Vorhandenes umgehen.* Daher sollte man Wünsche, die man hat, intensiv denken, niemals aber den Weg, wie sie sich erfüllen. Trotzdem malte ich mir Wege aus, welche ich zu gehen gedachte:

Wundervolle Gedankenfahrten geleiteten mich über steilste Pfade. Ich wusste: Mit meinen Geistgefährten (diesen, welche ihren menschlichen Körper bereits abgegeben hatten, und mit denen ich zu kommunizieren im Stande bin) ist alles möglich! Ich wünschte, meine Kinder von den gedanklichen Fähigkeiten überzeugen zu können. Viele meiner Freunde sind bereits in der Lage, sich selbst und anderen auf die beschriebene Art helfen zu können.

Was ich noch von den Geistern lernte

„Zu unserer Zeit, als wir noch die Erde bevölkerten", meinten „meine" Geister, „hatten wir wunderbare Gedanken aufgenommen. Jedoch wir hatten die damals unkontrollierten Formen nicht richtig gedacht. Außerdem waren wir zu sehr mit Dingen, die uns gar nichts angehen, beschäftigt." Ich konnte erkennen, was gemeint war: Früher schlug ich mich ständig mit den Problemen Anderer herum, anstatt meine eigenen Möglichkeiten zu nützen. Inzwischen aber wusste ich, dass fremde Personen niemals zu meinen eigenen werden dürfen. *Ein Problem ist immer etwas Negatives, womit ich heute nichts mehr zu tun haben möchte.*

Alles, was ich denke, wird von meinen geistigen Helfern genau überprüft. Verständnis für meine Gepflogenheiten, die ich lieb gewonnen habe, ist die Voraussetzung. Ich habe absolutes Vertrauen in ihre Ratschläge, und niemals hatte ich erwartet, dass sie Böses mit mir vorhaben könnten. Daher würde ich glücklich bleiben, solange ich auf den Stufen der Erde wandeln würde, versprach man mir.

„Wir hatten darum gebetet, gemeinsam Gedanken produzieren zu können. Endlich haben wir es geschafft!" Ich selbst hatte anfänglich davon nichts bemerkt – ich fühlte allein die Nähe meiner Lieben. Mit unglaublicher Ausdauer ist es ihnen gelungen, unsere Gemeinsamkeit auf ein Niveau zu bringen, welches nun für alle Beteiligten großartig ist.

Unser Körper wird von Gedanken geführt und gelenkt. Er wurde erdacht, um zu gehorchen, und er tat schon immer, was ihm Gedanken befahlen. Er lernte, was man ihm zuführt zu verwenden. Dieser Körper soll uns nicht enttäuschen, und so füttern wir ihn mit Gedanken bester Sorte. Wir möchten nicht altern, sondern gesund bleiben und uns selbst glücklichen Stunden hingeben. Meine Helfer hatten mir bewusst gemacht, wie wichtig es ist, diesen Körper pfleglich zu behandeln und ihn zu lieben.

Daher sollte jeder seine Gesundheit ausreichend schützen. Das geschieht, indem wir denken, nie krank zu werden, und indem wir Krankheit verursachende Gedanken nicht annehmen. Wir brauchen Krankheiten nicht zu akzeptieren (wir denken, dass sie nicht zu unserem Körper gehören). Ist es jedoch einmal passiert, dass wir von einer Krankheit beherrscht worden sind, dann jagen wir sie davon, indem wir denken, dass sie niemals zu uns gehört hat, und dass wir damit nichts zu tun haben möchten. Anschließend denken wir ein „DANKE", dass unser Körper gesund geblieben ist. Sollen wir dann etwas spüren, so ist es sicher nicht diese Krankheit, denn diese ist nicht mehr existent. So und nicht anders sollte gedacht werden! Eventuell vorhanden gewesene Symptome werden wegbleiben und wir sind gesund. Dennoch könnte die Krankheit zurückkommen, wenn wir an sie denken und diese Gedanken nicht sofort ablegen. *Darum ist es unzulässig, darüber zu reden.* Mitleidheischende Menschen möchten nicht gesund sein. Jeder aber hat die Möglichkeit, etwas abzulehnen oder anzunehmen – ganz wie es ihm behagt. Alles basiert auf gedanklicher Ebene und ist so leicht, wie ein Auto zu lenken.

Wie ich mein Idealgewicht erhielt

Genauso ist es mit dem Körpergewicht. Meine geistigen Freunde rieten: „Denk dir ein schlankes Körpergefühl. Dann denkst du täglich: Ich habe 57 Kilo. Mehr brauche ich nicht. In diesem Gewicht ist enthalten, was ich zum gesunden Leben benötige. Das möchte ich! Meine Verdauung funktioniert großartig, so dass ich in ganz kurzer Zeit mein Wunschgewicht erreicht habe." Das sind die geheimnisvollen Sätze um sein Idealgewicht zu erreichen, ohne zu hungern.

Mit einem Mal verspürte ich kaum noch Hunger. Ich aß mit Appetit, aber deutlich weniger, als ich in den letzten Jahren so hinunterwürgte. Manchmal – beim Essen – bemerkte ich den Gedanken: „Jetzt ist es aber genug!" Sofort wurde mir klar, dass ich wirklich genug hatte, und beendete folgsam meine Mahlzeit. Unterstützung dabei bot mir ein Hochzeitsfoto, auf dem ich rank und schlank war. Ich stellte es in meiner Küche auf und dachte: „So sehe ich aus!" Es dauerte nicht lange, und die engen Jeans von früher passten wieder.

Geschöpfe Gottes

Renate Kargl

Alle Geschöpfe Gottes sind liebenswert. Gute Menschen zu lieben ist nicht schwer, und solche die anders denken, werden nicht bei uns sein. Diejenigen, die schlechte Gedanken mit sich tragen, müssen eben aus ihren Fehlern lernen. Zorn und Hass sollten immer durch Liebe ersetzt werden.

Man sollte die Möglichkeiten nützen, um hier zu sein auf dieser Erde, um zu leben, zu lachen und wunderbare Arbeiten zu vollbringen. Begleitet von fröhlichen Gedanken sollte man seine Kinder groß ziehen und ihnen beibringen, was das Leben lebenswert macht. Fröhlichkeit ist ansteckend und man kann sie nicht übertreiben. Fröhliche Menschen sind leistungsfähig und nur selten übermüdet. Übrigens – Liebe macht fröhlich!

Allen Menschen sind bereits im pränatalen (vorgeburtlichen) Stadium gedankliche Grundlagen gegeben. Kleinkinder wissen bereits Bescheid, was sie bewirken können. Daher sollten wir unseren Kindern die Regeln des Lebens so früh wie möglich bewusst machen. Glückliche Erdenbewohner wären die Folge davon. Kinder, die entsprechend erzogen werden, erkranken nicht und sind glücklich. Durch sie wird die Erde bessere Zeiten erleben und sich großartig weiterentwickeln. Erzählt euren Kindern fantastische Märchen, um ihre positiven Gedankenquellen aktiv zu halten.

Eine Gedankenfantasie für Kinder und andere Junggebliebene

Um zu veranschaulichen, was ein schlechter Gedanke anzurichten vermag beziehungsweise was gemeinsam Gedachtes bewirkt, entstand folgendes Märchen:

Es gab ein Fest für alle, die noch nie gelacht haben. In eindrucksvollen Gedankenmaschinen brannten Lampions, um die Menschen fröhlich zu stimmen. Große und kleine Gedanken lachten von den Wänden herunter. Manche waren ganz schön frech. Jene, welche beisammen sein wollten, vergnügten sich miteinander. Manche saßen in kuscheligen Nischen und waren lieb zueinander. Gegenseitig dachten sie sich die schönsten Dinge aus. Plötzlich passierte es: Jemand dachte das Wort: Unordnung. Zunehmende Unruhe kam unter die Gäste. In einer Art Wirbelsturm geriet das ganze Gebäude ins Wanken. Verankerungen rissen auseinander, bis schließlich alles in sich zusammenbrach. Die Umgebung war verwüstet. Es war das Werk eines einzigen negativen Gedankens.

Gute Gedanken überstanden das Chaos, rotteten sich sofort zusammen und dachten das Allerbeste. Wie durch Geisterhände schien plötzlich alles wieder ins Lot gekommen zu sein. Es konnte weitergefeiert werden, als ob nichts geschehen wäre. Es wurde spät. Letzte Gäste setzten dieses Fest mit zauberhaften Gedanken fort.

Gedachte Erzählungen aus dem Jenseits sollen Fantasien und geistreiche Gedanken von uns Menschen beflügeln. Die dadurch frei werdende Macht ist enorm. Sie führt oft zu unvorhersehbaren Geschehnissen. Es ist der einzelne Gedanke, der die Fantasie beherrscht. Er ist für Segen oder Fluch verantwortlich.

Renate Kargl

Unsere Gedankenquelle ist für die eigene Familie zuständig. Wir wissen von der Ähnlichkeit der Gedanken vieler Menschen, jedoch jeder hat seinen Glauben und eigene Gefühle. Jeder Mensch ist ein Spezialist für sich selbst, und in seinem tiefsten Inneren stecken Gedanken, welche ihm in jeder Situation helfen können. Genau diese gilt es hervorzuholen und zu benützen.

Was uns Geister über die Zukunft der Erde mitteilen

Für Interessierte schreibe ich nieder, was unsere geistigen Helfer Tröstliches mitteilten: „Um allen Menschen hilfreich zu sein, erwarten wir den Frieden auf dieser schönen Welt. Um mit Gott eins zu werden, haben wir alles gedacht. Und um die Erde zu retten, machen wir uns auf den Weg, das Beste zu ersinnen. Wir haben viele Möglichkeiten, uns in diesem Leben zu entfalten und für die Zukunft der Menschheit tätig zu sein. Wenn wir die Gebote, die uns zur Verfügung stehen, beachten, werden wir alles im Sinne der Schöpfung regeln, und unsere Umwelt wird es uns danken. Die Erde war einstmals gesund. Der Mensch aber hat vieles getan, um sie zu verletzen. Das wird sich ändern. Es hat sich bereits gezeigt, dass sämtliches Übermaß nicht mehr vorhanden ist, und die uns zur Verfügung stehenden Ressourcen geschrumpft sind. Es wurden aber bereits neue Möglichkeiten gefunden, um die gesunde Ernährung der Menschen zu gewährleisten. Wenn wir uns darauf konzentrieren, neues Gedankengut dahingehend zu investieren, dass niemand mehr hungert, dann haben wir schon viel gewonnen. Anstatt furchtbare Waffen zu erzeugen, werden die Menschen auf dem Sektor der Ernährung zu tun haben. Es gibt bereits Anzeichen dafür, dass wir Hilfe bekommen, um nicht die Erde durch Kriege zu zerstören. Zum Vorteil für unseren Planeten hat sich in unseren Köpfen bereits manches entwickelt. Vieles ist in Vorbereitung. Es handelt sich um Geschehnisse, welche von unübersehbarer Bedeutung für alle Erdenbewohner sein werden. Damit haben wir bereits geschaffen, was in naher Zukunft Realität wird. Wir haben alles getan, damit niemand hungern oder Angst haben muss."

Kathy B.

Ich werde nicht schlau aus den Männern

„Weißt du, wer dran ist?" Ich zählte etliche Namen auf, ehe ich den richtigen erwischte. „Mit dir habe ich jetzt nicht gerechnet." Erst vor wenigen Tagen hatte er sich gemeldet: „Ich habe lange hin und her überlegt, ob ich dich anrufe. Wir haben uns schon eine Ewigkeit nicht mehr gesehen. Erinnere dich mal an die alten Zeiten. Früher haben wir uns doch auch schon gut verstanden, oder?" „Natürlich." Mir fiel wirklich nichts Nachteiliges ein. „Ist dir mein Anruf unangenehm?", fragte er nach. „Nein. Es ist schön, mal jemanden aus seiner Heimat wieder zu hören. Aber, wie bist du an meine Nummer gekommen?" „Darf ich eigentlich nicht verraten." Im Endeffekt gab er sein Geheimnis trotzdem preis.

Wir plauderten über alles Mögliche. Tat mir ja auch leid, dass seine Frau nach sechzehnjähriger Beziehung abgehauen war. So ist nun mal das Leben. „Mit dir konnte man früher schon so schön quatschen. Du bist noch ganz die Alte." „Ja, alt bin ich auch geworden", fügte ich ein. „Das glaube ich dir nicht. Du müsstest doch zwei Jahre jünger sein als ich." Dieses Geschleime. Ich habe doch keine Probleme mit meinem Alter. Es ist wie mit Geld. Entweder man hat es oder man hat es nicht. „Was? Da bist du doch mein Jahrgang. Das hätte ich nicht gedacht." Die erste Hürde war genommen. Sein Ego gestärkt. Und weiter ging es.

Es tat mir wiederum leid, dass ich nach einer Stunde seinen Redefluss unterbrechen musste. „Du. Wir haben noch nicht zu Abend gegessen. Mein Mann ist Diabetiker, und da muss ich schon ein bisschen die Zeiten einhalten." „Da kenne ich auch jemanden." Und wieder waren wir mitten im Gespräch. Es störte genauso wenig, dass ich mir Sorgen um seine Handyrechnung machte. Von nichts kommt eben nichts. Am Anfang muss man immer investieren.

Vielleicht hatte ich es nicht deutlich genug rüber gebracht, dass mein Umzug mit meinem jetzigen Partner zu tun hatte. Wahrscheinlich ist die Übertragung der Informationen über zwei Ohren an eine funktionierende männliche Gehirnhälfte komplizierter, als ich es dachte. Wie packe ich nun die Sache am dümmsten an? Ich hörte erst mal geduldig zu und hörte auch heraus, dass er sich vorher Mut antrinken musste. Der arme Kerl! Und wieder einer, der durch mich dem Alkohol verfällt.

Das war ein Grund mit, warum meine Ehe in die Brüche ging. Mein Ex hatte mich zehn Jahre lang genauestens studiert. Starke Leistung. Ich brachte es nur auf zwei zusätzliche Jahre wegen des Abiturs. Und danach war ich noch nicht mal in der Lage, meine Nachbarn zu erkennen. Fünf Jahre wohnte er bereits neben mir und hoffte eisern auf den Tag X. Seine Mühe wurde belohnt. Bei unserer ersten Konversation entschuldigte ich mich. „Tut mir leid. Du bist mir wirklich nicht aufgefallen."

Und wäre es auch mal so geblieben! Damit hatte auch er sich keinen Gefallen getan. Ich war sein Idol. Ungewollterweise war ich auf dem obersten Treppchen gelandet und als Folge, unerreichbar für ihn geworden. Der anfängliche Stolz, mit dem er mich der Öffentlichkeit präsentierte, schlug bald in Frust um.

In meinem Kopf überschlugen sich die Gedanken. Wie oft unterstellte mir irgendjemand: „Du kennst mich wohl nicht mehr?" „Wie kommst du denn darauf?" „Na, ich bin gestern an dir vorbei gelaufen." „Tut mir leid. Ich habe dich wirklich nicht gesehen." Ich schaute mehr oder weniger durch alles und jeden durch. Gedanklich bereitete ich meine nächsten Handgriffe vor. Ich war immer schon einen Schritt weiter. Schleichend entwickelte ich mich zum Workaholic, während er seine krankhafte Eifersucht in anderen Dingen zu ertrinken versuchte. Wie schon gesagt, ich bekam die Blicke anderer am allerwenigsten mit. Aber er registrierte sie dafür umso mehr.

Im tiefsten Inneren war meine Trennung schon lange vollzogen. Es haperte an der Umsetzung. Der Geist war willig, das Fleisch zu schwach. Mein Körper teilte mir jetzt mit, dass es so nicht weiter ging. Ich wollte nicht hören.

Jetzt haderte ich erst recht mit mir als Frau. Ich war doch alles andere nach dieser Total-OP. Und noch mit dieser Perücke. Ein Geschenk der Kasse für die Chemo. Nett, nicht wahr? Nein, ein paar Mark musste ich schon noch beisteuern. Jedenfalls hätte ich nie vermutet, dass mich da auch noch jemand ansieht.

Die Hintergründe einer Kur sind verschieden. Ich jedenfalls wollte mich wieder auf Vordermann bringen, „Fit for fun and for work". Genau in dieser Reihenfolge trat es ein. Diesem gut aussehenden Mann war ich als Frau aufgefallen. Und da ich hier genügend Zeit hatte, bemerkte ich das wiederum. Aber wie kam er dazu, mich anzusprechen. Ich verstand die Welt nicht mehr. Gut, einmal kann man das entschuldigen. Jeder macht Fehler. Es war nur leider nicht der einzige Kerl, dem das passierte. Einer war sogar ganz verrückt. Selbst, als er mich ohne Kunsthaar sah, empfand er noch etwas für mich. War er zu eitel für eine Brille oder hatte er nur auf das falsche Körperende von mir geschaut?

Da tun sich Fragen über Fragen auf. Selbst meine Eltern hatten keine Antwort darauf. Sie freute es, dass ich mit Fünfzehn noch einmal gemeinsam mit ihnen in den Urlaub fuhr. Der Trabi gab den Platz nicht her. Fünf Personen. Mein Bruder wurde kurzerhand zur Oma abgeschoben. Meiner Mutti war klar, dass es das letzte Mal mit ihrer großen Tochter war. Mein Vati machte erst zur Mitte des Urlaubes die Erfahrung, dass es hätte das allerletzte Mal sein können. Jeder ist in seiner Denkweise anders schnell. Und dort überbot er alle Rekorde. Wir hatten einen Abstecher nach Tschechien gemacht. Ich verstand zwar kein Arabisch und mein Englisch war mir vor Aufregung entfallen. Aber dieser Scheich hatte gebildete Leute in seinem Gefolge und machte mir mit deren Hilfe seine Aufwartung. Ich war richtig gerührt. Er hatte leider den falschen Zeitpunkt erwischt. Ich hatte mir nämlich noch keine Gedanken über meinen zukünftigen Mann gemacht, ob es ein jüngerer oder reiferer Herr mit Erfahrung sein sollte. Der hier hatte nun schon etwas graues Haar, war aber sehr höflich. Er gab mir eine kurze Bedenkzeit und ließ sich entschuldigen. Dann wandte er sich an meinen Vati. Wisst Ihr, ich war auf dem völlig verkehrten Trip. Ich hatte mit Trauschein gerechnet. Aber hier ging es um einen Harem. Und so etwas wie mich fehlte diesem Herrn noch in seiner Sammlung. Da hätte mir schon klar sein müssen, was ich als Frau wert war. Dieser Scheich bot eine immense Summe für mich. Nur mit den Kamelen als kleinen Obolus wusste mein Vati nichts anzufangen. Und obendrein war er mit dem Trabi hier. Wir hätten dann den Urlaub lieber abbrechen sollen. Viel los war nicht mehr mit meinen Eltern. Ich war froh, dass ich noch allein zur Toilette durfte.

Wieder daheim, wähnten sie mich in Sicherheit. Das war aber nur für die restlichen Ferien. Sobald die Schule wieder anfing, war ich eh im Internat. Dann konnten sie nur der Dinge harren, die da kamen. Oder auch nicht? Erstmal nicht. Ich war völlig unschuldig. Selbst, als ich am ersten Schultag von meiner allerersten Liebe heimgesucht worden bin, ließ ich mich nur auf einen Kuss ein. Und dieser erste war umwerfend ... Ich stand das ganze Wochenende bei meinen Eltern vor dem Spiegel und hätte mich selber knutschen können. Die Wirkung hielt nicht allzu lange. Mehr oder weniger hatte er es sich selber versaut. Auf den Rest war ich noch nicht erpicht.

Kathy B.

Merkwürdig. Ich dachte, die auf die Penne gingen, hätten Geist. Weit gefehlt. Schon rannte der Nächste mit seiner Kamera hinter mir her, unser ehrenamtlicher Schulfotograf. Dann sollte er es eben tun, wenn es ihn befriedigt.

Außerhalb des Geländes gab es genauso viele Irre. Mein Abi diente einem bestimmten Zweck. Ich hakte bei der Lokalzeitung nach. Siehe da, sie hatten eine Jugendredaktion. Der Pressefotograf, der bei Dienstbesprechungen mit anwesend war, machte einen netten Eindruck. Etwas älter, etwas mollig. Wer denkt da an was Schlechtes, als er mich fragte. Ein paar Fotos in einem Garten, ein paar am Waldrand und einige auf dem Waldweg. Ich wäre fast zu Fall gekommen mit meinen Absatzschuhen. Kavalier wie er war, fing er mich natürlich auf und gestand mir seine Liebe. Gekonnt zog ich mich aus der Affäre. Immerhin hatte ich noch „privaten Musikunterricht". „Also, da müssen wir uns nächste Woche schon etwas eher treffen", sprach ich mit einer Unschuldsmiene. Was er dann die Woche darauf alleine im Wald getrieben hatte? Ich weiß es nicht.

Jahre später, ich hatte eine völlig andere berufliche Laufbahn eingeschlagen, geht die Ladentüre auf, und wer steht da? Dieser Fotograf. Das dicke Gesicht hatte ich nicht vergessen. Er blickte sich ablenkungstechnisch um, wollte natürlich nichts finden, und trat an die Kasse. Und jetzt kam es: „Ich bin der und der, und arbeite für die und die Zeitung. Wenn Sie Interesse hätten, würde ich mal ein paar Probeaufnahmen von Ihnen machen. Ich habe schon so manch eine groß herausgebracht." „Sehr schön, Herr (ich sprach ihn mit seinem Namen an), Ihre Proben hatten Sie bereits vor zehn Jahren." Er lief rot an und war verschwunden.

Irgendwie muss es an meinem Sortiment gelegen haben, Spielwaren. Der eine Vertreter war ganz nett, ein alleinerziehender Vater. Ich sah ein, dass sein kleiner Sohn eine Mutter braucht. Aber so schnell nun auch nicht. Ich war nur kurz im Lager verschwunden, um nach einigen Artikeln zu schauen. Und als ich zurückkam, befand ich mich auch schon in halber Schräglage. Ja, wer kann schon von sich behaupten, einfach mal so in seinem Leben geküsst worden zu sein? Während er sich entschuldigte, musste ich lachen. So etwas gibt es sonst nur im Film.

Kommen wir mal wieder aufs Thema zurück. Der besagte Anruf! Ich erhielt eine Einladung in den Urlaub. Naiv wie ich war, sagte ich noch, dass das wohl bei meinem Mann nicht klappen wird. „Ich hatte eher an dich gedacht." „Ach so. Du alleine. Ich alleine, alles klar." „Warum nicht?" „Man kann es ja mal probieren", rutschte es mir heraus und lachte im nächsten Moment. „Was ist denn?" „Mir fällt da gerade etwas ein." Und ich erzählte ihm von meinen Erfahrungen.

Da ich aus gesundheitlichen Gründen nicht mehr richtig arbeiten kann, beaufsichtigte ich für ein paar Stunden pro Woche die Gäste einer Spielhalle, nur um mal raus und unter Leuten zu sein. Aber was für welche! Ich wurde gnadenlos zugetextet. Sie liebten mich alle. Ich hatte eine Wut, wenn mich mein Partner abholen kam. „Heute war wieder so ein abgebrochener Wurzelzwerg da, keinen Arsch in der Hose, hässlich wie die Nacht. Hat der keinen Spiegel zuhause?" „Schönheit ist relativ. Das sieht eine andere Frau vielleicht ganz anders. Und außerdem kann man es ja mal versuchen", so die Worte meines Mannes.

„Du willst mich doch nicht etwa mit denen vergleichen?", beschwerte sich mein Anrufer. „Natürlich nicht." „Ich habe dich schon früher gemocht. Du bist ein feiner Kerl, und gut siehst du außerdem noch aus." „Das weißt du doch jetzt gar nicht. Wenn ich nun fett wie ein Sechspfundbrot bin und kaum Haare auf dem Kopf habe? Und die Falten sieht man nur nicht, weil ich den BH weglasse.

Aber das macht nichts. Man kann ja das Licht ausschalten und den Kopf zudecken."

Ich muss wirklich langsam einsehen, dass es den Männern nach so einem missglückten Versuch viel schlechter geht als mir.

Und was will ich denn? Selbst im Mittelalter gehe ich noch ab wie warme Semmeln. Das ist doch was, oder? Hoffentlich bleibt es so. Gott erhalte ihnen ihre Triebkraft.

Die Körper und der Geist

Juan war zu Hause angekommen. Bereits an der Eingangstür wurde er stürmisch empfangen, als wäre nie etwas gewesen, von einem Mann, der schon bald Extremes von sich zeigen sollte.

Gustav wusste anschließend nicht mehr, wie er sich aus der Umarmung gelöst hatte, die, nicht frei von den Hintergedanken der vergangenen Tage, sein Bewusstsein einhüllte. Als Juan in der Türe stand, erhob er sich von der Staffelei, nackt bis auf die Unterhose, und eilte ihm entgegen. „Ist er es wirklich?", fragte er sich immer wieder, als die Weichheit seines Mundes, leise zitternd, Juans Wangen begrüßten. Er schloss die Augen bei der Umarmung, seufzte beim Ausatmen, mehrmaliges Schulterklopfen beteuerte Sinnlichkeit, auf die er lange verzichtet hatte.

In der Zeit der Einsamkeit begann Gustav zwei Dinge zu tun, onanieren und malen. Zweimal täglich erreichte er den Höhepunkt mit den gleichen Personen in wechselnder Schmutzigkeit.

Der menschliche Verstand ist so beschaffen, dass er innerlich jeden gewünschten Aspekt der Außenwelt in Form von Bildern darstellen kann. Die Phantasien waren für Gustav eine endlose Spielwiese, auf der er als Maler oder Mann hemmungslos herumtoben konnte und sich selber dem Extremen hingab, dem Feuer, das lodert, und dem Feuer, das wärmt.

Gustavs Kunst jedoch bestand darin, dass er im Gegensatz zu den meisten keinen Unterschied zwischen Vorstellung und Handlung machte. Die Hindernisse des wirklichen Lebens, die eigenen Werte und die Normen der Gesellschaft sorgten bei vielen dafür, dass die Phantasie blieb, wo sie hingehörte, in den Kopf. Nicht so bei Gustav. In einem kurzen Augenblick, gesteuert von der Aufnahmefähigkeit, ganz nahe am Blatt, flossen an der Spitze des Pinsels seine Seele und das Licht.

Wieder war es Nacht, waren weder Juan noch Antonia zu Hause. Wieder umfing ihn Palettengestank. Die geliebten Stifte in der Hand – manchmal sprachen sie Ja, manchmal Nein. Er stellte sich im Slip vor die Staffelei, grinste unrasiert in den Spiegel dahinter. Fand sich schön. Das stundenlange Herumwühlen in Schwermut war vorüber. Das Marineblau fing zu schreien an, eine sexuelle Phantasiewelt baute sich allmählich unter seinem Bürstenpinsel auf.

Gustav skizzierte mit dem Stift den Umriss einer Frau in Leder und Peitsche. Im Gewimmel von Marineblau auf Elfenbeinschwarz, zynischem Gelb auf wenig Rot malten die Farben mit, erfanden und feierten die Phantasien entlang des Stroms der Inspiration. Er zeichnete mit den Fingern nach, was die Augen als schön empfingen, verinnerlichte mit Fühlen seine Phantasiefiguren.

Doch mit dem Öffnen der Phantasie kam die Vergangenheit zurück. Die erdrückten Schreie im Herzen, zwischen den Schenkeln, das immer gleiche Bild, das seine Wut schürte:

Die Löffel, Gabeln, Gläser lagen schon auf dem Abtrocknertisch. Der Lappen wusch unter ihren Händen die Schinkenfetzen vom elektronischen Messer, als Klein Gustav aus der Toilette kam, die Hosen unten, schamlos mit seinem Penis in der Hand spielend.

Nun sind nur noch Erinnerungsfetzen da, aber er weiß, sie hat das Messer auf den Penis gelegt. Der Abwaschschaum lief über das Fleisch. Der Schock überwältigte seine Seele, seinen Geist und Körper, es gab kein Entrinnen, er war wie gelähmt. Er schrie und weinte, aber sie hörte nicht auf, sie nahm das Messer nicht weg. Er hatte Angst, sie würde das Glied abschneiden, dabei war sie seine Mutter. Dann sagte sie, er wäre selbst schuld, er hätte sie mit seiner Nacktheit verführt. Als würde ein siebenjähriges Kind die Lage der Situation, die daraus entstehenden Folgen verstehen. Die Traurigkeit schwieg. Sein Weinen war erst schwach, dann stärker und schließlich ganz verzweifelt. Immer wieder, auch später.

Nun versuchte er, den Filmriss zu reparieren, er malte Bilder für dazwischen. Es war ihm eine Notwendigkeit, mit Bildern für die verworfenen Teile seiner Seele eine Sprache zu finden, um sein Anliegen vor Gott verworten zu können – jener jahrelange Prozess des Sprachfähigwerdens auf den Gott des Lebens hin, der Trost und Liebe schenken soll.

Gustav legte den Pinsel zur Seite, ging ins Badezimmer sich waschen.

Als er duschte, kehrte Juan erneut ins Zimmer zurück, das seinen ehemals kleinbürgerlichen Ordnungssinn verloren hatte. Gegenwärtig war es eine Galerie ohne Hängevorrichtung. Juan suchte auf den herumliegenden Entwürfen, Skizzen, Leinwänden nach Zeichen für das Wesen seines Gastes.

Die Bilder waren keine Rätsel. Sie zeigten dessen Sehnsucht direkt. Vereinende Leiber ohne Gesichter. Eine Manie aufs Körperliche reduziert, ohne Grenzen zwischen den Geschlechtern.

„Wird er versuchen seine Phantasien in die Realität umzusetzen?", fragte sich Juan, als er nahe dem Rucksack mit der Jakobsmuschel eine weitere Rolle liegen sah. Juan streifte den Gummi ab, rollte die Blätter auf. Zum ersten Mal hatte der Akt einen Kopf – das Gesicht des toten Jünglings.

„Also doch." Juan schluckte. „Sie haben sich gekannt. Verdammt noch mal!"

Er sank in sich, aufs Bett, schlug die Hände vor dem Gesicht zusammen: „Gott, nun bin ich ihm ausgeliefert, wenn ich mich irgendwie verrate."

Noch unschlüssig, wie er sich verhalten sollte, rannte er auf die Badezimmertür zu. Die Angstpisse musste raus. Da hörte er eine helle Stimme, die so gar nicht zum Bass des Künstlers passte, sagen:

„Klein Gustav, dein Schwätzchen ist so schön …"

Er stoppte vor der Toilettentüre. Mit Krämpfen im Magen beobachtete Juan durch die halb offene Tür, wie der nass glänzende Gustav sein Spiegelbild liebkoste, mit Küssen auf das Glas des beschlagenen Spiegels. Ein schwacher Abglanz davon blieb eine Zeit lang und erstarb, worauf die helle Stimme aus Gustavs Mund wieder erklang:

„Klein Gustav wird immer mein Junge bleiben", und die Gegenstimme antwortete: „Nein, Mutter, Klein Gustav will jetzt alleine sein. Nein, Mutter, rühre mich nicht wieder an!"

Gustav bedeckte seine Scham, fiel in sich zusammen, stützte sich auf dem Becken ab. Juan wusste nicht, was mehr schmerzte, Gustavs Verrücktheit oder seine Blase. Ohne Vorwarnung stürzte er hinein aufs Klo.

Der Künstler mit dem gespaltenen Geist stand verdattert und nackt vor ihm. Die zerbrechliche Gestalt des gefallenen Engels, der gestreichelt, geschlagen, verletzt worden war. Sein Schein von der starken, unbezwingbaren und mächtigen Männlichkeit war verblasst. Seine Schwäche und die Unsicherheit blieben ebenso kein Geheimnis mehr wie die Spielregeln, nach denen seine Männerseele und Lust funktionierten. Trotz der leiblichen und seelischen Blöße war er für Juan allerdings ein Mann geblieben, der für seine scheinbaren Defizite eine Sprache über das Malen entwickelt hatte. Über die Bilder sprach er mit anderen Menschen.

Das brachte Juans Welt ganz schön durcheinander und auch, dass ihm im Pissen die gemalten, kopulierenden Männerkörper, die Stimmen durch den Kopf gingen. Ein Gefühl der Heimatlosigkeit und Einsamkeit übermannte ihn, stellte seine Identität in Frage. „Definitiv, Gustav spricht eine andere Sprache als ich. Das macht ihn verletzlich", dachte er sich. Er schloss die Klobrille, drehte sich vorsichtig um. Gustav stand immer noch wie angewurzelt nackt am Becken.

Wer definiert, was den Blick nun irritiert? Die Anmut seines sehnigen Körpers, der mehr Ausdruck von Training denn moralischer Vollkommenheit war, strahlte Unschuld aus, die Juan wie ein Peiniger in den Bann zog, um ihn erneut auf den Schauplätzen von Rangordnungskämpfen und Machtverteilung zwischen Männern zu erobern.

Die Seite des Voyeurs wechselte erst, als Juan mit der Hand durchs Badewasser strich, die Temperatur maß, aus seinen Kleidern stieg, aus seiner Körpervergessenheit erwachte. Seine Physis war Ausdruck seines ökonomischen Erfolgs, Zeichen eines erfolgreichen Mannes, der Geld und Zeit für sein Äußeres ausgab. Die breiten Schultern, die gewölbten Muskeln von Armen und Brust, anmutig rund, glatt. Das dunkle Haar um die weinroten Brustwarzen, vorne spitz, den Wunsch nach Babygelüsten wachrufend, das Muskelgewebe der Rippen, der Bauch mit seinen Narben vom Horn des Stieres, der Nabel leicht beschattet mit der beginnenden Haarspur Richtung Hüften, folgend zum dunkelsten Punkt, üppig bewachsen und doch der unendlichen Neugier den Blick freigebend auf die dunkle Männlichkeit.

Der Augenschein von Juans Raubtieranmut im Körper, – unrast im Blick, Leidenschaft im Sinn verwirrte Gustav noch mehr, als Juan in die Wanne stieg und ihm zuwinkte. Gelang ihnen die Gratwanderung zwischen jemanden sexy finden und sich von jemanden sexuell gereizt fühlen? Wer das konnte, konnte „Business" in der Männerarena spielen, die latent homosexuell ist, die Konkurrenz niederringen, das wusste Juan.

Keiner sagte ein Wort, keiner hatte sein Herz auf der Zunge. Der Badeschaum schwamm zwischen den Zehen von einer Seite zur anderen. Juan rubbelte das schäumende Haar mit den Fingern, zickerte, als der Schaum in seine Augen lief und das Brausewasser seine schwarzen Augen freigab.

Es waren die Wechselblicke, die sprachen: Ich bin ein Männerauge, das, wenn die anderen mich nicht mehr sehen wollen, zu dir schaut. Es war der Atem, der hauchte: Ich bin ein Männeratem, und der Atem an meiner Seite soll der eines Mannes sein. Eines Mannes, der sich als Freund würdig erweist, und ihm will ich dienen, wenn sein Wesen meine Tage und Nächte beherrscht, denn nur dann kann mein Herz sein.

Sprache ist wie eine Blume
Ein Essay

Wolfgang Klint

Wenn ihre Wurzeln tief genug begründet sind und weit verzweigt, wenn sie gepflegt und gehegt, wenn sie geliebt wird, kann sie wachsen, blühen und sich entfalten. Sie kann die schönsten Blüten treiben und die Facetten ihrer Blüten können die herrlichsten und unterschiedlichsten Farben und Düfte hervorbringen, welche die Sinne zu betören vermögen, gleich einem Rausch!

Gefühle jeglicher Art können durch die Sprache ausgedrückt werden. Werkzeug der Sprache ist das Wort. Es kann beglücken, trösten, vernichten, vergiften, ja töten!

Worte können das Herz und die Seele zu Tränen rühren und diese Tränen können das Auge der Blume benetzen.

Die Blume in ihrer Schönheit kann auch Sprach-los machen.

Sie kann noch mehr: Sie kann lähmen, betäuben, fangen.

Eine verführerische Venus kann mit ihrem süßen Duft unbemerkt manche leichtgläubige Seele in die Falle locken, für immer, unentrinnbar.

Eine „Venus" anderer Art schleicht in diesen Tagen in unserem Land herum. Sie heißt:

Macht, Gier, Un-Bildung! –

Die Blume in der Bernauer Straße ist schon am 13. August 1961 gestorben, hinter dem Stacheldraht vor einem Fenster in Ost-Berlin.

Die Blüte aber unserer Sprache und unserer Kultur stirbt in diesen Tagen, in unserem Land!

Man kann eine Sprache „reformieren", und damit sie und deren Kultur liquidieren.

Ein Blumengarten kann sich in der freien Natur bestens entfalten. Einschnitte und Begradigungen jedoch sind für die Gesamtheit notwendig und förderlich.

Eine Sprache, auf einem festen, soliden Grund entstanden und gewachsen, sich ständig weiter entwickelnd, ist ein eigenständiges, harmonisches Gebilde. Es strebt ständig und drängend einer Weiterentwicklung zu.

Dieser natürlich verlaufenden, notwendigen Entwicklung stehen bürokratische und politische Kräfte entgegen. Sie verhindern eine Weiterentwicklung der Bildung und Kultur!

S i e veröffentlichen als Erste die negativen Ergebnisse von „PISA", verheimlichen jedoch dabei, dass gerade sie die vorgelegten Tests nicht bestanden hätten.

Zum Teil unfähige, inkompetente Politiker und Bürokraten bestimmen das (kulturelle) Leben eines Volkes. Welch unglaublicher Vorgang!!

Die Sprache darf sich nicht – wie die Blume in der Bernauer Straße – einsperren, unterdrücken oder foltern lassen!

Die Sprache ist wie eine Blume –
sie lebt!

Und sie muss F R E I bleiben! –

Wolfgang Klint

Essay
über das arrogante Gebaren mancher Buch-Verlage Autoren und Lesern gegenüber

Ich möchte meine Bedenken und meine Kritik manchen deutschen Buch-Verlagen gegenüber mit einem persönlichen Erlebnis beschreiben bzw. begründen:

Während der Lektüre eines Buches über eine bedeutende zeitgenössische Geistesgröße, herausgegeben von einem renommierten deutschen Verlag, fielen mir einige recht simple Fehler im Text auf, die an sich von jedem Lektor hätten entdeckt werden müssen.

So heißt es in besagtem Buch z. B.: ... „fruchtbar ..." und wenige Zeilen danach – auf derselben Seite – heißt es plötzlich ... „furchtbar ..."! Es finden sich im gesamten Buch noch mehrere fehlerhafte Stellen. Ich kann nicht glauben, dass ein Buch ohne Durchsicht eines Lektors in den Druck geht!

Ich habe an das Lektorat des betreffenden Verlages geschrieben und auf meine Kritiken hingewiesen.

Bisher erfolgte keinerlei Reaktion. –

Hat ein Verlag möglicherweise nicht die Pflicht der Werk-Treue dem Autor gegenüber (im Buch unübersehbar vorhandene Rechtschreib- oder Stilfehler würden quasi zu Lasten des Autors gehen. Er geriete beim Leser zwangsläufig in Misskredit)?

Letztlich stellt sich mir die Frage, ob dem Verlag sein öffentliches Ansehen, sein Renommee gleichgültig ist?!! ...

Abgesehen von eben Genanntem, zweifle ich an der Sinnhaftigkeit der Verbreitung von „Falschgedrucktem", und dies nicht nur in pädagogischer Hinsicht im „Pisa-Zeitalter". ...

Ich würde es gut finden, wenn die Verlage ohne eigenen Lektor einen Honorar-Lektor beauftragten.

Auf diese Weise könnten die beschriebenen elementaren Fehler unterbunden werden, das Ansehen des Verlages bliebe unbeschädigt und gleichzeitig würden zusätzlich Arbeitsplätze geschaffen!

Stimmung

Auf einer Anhöhe stehend,
die imposante Windmühle
hinter mir wissend, sah ich, wie vor einer
entfernten dunklen Baumreihe
dicke, flauschige Schneeflocken
auf die Erde fielen.
Sie ließen bei mir –
trotz des fahlen Dämmerlichtes –
eine freudige, unbeschwerte Stimmung aufkommen.
Hinter der dunklen Baumreihe sah ich
einen schmalen Streifen des Sees. –

Mir war nach Verinnerlichung.
Die Kirchentür war noch offen.

Wolfgang Klint

Freundschaft!? …

Zwei braune Pferde stehen auf einer Weide,
eng aneinander geschmiegt.
Sie lecken sich gegenseitig die Köpfe und
sind sehr zärtlich zueinander.
Ein anmutiges, nachdenklich stimmendes Bild! –
Können nicht auch die Menschen so sanft
und zärtlich miteinander umgehen?
Warum müssen sie sich gegenseitig
tief verletzen,
die Seele foltern und
grausam verwunden?! …

Die Blume in der Bernauer Straße

Sie stand in voller Blüte, sie wollte leben,
weiter leben, weiter blühen!
Der Stacheldraht vor dem Fenster riss tiefe Wunden
in ihr Fleisch,
sie verblutete und starb,
in der Bernauer Straße.

Die Seherin Elizabeth

Der heftige Regen prasselte donnernd auf die bunt verglaste Scheibe in dem düsteren Gang. Auf den ersten Blick schien er endlos zu sein, aber das mochte Außenstehende nur täuschen. Wahrscheinlich deswegen, weil alle zwei Meter ein Gemälde einer Schlacht zu sehen war. Jedes Porträt zeigte eine andere Szene aus der Kriegsgeschichte der Helduken.

Lord Hadam saß unter so einem Bild. Er kauerte ängstlich auf einer stämmigen Holzbank, mit verschnörkelten Ornamenten an jeder Ecke. Er starrte verzweifelt auf den schachbrettartigen Fußboden aus Marmor und versuchte nicht an das zu denken, was bald passieren könnte.

Plötzlich erschallte ein polterndes Geräusch, so als ob eine Schüssel randvoll mit Wasser zu Boden fallen würde. Hadam sprang in einem Satz auf und blickte angestrengt zu der verschlossenen Eichentür. Er war regungslos und wartete einen Moment in dieser Position. Als kein weiteres Geräusch zu vernehmen war, fing er an, im schummrigen Gang auf und ab zu gehen.

Es donnerte heftig und ein Lichtblitz war durch das Fenster zu sehen, der den – im gedämpften Lichtschein liegenden – Gang für einen Bruchteil von Sekunden hell erleuchtete. Die schwere Eichentür ging einen Spaltbreit auf und daraus erschallte das erbitterte Kreischen eines Neugeborenen.

Helga, die stämmige Hebamme mit streng zurückgekämmtem Haar und einem Kopftuch darüber gewickelt, flüsterte leise zu Lord Hadam: „Es ist soweit, mein Herr, tretet ein." Schnellen Schrittes trat er durch die Tür und erhaschte einen kurzen Blick auf seine Gemahlin Elaine.

Sie lag schweißgebadet in dem riesigen Himmelbett, welches das Hochzeitsgeschenk ihres Gemahls war. Ihr Blick versteifte sich ohne Regung nach oben. Auf der gewölbten Decke waren alle bekannten und noch unbekannten Sternbilder zu erkennen. Es sah aus, als ob man unter einem freien Sternenhimmel schlafen würde.

Elaine wirkte abwesend und erschöpft, so als ob sie für ewig in einen Schlafzustand versetzt sein würde.

„Wie geht es meiner Gemahlin?", fragte Lord Hadam besorgnisvoll.

„Sie hatte eine schwere Geburt. Es wird ihr noch einige Tage schlecht gehen, aber sie wird sich erholen. Sie braucht jetzt viel Ruhe und Schlaf", meinte die Hebamme besänftigend.

„Sie wird es also überleben?", fragte Lord Hadam.

„Ja. Aber da ist etwas, das ich Ihnen leider mitteilen muss", meinte Helga, den Blick leidvoll zu Boden gerichtet.

„Was? Was ist es? Sag es mir!" Er packte Helga bei den Schultern und schüttelte sie heftig.

„Dem Kind geht es gut, mein Herr. Es wird aber das einzige leibliche Kind Eurer lieben Gemahlin bleiben. Sie kann keine mehr gebären."

Hadam ließ von ihr ab und blickte entrüstet zu Boden. „So ist dieses Kind unsere einzige überlebende Hoffnung."

„Ja, mein Herr."

Er drehte sich wieder zu Helga um und blickte ihr versteinert in die Augen. Sein Blick bohrte sich in ihre Seele, als er fragte: „Und du bist sicher, dass es überleben wird? Ist es gesund? Ist es verkrüppelt?"

„Mein Herr, ich habe mit besten Kräften getan, was man – bei so einer schweren Geburt – nur tun kann. Und ich kann Ihnen mit meinem Leben versichern, dass Eure Tochter bei bester Gesundheit ist. Aber am besten seht Ihr selbst."

„Meine Tochter?", fragte Hadam ganz verblüfft.

„Ja. Kommt." Helga wies auf den Schaukelstuhl, der neben dem mannshohen Fenster, welches mit dunkelgrünen, schwer fallenden Vorhängen verdeckt war, leicht hin und her wippte.

Darin saß die Amme Sarah, deren Anblick sehr schön war, welche aber fast noch wie ein Kind aussah. Sie hatte schwarz gelockte Haare, die sie hoch gesteckt und unter einer weißen Haube versteckt hatte. Ihr Kleid war aus einem samtigen Grün, mit weißen Ärmelenden und weißem Kragen. Die linke Seite ihres Oberteiles war bis zum Bauch heruntergekrempelt und entblößte eine wohlgeformte, pfirsichgroße Brust, an deren Nippel das Neugeborene gierig saugte.

Hadam trat auf Sarah zu und schaute in ihre mahagonifarbenen Augen.

„Darf ich meine Tochter kurz in den Arm nehmen?"

Sie senkte den Blick und nahm das Mädchen von ihrer Brust. Hastig bedeckte sie sich und streckte ihm das Kind entgegen.

Hadam hielt seine Tochter mit beiden Händen hoch und schaute in das kleine Gesicht. Auf ihrem winzigen Köpfchen hatte sie zerzaustes, schwarzes Haar, eine kleine Stupsnase und leuchtend himmelblaue Augen. Diese musterten Lord Hadam einen Moment lang.

„Ja, das ist meine Tochter!", rief er freudig.

Daraufhin fing das Baby in der Luft zu strampeln und zu quengeln an. Sarah hüpfte hastig auf, um das Kind wieder in ihre Arme zu schließen. Unbeholfen in dieser Situation, händigte Hadam ihr das Kind bereitwillig aus.

Er blickte sich um und fragte: „Wo ist Elizabeth?"

„Hier, mein Herr", kam die Antwort aus der verdunkelten Ecke, links neben dem Kamin. Aus dem Halbdunkel beugte sich eine – in meerblaues Leinen gewickelte – Frau hervor. Sie war an den Armen reich mit Goldreifen bestückt und um den Hals trug sie eine schwere Halskette mit einem Halbsichelanhänger aus purem Gold.

Ihre offenen, gelockten Haare schmiegten sich wie ein Rahmen um ihr makelloses Gesicht. Im Schein des Kaminfeuers schimmerte ihre Haarpracht leicht rötlich. Mit ihrem fesselnden Blick, der leuchtend grüne Augen erkennen ließ, stand sie geschmeidig auf und sagte in einem herrischen Tonfall: „Legt das Kind auf den runden Tisch."

Sarah tat, wie ihr geheißen und trat zurück. Elizabeth schritt langsam auf den Tisch zu und beugte sich über das Mädchen. Lord Hadam trat an ihre Seite und lauschte gespannt ihren Worten.

„Wie die Hebamme schon sagte, stellt Euch darauf ein, dass dies Euer einziges Kind sein wird."

Das Neugeborene zappelte auf dem Tisch mit Händen und Füßen und sah aufgeregt auf die Frau über ihm, die mit ihren übermäßigen Schmuckstücken zu glitzern schien.

„Es wird das Kind sein, auf das wir alle so sehnsüchtig gewartet haben. Sie wird die letzte Hoffnung aller Völker Glaesarias sein. Ihr sollt ihr den Namen Erya geben, der *Stern der Hoffnung.*"

Lord Hadam klatschte die Hände zusammen und rief aus: „Endlich ist uns das Schicksal gnädig gesinnt. Wir haben jetzt die Möglichkeit bekommen, den König zu besänftigen. Wir alle sind somit gerettet!"

„Wiegt euch nicht in grenzenloser Sicherheit, mein Lord. Es ist mit Vorsicht zu genießen. Einigen Stämmen wird dieses Schicksal nicht gefallen, denn es bedeutet Sklaverei. König Maláchat wird damit nicht nur besänftigt, er verbindet sich somit auch für ewig mit unserem Volk, und wird so auch mehr Macht und Ansehen bekommen. Und die ersehnte Freiheit wird den Völkern von Glaesaria für immer verwehrt bleiben."

Hadam wurde zornig und fuhr die ernste Frau neben sich schroff an: „Was fällt dir ein, solche Dinge zu sagen! Das ist Ketzerei, das weißt du genau! Es ist unsere einzige Möglichkeit, um endlich in Frieden zu leben. Meine

Tochter ist König Maláchat versprochen. Ich habe es ihm selbst geschworen, als er kurz davor war, mir den Schädel zu spalten. Sie wird ihm gegeben. Jetzt verschwinde, ich will deine Belehrungen nicht mehr hören! Raus mit dir!"

„Ihr wisst ja gar nicht, wie die Völker leiden! Ihr werdet uns alle noch in den Untergang stürzen! Sklaverei?! Das nennt Ihr Frieden und Freiheit? Ich sage Euch, Ihr könnt dieses Kind noch so nach Eurem Willen erziehen, Erya wird ihren eigenen Kopf haben und sie wird uns zur wirklichen Freiheit führen!", herrschte Elizabeth den Lord an, drehte sich um und ging eiligen Schrittes aus dem Raum.

Mit einem ohrenbetäubenden Knall fiel die Tür ins Schloss und das Neugeborene fing lauthals an zu schreien. Sarah nahm es vom Tisch, wickelte es in die Laken, setzte sich auf den Schaukelstuhl und fing langsam und besänftigend zu wippen an.

Der Lord ging entmutigt zum Bett, auf dem seine Gemahlin lag, und ließ sich neben ihr auf seine Knie sinken. Flehend, wie ein Bettler, erhob er die Arme und wimmerte seiner Frau zu: „Womit haben wir dieses Schicksal verdient? Sag mir, meine liebe Elaine, wie sollen wir dieses Schicksal nur tragen?"

Mit diesen Worten sank sein Kopf schluchzend auf das Bettlaken neben seiner Gattin. Lady Elaine senkte die Augen von der Decke und drehte den Kopf zu ihrem Gemahl. Benommenen Blickes starrte sie ihn an. Von ihren Wangen kullerten unbändig die Tränen – wie Morgentaue von einem Blatt – hinab.

Später in der Nacht schlich sich die Seherin Elizabeth lautlos wie eine Katze in das Gemach von Lady Elaine. Sie warf einen prüfenden Blick durch den Türspalt. Das Zimmer war leer. Sie schritt hinein, schloss sanft die schwere Eichentür und ging zu dem ausladenden Himmelbett ihr gegenüber.

Sie ließ sich auf der linken Seite des Bettes zu Elaine hinab und wisperte: „Lady Elaine, seid Ihr wach? Seid Ihr bei klarem Verstand?"

Blinzelnd öffnete Elaine ihre – vom Schlaf – schweren Augenlider und sah zu Elizabeth.

„Könnt Ihr mich verstehen, meine Lady?", fragte Elizabeth.

Mit einem kurzen Nicken gab Elaine ihr *Ja* zum Ausdruck.

„Wir haben nur knapp Zeit, also hört mir jetzt gut zu, Elaine", meinte Elizabeth und fuhr fort, „Ihr wisst, welche Zukunft Lord Hadam, Euer Gemahl, für Eure gemeinsame Tochter geplant hat. Ihr könnt es verhindern. Ich habe es gesehen. Ihr könnt das Schicksal aller Völker von Glaesaria noch ändern. Ihr könnt uns alle retten!"

Eine kurze Pause trat ein. Elizabeth horchte, dann fuhr sie fort: „Lord Hadam wird Erya ausbilden lassen, damit sie so stark sein wird wie König Maláchat, damit sie ihm ebenbürtig ist. Lasst diese Zeit verstreichen und kurz vor der Hochzeit erzählt ihr, was ich Euch jetzt sage."

Elaine nickte wieder kurz und lauschte gespannt Elizabeths Worten. „Erya kann mit ihrer Ausbildung in der Kriegskunst und mit der Ausbildung zur Máchestron uns alle retten. Sie soll vor der Hochzeit fliehen und sich auf den Weg zum Erisjhort begeben. Dort wird sie ihr Einhorn, ihr Erin, finden. Ich meine nur *ihr* Erin! Denn jedes Erin ist nur einem Wesen bestimmt. Mit Hilfe des Einhorns kann Erya uns retten. Sie wird stärker sein als König Maláchat und sie wird unsere letzte Hoffnung sein. Danach soll sie zu den Elfen gehen. Sie werden wissen, was zu tun ist. Ich kann im Moment auch nicht mehr tun. Wir müssen abwarten und hoffen. Aber ich bin überzeugt davon, dass Erya dieses Schicksal eher annimmt, als das, welches ihr Vater für sie vorgesehen hat. Sie wird dickköpfig sein, aber sie wird wissen, was das Richtige ist, wenn Ihr Erya von diesem anderen Ausweg erzählen werdet."

Auf Elaines Wangen waren wieder Tränen zu sehen, aber diesmal Tränen der Erleichterung.

„Habt keine Angst, meine Liebe. Die Zeit wird vergehen und dann reif sein für das Schicksal, das uns allen die Freiheit bringt. So, jetzt muss ich gehen, bevor jemand kommt. Erzählt niemanden, dass ich hier war und was ich Euch gesagt habe."

Mit diesen Worten ließ sie Elaine, von all den Strapazen der letzten Stunden erschöpft, zurück.

Genauso leichtfüßig verschwand Elizabeth aus dem Zimmer, wie sie es betreten hatte. Elaine schlummerte, mit einem Ausdruck der Zufriedenheit auf dem Gesicht, sanft in einen tiefen Schlaf.

Aus: Kloiber-Seidl Melanie: ERYA – Stern der Hoffnung.

Autorenverzeichnis

Arturi Jan wurde 1951 in Vohenstrauß, Bayern, geboren. War Lehrer, ist jetzt in Pension. Seine Freizeit verbringt er mit Skifahren, Inline-Skating, Badminton, lesen, Sudoku und im Biergarten. Sein Werk „Tod bei der Blade Night" wird demnächst im novum Verlag erscheinen.

Bartholome, 1951 in Stadtilm, Thüringen, geboren. Ist im Ruhestand. Seine Freizeit widmet er Autos, Motorrädern und dem Lesen.

Bernilia, 1964 in Mühlhausen, Thüringen, geboren. Derzeit arbeitsuchend. Ihre Hobbys sind lesen, schreiben und Pferde.

Best Lieselotte wurde 1959 in dem kleinen nordhessischen Ort Adorf im Kreise Waldeck-Frankenberg geboren. Sie begann schon früh, als 12-Jährige, ihre „Gefühlswelten" zunächst in Liedtexten zu verfassen. Später folgten dann Gedichte und nachdenkliche Texte, sowie themenbezogene Buchtexte. Sie schrieb Jubiläumsreden, Geschichten und Gedichte, die sie auf Anforderung oder zu speziellen Anlässen zunächst nur im Freundes-, Bekannten- und Familienkreis verteilte. In ihren Texten finden Menschen sich selbst oder Erlebtes wieder. Sie nennt ihre Texte noch heute „meine Gedankengänge". Zwischenzeitlich geprägt von großer Reife und Lebenserfahrung wurden ihre Texte aussagekräftiger, tiefsinniger und nachdenklicher. Texte, die Träume und Erlebtes tragen, in einem Wortkostüm verpackt. Sie lebt nunmehr seit 18 Jahren in Süddeutschland am Bodensee.

Bettisch Johann, geboren 1932 in Temeschburg, Rumänien. Von Beruf Schriftsteller. Seine Leidenschaft ist das Schreiben.

Bistricky Jochen R. 1971 in Klagenfurt geboren. Nach einer Karriere als Turniertänzer, Ausbildung zum staatl. Trainer für Tanzsport. Gründung und Aufbau mehrerer Tanzstudios in Kärnten.
Philosophie: Der Tanz als Schritt zu sich selbst.
Wunsch: Die Menschen mit Bewegung und Worten zu berühren.

Boldt Gilda wurde in Hamburg (Deutschland) geboren. Sie schloss ihre Schulzeit mit dem Abitur ab. An der Universität Hamburg studierte sie Biologie und Sport. Gleichzeitig belegte sie während mehrerer Semester Kurse für Bildhauerei an der „Hochschule für Bildende Künste", Lerchenfeld. Beim Hamburger Staat war sie bis zu ihrer Pensionierung als Studienrätin tätig. Gilda Boldt ist verheiratet und hat drei Töchter. Sie lebt in Hamburg und in Griechenland auf der Kykladeninsel Naxos.

Borowski Petra, geboren 1962 in Essen, Deutschland. Neben dem Lesen und Schreiben beschäftigt sie sich mit Hexen-Literatur und -Figuren.

Botticelli Patricia, geboren 1967 in Elmshorn, Deutschland. Sie arbeitet derzeit als Tagesmutter. Ihre Hobbys sind lesen, ins Kino gehen, Gesellschaftsspiele und Ju-Jutsu.

Braun Martin http://erraten.blog.com

Brida Dario wurde 1950 in Bad Gastein, Österreich, geboren. Bisher hat er die Werke „Die Erben des Ägydius, Band 1" und „Die Erben des Ägydius, Band 2" im novum Verlag veröffentlicht.

Bruckner Bernhard wurde 1949 in Linz, Österreich, geboren. Derzeit ist er als Technischer Angestellter in leitender Position beschäftigt. Seine Freizeit nutzt er zum Schreiben, Laufen und Rad fahren.

Bundschuh Ute, geboren 1961 in Ludwigshafen am Rhein, studierte Anglizistik, Germanistik sowie Betriebs- und Erwachsenen-Pädagogik und schloss dieses Studium als Diplom-Pädagogin ab. Nach ihrer Tätigkeit in Industrie und Erwachsenenbildung, u. a. als Dozentin für Rhetorik, führte sie eine eigene Beratungspraxis für Berufs- und Lebensgestaltung. 2003 übersiedelte sie mit Mann und Sohn nach Österreich, wo sie ihrer Berufung als Malerin und Schriftstellerin folgt. Ihre Hobbys sind Klavier spielen, lesen, joggen und Gartenarbeit. Im März 2007 erschien ihr erster Gedichtband „Jeder Gedanke braucht ein Bild."

Danus wurde 1961 in Münchberg, Deutschland, geboren. Sie war immer selbstständig, hat einige Jahre in Südamerika gelebt und ist seit dem Jahr 2000 in Vuvalberg, wo sie sich den Ferienhof „Iris für Hunde" aufgebaut hat. Selbst hat sie auch zwei Hunde. Sie ist also total auf den Hund gekommen.

David Miriam, Kind einer einfachen, kaufmännischen Familie, trat nach der Pflichtschule in die Fußstapfen der Eltern. Doch schon bald tauschte sie ihre Arbeit in einem Wollgeschäft gegen eine Bürotätigkeit. Nach Abendkursen und Anfangsschwierigkeiten, erreichte sie eine „solide Basis". Aus diesem Umfeld, wuchs die Suche nach einer lohnenden Lebensaufgabe. Sie erweckte die Sehnsucht nach der eigenen Quelle. Diese zog die Gnade an, durch die inmitten von aufwühlenden Ereignissen, Prozesse der Hingabe, Heilung und Verwandlung geschahen. Wie aktiv dabei der „Himmel" die Führung übernahm, versetzte ihr „kleines Ich" in Staunen.

Deh Michael, geboren 1932 in Gorna Mitropolia, Bulgarien. Der Autor ist bereits Rentner und widmet seine Zeit nun seinen Hobbys, dem Schreiben, Lesen und der Musik.

Delander Anke erblickte 1977 in der idyllischen Stadt Templin das Licht der Welt. Kurze Zeit später, als sie gerade in die Schule kam, wollte sie unbedingt künstlerisch aktiv sein und ging in den Keramikzirkel.
Im Juli 1998, sie hatte das Abitur in der Tasche, zog sie nach Berlin. Es folgte eine Zeit mit vielen Höhen und Tiefen.
Die junge lebenslustige Frau wählte eine Ausbildung als Friseurin. Im Laufe eines Jahres änderte sich ihre Sicht. Es kamen eigene Vorstellungen stärker zum Tragen und gingen weit über die Kunst am Schneiden hinaus. Also brach sie die Ausbildung ab. Um die Zeit und Ruhe für die Selbstfindung zu haben, studierte sie drei Semester Kunstwissenschaft.
Parallel dazu besuchte Anke Delander einen Kurs für kreatives Zeichnen. Sie durchlebte die aufregende Phase der Aufnahmeprüfungen an der FHTW, um mit dem Studiengang Kommunikationsdesign zu beginnen. Das Studium beendete sie 2006 sehr erfolgreich und schrieb als krönenden Abschluss dieses haptische Buch.

Dennerlein Anja wurde 1968 mitten in Deutschland geboren und arbeitet als Aufnahmeleiterin für Film- und Fernsehproduktion. Ende 2006 zog sie die Leidenschaft für Berge und Schnee ins Salzburgerland. Dort findet sie den Ausgleich zum Filmstress beim Schreiben und beim Unterrichten im Schnee.

DePauli-Schimanovich Werner (geboren 1942, wohnhaft in Wien und Las Palmas) ist Informatiker an der Uni Wien, TU Wien und ULPGC (= Uni Las Palmas), Gründer der „Internationalen Kurt Gödel Gesellschaft", Autor und Herausgeber mehrerer wissenschaftlicher Bücher und Publikationen. Aus der Reihe „EUROPOLIS" sind der Band 3 und der Band 4 2006 im novum Verlag erschienen

Dölzer Gabriele, geboren 1958 in Passau, Deutschland. Derzeit arbeitet sie als Dipl.-Sozialpädagogin/Beraterin/Supervisorin. Ihre Freizeit nutzt sie um Gartenarbeit zu machen, zu reisen, für Filme und zum Lesen.

Driemert Hartmut K. erblickte zum Sommeranfang 1962 in Hamburg das Licht dieser Erde. Nach seinem Abi und weiteren 10 Jahren als Werbegrafiker packte er seine sieben Sachen, öffnete flugs das Tor zur Welt, um als freischaffender Maler die Vielfalt unseres Planeten zu erkunden. Vollbeladen mit Eindrücken, Bildern und Ideen der Persönlichkeiten, die ihn berührten, kam er zurück und verarbeitete sein Gepäck, indem er Pinsel gegen Tasten tauschte. Mit dieser Anthologie liegt Ihnen nun ein kleiner Ausschnitt vor.

E. Alexander, geboren 1981 in Neunkirchen, Österreich. Derzeit ist er arbeitslos. Seine Zeit widmet er dem Schreiben.

Egger Lydia, geboren 1955 in Jsny i. Allgäu, beschäftigte sich neben ihrer Tätigkeit als Industriekauffrau und Tiefbauingenieurin frühzeitig mit Schamanismus, dem Tantra der Liebe und mystischen Studien. Seit einigen Jahren lebt sie in Kirchberg an der Iller und widmet sich ausschließlich ihren literarischen Arbeiten.

Fels Wolfgang, geboren 1942 in Salzburg, Österreich. Vom Beruf ist er Arzt. Seine Freizeit nutzt er zum Nachdenken und Schreiben.

Fleckenstein Elizabeth wurde 1985 in Jerusalem geboren. Zurzeit studiert sie in Rom Journalismus. Schon seit ihrer Kindheit war es ihr Traum, einmal als Auslandskorrespondentin von Weltereignissen in objektiver Weise berichten zu können. Aus der Erfahrung heraus, dass man die Sprache eines Volkes sprechen muss, um tiefer in seine Seele einzudringen, beherrscht sie deutsch, englisch, italienisch, arabisch und hebräisch. Zu ihren Hobbys zählen Schreiben, Kickboxen, Surfen und Basketball spielen. In QUERSCHNITTE 2006 veröffentlichte sie ihren Beitrag „ANGELA".

Fleckenstein Karl-Heinz lebt seit 1981 mit seiner Familie in Jerusalem. Mit seiner Frau Louisa führt er Pilgergruppen auf die Spuren der Bibel. Als freier Schriftsteller und Journalist veröffentlichte er zahlreiche Artikel und Bücher. 1994 promovierte er in Biblischer Theologie an der Lateran-Universität in Rom. Von 1993-2005 arbeitete er als Gesamtkoordinator für das archäologische Ausgrabungsprojekt Emmaus-Nicopolis.

Fröhlich Wilhelm, geboren 1935 in Ogrodtken, Deutschland. Er ist Lehrer in Rente. Seine Hobbys sind Schach, lesen und schreiben.

Girlich Günter, Jahrgang 1952, in Dresden geboren. Lebt seit 1998 in München. Er lernte bei der Deutschen Reichsbahn, qualifizierte sich zum Dipl.-Ing. und ist in der Infrastrukturplanung der Deutschen Bahn tätig. In seiner Freizeit widmet er sich dem kreativen Schreiben, möchte sich in der Perspektive damit ein zweites Standbein schaffen. Zu seinen weiteren Interessen zählen Natur, Poesie und Psychologie. Durch Teilnahme an der Anthologie 2007 hat er die Möglichkeit eine Auswahl seiner Arbeiten zu veröffentlichen.

Gratzer Philipp, 1989 in Bad Ischgl, Österreich, geboren. Er ist Schüler an der BHAK in Bad Ischgl. Seine Hobbys sind Tennis spielen, Basketball spielen, Volleyball spielen, lesen und Klavier spielen.

Grießhammer Birke, geboren 1936 in Leipzig, Deutschland. Eine Historikerin in Rente. Ihre Freizeit verbringt sie gerne mit Musik und Gebirgswanderungen.

Gröger Margot, geboren 1955 in Augsburg, Deutschland. Von Beruf Lehrerin. Ihre Hobbys sind Literatur, schreiben und Klarinette spielen.

Größer Joachim, geboren 1942 in Hohensalza. Da er schon in Rente ist, kann er seine Zeit dem Schreiben von Erzählungen und Kurzgeschichten, der Fotografie und dem Computer widmen.

Hallner Alois, geboren 1919 in Wien, Österreich. Bereits im Ruhestand. Seine Freizeit nutzt er zum Lesen und Schreiben.

Hawa Werner, geboren 1964 in Wien, Österreich. Er ist arbeitslos. Seine Hobbys sind schreiben, malen, historische Bilder und Bücher.

Heimhilger Lena, geboren 1952 in Inzell, Deutschland. Vom Beruf ist sie Fremdsprachenassistentin. Ihre Hobbys sind reiten, lesen und wandern.

Hein Jürgen, geboren 1971 in Ingolstadt. Sein derzeitiger Beruf ist Subunternehmer für Hermes-Paketdienst. In seiner Freizeit beschäftigt er sich mit der Musik.

Herzog Gerhard, geboren 1955 in Altdöbern, Deutschland. Seine Hobbys sind zeichnen, malen und schreiben.

Himmer Michael, geboren 1964 in Dornbirn, Österreich. Er ist Lehrbeauftragter, Berater. Sein größtes Hobby ist das Wandern.

Huddersfield Daniel F. wurde 1956 in Bregenz geboren. Bereits während der Schulzeit nervte er seine Mitschüler mit den Geschichten aus der Zeit seiner Vorleben als tapferer Ritter, fauler Einsiedler, die Welt rettender Abenteurer usw. In seinen Schulheften wurde von der ersten Seite bis zur Mitte brav der Lernstoff niedergeschrieben. Vom hinteren Teil arbeitete er sich mit Geschichten nach vorne. Neben der umfangreichen Tätigkeit im Staatsdienst verbleibt ihm dennoch genügend Zeit, sich vor den PC zu setzen und sich seiner Muse, dem Schreiben, hinzugeben und gleichzeitig dort ein Gros eines weiteren Hobbys, der Esoterik, einzubringen. Der Text „… träumen mit den Sternen" stellt somit jenes Erfolgserlebnis (und gleichzeitig das Debüt des Verfassers) dar, wiederum, genau wie während der Schulzeit, viele Menschen mit seiner Erzählung nerven zu können.

Hummel Reinhart, geboren 1958 in Köngen, Deutschland. Vom Beruf ist er Pflegefachmann. Seine Hobbys sind segeln, Hundespaziergänge und Kunst.

Je. Ru. Salem, geboren 1937 in Wien, Österreich. Als Kind hat die Autorin den gesamten 2. Weltkrieg mit Bomben, Evakuierung und Not erlebt. Diese Erlebnisse haben in ihr die Sehnsucht nach Frieden und bewussten Lebenssinn ins Maßlose gesteigert, sodass sie 1974 mit einer Idee zur Rettung der Menschheit ihr gesichertes Leben aufgab. Mit Gedichten und Geschichten hoffte sie Gehör zu finden. 2005 schrieb sie dann ihre Lebensgeschichte „Beichte einer Ver-rückten" und hofft noch immer Gehör zu finden.

Kaldy-Karo Robert, geboren 1951 in Wien, Österreich. Von Beruf ist er Direktor des Museums für Unterhaltungskunst und auch Institutsleiter. Im deutschen Sprachraum ist Kaldy-Karo heute der bekannteste Fachschriftsteller, der sich mit der Geschichte des österr. und Wiener Varietes und Zauberkünsten beschäftigt und darüber regelmäßig schreibt, Ausstellungen gestaltet und Vorträge hält.

Kargl Renate, geboren 1948 in Wien, Österreich. Sie ist bereits in Pension und widmet ihre Zeit dem Malen, Formen, Wandern, Rad fahren und Holzschnitzen.

Kathy B., geboren 1962 in Mittweida, Deutschland. Ihre Freizeit nutzt sie zum Schreiben, für Handarbeit und Kochen.

Kilchherr Jürg, geboren 1965 in der Schweiz. Von Beruf ist er Künstler. Seine Hobbys sind Musik, Malerei und die Natur.

Klint Wolfgang, geboren 1941 in Dornburg/Saale, Deutschland. Von Beruf ist er Musiklehrer und Komponist. In seiner Freizeit beschäftigt er sich mit der Sprache (in Wort und Schrift); Arbeit mit Kindern (musikal. Art sowie lesen und schreiben)

Kloiber-Seidl Melanie, geboren 1983 in Güssing, Österreich. Ihr derzeitiger Beruf ist Verkaufsmitarbeiterin im Buchhandel. Ihre Freizeit verbringt sie mit Lesen, Reisen, Wandern und Gartengestaltung.

Querschnitte 2006

Gelebtes, Fantastisches und Modernes
Wolfgang Bader (Hrsg.)

Eine bunte Sammlung für unterhaltsame Lesestunden – die Herbstanthologie „Querschnitte 2006" hält, was sie verspricht und präsentiert eine breite Auswahl unterschiedlichster Texte: Auszüge aus Romanen, Kurzgeschichten, Lyrik, Reisen in die Ferne als auch in die Vergangenheit, autobiographische und fiktive Erzählungen und zahlenmystische Betrachtungen bis hin zu philosophischen Essays. Tauchen Sie ein in diese abwechslungsreiche Lektüre und lassen Sie sich verzaubern!

ISBN 978-3-85022-045-3 · Format 13,5 x 21,5 cm · 434 Seiten
€ (A) 21,90 · € (D) 21,30 · sFr 38,50

Querschnitte 2005

Gelebtes, Fantastisches und Modernes
Wolfgang Bader (Hrsg.)

Ein Buch für lange Urlaubstage. Die Anthologie des novum Verlags bietet allen Lesern etwas, so verschieden sind Art und Inhalt der Texte. Das Spektrum reicht von Gedichten über Kurzgeschichten und Erzählungen bis hin zu Romanausschnitten. So spiegelt das Buch die pralle Vielfalt des Lebens selbst wider.

ISBN 978-3-900693-62-6 · Format 13,5 x 21,5 cm · 392 Seiten
€ (A) 19,90 · € (D) 19,30 · sFr 34,900

Literatur der Literaten
Wolfgang Bader (Hrsg.)

Gedichte und Geschichten über das Sein und das Vergehen, über die Liebe und die Freundschaft, über den Kummer und die Wut erwarten den Leser in diesem Buch. So spiegelt es die pralle Vielfalt des Lebens selbst wieder. Da gibt es die Geschichte vom verrückten und doch genialen Mörder, der auf seine Hinrichtung wartet. Die Erinnerung des jungen Mannes, der sich in eine Vampirlady verliebt hat. Und wie muss es einem Mann gehen, der sich von heute auf morgen in eine Frau mit sechs Kindern verliebt?

ISBN 978-3-902324-74-0 · Format 13,5 x 21,5 cm · 336 Seiten
€ (A) 18,00 · € (D) 17,50 · sFr 31,90